Center-Konzeption für produzierende Unternehmen

Ein Entscheidungsmodell zur kontextspezifischen Gestaltung
technologieintensiver Geschäftseinheiten

Von der Fakultät für Maschinenwesen der
Rheinisch-Westfälischen Technischen Hochschule Aachen
zur Erlangung des akademischen Grades eines
Doktors der Ingenieurwissenschaften
genehmigte Dissertation

von
Diplom-Ingenieur Diplom-Kaufmann Gunnar Karl-Heinz Hermann Güthenke
aus Rostock

Berichter: Univ.-Prof. Dr.-Ing. Dipl.-Wirt. Ing. Dr. h.c. mult. Walter Eversheim

Prof. Dr.-Ing. Dipl.-Wirt. Ing. Günther Schuh

Tag der mündlichen Prüfung: 27. November 2000

D82 (Diss. RWTH Aachen)

Fraunhofer Institut
Produktionstechnologie

Berichte aus der Produktionstechnik

Gunnar Güthenke

Center-Konzeption für produzierende Unternehmen

Ein Entscheidungsmodell zur kontextspezifischen Gestaltung technologieintensiver Geschäftseinheiten

Herausgeber:

Prof. Dr.-Ing. Dr. h. c. mult. Dipl.-Wirt. Ing. W. Eversheim
Prof. Dr.-Ing. F. Klocke
Prof. em. Dr.-Ing. Dr. h. c. mult. W. König
Prof. Dr.-Ing. Dr. h. c. Prof. h. c. T. Pfeifer
Prof. Dr.-Ing. Dr.-Ing. E. h. M. Weck

Band 32/2000
Shaker Verlag
D 82 (Diss. RWTH Aachen)

Die Deutsche Bibliothek - CIP-Einheitsaufnahme

Güthenke, Gunnar:
Center-Konzeption für produzierende Unternehmen : Ein Entscheidungsmodell zur kontextspezifischen Gestaltung technologieintensiver Geschäftseinheiten / Gunnar Güthenke.
Aachen : Shaker, 2000
 (Berichte aus der Produktionstechnik ; Bd. 2000,32)
 Zugl.: Aachen, Techn. Hochsch., Diss., 2000
ISBN 3-8265-8190-3

Copyright Shaker Verlag 2000
Alle Rechte, auch das des auszugsweisen Nachdruckes, der auszugsweisen oder vollständigen Wiedergabe, der Speicherung in Datenverarbeitungsanlagen und der Übersetzung, vorbehalten.

Printed in Germany.

ISBN 3-8265-8190-3
ISSN 0943-1756

Shaker Verlag GmbH • Postfach 1290 • 52013 Aachen
Telefon: 02407 / 95 96 - 0 • Telefax: 02407 / 95 96 - 9
Internet: www.shaker.de • eMail: info@shaker.de

Vorwort

Die vorliegende Dissertation entstand während meiner Tätigkeit als wissenschaftlicher Mitarbeiter am Fraunhofer Institut für Produktionstechnologie (IPT) Aachen. Herrn Professor Walter Eversheim, dem Leiter der Abteilung Planung und Organisation des oben genannten Instituts und Leiter des Lehrstuhls für Produktionssystematik am Laboratorium für Werkzeugmaschinen und Betriebslehre (WZL) der RWTH Aachen, danke ich sehr herzlich für die Gelegenheit zur Promotion. Für seine wohlwollende Förderung und Unterstützung, die gewährten Freiräume und das entgegengebrachte Vertrauen während meiner gesamten Zeit am Institut bin ich Herrn Professor Eversheim persönlich zu großem Dank verpflichtet. Weiterhin danke ich auch Herrn Professor Günther Schuh, Direktor des Instituts für Technologiemanagement der Hochschule St. Gallen, für das meiner Arbeit entgegengebrachte Interesse und die Übernahme des Zweitgutachtens.

Meinen ehemaligen Kollegen an IPT und WZL danke ich für die stets freundliche, kreative und in der Sache auch mal kontroverse Zusammenarbeit. Schnell konnte ich am Beispiel meiner Kollegen lernen, auch in noch so angespannten Industrieprojekten Ruhe und Humor zu bewahren. Stellvertretend möchte ich hier meine beiden Bürokollegen Dr. Jens-Uwe Heitsch und Andreas Borrmann nennen.

Für die kritische Durchsicht meiner Arbeit und die stete Bereitschaft zur wissenschaftlichen Diskussion danke ich Dr. Jens-Uwe Heitsch, Dr. Hans Kerwat, Dr. Michael Leiters, Dr. Walther Pelzer und insbesondere Henning Thormählen. Einen weiteren wichtigen Beitrag zum Gelingen dieser Arbeit haben meine Spitzen-Diplomarbeiter Holger Degen, Philipp Graf Strachwitz, Gert Winkelmann und Tsion Worku geleistet. Auch den Unternehmen und ihren Mitarbeitern, die sich an der empirischen Studie beteiligt haben, möchte ich meinen herzlichen Dank für die aufgebrachte Zeit und die interessanten Diskussionen aussprechen. Schließlich möchte ich auch Oliver Klems danken, der mich bei der Erstellung des Software-Prototypen mit immensem Einsatz und hoher Kreativität unterstützt hat.

Egal ob Bilder für meine Arbeit graphisch umzusetzen oder eigene Ideen für Industrieprojekte zu entwickeln waren, auf meine Hiwis war in allen Phasen der Institutszeit Verlaß. Für ihren herausragenden Einsatz danke ich Frank Berton, Holger Degen, Gero Müller, Katrin Rossa, Jürgen Thiemann, Jan Vinke und Tsion Worku.

Der größte Dank gilt meiner lieben Freundin Anke, die mich in der Promotionszeit von den täglichen Arbeiten entlastet, mit ihrer lustigen und fröhlichen Art stets aufgemuntert und die finale Rechtschreibprüfung der Arbeit übernommen hat. Ihr und meiner lieben Mutter, die mit ihrer weltoffenen Erziehung die Basis geschaffen hat, widme ich diese Arbeit.

Aachen, im November 2000   Gunnar Güthenke

//
Inhaltsverzeichnis

INHALTSVERZEICHNIS I

ABBILDUNGSVERZEICHNIS III

ABKÜRZUNGSVERZEICHNIS VI

1 EINLEITUNG 1
   1.1 AUSGANGSSITUATION UND ZIELSETZUNG 1
   1.2 AUFBAU DER ARBEIT 5

2 GRUNDLAGEN UND FORSCHUNGSBEDARF 7
   2.1 GRUNDLEGENDE ZUSAMMENHÄNGE UND BEGRIFFE 7
   2.2 GRUNDLAGEN UND ABGRENZUNG DES UNTERSUCHUNGSRAUMS 9
      2.2.1 ORGANISATION 10
      2.2.2 ENTSCHEIDUNGSTHEORIE 15
      2.2.3 TECHNOLOGIEMANAGEMENT 18
   2.3 RELEVANTE ANSÄTZE ZUR GESTALTUNG DEZENTRALER
       ORGANISATIONSEINHEITEN 22
   2.4 ZWISCHENFAZIT 32

3 GROBKONZEPTION DES ENTSCHEIDUNGSMODELLS ZUR GESTALTUNG DEZENTRALER ORGANISATIONSEINHEITEN 34
   3.1 ANFORDERUNGEN AN DAS ENTSCHEIDUNGSMODELL 34
      3.1.1 INHALTLICHE ANFORDERUNGEN 34
      3.1.2 FORMALE ANFORDERUNGEN 38
   3.2 GRUNDLAGEN DER MODELLIERUNGSMETHODIK 38
      3.2.1 ALLGEMEINE MODELLTHEORIE 39
      3.2.2 AUSWAHL EINER MODELLIERUNGSMETHODIK 41
      3.2.3 SYSTEMTECHNIK 45
   3.3 ABLEITUNG DES GROBKONZEPTES 47
   3.4 ZWISCHENFAZIT 52

4 DETAILLIERUNG DES ENTSCHEIDUNGSMODELLS 54
   4.1 ORGANISATIONSMODELL 54
      4.1.1 ENTWICKLUNG DES ORGANISATIONSMODELLS 54
      4.1.2 OPERATIONALISIERUNG DES ORGANISATIONSMODELLS 56
   4.2 STELLGRÖßENMODELL 61
      4.2.1 GESTALTUNGSPARAMETER DES STELLGRÖßENMODELLS UND IHRE AUSPRÄGUNGEN 62
      4.2.2 EINFLUßFAKTORENANALYSE 69

- 4.3 ZIELMODELL ... 70
  - 4.3.1 Menge der Zielgrößen ... 70
  - 4.3.2 Bestimmung der Präferenzfunktion ... 73
- 4.4 KONTEXTMODELL ... 75
  - 4.4.1 Interne Einflußfaktoren ... 77
  - 4.4.2 Externe Einflußfaktoren ... 82
- 4.5 MEßGRÖßENMODELL ... 85
  - 4.5.1 Struktureller Aufbau des Meßgrößenmodells ... 85
  - 4.5.2 Festlegung der Datenerhebung ... 86
- 4.6 REGELMODELL ... 89
  - 4.6.1 Verknüpfung der Teilmodelle ... 89
  - 4.6.2 Empirische Validierung der Regelbeziehungen ... 93
  - 4.6.3 Ablaufmodell der Regelung ... 98
  - 4.6.4 Ablaufmodell der Simulation ... 106
- 4.7 VORGEHENSMODELL ... 107
  - 4.7.1 Unterschiede zwischen Organisationsoptimierung und -Implementierung ... 107
  - 4.7.2 Integration der Teilmodelle ... 108
- 4.8 ZWISCHENFAZIT ... 110

5 EVALUIERUNG ... 113

- 5.1 DV-Modul zur Unterstützung des Regelmodells ... 113
- 5.2 Vorgehensweise und Ergebnisse der Methodikanwendung ... 116
- 5.3 Anwendungserfahrung und Zwischenfazit ... 122

6 ZUSAMMENFASSUNG ... 125

7 LITERATURVERZEICHNIS ... 129

ANHANG ... IX

ABBILDUNGSVERZEICHNIS

Bild 1: Strategien zur Sicherung nachhaltigen Wachstums ... 1

Bild 2: Gliederung der Arbeit ... 6

Bild 3: Triebkräfte des Branchenwettbewerbs ... 8

Bild 4: Ziele der Zentralisierung und Dezentralisierung ... 9

Bild 5: Unterschiedliche Definitionen des Organisationsbegriffs ... 10

Bild 6: Dimensionen der Organisationsgestaltung ... 12

Bild 7: Anwendungsbereiche verschiedener Organisationsansätze ... 12

Bild 8: Situativer Ansatz der Organisationsgestaltung ... 13

Bild 9: Klassifizierung der vorliegenden Entscheidungssituation ... 16

Bild 10: Aufbau von Entscheidungsunterstützungssystemen ... 18

Bild 11: Ziele und Aufgaben des Technologiemanagement ... 19

Bild 12: Technologie-Lebenszykluskonzept ... 20

Bild 13: Strategische Verflechtungsmatrix ... 21

Bild 14: Hierarchische Abgrenzung von Dezentralisierungsansätzen der betrieblichen Praxis ... 23

Bild 15: Abgrenzung unterschiedlicher Center-Konzepte ... 26

Bild 16: Etablierte Konzepte und Forschungsarbeiten im Kontext ... 29

Bild 17: Ausgangsbasis zur Bestimmung der inhaltlichen Anforderungen ... 34

Bild 18: Inhaltliche Anforderungen an das Entscheidungsmodell ... 36

Bild 19: Grundlagen der allgemeinen Modelltheorie ... 40

Bild 20: Anforderungen an die Modellierungsmethodik ... 42

Bild 21: Auswahl einer Modellierungsmethodik ... 45

Bild 22: Grundlagen der Systemtechnik ... 46

Bild 23: Grobkonzept des Lösungsansatzes ... 49

Bild 24: Teilmodelle des Center-Betriebsmodells ... 50

Bild 25: Organisationsmodell – Übersicht ... 55

Bild 26: Detaillierung des Organisationsmodells I/IV ... 57

Bild 27: Detaillierung des Organisationsmodells II/IV ... 58

Bild 28: Detaillierung des Organisationsmodells III/IV ... 59

Bild 29: Detaillierung des Organisationsmodells IV/IV 60

Bild 30: Vorgehen zur Ableitung und Detaillierung des Stellgrößenmodells 62

Bild 31: Wirknetz des Stellgrößenmodells 63

Bild 32: Ausprägungen der Gestaltungsparameter I/II 65

Bild 33: Ausprägungen der Gestaltungsparameter II/II 67

Bild 34: Balanced Scorecard zur Abbildung und Strukturierung der Zielgrößen 72

Bild 35: Übersicht und Bewertung verschiedener Aggregationsverfahren 73

Bild 36: Aufbau des Kontextmodells 76

Bild 37: Interne Einflußfaktoren auf die Organisationsgestaltung 78

Bild 38: Auswirkungen unterschiedlicher Technologien, Stückzahlen und Auslastungen auf die Stückkosten 80

Bild 39: Externe Einflußfaktoren auf die Organisationsgestaltung 83

Bild 40: Aufbau des Meßgrößenmodells 86

Bild 41: Formen der Datenerhebung 87

Bild 42: Formblatt zur Datenerhebung 88

Bild 43: Aufbau der Abhängigkeitsmatrizen 90

Bild 44: Berechnete Einflußfaktoren 92

Bild 45: Gegenüberstellung unterschiedlicher Befragungsmethoden 93

Bild 46: Basisdaten zur empirischen Studie 94

Bild 47: Verwendete statistische Verfahren und Assoziationskoeffizienten 96

Bild 48: Empirische Analyse der Wirkbeziehungen mit SPSS 97

Bild 49: Ablaufmodell der Regelung 99

Bild 50: Auswahl eines Gestaltungsparameters (Phase 1) 100

Bild 51: Ablauf der Iteration 102

Bild 52: Bestimmung zulässiger Ausprägungen des Gestaltungsparameters 103

Bild 53: Bestimmung der optimalen Ausprägung(en) eines Gestaltungsparameters (Phase 3) 105

Bild 54: Ablaufstruktur des Entscheidungsmodells 109

Bild 55: ORGA-PRO Bedieneroberfläche 114

Bild 56: Konfigurationsmöglichkeiten in ORGA-PRO 115

Abbildungsverzeichnis V

Bild 57: Bestimmung der benötigen Informationen 117

Bild 58: Zielgewichtung in ORGA-PRO 118

Bild 59: Interaktive Gewichtung der Einflußfaktoren 119

Bild 60: Ergebnisse der Anwendung des Entscheidungsmodells 123

Abkürzungsverzeichnis

AHP	Analytical Hierarchy Process
BMBF	Bundesministerium für Bildung und Forschung
BSC	Balanced Scorecard
bspw.	beispielsweise
bzw.	beziehungsweise
CAM	Computer Aided Manufacturing
CIMOSA	Open System Architecture for CIM
D_{opt}	Distanzmaß zur Bestimmung der optimalen Ausprägung eines Gestaltungsparameters
D_{zul}	Distanzmaß zur Bestimmung der zulässigen Ausprägungen eines Gestaltungsparameters
d.h.	das heißt
DV	Datenverarbeitung
ERM	Entity-Relationship-Modellierung
f_i	Anzahl fehlender Informationen
F&E	Forschung und Entwicklung
Fraunhofer IPT	Fraunhofer Institut Produktionstechnologie
Fraunhofer ISI	Fraunhofer Institut Systemtechnik und Innovationsforschung
g	Gewichtung der Zieldimensionen
G_i	Gestaltungsparameter i
ICAM	Integrated Computer Manufacturing
IDEF1-X	ICAM Definition Language (Information Model)
Kap.	Kapitel
KRP	Kostenrechnung Praxis
MAUT	Multi-Attributive Nutzentheorie
NIAM	Nijssen Information Analysis Technique
OMT	Object Modelling Technique
OOSA	Object Oriented System Analysis
PSL	Problem Statement Language

Abkürzungsverzeichnis

S_{opt}	Schwellwert zur Bestimmung der optimalen Ausprägung(en) eines Gestaltungsparameters
S_{zul}	Schwellwert zur Bestimmung der zulässigen Ausprägungen eines Gestaltungsparameters
SADT	Structured Analysis and Design Technique
SE	Simultaneous Engineering
SGE	strategische Geschäftseinheit
SGF	strategisches Geschäftsfeld
STEP	Standard for the Exchange of Product Model Data
STF	strategisches Technologiefeld
SVM	strategische Verflechtungsmatrix
V_{zul}	Vorteilhaftigkeit der Ausprägung eines Gestaltungsparameters
VDI	Verein Deutscher Ingenieure
vgl.	vergleiche
wissensch.	wissenschaftlich
u.a.	unter anderem
Z	Präferenzfunktion
zfb	Zeitschrift für Betriebswirtschaft
zfbf	Zeitschrift für betriebswirtschaftliche Forschung
zfo	Zeitschrift für Organisation
v	Beitrag zur Zielerreichung

1 EINLEITUNG

1.1 AUSGANGSSITUATION UND ZIELSETZUNG

Die Hauptziele vieler industrieller Unternehmen bestehen in der Erzielung einer hohen Kapitalrendite und mittel- bis langfristig in einem hohen Umsatzwachstum [HAHN 99b, S. 14; HAME 96, S. 9 ff]. Um dies zu erreichen, ist eine auf Innovation und die Erreichung einer einzigartigen Wettbewerbsposition ausgerichtete Unternehmensstrategie notwendig [MILB 97, S. 19; PORT 97, S. 56; SOMM 98, S. 4]. Umfangreiche Untersuchungen bestätigen dies und kommen übereinstimmend zu dem Ergebnis, daß erfolgreiche Wachstumsunternehmen parallel drei unterschiedliche Strategiepfade zur Ausrichtung ihrer Geschäftseinheiten verfolgen [RING 98a, NEUH 99]. Wie in **Bild 1** dargestellt, bestehen die Strategien in der Sicherung eines effizienten Kerngeschäftes, dessen Ausbau und dem Aufbau von neuen Geschäftsoptionen. Dabei ist für den langfristigen Erfolg die ausgewogene und zeitparallele Verfolgung aller drei Strategiepfade notwendig.

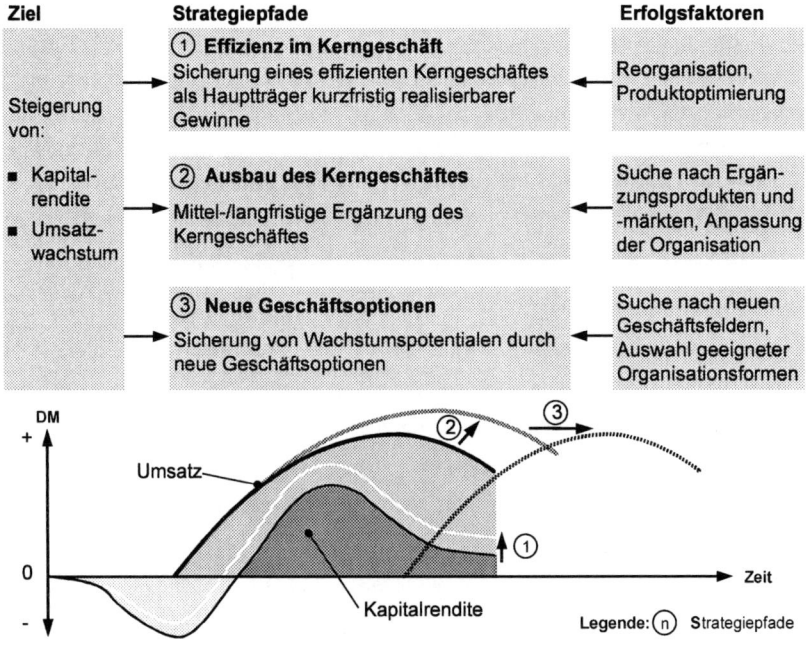

Bild 1: Strategien zur Sicherung nachhaltigen Wachstums

Das Kerngeschäft, als Hauptträger kurzfristiger Gewinne, ist Gegenstand des ersten Strategiepfades. Durch Maßnahmen wie Reorganisation oder Produktoptimierung wird das Erschließen von Kostensenkungspotentialen in bestehenden Geschäftseinheiten angestrebt. Das Ergebnis spiegelt sich in einer verbesserten Kapitalrendite sowie gegebenenfalls kürzeren Amortisationszeiten wider. Der zweite Strategiepfad soll mittelfristig das Kerngeschäft ausbauen und somit zu einer Verlängerung des Lebenszyklus sowie einer Umsatzsteigerung dieses Geschäftsfeldes beitragen (vgl. Bild 1). Die Suche nach neuen Märkten und neuen Produkten gehört gemeinsam mit teilweise notwendigen Anpassungen der bestehenden Organisation zu den Erfolgsfaktoren dieses Strategiepfads. Aufgrund natürlicher Marktwachstumsgrenzen und einer damit einhergehenden Limitation des Kerngeschäftes sind Unternehmen für die langfristige Erreichung ihrer Ziele gezwungen, neue Geschäftsfelder aufzubauen [HAME 96, S. 6 ff]. Dies wird durch den dritten Strategiepfad unterstützt und zeigt sich in einer zusätzlichen Lebenszykluskurve für das neue Geschäftsfeld (vgl. Bild 1). Für diese neuen Geschäftsfelder erweist sich die bestehende Organisationsform des Kerngeschäftes oftmals als ungeeignet [BLEI 95, S. 589]. Es sind flexible, dezentrale und die Eigenverantwortung unterstützende Organisationsformen notwendig, um aus dem bestehenden Geschäft heraus neue Geschäftseinheiten zu gründen [RING 98b].

Die zuvor angeführten Erläuterungen zeigen, daß die Organisationsgestaltung für alle drei Strategiepfade einen wichtigen Erfolgsfaktor darstellt. Dabei ist die Vorteilhaftigkeit flexibler und dezentraler Organisationsstrukturen für den Aufbau neuer Geschäftseinheiten direkt nachvollziehbar. Eine entsprechende Organisationsgestaltung wird jedoch zunehmend auch für die Organisation des Kerngeschäftes gefordert [REIS 97, S. 116]. Dies wird mit zum Teil erheblichen Veränderungen im Unternehmensumfeld, wie beispielsweise

- verstärkte Globalisierung und Intensivierung des Wettbewerbs,
- zunehmende Individualisierung der Kundenwünsche,
- steigende Verflechtung der Unternehmen mit ihren Lieferanten und
- Wandel der Ansichten, Ansprüche und Werte wichtiger Interessengruppen des Unternehmens, insbesondere der Kunden und Mitarbeiter

begründet [EVER 98a, S. 723; SIHN 95, S. 6; VAHS 99, S. 239; WIEN 96, S. 1 ff; ZAHN 97, S. 131]. Unternehmensintern führen diese Veränderungen unter anderem zu:

- hohem Koordinationsaufwand zur Beherrschung der Produktvielfalt,
- langen Informations- und Entscheidungswegen,
- hohen Verwaltungsgemeinkosten durch große Zentralbereiche sowie
- insgesamt zu einer hohen Prozeßkomplexität und dadurch reduzierter Prozeßeffizienz

Einleitung 3

[BEHM 97, S. 18; BLEI 91, S. 694 ff; SCHU 98, S. 19; WEST 99, S. 131 ff; WILD 96, S. 360 f]. Um dieser Problemstellung zu begegnen, fordern verschiedene Autoren, wie EVERSHEIM, FRESE, SPUR, WARNECKE, WESTKÄMPER und WILDEMANN, eine Anpassung der Organisation in Hinblick auf eine Erhöhung der Eigenverantwortung und Flexibilität sowie die Erzielung von Marktdruck innerhalb der Organisation [EVER 96, S. 7-140 f; FRES 94, S. 13; SPUR 94, S. 221; WARN 92, S. 83 ff; WEST 99, S. 131; WILD 98, S. 1 ff]. Dabei ist die Fähigkeit, flexible, strategiekonforme Organisationskonzepte zu entwickeln und schnell umzusetzen, zu einem entscheidenden Wettbewerbsfaktor geworden [FRES 96b, S. 622; KREU 97a, S. 224; WATE 94, S. 10].

Um den zuvor beschriebenen Anforderungen zu entsprechen, wird in Literatur und Praxis die organisatorische Dezentralisierung in unterschiedlichen Formen, wie Center, Segment, Fraktal, Modul etc., als Lösungsansatz vorgeschlagen [BINN 93, S. 87; DRUM 96, S. 89; FRES 96b, S. 656; FRIE 96, S. 989; TÖNS 98, S. 120; WEST 98, S. 407]. Dabei ist die Dezentralisierung als Organisationsprinzip nicht neu. Schon in einigen Quellen aus dem 19. Jahrhundert wird dieses Prinzip erstmals erwähnt; in der Folge war die Dezentralisierung immer dann aktuell, wenn trotz differenzierter Systeme der Unternehmensplanung eine gesteigerte Komplexität nicht bewältigt werden konnte [FRES 93, S. 1000]. Seit Mitte der neunziger Jahre sind dezentrale Organisationsformen insbesondere bei produzierenden Unternehmen vermehrt zu beobachten [DREH 99, S. 93 ff; MIRO 96, S. 132 f]. Für diesen Anwendungsbereich sagt die vom Fraunhofer ISI erstellte Delphi-Studie zur globalen Entwicklung von Wissenschaft und Technik sogar einen deutlichen Bedeutungszuwachs für die nächsten Jahre voraus [CUHL 98, S. 51 f].

Mit der Implementierung dezentraler Organisationsstrukturen verfolgen viele Unternehmen in Reaktion auf die zuvor beschriebenen Änderungen in der Unternehmensumwelt die Ziele der Schaffung von Transparenz, der Erhöhung der Marktnähe und damit der Steigerung der Wettbewerbsfähigkeit [FRES 96, S. 3-8 ff]. Darüber hinaus wird eine erleichterte Steuerung der einzelnen Organisationseinheiten angestrebt [EVER 98b, S. 41].

Die Praxis zeigt jedoch, daß die zuvor beschriebenen Ziele oftmals nicht oder nur unzureichend erreicht werden [EVER 99, S. 18]. Mit der Dezentralisierung verbundene Probleme werden in der aktuellen Literatur nur selten diskutiert. Als Ursache für die mangelnde Zielerreichung werden zumeist eine unzureichende Einführung dezentraler Organisationseinheiten, nicht jedoch konzeptionelle Fehler angegeben [KULL 98, S. 42 f]. Eine empirische Studie des Fraunhofer IPT belegt jedoch, daß ein wesentlicher Problemschwerpunkt in der Entwicklung einer für das betrachtete Unternehmen geeigneten Sollstruktur besteht[1] [2] [EVER 99, S. 22 f]. Es wurde deutlich, daß die bestehenden Dezentralisierungsansätze, die in unterschiedlicher Form Idealmodelle einer Organisation beschreiben, in der praktischen Anwendung nicht die gewünschte Unterstützung leisten. Zur Abhilfe wurde ein Forschungsbedarf zur Entwicklung von Entscheidungshilfen aufgezeigt, um aus der Vielzahl der Gestaltungsalternativen unternehmensspezifisch die jeweils beste Kombination auszuwählen [EVER 99, S. 23]. Dieses Vorgehen wird auch durch die Aussage DRUCKER's unterstützt, daß es keine ideale Organisation gibt, sondern Hilfsmittel zu entwickeln sind, um für eine gegebene Situation eine geeignete Organisation zu gestalten [DRUC 99, S. 14]. Auch SCHIERENBECK stützt dies, indem er auf die Unterschiedlichkeit der in der Praxis auftretenden Organisationsformen verweist und die Frage nach den Einflußgrößen auf die zu konstatierende Vielfalt der Organisationsstrukturen aufwirft [SCHI 98, S. 111].

Daher ist es das *Ziel* dieser Arbeit, ein Entscheidungsmodell zur situationsspezifischen Gestaltung dezentraler Organisationseinheiten zu entwickeln. Dabei steht aus ingenieurwissenschaftlicher Perspektive das Anwendungsgebiet produzierender Geschäftseinheiten im Vordergrund. Um die drei zu Beginn beschriebenen Strategiepfade zu berücksichtigen, sind die Prozesse der Organisationsoptimierung und -implementierung zu unterstützen. Im einzelnen sollen vom Entscheidungsmodell:

- interne und externe Einflußfaktoren auf die Organisationsgestaltung klassifiziert und berücksichtigt,
- die notwendigen Informationen entscheidungsorientiert aufbereitet und bereitgestellt,
- organisationsgestalterische Handlungsempfehlungen ausgesprochen und im Sinne von Trade-off Entscheidungen mit Hilfe einer Analyse der ihnen zugrundeliegenden Einflußfaktoren sowie der verfolgten Zielsetzungen bewertet sowie
- Auswirkungen von Veränderungen der Organisationsumwelt modelliert werden.

Insgesamt soll durch das Entscheidungsmodell eine Abkehr von einer reaktiven hin zur aktiven und zeitnahen Gestaltung der Organisation unterstützt werden. In der Vergangenheit mußte oftmals erst eine Krise erreicht werden, bevor ein organisato-

---

[1] In dieser Studie wurden Leiter von dezentralen Organisationseinheiten in Workshops zu Vorteilen und Grenzen der Dezentralisierung befragt. Insgesamt beteiligten sich 15 Unternehmen, mehrheitlich aus der Automobilindustrie, an der Studie [EVER 99, S. 18 ff; EVER 00].

[2] Hierbei ist eine individuelle Anpassung an die Gegebenheiten des Unternehmens erforderlich. Insbesondere die vorhandenen Mitarbeiter sind als wesentlicher Einflußfaktor zu berücksichtigen und einzubinden [PICO 99b, S. 46; ZWFR 99, S. 703].

Einleitung 5

rischer Wandel angestoßen wurde[3] [VAHS 99, S. 238], so daß notwendige Anpassungen hinausgezögert wurden und die organisatorische Effizienz negativ beeinflußt wurde. Ein wesentliches Hemmnis für die Anpassung vorliegender Organisationsstrukturen an aktuelle Veränderungen besteht darin, daß die Ermittlung neuer Strukturen umfangreiche Entscheidungskalküle erfordert, die hohe Kosten verursachen und einen erheblichen Zeitbedarf benötigen [LAUX 97, S. 585]. Mit der vorliegenden Arbeit soll ein Beitrag geleistet werden, um dieses Defizit zu beheben. Dazu soll ein Entscheidungsmodell entwickelt werden, mit dessen Hilfe schnell und mit nur geringem Aufwand fundierte und mit den verfolgten Zielen sowie der aktuellen Situation konforme Handlungsempfehlungen zur Organisationsgestaltung abgeleitet sowie mögliche organisatorische Schwachstellen antizipiert werden können.

1.2 AUFBAU DER ARBEIT

Entsprechend der Zielsetzung stellen dezentrale Organisationsstrukturen das zentrale Forschungsobjekt der vorliegenden Arbeit dar. Für ihre Interaktion mit der Umwelt sollen Gesetzmäßigkeiten in Form von Axiomen konzipiert werden. Es wird dabei versucht, theoretische Ergebnisse der Forschung mit Erkenntnissen der Praxis zu verbinden. Somit wird ein pragmatisches Wissenschaftsziel verfolgt und die Arbeit kann den Realwissenschaften zugeordnet werden [ULRI 76a, S. 305]. Dementsprechend folgt der Aufbau der Arbeit, wie in **Bild 2** gezeigt, dem Forschungsprozeß nach ULRICH [ULRI 76b, S. 347 f].

Ausgangspunkt der Arbeit ist die Beschreibung und Abgrenzung des Untersuchungsraums in Kap. 2. Dabei werden grundlegende Begriffe sowie die Themenbereiche Organisation, Entscheidungstheorie und Technologiemanagement[4] beschrieben und analysiert. Im Anschluß werden für die Zielsetzung relevante Forschungsarbeiten und Konzepte der betrieblichen Praxis kritisch gewürdigt und darauf aufbauend wird der Forschungsbedarf präzisiert.

Anschließend werden inhaltliche und formale Anforderungen an das Entscheidungsmodell formuliert (Kap. 3). Aufgrund der Komplexität der Problemstellung werden die allgemeine Modelltheorie und die Systemtechnik als Hilfsmittel zur Modellentwicklung eingesetzt und daher zunächst kurz vorgestellt. Auf Basis dieser Erkenntnisse erfolgt anschließend die Entwicklung des Grobkonzeptes für das Entscheidungsmodell.

---

[3] Dies wird auch durch Beobachtungen von WIENDAHL bestätigt, demnach bestehende Organisationsstrukturen zumeist für 5 bis 10 Jahre gültig sind [WIEN 97, S. 19].

[4] Dies ist für produzierende Einheiten als Anwendungsgebiet des Entscheidungsmodells erforderlich.

Einleitung

Bild 2: Gliederung der Arbeit

In Kap. 4 wird das Grobkonzept detailliert. Dazu werden zunächst die einzelnen Teilmodelle analytisch-deduktiv ausgearbeitet und zwischen ihnen bestehende Wirkbeziehungen formuliert. Zur Absicherung der dem Entscheidungsmodell zugrundeliegenden Wirkbeziehungen zwischen organisatorischen Gestaltungsmöglichkeiten, den Zielen der Organisationseinheit sowie den relevanten Umfeldbedingungen werden diese anhand einer empirischen Studie überprüft, ggf. erweitert bzw. modifiziert. Mit Hilfe eines Vorgehensmodells werden anschließend die einzelnen Teilmodelle zu einer Gesamtmethodik integriert.

Abschließend wird in Kap. 5 das Entscheidungsmodell anhand eines industriellen Fallbeispiels aus der Automobilindustrie evaluiert. Dazu wird zunächst das zur Unterstützung des praktischen Einsatzes entwickelte DV-Tool in seinen Funktionalitäten vorgestellt. Im Anschluß wird die Anwendbarkeit des Entscheidungsmodells gezeigt und die im Fallbeispiel gewonnen Erfahrungen werden beschrieben.

2 GRUNDLAGEN UND FORSCHUNGSBEDARF

Eine wesentliche Voraussetzung für eine wissenschaftliche Arbeit ist die Schaffung eines einheitlichen Begriffsverständnisses. Daher werden zunächst die grundlegenden Zusammenhänge und Begriffe definiert (Kap. 2.1). Darauf aufbauend werden die Objektbereiche der Organisation, der Entscheidungstheorie sowie des Technologiemanagement analysiert. Gleichzeitig wird der Betrachtungsraum der Arbeit eingegrenzt und erklärt (Kap. 2.2). Anschließend werden die für den beschriebenen Betrachtungsraum relevanten Konzepte der betrieblichen Praxis sowie Forschungsansätze vor dem Hintergrund der Zielsetzung der Arbeit kritisch gewürdigt (Kap. 2.3). Schließlich wird der Forschungsbedarf aus praktischer und theoretischer Sicht abgeleitet (Kap. 2.4).

2.1 GRUNDLEGENDE ZUSAMMENHÄNGE UND BEGRIFFE

Entsprechend der in Kap. 1 formulierten Zielsetzung ist in der vorliegenden Arbeit eine Organisationsmethodik zu entwickeln, die den Entscheidungsprozeß bei der Gestaltung dezentraler Organisationseinheiten in produzierenden Unternehmen unterstützt und dabei den Einfluß von Kontextbedingungen explizit berücksichtigt. Um ein einheitliches Begriffsverständis zu gewährleisten, werden im folgenden daher zunächst die Termini Organisationsmethodik, Kontextfaktoren, produzierende Unternehmen und Dezentralisierung definiert.

KRÜGER erklärt eine **Organisationsmethodik** als ein System, das das planmäßige Vorgehen, den Einsatz von organisatorischen Techniken und die personelle Trägerschaft bei der Lösung organisatorischer Probleme regelt [KRÜG 92, S. 1572]. Bezogen auf die vorliegende Arbeit können die Geschäftsgebiets- bzw. Unternehmensleitung sowie ein ggf. mit der Organisation beauftragter Planungsstab als personelle Träger identifiziert werden. Bei dem der Arbeit zugrundeliegenden Problem handelt es sich um die Gestaltung dezentraler, produzierender Organisationseinheiten. Das ebenfalls beschriebene planmäßige Vorgehen und der Einsatz von Hilfsmitteln stellen Anforderungen an die zu entwickelnde Methodik dar, die in Kap. 3.1 erläutert werden.

Unter **Kontextfaktoren** werden in der Organisationstheorie solche situativen Bestimmungsgrößen verstanden, die die Zweckmäßigkeit von organisatorischen Gestaltungsmöglichkeiten beeinflussen und nicht oder nur eingeschränkt der Disposition der Organisationsgestaltung unterliegen [FRES 87, S. 219; KNEE 95, S. 54]. Kontextfaktoren werden daher auch als unabhängige und im Gegensatz dazu Gestaltungsparameter als abhängige Variablen bezeichnet [SCER 98, S. 79]. Letztere beschreiben die Handlungsmöglichkeiten der Organisationsgestaltung. Um die für eine gegebene Problemstellung relevanten Kontextfaktoren zu identifizieren, werden von KNEERICH die folgenden Auswahlkriterien empfohlen: Dispositionsresistenz, Differenziertheit, Neutralität und Relevanz [KNEE 95, S. 54]. Ergänzend werden in der Literatur zur Bestimmung externer Kontextfaktoren vielfach die von PORTER entwickelten Triebkräfte des Branchenwettbewerbs verwendet (vgl. **Bild 3**) [PORT 97a, S. 26].

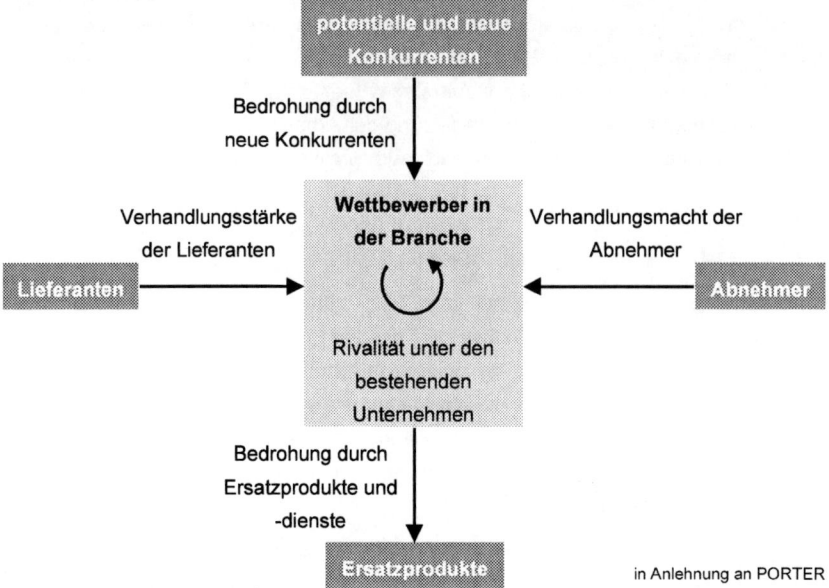

in Anlehnung an PORTER

Bild 3: Triebkräfte des Branchenwettbewerbs

Zur Definition des Begriffs **produzierende Unternehmen** ist zunächst eine Analyse der Bezeichnung Produktion erforderlich. Unter dieser wird in der Betriebswirtschaftslehre ein von Menschen veranlaßter und zielgerichteter Transformationsprozeß, der sich systematisch vollzieht und mehr Werte schafft als vernichtet, verstanden [DYCK 95, S. 3 f]. Üblicherweise werden dementsprechend Handel und Verkehr als nicht zur Produktion gehörig abgegrenzt [GABL 92]. Deutlich enger ist die in den Ingenieurwissenschaften gebräuchliche Definition der Produktion gefaßt: Produktion ist ein durch den Menschen gestalteter und gelenkter Entstehungsprozeß von Produkten bzw. Teilprodukten, der die Tätigkeiten von der technischen Angebotsbearbeitung über die Konstruktion, Arbeitsvorbereitung, Fertigung, Montage sowie die Materialwirtschaft und das Qualitätsmanagement umfaßt [HAHN 99a, S. 3; SPUR 94, S. 1]. Bei diesen Definitionen bleibt offen, in wie weit auch die Erstellung von Dienstleistungen zur Produktion gehört. Für die vorliegende Arbeit sollen als Arbeitsdefinition und zur Abgrenzung des Betrachtungsraums unter produzierenden Unternehmen bzw. Geschäftsbereichen solche organisatorischen Einheiten verstanden

Grundlagen 9

werden, die den Bereich der Produktion beinhalten, Sachgüter herstellen und zur Industriegruppe der verarbeitenden Industrie zählen.

Das Thema der **Dezentralisation** wird aktuell in Forschung und Praxis vielfach diskutiert [EVER 99, S. 18; HAHN 99b, S. 22; DRUM 96, S. 7]. Dabei ist Dezentralisation kein neues Konzept, sondern vielmehr sowohl in der deutschsprachigen als auch in der amerikanischen Literatur und Praxis seit den zwanziger Jahren bekannt [FRES 98b, S. 170 f]. Die Definition der Dezentralisierung erfolgt zumeist in Abgrenzung zum Gegenpol der Zentralisierung. In der Literatur bestehen unterschiedlich eng gefaßte Definitionen des (De-) Zentralisationsbegriffes [BEUE 92, S. 2611 ff]. So wird von einige Autoren unter dem Begriff die Verteilung bzw. Zusammenfassung von einerseits Aufgaben [WEST 98, S. 407; WÖHE 93, S. 187] bzw. andererseits Entscheidungskompetenzen [FRES 98a, S. 174] auf unterschiedlichen Ebenen des Unternehmens verstanden. Entsprechend dem Kongruenzprinzip[5] der Organisation wird in dieser Arbeit eine weite Begriffsdefinition der Dezentralisation als Prinzip zur Anordnung von Aufgaben, Kompetenzen und Verantwortung bei der organisatorischen Gestaltung verwendet. Mit der Dezentralisierung sollen vor allem die in **Bild 4** dargestellten Ziele erreicht werden [HAHN 99a, S. 129; KAH 94, S. 70 f; KULL 98, S. 42; BASS 98, S. 47 f]. Zur Abgrenzung enthält Bild 4 zusätzlich die Ziele der Zentralisation [BEUE 92, S. 2611 ff; BASS 98, S. 52].

Zentralisierung		Dezentralisierung
• Verringerung der Schnittstellen • Abstimmung im Hinblick auf Gesamtoptimum • Nutzung von Synergieeffekten	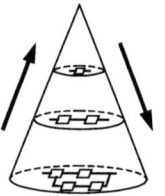	• Flexibilität • Motivation • interne Marktmechanismen • Kundennähe • Transparenz

Bild 4:   Ziele der Zentralisierung und Dezentralisierung

Basierend auf dieser Begriffsbestimmung werden im folgenden die für die Arbeit erforderlichen Grundlagen erläutert und der Untersuchungsraum weiter abgegrenzt.

2.2 GRUNDLAGEN UND ABGRENZUNG DES UNTERSUCHUNGSRAUMS

Entsprechend der Zielsetzung der Arbeit ist eine Analyse der drei Betrachtungsobjekte Organisation (Kap. 2.2.1), Entscheidungstheorie (Kap. 2.2.2) und Technologiemanagement (Kap. 2.2.3) erforderlich. In den folgenden Kapiteln werden

---

[5] Das Kongruenzprinzip bezeichnet die Übereinstimmung von Aufgabe, Kompetenz und Verantwortung [GROC 82, S. 102; BLEI 91, S. 36].

einerseits die für Arbeit notwendigen theoretischen Grundlagen gelegt, andererseits erfolgt entsprechend den einzelnen Dimensionen eine Abgrenzung des Untersuchungsraumes, so daß sich zusammen mit der Zielsetzung als Ergebnis eine klar umrissene Aufgabenstellung ergibt.

2.2.1 ORGANISATION

Die Verwendung des Organisationsbegriffs in der Literatur ist als uneinheitlich zu charakterisieren [NOLT 99, S. 38 ff, PICO 99a, S. 28 f]. Die bezeichneten Sachverhalte lassen sich jedoch in Anlehnung an REISS anhand der Dimensionen Begriffsumfang und Begriffsinhalt klassifizieren [REIS 99, S. 245] (vgl. **Bild 5**). Diese Darstellung zeichnet sich gegenüber der sonst üblichen Unterteilung zwischen institutionalem und instrumentalem Begriff durch ihre höhere Differenzierung aus [SCHA 92, S. 1459; SCHR 99, S. 5 ff]. In dieser Arbeit wird der Organisationsbegriff für die Struktur eines Unternehmens oder einer Unternehmenseinheit verwendet. Wenn eine institutionelle Interpretation erforderlich ist, wird die Bezeichnung Organisationseinheit verwendet.

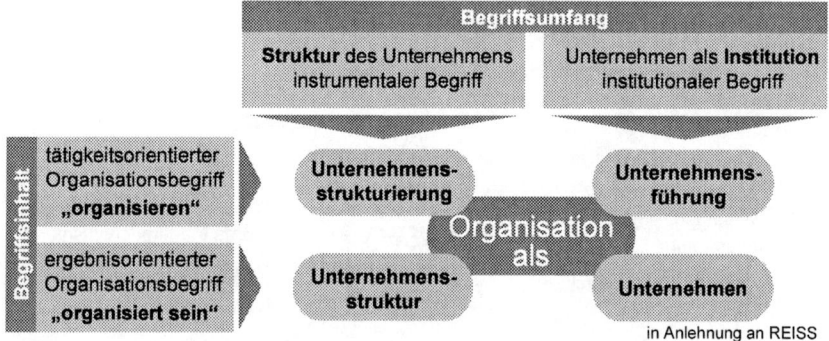

Bild 5: *Unterschiedliche Definitionen des Organisationsbegriffs*

Der Zweck der Organisation besteht darin, die Effektivität und Effizienz der im Unternehmen ablaufenden Prozesse sicherzustellen bzw. zu verbessern [SCHA 92, S. 1465; SCHE 98, S. 21 f]. Durch diese Verknüpfung mit den Unternehmenszielen ist es möglich, die Ziele der Organisation auf die fundamentalen Zieldimensionen des Unternehmens, Kosten, Qualität und Zeit, zurückzuführen[6] [BRAU 96, S. 11]. Als

---

[6] D.h. eine Konformität der Organisationsziele mit den fundamentalen Unternehmenszielen ist herzustellen. Die Messung der Auswirkungen einer Organisationsstruktur auf die Verwirklichung der Unternehmensziele wird jedoch in der Literatur übereinstimmend als unmöglich eingeschätzt [WERD 98, S. 495, FRES 98a, S. 252].

erfolgsbestimmendes Instrumentalziel wird weiterhin die Akzeptanz der eingeführten Organisationsstruktur genannt [KRÜG 92, S. 1585 f; REIS 92, S. 57].

Um diese Ziele zu erreichen, bedienen sich Unternehmen der Organisationsgestaltung, die sich aus der Organisationsplanung, Organisationsimplementierung und Organisationskontrolle zusammensetzt[7] [LAUX 97, S. 583]. Dabei legt die Organisationsplanung fest, welche Organisationsstrukturen innerhalb eines bestimmten Planungshorizonts geschaffen und implementiert werden sollen [DRUM 92, S. 1590]. Im einzelnen umfaßt die Organisationsplanung die folgenden Aufgaben:

- Bereitstellung der informatorischen Grundlagen zur Identifikation von Organisationsproblemen,

- Generierung organisatorischer Alternativen zur Problemlösung,

- Bewertung und Auswahl von Alternativen und

- Vorbereitung der Implementierung [DRUMM 92, S. 1591].

Bedingt durch das der Organisationsgestaltung zugrundeliegenden Problem ist eine prinzipielle Unterscheidung zwischen Neuorganisation und Reorganisation vorzunehmen [SCHI 98, S. 92; DRUM 92, 1590]. In Abhängigkeit von dieser Unterteilung ergibt sich ein unterschiedlich großer Aufwand für die Organisationsimplementierung[8]. An diese Phase schließt sich die Organisationskontrolle an. Sie untergliedert sich in die Bereiche der Umsetzungs-, Wirkungs- und Prämissenkontrolle [LAUX 97, S. 589 f]. Entsprechend der zuvor erläuterten Bestandteile der Organisationsgestaltung ist die vorliegende Arbeit der Phase der Organisationsplanung zuzuordnen.

Um den Untersuchungsbereich weiter abzugrenzen, ist eine Analyse der Dimensionen der Organisationsgestaltung hilfreich (vgl. **Bild 6**). In der ersten Dimension kann zwischen strukturellen und prozessualen Ansätzen unterschieden[9] werden. Der Schwerpunkt der vorliegenden Arbeit liegt entsprechend der Zielsetzung auf der strukturellen Gestaltung und Abgrenzung dezentraler Organisationseinheiten. Prozessuale Aspekte werden zwar einbezogen, jedoch wird keine Prozeßoptimierung im eigentlichen Sinne angestrebt, wie dies beispielsweise durch das Business Process Reengineering geleistet wird.

---

[7] Dieser Ablauf wird in der Literatur zum Teil auch unter dem Begriff Organisationsprozeß beschrieben [SCER 98, S. 67 f].

[8] Für Methoden zur geeigneten Unterstützung von Umsetzungsprojekten vgl. [BREI 99].

[9] vgl. hierzu beispielsweise die Ausführungen von WESTKÄMPER [WEST 94a, S. 421 ff; WEST 94b, S. 491 ff].

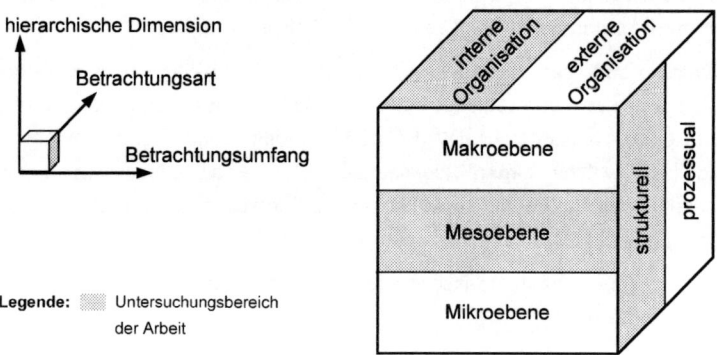

Bild 6: *Dimensionen der Organisationsgestaltung*

Die zweite Dimension führt eine hierarchische Untergliederung des Unternehmens durch. Üblicherweise wird zwischen Makro- (Rahmenstruktur des Unternehmens, Portfolio der Geschäftsfelder), Meso- (Bildung von Werken und Geschäftsbereichen) und Mikroebene (einzelne Stellen und ihre Prozesse) unterschieden [BEHM 97, S. 21; REIS 99, S. 251; SCHA 92, S. 1466 f]. Gemäß der Zielsetzung, Organisationskonzepte für Geschäftsbereiche zu entwickeln, ist die vorliegende Arbeit der Mesoebene zuzuordnen.

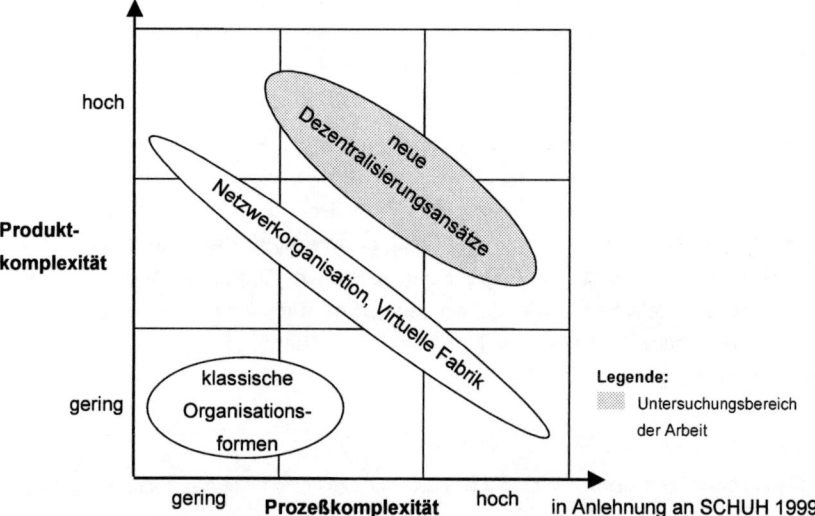

Bild 7: *Anwendungsbereiche verschiedener Organisationsansätze*

Grundlagen 13

Schließlich berücksichtigt die dritte Dimension, daß die Organisationsgestaltung sich nicht nur auf ein einzelnes Unternehmen, sondern auch auf Unternehmenskooperationen beziehen kann. Von den diversen Kooperationsformen ist vor dem Hintergrund der eingangs formulierten Problemstellung insbesondere das Konzept der virtuellen Fabrik[10] interessant, da es eine vergleichbare Zielsetzung im Hinblick auf Flexibilität und Marktnähe verfolgt [SCHU 99, S. 19]. Unterschiede ergeben sich jedoch, wie in **Bild 7** gezeigt, im typischen Anwendungsbereich [SCHU 98, S. 18]. Entsprechend der Zielsetzung wird in der vorliegenden Arbeit jedoch nur die unternehmensinterne Organisation betrachtet.

Zur Organisationsgestaltung bietet die Organisationstheorie eine Vielzahl von Ansätzen. Zu diesen zählen unter anderem der physiologisch-technische, der motivationsorientierte, der entscheidungsorientierte, der systemorientierte sowie der situative Ansatz [BÜHN 99, S. 107 ff; HILL 98, S. 417; KRAL 99, S. 270; WITT 98, S. 12 ff]. Die einzelnen Ansätze unterscheiden sich insbesondere im Hinblick auf das zugrundegelegte Menschenbild und den daraus resultierenden Konsequenzen auf die Organisationsgestaltung [HILL 98, S. 405 f]. Die Zielsetzung dieser Arbeit fordert eine kontextkonforme Gestaltung der Organisation, so daß in den Grundlagen der situative Ansatz[11] zu analysieren ist. In **Bild 8** sind zur Übersicht die Kerngedanken und Annahmen des situativen Ansatzes gezeigt.

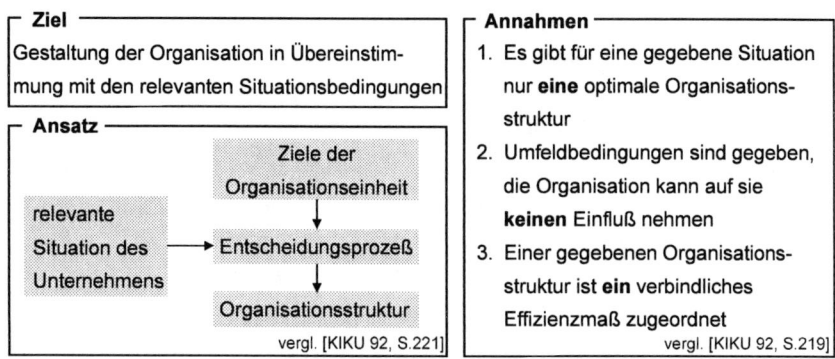

Bild 8:   Situativer Ansatz der Organisationsgestaltung

Als wesentlicher Unterschied zu den anderen Ansätzen wird die Definition der Merkmale einer Organisation als Variablen und damit die Abkehr von der Suche

---

[10] Vgl. hierzu ausführlich [SCHU 98; SCHU 97, S. 8 f], sowie zu den Grenzen virtueller Organisationen [CHEB 96, S. 69 f].

[11] In der englischen und amerikanischen Literatur auch als contingency approach bezeichnet [EISE 96, S. 14].

nach einer generell optimalen Organisationsstruktur genannt [SZUR 99, S. 24]. Weiterhin besteht ein wesentliches Ziel des situativen Ansatzes in der Erklärung von in der Praxis zu beobachtender Strukturunterschiede [SCER 98, S. 76]. Zu den Hauptvertretern des situativen Ansatzes zählen WOODWARD, BURNS, PUGH sowie in der deutschsprachigen Literatur insbesondere KIESER und KUBICEK [BÜHN 99, S. 111, KIKU 92, S. 47 ff; SCHR 99, S. 62].

Um die angestrebten Wirkbeziehungen zwischen Merkmalen der Situation und organisatorischen Gestaltungsvariablen zu ermitteln, stützt sich der situative Ansatz im wesentlichen auf empirische Studien[12]. Diese Untersuchungen analysieren jedoch bis auf wenige Ausnahmen Kontext und Organisation nur auf konzeptioneller Ebene des Gesamtunternehmens, wodurch wesentliche Unterschiede zwischen Unternehmensteilbereichen unberücksichtigt bleiben. Zudem wird zumeist nur eine geringe Anzahl von Einflußfaktoren und Gestaltungsvariablen untersucht, so daß die Aussagekraft der Studien für die vorliegende Arbeit beschränkt ist [SCER 98, S. 81 ff]. Speziell für dezentrale Organisationseinheiten wurden jedoch in der jüngeren Vergangenheit einige Studien durchgeführt. Hierzu zählen unter anderem eine von WOLF sowie eine von FRESE in Zusammenarbeit mit DROEGE&COMP. durchgeführte Untersuchung zur Verbreitung von Profit-Centern, eine Studie von KREUTER und SOLBACH zur rechtlichen Verselbständigung von Profit-Centern, eine ebenfalls von KREUTER durchgeführte Studie zur Anwendung unterschiedlicher Verrechnungspreistypen sowie eine empirische Untersuchung von Fertigungssegmenten durch WILDEMANN [DROE 95; KREU 97a; KREU 97b; WILD 92; WILD 98; WOLF 85]. Für die Konzeption des Entscheidungsmodells werden die Ergebnisse dieser Studien genutzt.

In der Literatur findet sich neben der zuvor angeführten begrenzten Aussagekraft einiger empirischer Studien weitere Kritik am situativen Ansatz, die sich insbesondere auf die dem Ansatz zugrundeliegenden Annahmen konzentriert. Als Hauptkritikpunkt wird der als Umwelt-Determinismus bezeichnete mechanistische Zusammenhang zwischen den Einflußgrößen und der Organisationsstruktur genannt [EISE 96, S. 16]. Damit wird sowohl der postulierte eindeutige Zusammenhang zwischen einer gegebene Situation und einer einzigen daraus resultierenden optimalen Organisation als auch die Verneinung einer Anpassung der Situation durch die Organisationseinheit kritisiert [TÜRK 92, S. 1638; SCER 98, S. 76]. Als Begründung für die Kritik werden in der Praxis zu beobachtende Unterschiede in der Organisation bei vergleichbaren Situationsbedingungen angeführt [EBER 92, S. 1830; KIKU 92,

---

[12] Zum Beispiel sind hier die Untersuchungen von WOODWARD, CHANDLER, LAWRENCE et al. sowie BURNS und STALKER erwähnt [BURN 61; CHAN 62; LAWR 69; WOOD 65]. Für eine ausführliche Darstellung vgl. u.a. [FRESE 98a; KIKU 92; SCHA 94].

S. 219 f]. Weiterhin wird durch BÜHNER und EBERS die vornehmlich empirische Vorgehensweise des situativen Ansatzes kritisiert. Sie bemängeln eine fehlende theoretische Begründung der postulierten Zusammenhänge zwischen Kontextfaktoren und Gestaltungsparametern der Organisation [BÜHN 99, S. 112 f; EBER 92, S. 1829].

Es ist jedoch in geeigneter Weise der zuvor genannten Kritik zu begegnen. Der oben erläuterte Vorwurf des Umwelt-Determinismus ist einerseits einleuchtend, andererseits ist eine Beliebigkeit der Organisationsgestaltung nicht nachvollziehbar. Dementsprechend sind von dem zu entwickelnden Entscheidungsmodell für eine gegebene Situation organisatorische Alternativen zu entwickeln, wenn eine eindeutige Handlungsempfehlung nicht möglich ist. Die Systemtheorie belegt eindeutig die Existenz von Wechselwirkungen zwischen Unternehmen und ihrer Umwelt [PROB 91, S. 7], so daß von einer zumindest mittelfristigen Gestaltungsmöglichkeit der Situationsbedingungen durch das Unternehmen auszugehen ist. Diese Möglichkeit ist durch das Entscheidungsmodell entsprechend zu unterstützen. Schließlich ist eine theoretische Fundierung empirischer Befunde zu gewährleisten. Dies wird mit der eingangs (Kap. 1) formulierten theoretisch induktiven Generierung organisatorischer Wirkbeziehungen und deren anschließender empirischer Validierung in der vorliegenden Arbeit geleistet[13].

2.2.2 ENTSCHEIDUNGSTHEORIE

In Abhängigkeit von der verfolgten Zielsetzung werden die deskriptive und präskriptive Entscheidungstheorie unterschieden [BAMB 96, S. 2 ff]. Dabei sucht die *deskriptive Entscheidungstheorie* nach Gesetzmäßigkeiten zur Erklärung und Prognose des in der Realität anzutreffenden Entscheidungsverhaltens [SALI 98, S. 1]. Hingegen ist es das Ziel der *präskriptiven Entscheidungstheorie*, den Entscheider zu unterstützen, um bei einem gegebenen Entscheidungsproblem eine rationale[14] Entscheidung zu treffen [SALI 98, S. 1]. In diesem Zusammenhang wird unter einer Entscheidung die bewußte Wahl einer Handlungsmöglichkeit aus zwei oder mehreren Alternativen verstanden [DINK 96, S. 1; WITE 92, S. 552]. Da mit der vorliegenden Arbeit eine Unterstützung für die Organisationsgestaltung angestrebt wird, ist sie dem Themengebiet der präskriptiven Entscheidungstheorie zuzuordnen.

---

[13] In dieser Arbeit wird versucht, die Defizite des situativen Ansatzes zu überwinden. Dabei konzentriert sich die Arbeit jedoch entsprechend der Zielsetzung lediglich auf dezentrale Organisationseinheiten produzierender Unternehmen, so daß die Arbeit keinesweges den Anspruch erhebt, die situative Organisationstheorie in ihrer Breite zu ergänzen.

[14] Zur Gewährleistung einer rationalen Entscheidung ist sowohl ein Zielbezug als auch eine Zukunftsorientierung zu gewährleisten [NITZ 96, S. 3].

Zur Strukturierung einer gegeben Entscheidungssituation bietet sich in der präskriptiven Entscheidungstheorie eine Vielzahl von Klassifizierungskriterien an. Diese sind gemeinsam mit einer Charakterisierung der in dieser Arbeit betrachteten Entscheidungssituation in **Bild 9** gezeigt.

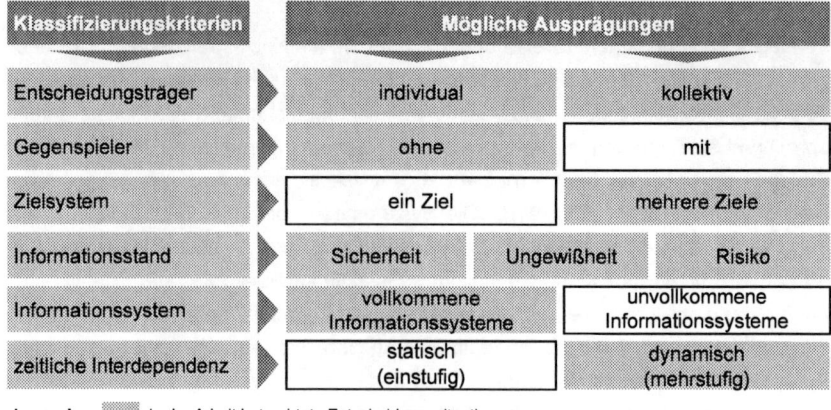

Legende: ▓ in der Arbeit betrachtete Entscheidungssituationen

Bild 9: *Klassifizierung der vorliegenden Entscheidungssituation*

In Abhängigkeit von der Anzahl der Entscheider wird zwischen Individual- und Kollektiventscheidungen differenziert [LAUX 98, S. 401]. Dabei erfordert die Komplexität der Probleme zumeist ein Zusammenwirken verschiedener Experten, so daß Kollektiventscheidungen in der Praxis eine hohe Bedeutung zukommt [EISE 99, S. 311].

Liegt eine Entscheidungssituation mit mindestens zwei Personen vor, die jeweils autonom entscheiden und deren Einzelentscheidungen zu einer Beeinflussung der anderen Personen führen, wird von einer Entscheidung mit Gegenspieler gesprochen [BITZ 81, S. 215 ff]. Mit dieser speziellen Form der Entscheidungssituation beschäftigt sich die Spieltheorie [EISE 99, S. 316], für die Organisationsgestaltung ist die Betrachtung von Gegenspielern jedoch von untergeordneter Bedeutung, so daß sie hier ausgeschlossen wird.

Um eine rationale Entscheidung treffen zu können, sind Ziele notwendig. Zur Klassifizierung wird zwischen Entscheidungen unter einem bzw. unter mehreren Zielen differenziert [BAMB 96, S. 36]. Liegen mehrere Ziele vor, ist eine geeignete Präferenzfunktion zur Zielaggregation zu formulieren. Für den vorliegenden Anwendungsfall ist zur hinreichenden Abbildung der Realität vom mehreren Zielen auszugehen.

Ein weiteres wesentliches Klassifizierungsmerkmal betrifft den Informationsstand der für die Entscheidung benötigten Daten. Üblicherweise wird zwischen Entscheidungen

Grundlagen 17

unter Sicherheit, Ungewißheit[15] und Risiko unterschieden [LAUX 98, S. 22]. Sicherheit liegt dabei dann vor, wenn der Entscheider alle für die Entscheidung notwendigen Daten kennt. Bei Ungewißheit kennt der Entscheider zwar die möglichen Ausprägungen der relevanten Daten, kann ihnen jedoch keine Eintrittswahrscheinlichkeiten zuordnen. Schließlich besteht eine Risikosituation, wenn der Entscheider die Eintrittswahrscheinlichkeiten der denkbaren Ausprägungen der benötigten Daten einschätzen kann [DINK 96, S. 62 f]. Aufgrund der Heterogenität der für die Organisationsgestaltung benötigten Informationen ist zu erwarten, daß alle drei Informationsstände auftreten können. Das Entscheidungsmodell ist daher entsprechend allgemeingültig auszulegen.

In Abhängigkeit von der Frage, ob aus den vorhandenen Informationen eindeutig auf den Zustand einer gesuchten Information geschlossen werden kann, wird zwischen vollkommenen bzw. unvollkommenen Informationssystemen differenziert [BAMB 96, S. 18]. Da mit vollkommenen Informationssystemen eine höhere Entscheidungsqualität und ein geringerer Aufwand erzielt werden können, wird diese Form in der vorliegenden Arbeit angestrebt[16].

Schließlich stellt die zeitliche Interdependenz der Einzelentscheidungen ein weiteres Klassifizierungskriterium dar. Bestehen zwischen den einzelnen Entscheidungen eines gegebenen Problems Interdependenzen, so daß vorherige Entscheidungen die Folgeentscheidungen beeinflussen und das Gesamtergebnis von der Reihenfolge der Entscheidungen abhängt, spricht man von mehrstufigen bzw. dynamischen Entscheidungen [BAMB 96, S. 37]. Andernfalls liegt eine einstufige bzw. statische Entscheidung vor. Für die Organisationsgestaltung ist zu erwarten, daß die einzelnen Gestaltungsparameter nicht überschneidungsfrei formuliert werden können, so daß eine dynamische Entscheidungssituation vorliegt.

Als Hilfsmittel zum Treffen effizienter, rationaler Entscheidungen wurden sogenannte Entscheidungsunterstützungssysteme[17] entwickelt [SAGE 91, S. 1]. Üblicherweise werden Entscheidungsunterstützungssysteme bei komplexen, schlecht strukturierten Entscheidungssituationen eingesetzt, für die eine DV-Unterstützung erforderlich ist [ZWIC 97, S. 868 f]. Sie bestehen aus drei Kernelementen, dem Datenbank-Management-System, dem Modell-Management-System sowie dem Dialogerzeuger (vgl. **Bild 10**) [VASZ 95, S. 157]. Dabei kommt insbesondere dem Dialogerzeuger eine hohe Bedeutung zu, da die Akzeptanz des Systems wesentlich von der Ausgestaltung der Benutzerschnittstelle beeinflußt wird [SAGE 91, S. 15].

---

[15] Auch als Unsicherheit im engeren Sinne bezeichnet [LAUX 98, S. 22].

[16] Zur weiteren Berücksichtigung dieses Aspektes vgl. Kap. 4.5.2.

[17] Im Englischen häufig als decision support system bezeichnet [VAZS 95, S. 156].

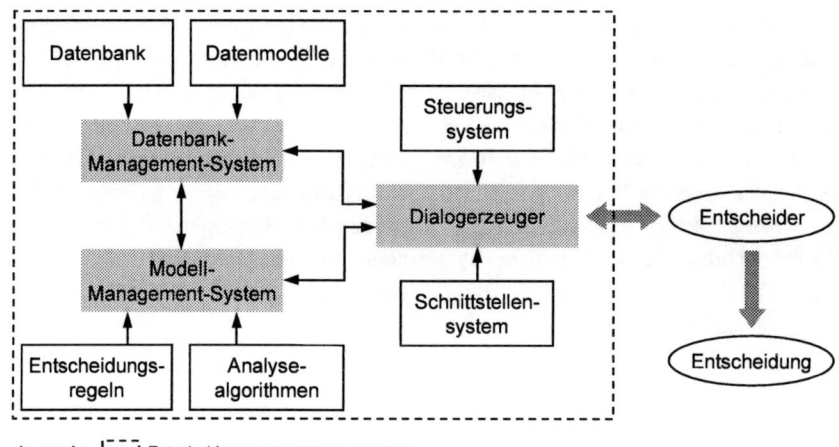

Legende: ⌐ ¬ Entscheidungsunterstützungssystem

Bild 10: Aufbau von Entscheidungsunterstützungssystemen

2.2.3 TECHNOLOGIEMANAGEMENT

Da in der vorliegenden Arbeit ein Entscheidungsmodell zur Organisationsgestaltung für Geschäftseinheiten produzierender Unternehmen entwickelt werden soll, ist eine Analyse der entsprechenden Grundlagen des Technologiemanagement erforderlich. Um ein Verständnis von Technologiemanagement zu gewinnen, ist zunächst eine Klärung der Begriffe Technologie und Technik notwendig [SPUR 98, S. 105]. Unter Technologie[18] wird das Wissen um naturwissenschaftlich-technische Zusammenhänge verstanden, soweit es Anwendung bei der Lösung technischer Probleme finden kann [PERI 87, S. 12]. Technik bezeichnet hingegen die materiellen Ergebnisse der Problemlösungsprozesse, ihre Herstellung und ihren Einsatz [BULL 93, S. 30].

Das Technologiemanagement basiert auf dem oben genannten Technologie- und Technikverständnis und wird von BULLINGER als integrierte Planung, Gestaltung, Optimierung, Einsatz und Bewertung von technischen Produkten und Prozessen aus der Perspektive von Mensch, Organisation und Umwelt definiert [BULL 96, S. 4-26]. In Anlehnung an das St. Galler Managementmodell ist eine Unterteilung in die Ebenen normatives, strategisches und operatives Technologiemanagement üblich [SPUR 98, S. 111; BULL 96, S. 4-30 ff]. In **Bild 11** sind den einzelnen Ebenen ihre Ziele sowie ihre typischen Aufgaben zugeordnet (vergl. hierzu [BULL 93, S. 80 ff;

---

[18] In der Arbeit wird die in der Literatur übliche Definition der Begriffe Technologie und Technik verwendet. Es existieren jedoch noch weitere Definitionen, die beispielsweise von PELZER sowie PERILLIEUX detailliert vorgestellt werden [PELZ 99, S. 7 f; PERI 87, S. 11 ff].

WOLR 91, S. 78 ff]). Für die Organisationsgestaltung sind Einflüsse aus allen Ebenen des Technologiemanagement von Relevanz.

Technologiemanagement		
normativ Berücksichtigung der längerfristigen Wechselwirkungen von Technik, Gesellschaft, Wirtschaft und Ökologie [BULL 96, S.4-30] **Aufgaben** • Entwicklung einer technologischen Vision • Festlegung der Technologiepolitik	**strategisch** Aufbau und Schutz von strategischen Erfolgspositionen durch geeigneten Einsatz von Produkt- und Verfahrenstechnologien [KRAR 94, S.267; SPEC 95, S.492] **Aufgaben** • Früherkennung • strategische Analyse • Strategieformulierung • Implementierung der Vorgaben • Kontrolle	**operativ** kurz- bis mittelfristige Umsetzung technologischer Erfolgspositionen [EVER 96a, S.10-41] **Aufgaben** Koordination der Aktivitäten im Hinblick auf • Mengen • Zeit • Kosten • ...

Bild 11: Ziele und Aufgaben des Technologiemanagement

Im Hinblick auf die in den einzelnen Ebenen einzusetzenden Hilfsmittel werden in der Literatur insbesondere für den Bereich des strategischen Technologiemanagement verschiedene Methoden und Modellen angeführt. Als Beispiele sind Lebenszyklus-Konzepte, Technologieportfolii, der Technologiekalender sowie die strategische Verflechtungsmatrix genannt [BULL 96, S. 4-38 ff; PELZ 99, S. 24 ff].

Von diesen stellen Lebenszyklus-Konzepte den bekanntesten Ansatz dar. In Analogie zu allgemein in der Natur beobachtbaren Vorgängen gehen Lebenszyklus-Konzepte davon aus, daß sich auch die Umwelt eines Produktes oder einer Technologie wandelt und somit fast alle Produkte und Technologien eine begrenzte Lebensdauer haben [BULL 93, S. 102]. Entsprechend der Stellung im Lebenszyklus gelten unterschiedliche Randbedingungen und es können geeignete Handlungsempfehlungen abgeleitet werden. In der Literatur sind verschiedene Konzepte[19] bekannt, die den Lebenszyklus einer Technologie in 3 bis 6 Phasen unterteilen [PERI 87, S. 30 ff]. In **Bild 12** ist in Anlehnung an BULLINGER exemplarisch ein vierphasiger Lebenszyklus zusammen mit den von MICHEL für die einzelnen Phasen

---

[19] Hierzu zählen unter anderem die Konzepte von A. D. LITTLE, MC KINSEY, PFEIFFER, FORD und RYAN etc. [WOLR 91, S. 97].

entwickelten Indikatoren dargestellt [BULL 93, S. 110, MICH 87, S. 67]. Kritisch wird die Einordnung einer Technologie in die einzelnen Phasen des Lebenszyklus beurteilt. Dies wird insbesondere mit einer unterschiedlichen Verbreitung von Technologien in verschiedenen Branchen und damit einer z.T. erheblichen Abweichung des Lebenszyklus von der idealtypischen Form begründet [PELZ 99, S. 26]. Trotz der Kritik ist mit Hilfe des Technologielebenszyklus-Konzeptes eine geeignete, abstrakte Berücksichtigung technologischer Randbedingungen möglich, die für die Organisationsgestaltung genutzt werden können.

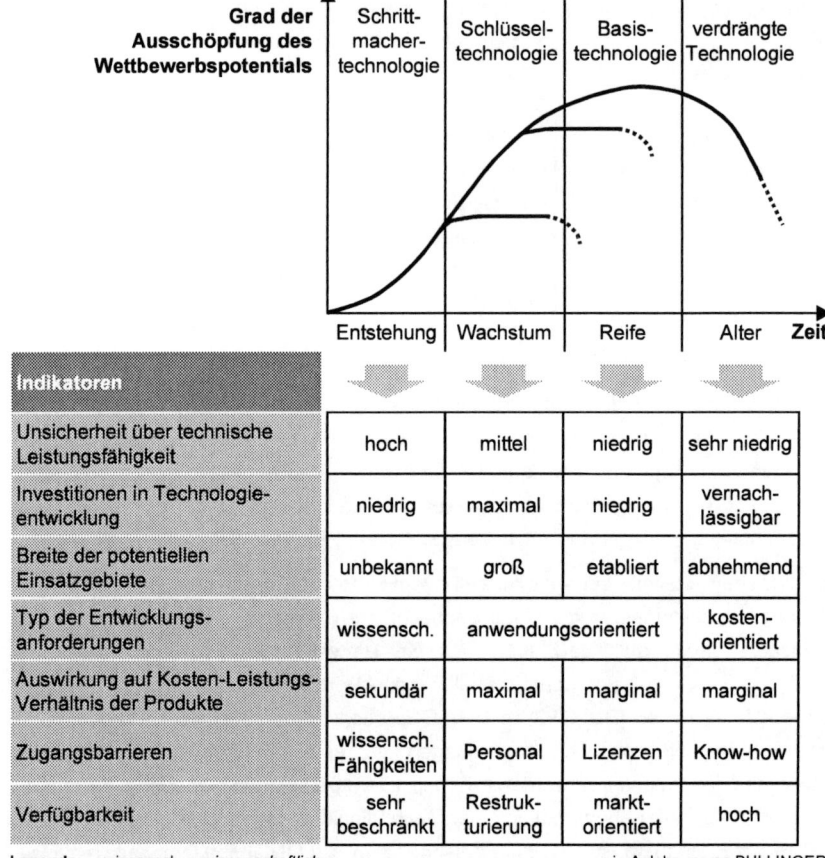

Bild 12: Technologie-Lebenszykluskonzept

Aus organisatorischer Sicht ist als weitere Methode die strategische Verflechtungsmatrix (SVM) interessant, da sie eine Verbindung zwischen dem Technologiemanagement und der Organisationsgestaltung herstellt. Von SOMMERLATTE und

Grundlagen 21

WALSH entwickelt, ordnet die SVM vom Unternehmen besetzte strategische Technologiefelder[20] (STF) den strategischen Geschäftsfeldern[21] (SGF) zu (vgl. **Bild 13**) [SOMM 83, S. 128 ff]. Für den Aufbau neuer STF-SGF-Kombinationen werden zwei Ansätze unterschieden. Eine Market-Pull Strategie liegt vor, wenn zur Befriedigung am Markt erkannter Bedarfe intern neue STF aufgebaut werden, um mit entsprechenden Produkten den Bedarf zu befriedigen. Hingegen wird von einer Technology-Push Strategie gesprochen, wenn technologische Erkenntnisse und Entwicklungen sowie daraus entstandene Produktideen Ausgangspunkt und Ursache für den Aufbau neuer SGF sind [BLEI 95, S. 587 f].

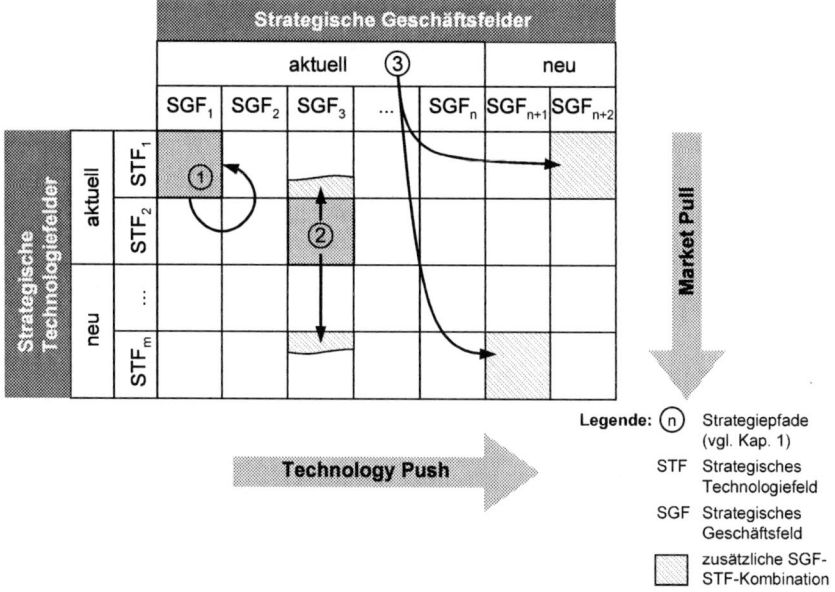

Bild 13:   *Strategische Verflechtungsmatrix*

Die SVM erlaubt es, die in Kap. 1 vorgestellten Strategiepfade zur Sicherung einer langfristigen Wettbewerbsfähigkeit abzubilden (vgl. Bild 13). Der erste Strategiepfad

---

[20] Unter einem STF wird ein in den Dimensionen Theorie, Know-how und Technik abgrenzbarer analytischer Raum verstanden, dessen zugehörige Technologien ein Problemlösungspotential aufweisen und aus dem sich technologische Erfolgspositionen aufbauen lassen [BULL 93, S. 92].

[21] Bei strategischen Geschäftsfeldern handelt es sich um Marktmodule, die jeweils ein autonomes Erfolgspotential aufweisen und in denen sich spezifische Wettbewerbspotentiale erzielen lassen [BULL 93, S. 84]. Im Anschluß an die Abgrenzung der SGF werden diese dann einzeln oder in geeigneter Kombination organisatorischen Einheiten (z.B. den strategischen Geschäftseinheiten, vgl. Kap. 2.3) zugeordnet.

fordert eine Reorganisation und ein Straffen des Kerngeschäftes. Er führt zu keiner Veränderung in der strategischen Verflechtungsmatrix. Im Unterschied dazu wird beim zweiten Strategiepfad deutlich, daß eine Erweiterung des bestehenden strategischen Geschäftsfeldes um neue Technologiefelder angestrebt wird. Dabei ist sowohl eine Integration bestehender als auch neuer Technologiefelder möglich. Mit dem dritten Strategiepfad werden neue strategische Geschäftsfelder begründet. Beruhen diese auf bestehenden strategischen Technologiefeldern, ist die Strategie dem Technology-Push zuzuordnen. Im Falle neuer Technologiefelder handelt es sich um Market-Pull Strategien.

Als wesentlichen Erfolgsfaktor für ein effizientes Technologiemanagement nennt ZAHN eine Übereinstimmung von Strategie, Technologie und Struktur [ZAHN 95, S. 28]. Dies unterstreicht auch BLEICHER, indem er zielführende Strategien, strukturelle Anpassungen der Organisation und eine Entwicklung der Unternehmenskultur als Voraussetzungen für erfolgreiches Technologiemanagement fordert [BLEI 95, S. 580]. Diese Aussagen belegen die Notwendigkeit, die Aspekte des Technologiemanagement bei der Organisationsgestaltung von produzierenden Unternehmen einzubeziehen. Übereinstimmend mit dem dieser Arbeit zugrundeliegenden Ansatz fordert SPECHT eine situationsabhängige Berücksichtigung des Technologiemanagement bei der Organisationsgestaltung [SPEC 95, S. 294 f].

2.3 RELEVANTE ANSÄTZE ZUR GESTALTUNG DEZENTRALER ORGANISATIONSEINHEITEN

Die vorangegangene Darstellung und Analyse der Organisation dezentraler, produzierender Geschäftseinheiten hat den Handlungsbedarf für eine methodische Unterstützung zur systematischen Organisationskonzeption und -optimierung klar aufgezeigt. Nachfolgend sollen sowohl bereits in der betrieblichen Praxis etablierte Konzepte als auch wissenschaftliche Forschungsansätze vorgestellt und im Hinblick auf ihre Eignung zur Lösung der vorliegenden Aufgabenstellung bewertet werden. Aufbauend auf dieser Bewertung wird der methodisch-inhaltliche Handlungsbedarf dieser Arbeit abgeleitet.

In der betrieblichen Praxis werden eine Vielzahl von Konzepten zur Dezentralisierung angewendet. Zu den bekanntesten zählen Fraktal, Fertigungssegmentierung, Fertigungsinsel, Fertigungszelle, Geschäftssegmentierung, Division, strategische Geschäftseinheit und Center. Dabei ist sowohl in der Praxis als auch in der die Konzepte beschreibenden Theorie eine Begriffsunschärfe vorzufinden [KULL 98, S. 42; NEDE 97, S. 26; REIS 94, S. 210], die die Notwendigkeit der folgenden Abgrenzung unterstreicht. Ein wesentliches Differenzierungsmerkmal der zuvor genannten Konzepte ist ihre typische Anwendungsebene in der Unternehmenshierarchie. Als Gemeinsamkeit der Konzepte ist ihre überwiegend positive Darstellung in der Literatur zu nennen. Durch den Einsatz erreichte Verbesserungspotentiale in Höhe einer bis zu 50-prozentigen Senkung von Durchlaufzeiten und Kosten sowie entsprechende Qualitätsverbesserungen werden häufig berichtet [MAYE 96, S. 34; KÖNG 94, S. 68; MÜLA 98, S. 343 ff; WILH 97, S. 122 ff; WERT 95, S. 38]. Schwierigkeiten bei der Einführung sowie Anwendungsgrenzen der Konzepte werden jedoch nur sehr selten genannt, obwohl sie für die Praxis von hoher Relevanz sind [EVER 99, S. 20 ff].

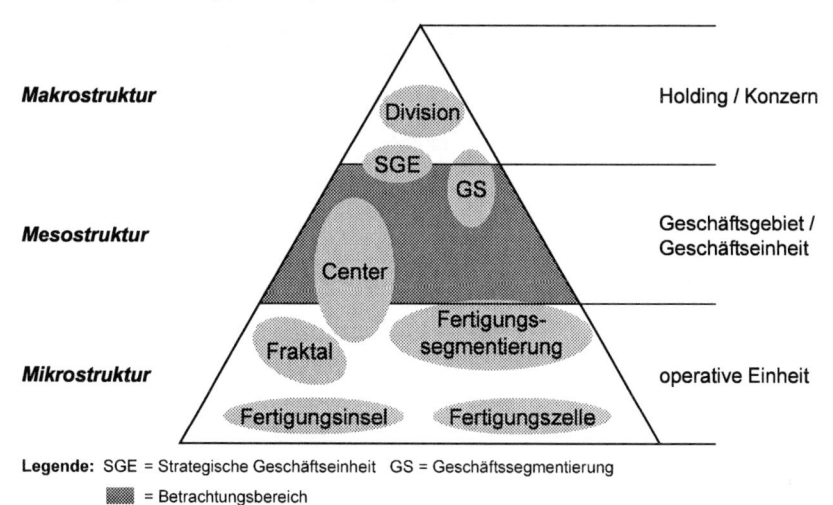

Bild 14: Hierarchische Abgrenzung von Dezentralisierungsansätzen der betrieblichen Praxis

Bild 14 zeigt, daß die Konzepte der Fertigungsinsel und –zelle im Vergleich zum Untersuchungsraum der vorliegenden Arbeit deutlich andere Anwendungsbereiche adressieren, so daß sie in der Abgrenzung zwar erwähnt, jedoch nicht detailliert analysiert werden[22].

Divisional-/ Spartenorganisation

Kennzeichnendes Merkmal einer divisionalen Organisationsstruktur ist eine Objektgliederung auf der zweiten Hierarchieebene des Unternehmens. Die dadurch gebildeten Sparten verfügen über alle wesentlichen erfolgsbestimmenden Funktionsbereiche, um wirtschaftlich autonom agieren zu können [FRES 98, S. 399]. Erstmals in den USA bei DuPont und General Motors in den 20er Jahren angewendet, werden

---

[22] Für eine ausführliche Darstellung der Konzepte von Fertigungszellen und –inseln vgl. u.a. [BART 95, S. 46 ff].

heute insbesondere diversifizierte Großunternehmen mit Hilfe der Spartenorganisation geführt [BÜHN 92, S. 2275; SCHR 99, S. 146 f].

Im Vergleich zur funktionalen Organisation weist die Spartenorganisation einen höheren Bedarf an qualifiziertem Personal auf. Zudem sind aufwendige Koordinationsmechanismen notwendig, um das unternehmensweite Gesamtoptimum zu erzielen [HILL 94, S. 187]. In der Literatur wird die divisionale Organisation zwar zur Gruppe der Dezentralisierungsansätze zugeordnet, sie unterscheidet sich jedoch erheblich von den anderen Ansätzen im Hinblick auf die Hierarchieebene, in der die Gliederung erfolgt.

Strategische Geschäftseinheiten

Strategische Geschäftseinheiten (SGE) kennzeichnen abgrenzbare Bereiche eines Unternehmens, mit denen sich Wettbewerbsvorteile in strategischen Geschäftsfeldern (SGF) erzielen lassen [BULL 93, S. 86]. Dabei wird unter einem SGF eine homogene Produkt-Markt-Kombination verstanden, die sich eindeutig von anderen Produkt-Markt-Kombinationen im Unternehmen unterscheidet [VAHS 99, S. 183; NEDE 97, S. 26]. Grundlegende Idee dieser Strukturierung ist eine klare Abgrenzung und Zuordnung von Unternehmensressourcen (den SGE) zu Erfolgspotentialen spezifischer Märkte (den SGF). Ihre Anwendung finden SGE auf der Ebene von Geschäftsbereichen.

Die Ziele zur Einführung von SGE entsprechen überwiegend denen anderer Konzepte zur Dezentralisierung. Zusätzlich wird die Unterstützung des strategischen Planungsprozesses als eine Zielsetzung zur Bildung von SGE genannt [WILD 98, S. 55]. Der wesentliche Unterschied zu anderen Konzepten besteht jedoch darin, daß SGE zur Sekundär- und nicht zur Primärorganisation[23] eines Unternehmens zählen [VAHS 99, S. 182 f; HOMB 91, S. 37]. Befürworter der SGE sehen hierin den Vorteil einer schnellen Anpassung der Organisation an sich ändernde Strategien [HÖGE 97, S. 148]. Dem ist jedoch entgegenzuhalten, daß die Sekundärorganisation aufgrund einer Mehrfachzuordnung von Kompetenzen und Verantwortung zu erheblichen Widerständen und Reibungsverlusten innerhalb des Unternehmens führen kann [VAHS 99, S. 187]. Für den vorliegenden Anwendungsfall erweist es sich zudem als nachteilig, daß das Konzept der SGE die Besonderheiten produzierender Unternehmen nicht explizit berücksichtigt. Weiterhin liefert die Literatur kaum Systematisierungshilfen für die Bildung und Abgrenzung der SGE [HOMB91, S. 37].

---

[23] Unter der Primärorganisation wird die klassische Aufbauorganisation verstanden, wie sie sich etwa in Organigrammen ausdrückt. Wird diese Struktur durch weitere Regeln zu Kommunikationswegen, Entscheidungsbefugnissen oder Verantwortlichkeiten, wie beispielsweise Gremien, Ausschüsse, etc., überlagert, spricht man von der Sekundärorganisation [REIS 99, S. 251].

Geschäftssegmentierung

Der von FRESE entwickelte Ansatz zur Geschäftssegmentierung läßt sich auf folgendes Gestaltungsprinzip zurückführen: ein relativ überschaubares und möglichst abgeschlossenes Aufgabenfeld wird einer relativ kleinen Anzahl von Personen zugewiesen [FRES 93, S. 1004]. Diese unscharfe Definition wird von FRESE durch Effizienzkriterien und eine Strategiebetrachtung konkretisiert [FRES 93, S. 1006 ff]. So soll in Abhängigkeit von der erreichten Ressourcen-, Markt- und Prozeßeffizienz sowie der Konformität mit der Wettbewerbsstrategie die betrachtete Organisationseinheit vom restlichen Unternehmen abgegrenzt werden. Vergleichbar mit der Spartenorganisation setzt auch die Geschäftssegmentierung auf einer hohen Hierarchieebene des Unternehmens an.

Kritisch ist anzumerken, daß FRESE zwar die Notwendigkeit zur kontinuierlichen Überprüfung der Strategiekonformität der Organisation beschreibt, die von ihm angeführten Handlungsempfehlungen jedoch nur Beispielcharakter haben und keineswegs vollständig sind [FRES 93, S. 1011; CORS 95, S. 143]. Sie sind wichtige Bestandteile für die theoretische Diskussion, leisten aufgrund ihrer geringen Operationalisierung jedoch nur eine begrenzte Unterstützung für die praktische Anwendung.

Center-Konzeption

Einen weiteren, in der Praxis sehr verbreiteten Ansatz stellt die Center-Konzeption dar. Im Unterschied zu den zuvor beschriebenen Ansätzen der Dezentralisierung ist die Center-Konzeption ein Oberbegriff für eine Reihe weiterer Teilkonzepte. Zu diesen zählen unter anderem Profit-, Cost-, Investment-, Business-Center etc. [SCHA 94, S. 117f; FRIL 93, S. 831]. Dabei wird allgemein unter einem Center ein abgeschlossener Aufgabenbereich eines Unternehmens verstanden, für den eine eigene Erfolgsmessung zur Beurteilung und Steuerung eingesetzt wird [FRIE 96, S. 986]. In Abhängigkeit vom verfolgten Centertyp (Profit-, Cost-Center, etc.) werden unterschiedliche Ziele oder Abgrenzungskriterien angewendet (vgl. Bild 15).

Um die verschiedenen Centertypen[24] zu strukturieren, ist eine Differenzierung zwischen Ergebnis- und Aufgabenorientierung möglich. Ziel der Ergebnisorientierung ist es, rechnungstechnische Einheiten zu bilden, denen ein bestimmter Erfolg zugeordnet werden kann. Als Erfolgsmaßstäbe werden die Einhaltung von Kostenbudgets, der Gewinn, die Rendite, etc. eingesetzt. Wesentlich ist, daß auch bei rechnungstechnischer Abgrenzung nicht buchhalterische Abrechnungseinheiten geschaffen werden, sondern eine Erfolgsbeurteilung vorgenommen wird [NEUF 96, S. 16 f], die eine entsprechende Erfolgsbeeinflussung der Center impliziert. Im Unterschied

---

[24] Bild 15 zeigt eine Auswahl der bekanntesten Centertypen, die vor dem Hintergrund theoretischer Relevanz und praktischer Verbreitung getroffen wurde.

dazu wird bei der Aufgabenorientierung eine leistungstechnische Strukturierung vorgenommen, um einen abgeschlossenen Aufgabenbereich innerhalb des Unternehmens organisatorisch zusammenzufassen und vom restlichen Unternehmen abzugrenzen. Es wird bei dieser Differenzierung nicht zwischen alternativen, sondern zwischen parallelen und sich ergänzenden Ansätzen unterschieden. So ist es beispielsweise möglich, eine Unternehmenseinheit leistungstechnisch zu strukturieren und rechnungstechnisch zu steuern sowie zu kontrollieren [EVER 99, S. 19]. Die einzelnen Centertypen weisen einen unterschiedlichen Verbreitungsgrad in der Praxis auf; Profit- und Cost-Center zählen sowohl in der Theorie als auch in der Praxis zu den bekanntesten Konzepten.

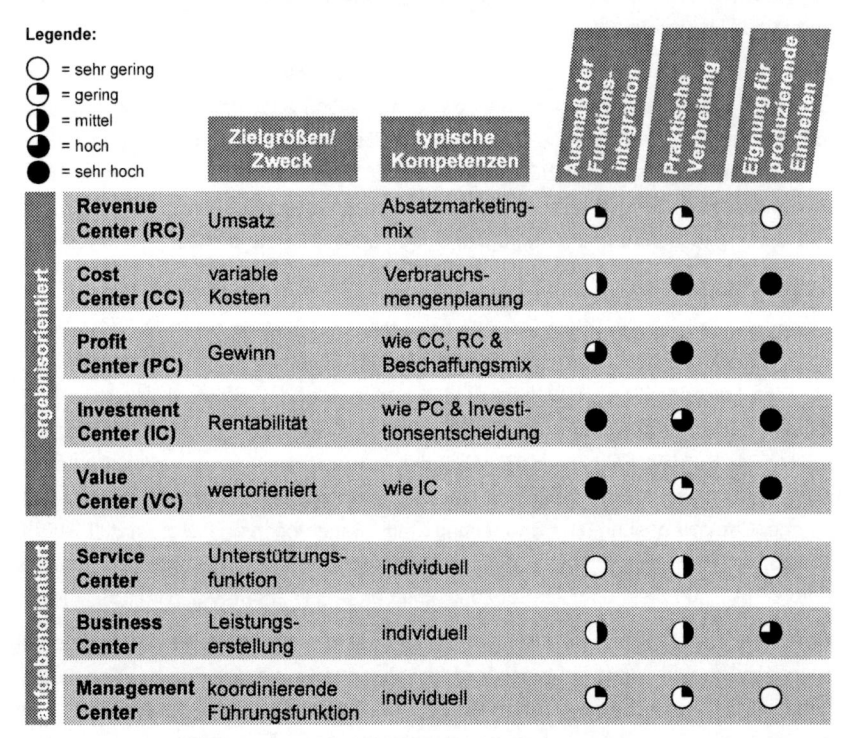

Legende:
○ = sehr gering
◐ = gering
◑ = mittel
◕ = hoch
● = sehr hoch

		Zielgrößen/ Zweck	typische Kompetenzen	Ausmaß der Funktions-integration	Praktische Verbreitung	Eignung für produzierende Einheiten
ergebnisorientiert	Revenue Center (RC)	Umsatz	Absatzmarketing-mix	◐	◐	○
	Cost Center (CC)	variable Kosten	Verbrauchs-mengenplanung	◑	●	●
	Profit Center (PC)	Gewinn	wie CC, RC & Beschaffungsmix	◕	●	●
	Investment Center (IC)	Rentabilität	wie PC & Investitionsentscheidung	●	◕	●
	Value Center (VC)	wertorientiert	wie IC	●	◐	●
aufgabenorientiert	Service Center	Unterstützungs-funktion	individuell	○	◑	○
	Business Center	Leistungs-erstellung	individuell	◑	◑	◕
	Management Center	koordinierende Führungsfunktion	individuell	◐	◐	○

Bild 15: Abgrenzung unterschiedlicher Center-Konzepte

Die Entwicklung der Center-Konzeption ist eng mit der der divisionalen Organisation verbunden [SCHW 92, S. 2079 f]. So werden sowohl Profit- als auch Cost-Center häufig zur organisatorischen Ausgestaltung und Operationalisierung von Sparten eingesetzt. Erste Anwendungen des Center-Konzeptes werden von DuPont und General Motors in den 20er Jahren berichtet [KREU 97a, S. 224], dies erfolgte jedoch ohne eine entsprechende theoretische Fundierung des Konzeptes. Heute liegt der typische Anwendungsbereich von Centern sowohl bei großen als auch mittelständischen Unternehmen [FRIE 96, S. 986].

Das Ziel der Centereinführung kann mit der Schaffung von Unternehmen im Unternehmen zusammenfassend beschrieben werden [SCHW 92, S. 2082]. Im einzelnen wird eine Erhöhung von Flexibilität, Kundennähe, Motivation, Transparenz und wirtschaftlicher Effizienz angestrebt [WILD 99, S. 49 f], um auf die gestiegene Komplexität der Planungs- und Steuerungsaufgaben zu reagieren [FRIL 93, S. 833].

Als Kritik an der Center-Konzeption ist anzuführen, daß in der Theorie zwar verschiedene Centertypen beschrieben werden, ihre Eignung für den jeweiligen Anwendungsfall jedoch nur anhand eines rechnungs- bzw. leistungstechnischen Kriteriums beurteilt wird. Eine detaillierte Berücksichtigung unternehmensinterner und –externer Randbedingungen bei der Gestaltung dezentraler Organisationseinheiten bleibt aus. Weiterhin ist nur eine begrenzte Auswahl der Centertypen prinzipiell für produzierenden Geschäftseinheiten geeignet. Diese berücksichtigen die Besonderheiten produzierender Unternehmen jedoch nur unzureichend. Eine Ursache dafür besteht in der Entwicklung des Center-Konzeptes im Bereich der Betriebswirtschaft und der damit verbundenen Ausrichtung auf die Aspekte der Steuerung und des Controlling [CORS 95, S. 143; FRIE 96, S. 990 ff].

Fraktal

Der Begriff des Fraktals wurde von WARNECKE den neueren Mathematikwissenschaften entliehen und bezeichnet ursprünglich Organismen und Gebilde in der Natur, die mit wenigen, sich wiederholenden Bausteinen zu sehr vielfältigen, komplexen und zugleich aufgabenangepaßten Lösungen gelangen. WARNECKE versteht im Bereich der Organisationstheorie unter Fraktalen selbständig agierende Unternehmenseinheiten, deren Ziele und Leistungen eindeutig beschreibbar sind [WARN 96, S. 141]. Trotz der wenig konkret gehaltenen Grundaussagen zum Fraktal lassen sich die folgenden fünf Charakteristika benennen: Selbstähnlichkeit, Selbstorganisation, Selbstoptimierung, Zielorientierung und Dynamik [BRAH 95, S. 26; WARN 96, S. 143 ff]. Dabei besteht der Kerngedanke der fraktalen Fabrik in einem Wandel der Unternehmenskultur, wie dies schon der Untertitel des von WARNECKE verfaßten Buches andeutet [BRAH 95, S. 28].

In der Literatur und auch in Praxisberichten wird die Anwendung des Fraktal-Konzeptes mehrheitlich auf niedriger Hierarchieebene beschrieben [WARN 95b, S. 1 ff]. So wird beispielsweise trotz der geforderten Aufgabenintegration zwischen Vertriebs-, Beschaffungs-, Fertigungs-, Montage- und Versandfraktal unterschieden [HAHN 99a, S. 138].

Die Hauptkritik an der fraktalen Fabrik richtet sich auf die mangelnde Operationalisierung des Konzeptes sowie die unzureichende Herausstellung von Anwendungsgrenzen, die insbesondere durch die vorhandene Mitarbeiterstruktur gegeben sind [DRUM 96, S. 7; ZAHN 97, S. 148]. In bezug auf den zweiten Kritikpunkt bestätigt WARNECKE zwar die Koexistenz von Selbst- und Fremdorganisation [WARN 95a, S. 15], läßt jedoch die Frage offen, unter welchen Bedingungen die eine oder andere Form zu präferieren ist.

Fertigungssegmentierung

Der Grundgedanke der auf WILDEMANN zurückgehenden Fertigungssegmentierung[25] besteht in der Prozeßorientierung [WILD 98, S. 47]. Die Produkte eines heterogenen Produktionsprogramms durchlaufen hierbei nicht mehr ein gemeinsames Produktionssystem, sondern werden als homogene Teilgruppen in einzelnen Fertigungssegmenten bearbeitet. Dies erfolgt mit dem Ziel, die Kosten- und Produktivitätsvorteile der Fließfertigung mit der hohen Flexibilität der Werkstattfertigung zu vereinen [WEST 94a, S. 421]. Jedes Fertigungssegment ist in seiner Produktion auf eine bestimmte Produkt-Markt-Technologie-Kombination ausgerichtet. Hinsichtlich dieser grenzt es sich von anderen Fertigungssegmenten ab. Als charakteristische Merkmale sind Fertigungssegmente durch Markt- und Zielausrichtung, Produktorientierung, die Übertragung indirekter Funktionen[26], Kosten- bzw. Ergebnisverantwortung sowie die Integration mehrerer Stufen der logistischen Kette gekennzeichnet [WILD 98, S. 48].

Als typischer Anwendungsbereich dieses Konzeptes ergibt sich die Fertigung produzierender Unternehmen. In dieser Hinsicht besteht eine hohe Vergleichbarkeit mit der fraktalen Fabrik [HÖGE 97, S. 155]. Im Unterschied zur fraktalen Fabrik ist der Detaillierungsgrad der Fertigungssegmentierung deutlich höher, kritisch ist jedoch anzumerken, daß externe Einflüsse zwar als Anstoß und Ursache der Segmentierung genannt werden, ihre Implikationen zur Gestaltung unterschiedlicher Organisationsformen werden jedoch nicht berücksichtigt. Dies hat zur Folge, daß die Fertigungssegmentierung eher den Charakter eines Idealmodells denn eines adaptiven Modells hat.

Zusätzlich zu den zuvor vorgestellten und in der Praxis vielfach eingesetzten Konzepten bestehen eine Reihe wissenschaftlicher Forschungsarbeiten mit Relevanz für die in dieser Arbeit verfolgte Zielsetzung. Da es sich bei der Gestaltung der Organisation von dezentralen, produzierenden Geschäftseinheiten um ein Querschnitts-

---

[25] Synonym wird in der Literatur auch der Begriff der modularen Fabrik verwendet.

[26] Unter indirekten Funktionen werden in diesem Zusammenhang von WILDEMANN lediglich die produktionsbegleitenden Funktionen, wie Transport, Qualitätskontrolle etc., verstanden. Weitergehende Funktionen, wie beispielsweise Controlling und Personalwesen, werden nicht in die Fertigungssegmente integriert [WIEN 97, S. 34 f].

Grundlagen 29

thema handelt, sind wissenschaftliche Arbeiten aus den Bereichen der Ingenieurwissenschaften und der Betriebswirtschaftslehre zu untersuchen. Die Ergebnisse dieser Analyse sowie der vorhergehenden Abgrenzung der Dezentralisierungskonzepte sind zusammenfassend in **Bild 16** dargestellt.

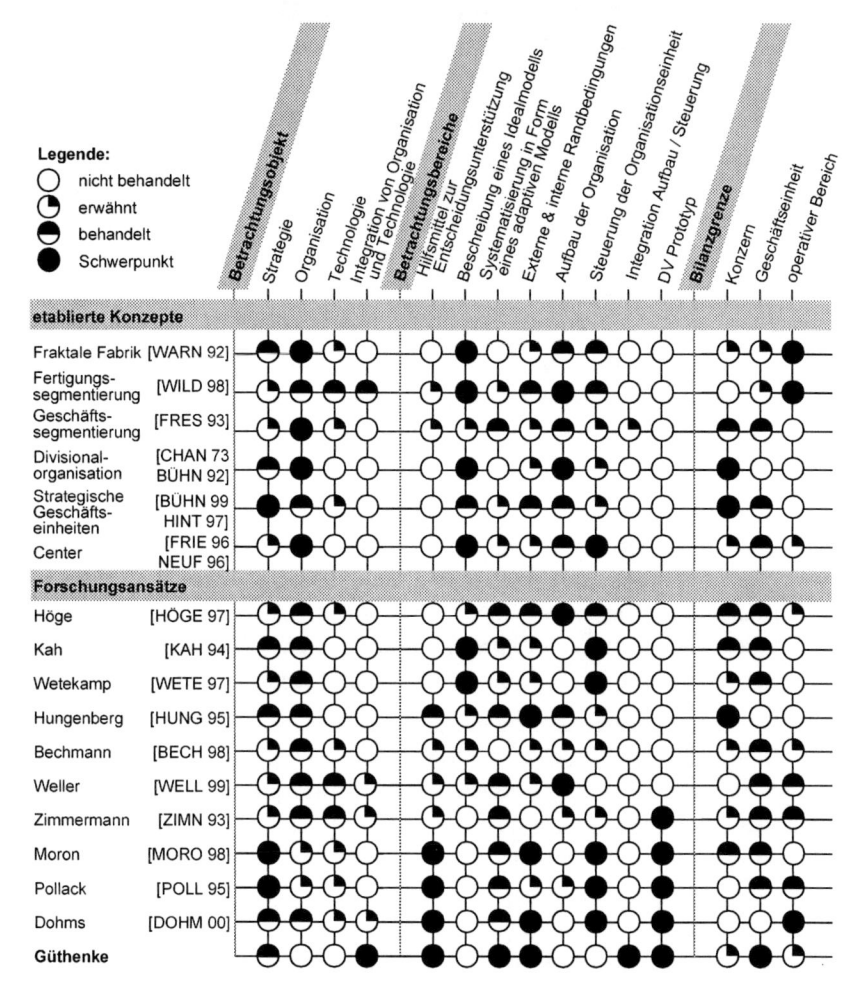

Bild 16: Etablierte Konzepte und Forschungsarbeiten im Kontext

Bei **HÖGE** steht die Entwicklung eines Konzeptes zu Beschreibung, Messung und Analyse der Komplexität im Vordergrund. Er verwendet die Segmentierung als einen Ansatz zur Beherrschung der Komplexität [HÖGE 97]. Zwar werden einige Einflußfaktoren auf die Organisationsgestaltung genannt und analysiert, es fehlt jedoch eine vollständige Untersuchung möglicher Einflußfaktoren, deren systematische Verknüpfung sowie ein darauf aufbauendes Entscheidungsmodell. Dies wird von HÖGE so auch explizit bestätigt, und er beschreibt die Notwendigkeit von weiteren Forschungsarbeiten, um eine Entscheidungsunterstützung zur Konfiguration dezentraler Organisationseinheiten in Abhängigkeit von internen und externen Randbedingungen zu leisten. Damit unterstreicht er den Handlungsbedarf der vorliegenden Arbeit [HÖGE 97, S. 303].

KAH beschreibt in seinem Ansatz ein Konzept zur Steuerung dezentraler Organisationseinheiten auf Basis der Principal-Agenten-Theorie [KAH 94]. Er verzichtet jedoch auf eine Einbeziehung der Konzeption dezentraler Organisationseinheiten. Weiterhin wird von ihm ein Idealmodell beschrieben, das nur unzureichend die individuellen Unterschiede zwischen den Unternehmen berücksichtigt.

Ziel der Arbeit von **WETEKAMP** ist es, das Profit-Center-Konzept für Energieversorgungsunternehmen anzupassen [WETE 97]. Dazu konzentriert er sich im wesentlichen auf das Controlling eines entsprechend dezentralisierten Bereiches. Der organisatorische Aufbau und die strukturelle Abgrenzung der Organisationseinheit werden kaum berücksichtigt. Auch werden externe Einflußfaktoren auf die Organisation, sowie Aspekte des Technologiemanagement nur unzureichend in die Betrachtung einbezogen.

Im Unterschied zu den zuvor vorgestellten Ansätzen untersucht **HUNGENBERG** detailliert unternehmensinterne und -externe Einflußfaktoren auf die Verteilung von Entscheidungskompetenzen [HUNG 95]. Für diese Arbeit relevante Aspekte des Technologiemanagement sowie die Abgrenzung einzelner Organisationseinheiten auf der Ebene von Geschäftseinheiten werden jedoch nicht berücksichtigt.

BECHMANN untersucht die Einführung von Profit-Centern am Beispiel der Daimler-Benz AG [BECH 98]. Auf Basis der Beobachtungen wird zwar auf einige interne und externe Einflußfaktoren der Organisationsgestaltung geschlossen, im Hinblick auf die der vorliegenden Arbeit zugrundeliegende Problemstellung fehlt jedoch eine hinreichende Zusammenführung dieser Einflüsse in einem konsistenten Modell.

Das vom BMBF geförderte Verbundprojekt „Technische Unterstützung dezentraler Organisationsstrukturen – TUDOR" beschäftigt sich auf drei Ebenen mit dem Thema der Dezentralisierung [WELL 97, S. 492 f]. Hierbei handelt es sich um die qualifizierte Einzelarbeit, die Gruppenarbeit sowie hoch autonome Profit-Center [BULL 99, S. VI]. Dabei steht insbesondere die informatorische Unterstützung der Prozesse im Mittelpunkt. Für die vorliegende Arbeit sind die Ausführungen von **WELLER**, die lediglich einen Teilbereich des Projektes darstellen, von Relevanz [WELL 99]. Er verfolgt eine von der Struktur des Unternehmen abhängige Gestaltung dezentraler Organisationseinheiten. Dazu entwickelt er eine detaillierte Unternehmenstypologie. In Abhängigkeit von den Ausprägungen der internen Einflußfaktoren werden Handlungsempfehlungen zur Organisationsgestaltung formuliert. Kritisch ist anzumerken, daß externe Einflußfaktoren sowie Wechselwirkungen zwischen den Gestaltungsparametern unberücksichtigt bleiben, sich die Handlungsempfehlungen lediglich auf die Anordnung von vier Unternehmensfunktionen (Entwicklung, Beschaffung, Produktion und Absatz) beziehen und eine entscheidungstheoretische Fundierung der Auswahlentscheidung fehlt.

Die Entwicklung eines Informations- bzw. Entscheidungsunterstützungssystems ist das Ziel der Arbeiten von **POLLACK** und **MORON** [POLL 95; MORO 98]. Sie fokussieren dabei auf strategische Entscheidungen im Werkzeugbau, wobei organisatorische Aspekte nur am Rande berücksichtigt werden.

Der Schwerpunkt des von **DOHMS** entwickelten Ansatzes besteht im Aufbau eines Controllingsystems zur Gestaltung wandlungsfähiger Fabrikstrukturen [DOHM 00]. Dabei werden insbesondere Schnittstellen zwischen Fertigungssegmenten analysiert. Ziel ist es, Anpassungsbedarf an den Schnittstellen zu erkennen und geeignete Maßnahmen zur Verbesserung abzuleiten.

Modellierungsansätze stellen eine weitere Möglichkeit zur Analyse und Gestaltung von Organisationseinheiten dar. Aus Sicht produzierender Unternehmen ist hier insbesondere die Open System Architecture for CIM (CIMOSA) interessant. Von ZIMMERMANN et al. wird die Anwendung von **CIMOSA** zur vergleichenden Bewertung von Profit-Centern und funktionalen Einheiten beschrieben [ZIMN 93, S. 67 ff]. Kritisch ist jedoch eine ausschließlich auf operativen Kennzahlen, wie Durchlaufzeit etc., beruhende Bewertung der Alternativen sowie der daraus resultierende Datenbedarf. Konstituierende Merkmale von Centern, wie die Auswahl von Verrechnungspreisen, die Festlegung des Verantwortungsbereiches usw., werden nicht berücksichtigt.

Neben den zuvor vorgestellten Konzepten der betrieblichen Praxis sowie wissenschaftlichen Forschungsarbeiten werden im Zusammenhang mit der Dezentralisierung auch die Transaktionskosten- sowie die Principal-Agenten-Theorie diskutiert.

Das Ziel der **Transaktionskostentheorie** besteht in der Abbildung unternehmerischer Entscheidungsprozesse als einzelne Leistungsflüsse zwischen mindestens zwei Wirtschaftssubjekten [WIND 96, S. 12]. Den als Transaktion bezeichneten Leistungsflüssen werden Kosten zur Anbahnung, Steuerung und Durchführung des Leistungsaustausches zugeordnet. Diese Kosten fließen in eine Gesamtkostenbetrachtung ein und dienen als Basis für die Bewertung alternativer Handlungsmöglichkeiten. Für die praktische Anwendung erweist sich der erhebliche Datenbedarf dieser Theorie als nachteilig. Vielfach sind die notwendigen Daten in den Unternehmen nicht vorhanden und mit Unsicherheit behaftete Prognosen notwendig. Zudem führen häufige Änderungen in den Randbedingungen des Entscheidungsproblems, wie sie beispielsweise bei der Organisationsgestaltung gegeben sind, zu erheblichem Anpassungsaufwand. Daher bietet sich die Anwendung der Transaktionskostentheorie zur detaillierten Betrachtung von Teilproblemen an, wie dies beispielsweise von WILLDEMANN sowie COENENBERG et al. für die Anordnung der Qualitätssicherung vorgeschlagen wird [WILD 96b, S. 1393 ff; COEN 98, S. 36 ff]. Sie ist jedoch weniger für die vollständigen Gestaltung dezentraler Organisationseinheiten geeignet [NOLT 99, S. 197 ff].

Im Unterschied zur auf Kostenbetrachtungen basierenden Transaktionskostentheorie steht die Verhaltenssteuerung im Mittelpunkt des **Principal-Agenten Ansatzes** [KÜPP 97, S. 46]. Es ist das Ziel, die Beziehung zwischen Auftraggeber (Prinzipal) und Auftragnehmer (Agent) optimal zu gestalten [ELSC 91, S. 1004]. Für den Aufbau und Betrieb dezentraler Organisationseinheiten wird der Ansatz insbesondere zur Entwicklung von Controllingsystemen[27] sowie zur Bestimmung von Zielwerten für Centerleiter angewendet; weitergehende Anwendungen zur strukturellen Organisationsgestaltung liegen nicht vor.

2.4 ZWISCHENFAZIT

Aufbauend auf einer Begriffsabgrenzung wurden zu Beginn dieses Kapitels die Grundlagen der Organisationsgestaltung, der Entscheidungstheorie und des Technologiemanagement vorgestellt und mit der Zielsetzung der vorliegenden Arbeit in Bezug gesetzt. Dadurch konnte einerseits das Forschungsfeld der Arbeit abgegrenzt und andererseits der Forschungsbedarf konkretisiert werden. Es wurde gezeigt, daß die Arbeit dem situativen Ansatz der Organisationstheorie zuzuordnen ist, wobei jedoch eine handlungsorientierte Verknüpfung von Einflußfaktoren und Gestaltungsparametern sowie die Möglichkeit zur Gestaltung der Organisationsumwelt zu unterstützen sind. Entsprechend der angestrebten Entscheidungsunterstützungsfunktion ist die Arbeit der präskriptiven Entscheidungstheorie zuzuordnen, deren für die Arbeit relevante Entscheidungssituation klassifiziert und beschrieben wurde. Schließlich wurden als Anwendungsobjekte der Organisationsgestaltung unternehmensinterne, technologieintensive Geschäftseinheiten definiert, so daß Aspekte des Technologiemanagement bei der Organisationsgestaltung zu berücksichtigen sind. Dabei sind Einflußfaktoren aus den Bereichen des normativen, strategischen sowie operativen Technologiemanagement von Relevanz.

Zur weiteren Konkretisierung des Forschungsbedarfes wurden anschließend sowohl in der Praxis etablierte Konzepte als auch Forschungsansätze zur Gestaltung dezentraler Organisationseinheiten analysiert. Dabei wurde deutlich, daß die bekannten

---

[27] Vgl. z.B. [KAH 94]

Konzepte sowie Forschungsarbeiten zur Dezentralisierung überwiegend Idealkonzeptionen der Organisation vorstellen, Anpassungsmöglichkeiten an die spezifischen Gegebenheiten des zu betrachtenden Unternehmens werden nur unzureichend aufgezeigt. Damit unmittelbar verbunden ist auch die mangelnde Berücksichtigung interner und externer Einflußfaktoren, die bisher für dezentrale Organisationseinheiten kaum erforscht wurden. Um eine dezentrale Organisationsstruktur für produzierende Geschäftseinheiten zu gestalten, ist ferner eine integrierte Betrachtung von Technologie und Organisation zur Gewährleistung einer hohen Effizienz der Organisationseinheit notwendig, die bei den bestehenden Ansätzen fehlt. Schließlich ist zu beobachten, daß sich Konzepte und Arbeiten der betriebswirtschaftlichen Forschung vornehmlich mit der Steuerung dezentraler Organisationseinheiten beschäftigen, hingegen betrachten ingenieurwissenschaftliche Arbeiten eher produktionsnahe, strukturell-operative Konzepte. Für den in der Zielsetzung beschriebenen Betrachtungsraum technologieintensiver Geschäftseinheiten ist eine Integration dieser Sichtweisen erforderlich, die durch keinen der untersuchten Ansätze geleistet wird.

Zusammenfassend läßt sich feststellen, daß ein Forschungsbedarf für die Entwicklung eines Entscheidungsmodells zur kontextspezifischen Gestaltung dezentraler Organisationseinheiten besteht. Basierend auf den soweit gewonnen Erkenntnissen wird im folgenden das Grobkonzept für ein entsprechendes Entscheidungsmodell entwickelt.

3 GROBKONZEPTION DES ENTSCHEIDUNGSMODELLS ZUR GESTALTUNG DEZENTRALER ORGANISATIONSEINHEITEN

Aufbauend auf dem zuvor beschriebenen Forschungsbedarf und entsprechend dem Forschungsprozeß nach ULRICH ist es das Ziel dieses Kapitels, das Grobkonzept für ein Entscheidungsmodell zur Gestaltung der Organisation technologieintensiver Geschäftseinheiten zu entwickeln [ULRI 76b, S. 348]. Dazu werden zunächst die an das Grobkonzept gestellten Anforderungen abgeleitet. Aufgrund der Komplexität der Problemstellung sollen die allgemeine Modelltheorie und die Systemtechnik als Hilfsmittel zur Modellentwicklung eingesetzt werden. Deren wesentliche Grundlagen werden daher im folgenden analysiert und vorgestellt. Auf Basis dieser Erkenntnisse erfolgt anschließend die Entwicklung des Grobkonzeptes.

3.1 ANFORDERUNGEN AN DAS ENTSCHEIDUNGSMODELL

Um die Zielorientierung der Methodik zu gewährleisten, sind die Anforderungen an das Entscheidungsmodell explizit zu definieren. Dies unterstützt einerseits forschungsleitend den Prozeß der Methodikentwicklung; andererseits erleichtert es durch die Beschreibung eines Sollprofils deren empirische Validierung. Die zu berücksichtigenden Anforderungen werden im Hinblick auf ihren Kontextbezug in inhaltliche und formale Anforderungen klassifiziert.

3.1.1 INHALTLICHE ANFORDERUNGEN

Die inhaltlichen Anforderungen lassen sich analytisch-deduktiv aus der Zielsetzung der Arbeit und aus den Betrachtungsobjekten sowie empirisch-induktiv aus den Defiziten in der betrieblichen Praxis ableiten (vgl. **Bild 17**).

Zielsetzung	Defizite der Praxis
Entwicklung eines Entscheidungsmodells zur kontextspezifischen Gestaltung der Organisation technologieintensiver Geschäftseinheiten	■ Hilfsmittel zur Beherrschung der Komplexität des Entscheidungsproblems fehlen ■ mangelnde Berücksichtigung der Spezifika produzierender Unternehmen
Betrachtungsobjekte ■ Entscheidungsprozeß ■ Organisationsgestaltung ■ produzierende Geschäftseinheiten	■ Anwendungsgrenzen bestehender Dezentralisierungskonzepte sind nicht transparent ■ unzureichende Berücksichtigung interner und externer Randbedingungen
analytisch deduktiv	*empirisch induktiv*
Anforderungen an das Entscheidungsmodell	

Bild 17: Ausgangsbasis zur Bestimmung der inhaltlichen Anforderungen

Grobkonzeption 35

Um das Ziel dieser Arbeit, die Entwicklung eines Entscheidungsmodells zur Gestaltung der Organisation von produzierenden Geschäftseinheiten, zu erreichen, sind als Betrachtungsobjekte der Entscheidungsprozeß, der Ablauf der Organisationsgestaltung und die Spezifika produzierender Unternehmen zu untersuchen. Das Betrachtungssubjekt, der Anwender des Entscheidungsmodells, wird durch die Unternehmensführung beziehungsweise die Leitung der Geschäftseinheit repräsentiert. Mit der Analyse bestehender Ansätze zur Gestaltung dezentraler Organisationseinheiten[28] und deren praktischer Realisierungen wird der Handlungsbedarf für diese Arbeit beschrieben. Aus diesem ergeben sich die in Bild 17 dargestellten Defizite der Praxis.

Um den Einsatzbereich der Methodik nicht einzuschränken, erfolgt die Ableitung der Anforderungen an das Entscheidungsmodell anwendungsneutral. Die Unterstützung des unternehmensspezifischen Einsatzes wird als formale Anforderung berücksichtigt. Die inhaltlichen Anforderungen sind zur Strukturierung am allgemeinen Entscheidungsprozeß[29] ausgerichtet (vgl. **Bild 18**).

Ausgangspunkt des Entscheidungsprozesses ist die Zielbildung [HAHN 97, S. 30]. Sie umfaßt die Aufgaben, die für das Entscheidungsobjekt gültigen Ziele und Zielbeziehungen zu ordnen und sie in einem Zielsystem abzubilden [SCHI 98, S. 75 f]. Übertragen auf die Gestaltung dezentraler Organisationseinheiten bedeutet dies die Notwendigkeit zur Operationalisierung der unternehmerischen Ziele auf der Ebene der einzelnen Organisationseinheiten. Durch die Vorgabe der Ziele für die dezentralen Organisationseinheiten wird ein Maßstab zur Beurteilung der Vorteilhaftigkeit verfügbarer Handlungsalternativen zur Organisationsgestaltung bereitgestellt.

Die Problemanalyse erfolgt durch die systematische Bestimmung von Abweichungen vom angestrebten Sollzustand und die Untersuchung der den Abweichungen zugrunde liegenden Ursachen [OSSA 99, S. 149 f]. Die Praxis der Gestaltung dezentraler Organisationseinheiten zeichnet sich durch eine hohe Komplexität aus, so daß die Problemanalyse eine nicht triviale Aufgabe darstellt. Dabei resultiert die Komplexität aus einer Vielzahl von organisatorischen Gestaltungsmöglichkeiten als Entscheidungsparameter, die untereinander in konkurrierenden und komplementären

---

[28] Vgl. Kap. 2.3

[29] Dieser Ablauf wird in der Literatur auch teilweise mit dem Begriff „Managementprozeß" [SCHI 98, S. 83] bzw. „Planungszyklus" [HAMM 95, S. 68; GÖTZ 94, S. 5 ff; HAHN 96, S. 46] bezeichnet. Einige Autoren verkürzen den Entscheidungsprozeß und berücksichtigen die abschließende Phase der Kontrolle nicht [LAUX 98, S. 8]. Für die vorliegende Problemstellung kann jedoch die abschließende Kontrolle der Zielerreichung wiederum den Ausgangspunkt für eine erneute Anwendung des Entscheidungsmodells darstellen, so daß in einem erweiterten Begriffsverständnis die Kontrolle mit berücksichtigt wird.

Beziehungen stehen. Die Auswahl aus den Gestaltungsmöglichkeiten eines Entscheidungsparameters wird durch unternehmensinterne und -externe Einflußfaktoren bestimmt. Diese haben sich bisher einer systematischen Analyse entzogen [EVER 99, S. 18 ff]. Weiterhin entstehen durch die Betrachtung eines Unternehmensteilbereiches Interdependenzen zum Gesamtunternehmen, die in der Problemanalyse zu berücksichtigen sind. Schließlich greifen bestehende Ansätze der Gestaltung dezentraler Organisationseinheiten häufig auf postulative Konzepte zurück, die den Spezifika des einzelnen Anwendungsfalls nur unzureichend gerecht werden. Zur Beherrschung der dargelegten Komplexität der Problemanalyse sind daher vom Entscheidungsmodell die relevanten Entscheidungsparameter zu strukturieren sowie ihre Wechselwirkungen und Einflußfaktoren zu identifizieren und anschließend zu analysieren. Dabei sind sowohl relevante unternehmensinterne als auch -externe Randbedingungen zu berücksichtigen.

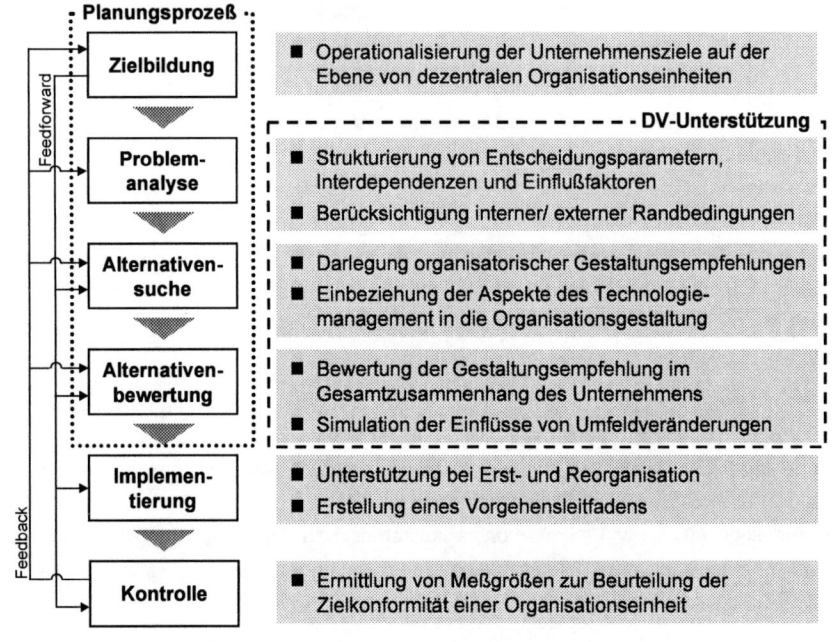

Bild 18: Inhaltliche Anforderungen an das Entscheidungsmodell

Der Problemerkenntnis genetisch nachgelagert ist die Alternativensuche [SCHI 98, S. 84]. Ziel dieser Phase ist es, verschiedene Handlungsmöglichkeiten zur Lösung der erkannten Problemstellung zu generieren und zu konkretisieren. Durch das Entscheidungsmodell sind alternative Gestaltungsempfehlung zur Ausrichtung der dezentralen Organisationseinheit vorzuschlagen. Zudem ist entsprechend der Zielsetzung der Arbeit eine Einbeziehung der Aspekte des Technologiemanagement und der daraus resultierenden zusätzlichen Gestaltungsmöglichkeiten in die zu formulierenden Alternativen zu gewährleisten.

Stehen verschiedene Alternativen zur Verfügung, ist vor dem Hintergrund der anfänglich formulierten Zielsetzung die beste Gestaltungsvariante auszuwählen [OSSA 99, S. 158]. Entsprechend soll das Entscheidungsmodell eine Bewertung der Gestaltungsempfehlungen im Hinblick auf deren Vorteilhaftigkeit im Sinne des Gesamtunternehmens unterstützen. Weiterhin ist zur Abschätzung der mit der Entscheidung verbundenen Risiken ein Hilfsmittel zur Simulation[30] möglicher Änderungen in der Organisationsumwelt[31] bereitzustellen.

Die Phase der Alternativenbewertung schließt mit der Entscheidung der Anwenders für eine Organisationsform ab. Ihr folgt die als Implementierung bezeichnete Durchsetzung der Entscheidung. Zur Unterstützung der gewünschten Organisationsänderung sollen vom Entscheidungsmodell geeignete Hilfsmittel sowohl für den Fall einer Neuorganisation als auch für eine Reorganisation bereitgestellt werden.

Die letzte Phase des Entscheidungsprozesses stellt die Kontrolle dar. Diese erfolgt differenziert nach möglichen Änderungen in den Prämissen, der Überprüfung der plankonformen Umsetzung sowie dem Vergleich zwischen angestrebter und erreichter Wirkung [SCHI 98, S. 89 f]. Für die vorliegende Arbeit resultiert daraus die Forderung, die Zielkonformität einer Organisationseinheit zu beurteilen und dafür geeignete Meßgrößen bereitzustellen. Werden in der Kontrolle unerwünschte Abweichungen erkannt, stellen diese den Ausgangspunkt für ein erneutes Durchlaufen des Entscheidungsprozesses dar.

Aufgrund der umfangreichen organisatorischen Gestaltungsoptionen und deren Einflußfaktoren sowie der geforderten Simulation der Auswirkungen veränderter Randbedingungen wird deutlich, daß für die praktische Realisierung des Entscheidungsmodells eine DV-Unterstützung notwendig ist. Dies ist insbesondere für die Problemanalyse, die Alternativensuche und die Alternativenbeurteilung der Fall, da hier eine Vielzahl von Gestaltungsoptionen, Einflußfaktoren und Interdependenzen in einem logisch konsistenten Wirkmodell abzubilden ist.

---

[30] Mit der Simulation wird zudem die Absicherung von Prognosen der Wirkung eingeleiteter Maßnahmen unterstützt. Von einigen Autoren wird die Prognose sogar als einzelne Phase des Planungs- bzw. Entscheidungsprozesses dargestellt [SCHI 98, S. 85 f]. In der vorliegenden Arbeit wird sie jedoch in Anlehnung an den von HAHN und BLEICHER formulierten Planungsprozeß lediglich als Teilelement von Alternativensuche und –bewertung berücksichtigt [HABL 97, S. 546].

[31] Unter Organisationsumwelt werden sowohl unternehmensinterne als auch unternehmensexterne Einflüsse auf die Organisationsgestaltung verstanden.

3.1.2 FORMALE ANFORDERUNGEN

Die bisher vorgestellten inhaltlichen Anforderungen beschreiben den angestrebten Leistungsumfang des Entscheidungsmodells. Zur Gewährleistung eines strukturierten und systematischen Vorgehens sind zusätzlich die im folgenden aufgezählten formalen Anforderungen[32] zu berücksichtigen:

- Ordnung,
- Konsistenz,
- Vollständigkeit,
- Operationalität und
- Benutzeradäquanz.

Unter Ordnung und Konsistenz wird verstanden, daß die Beziehungen zwischen den einzelnen Elementen des Entscheidungsmodells klar geregelt sind, sie keine Widersprüche aufweisen und die Modellaussagen wiederholbar und damit nachprüfbar sind [PATZ 82, S. 310]. Die Anforderung nach Vollständigkeit gewährleistet, daß bei der Modellentwicklung keine wesentlichen Punkte unberücksichtigt bleiben, die zu falschen Prioritäten oder verdeckten Konflikten führen könnten [SCHI 98, S. 76]. Dabei wird der Begriff der Vollständigkeit vor dem Hintergrund des der Arbeit zugrundeliegenden pragmatischen Wissenschaftsziels verwendet[33]. Die Operationalität fordert die Umsetzbarkeit und Zweckbezogenheit der dargelegten Vorgehensweise unter betrieblichen Randbedingungen und sichert damit die Erreichung des Fundamentalziels der vorliegenden Arbeit. Ziel des Entscheidungsmodells ist es, nicht nur den Prozeß der Organisationsgestaltung möglichst vollständig abzubilden, sondern auch das Problemlösungsverhalten des Entscheiders zu berücksichtigen. Dieser Zusammenhang wird mit der Anforderung nach Benutzeradäquanz berücksichtigt.

3.2 GRUNDLAGEN DER MODELLIERUNGSMETHODIK

Um der Komplexität der Aufgabenstellung gerecht zu werden und insbesondere die Erfüllung der formalen Anforderungen zu unterstützen, soll die Entwicklung des Entscheidungsmodells durch geeignete Instrumentarien und Methoden unterstützt werden. Die allgemeine Modelltheorie und die Systemtechnik stellen grundlegende

---

[32] Die Anforderungen sind in Anlehnung an die von PATZAK geforderte optimale Wirksamkeit von Modellen und die von SCHIERENBECK für Zielsysteme erstellen formalen Anforderungen abgeleitet [PATZ 82, S. 309 f; SCHI 98, S. 75 f].

[33] Entsprechend wird im folgenden der zugehörige Begriff der „optimalen Lösung" benutzt, um die unter Berücksichtigung der gültigen Nebenbedingungen und Ziele beste Alternative zu bezeichnen. Die Alternativenauswahl ist auf einen der Problemstellung angemessenen Aufwand begrenzt.

Theorien und Hilfsmittel für das allgemeine wissenschaftliche Vorgehen bereit [SCHM 85, S. 17]. Sie haben sich in Wissenschaft und Praxis bewährt, um durch eine systematische Strukturierung der Sachverhalte die Komplexität gegebener Problemstellungen zu bewältigen [PFOH 81, S. 53 ff; ZELE 99, S. 54]. Vor dem Hintergrund der Zielsetzung der vorliegenden Arbeit erweist es sich zudem als vorteilhaft, daß Modelle charakteristische Hilfsmittel von Planungs- und Entscheidungsprozessen darstellen [DAEN 99, S. 19 ff; FISC 89, S. 213; STAC 73, S. 139]. Weiterhin erfordert die angestrebte Entwicklung eines DV-Systems eine Modellierung der relevanten Daten und Funktionen, für die eine zweckmäßige Modellierungsmethodik auszuwählen ist. Schließlich eignet sich die Systemtechnik insbesondere zur Analyse und Entwicklung von Organisationsformen, die von technisch-wirtschaftlichen Komponenten determiniert werden [BRUN 91, S. 2; FLOO 93, S. 80 f]. Die zuvor genannten Argumente begründen die Verwendung der allgemeinen Modelltheorie und der Systemtechnik in dieser Arbeit.

3.2.1 ALLGEMEINE MODELLTHEORIE

Unter einem Modell wird ein vereinfachtes Abbild der Wirklichkeit verstanden [HAIS 89, S. 183], das mit der Absicht erstellt wird, die Komplexität der Realität zu beherrschen und Erkenntnisse über Grundzusammenhänge der realen Gegebenheiten zu gewinnen [DAEN 99, S. 10; WÖHE 93, S. 36 f]. Zur Charakterisierung von Modellen werden von STACHOWIAK das Abbildungsmerkmal, das Verkürzungsmerkmal und das pragmatische Merkmal eingeführt [STAC 73, S. 131 ff]. Unter dem Abbildungsmerkmal wird verstanden, daß Modelle Repräsentationen künstlicher oder natürlicher Originale sind und somit eine Zuordnung von Modellattributen zu Originalattributen möglich ist. Das Verkürzungsmerkmal fordert, aus der Menge aller Attribute des Originals nur diejenigen auszuwählen, die für die Modellerstellung relevant sind [SPUR 93, S. 10]. Die Erfüllung des pragmatischen Merkmals beinhaltet, daß für das Modell sein Original, mögliche Nutzer, ein Nutzungszeitraum und die mit dem Modell verfolgte Zwecksetzung definiert werden.

Die Erstellung von Modellen gliedert sich in drei Phasen (vgl. **Bild 19**). Zuerst erfolgt die Formulierung des Modells mittels Abstraktion und unter Berücksichtigung der von STACHOWIAK formulierten Merkmale [HAIS 89, S. 189]. Die zweite Phase umfaßt die Auswertung des Modells, bei der mittels physikalischer Experimente oder der Simulation Erkenntnisse über das Modellverhalten gewonnen werden. In der dritten Phase werden diese Erkenntnisse zunächst empirisch auf ihre Brauchbarkeit überprüft und dann auf das reale System übertragen. Die auf diesem Wege erstellten Modelle werden als Reduktivmodelle bezeichnet [WÖHE 93, S. 37]. Im Gegensatz dazu ist es auch möglich, sogenannte Konstruktivmodelle aus allgemeingültigen Elementen und Grundformen zu bilden. Da die vorliegende Arbeit der Einteilung von

ULRICH folgend den Realwissenschaften zuzuordnen ist und somit dem Kriterium der Problemorientierung unterliegt, wird diese Form der Modellbildung jedoch nicht weiter betrachtet [BRAU 77, S. 218; ULRI 76b, S. 348 f].

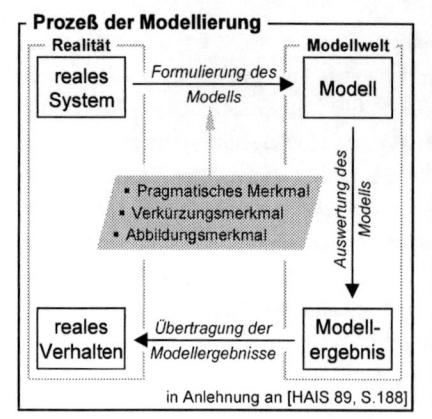

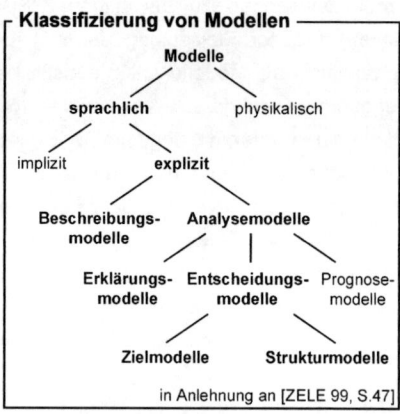

Bild 19: *Grundlagen der allgemeinen Modelltheorie*

Zur Klassifizierung von Modellen werden in der Literatur unterschiedliche Konzepte vorgeschlagen [HAIS 89, S. 185; STAC 73, S. 157 ff; WÖHE 93, S. 39 ff; ZELE 99, S. 47]. In dieser Arbeit wird auf die Unterteilung nach ZELEWSKI zurückgegriffen, da hier die für die vorliegende Arbeit bedeutenden sprachlichen Modelle differenziert dargestellt werden. Wie in Bild 19 gezeigt, wird zwischen Beschreibungs- und Analysemodellen unterschieden. Ein Modell wird als Beschreibungsmodell klassifiziert, wenn es ausschließlich der Abbildung empirischer Erscheinungen dient [WÖHE 93, S. 40]. Wird das Modell hingegen für Auswertungen verwendet, gehört es zu den Analysemodellen, die in Erklärungs-, Entscheidungs- und Prognosemodelle unterteilt werden. Bei dieser Art von Modelltypen wird üblicherweise von einem Komplex von unabhängigen Variablen auf eine Menge von abhängigen Variablen geschlossen [REIS 99, S. 243]. Dabei stellen Erklärungsmodelle Hypothesen über Ursache-Wirkungs-Beziehungen auf [PFOH 97, S. 52]. Mit Hilfe von Entscheidungsmodellen[34] soll die Auswahl einer optimalen Handlungsalternative erleichtert werden [ULRI 76b, S. 349]. Als Untergruppe der Entscheidungsmodelle kann zwischen Zielmodellen zur Darstellung der subjektiven Präferenzordnung des Entscheiders und Strukturmodellen zur Repräsentation des objektiven Entscheidungsraums differenziert werden [ZELE 99, S. 49]. Prognosemodelle dienen der

---

[34] Für diese Modelle ist auch die Bezeichnung Gestaltungsmodell gebräuchlich. Weiterhin ist bei vorliegendem pragmatischem Wissenschaftsziel die Erstellung von Entscheidungs- bzw. Gestaltungsmodellen im Gegensatz zu Erklärungsmodellen von übergeordneter Bedeutung [NOLT 99, S. 2].

Ermittlung zukünftiger Konsequenzen, die durch im Modell abgebildete Annahmen hervorgerufen werden.

3.2.2 AUSWAHL EINER MODELLIERUNGSMETHODIK

Um eine systematische Modellbildung zu gewährleisten und zudem die Entwicklung des geforderten DV-Prototypen zu erleichtern, ist die Modellierung methodisch zu unterstützen. Dazu bieten sich verschiedene Modellierungsmethodiken an. Zu den in der Praxis verbreitetsten Methodiken zählen die Entity-Relationship-Modellierung (ERM), Nijssen Information Analysis Technique (NIAM), IDEF1-X, Programme Statement Language (PSL), Object Oriented System Analysis (OOSA), Object Modelling Technique (OMT) sowie EXPRESS [KÖNI 93, S. 884 f, SCHE 94, S. 17 ff]. Um aus diesen eine geeignete auszuwählen, sind zunächst die an die Modellierungsmethodik gestellten Anforderungen zu bestimmen. Im Anschluß ist zur Auswahl eine Bewertung der Methodiken im Hinblick auf die Anforderungserfüllung vorzunehmen.

Anforderungen an die Modellierungsmethodik

Der Hauptzweck der Modellierung besteht in der strukturierten Informationsrepräsentation. Weiterhin soll die nachfolgende Implementierung des Entscheidungsmodells in einem DV-Prototypen vorbereitet werden. Entsprechend dem pragmatischen Merkmal ist diese Zielsetzung die Grundlage für die Ableitung der Anforderungen an die Modellierungsmethodik [STAC 73, S. 132 f].

Der erste Schritt der Modellgestaltung besteht in der Abstraktion der Realität und der Auswahl bzw. Definition geeigneter Objekte zur Modellkonstruktion [HAIS 89, S. 189; POMB 89, S. 48]. Es ist daher für die Modellierungsmethodik die Anforderung der *Darstellung von Objekten* zu formulieren (vgl. **Bild 20**). Im Anwendungskontext stellen die Objekte einzelne Elemente der Organisation dar.

Zur Beschreibung der Objekte bedient sich die Modelltheorie sogenannter Attribute. Dieser Begriff wird sehr weit gefaßt, so daß Attribute sowohl den Zustand der Objekte als auch die sie erzeugenden Funktionen charakterisieren [STAC 73, S. 134 f]. Eine wesentliche Anforderung an das Entscheidungsmodell besteht in der Übertragbarkeit auf unterschiedliche Organisationen. Dies wird mit Hilfe der Beschreibung der Elemente der Organisation durch ihre Eigenschaften unterstützt, da sich unterschiedliche Modellanwendungen in Veränderungen bestimmter Attribute der betreffenden Objekte ausdrücken [SPUR 94, S. 132]. Daher wird die *Beschreibung der Objekte durch Attribute* als weitere Anforderung definiert.

Ein wesentlicher Bestandteil der Modellgestaltung besteht in der Verknüpfung von Objekten und Attributen durch Relationen [POMB 89, S. 48]. Dabei sind Objekt-Objekt-, Objekt-Attribut- und Attribut-Attribut-Beziehungen möglich [LANG 95, S. 44]. Die Analyse der Beziehungen zwischen den Elementen der Organisation und den sie beschreibenden Attributen dient der geforderten Identifikation von Wirkbeziehungen. Daraus ergibt sich an die Modellierungsmethodik die Anforderung der *Darstellung von Relationen*.

Darstellung von Objekten

Beschreibung von Objekten durch Attribute

Darstellung von Relationen

Kardinalität

Vererbung

Legende:
- - Vererbte Attribute
O n Bezeichnung des Objektes
Text Anforderungen an die Modellierungsmethodik

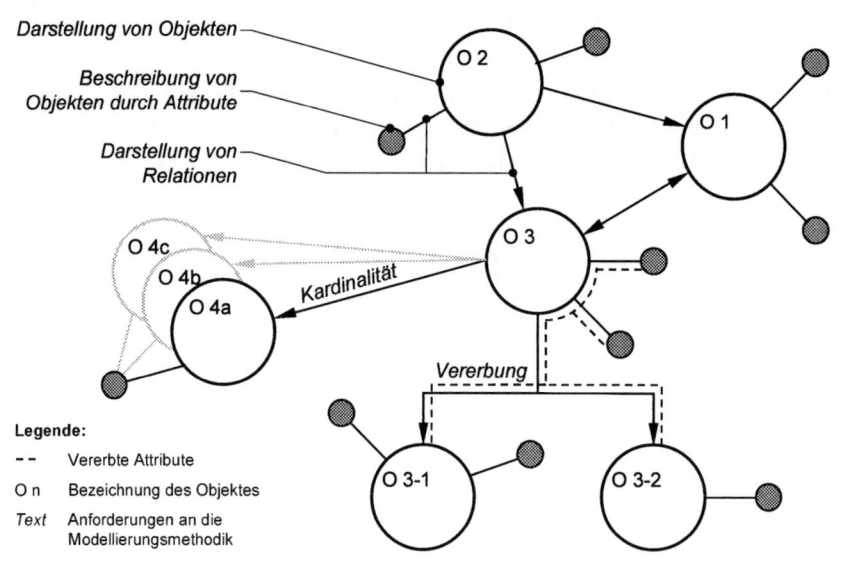

Bild 20: Anforderungen an die Modellierungsmethodik

Neben der reinen Darstellung ist eine weitere Klassifizierung der Relationen notwendig. Diese berücksichtigt das mengenmäßige Verhältnis der an einer Relation beteiligten Objekte bzw. Attribute und stellt damit den Komplexitätsgrad dar [SCEE 94, S. 33]. Dieser Zusammenhang wird von SCHMIDT als Kardinalität der Relation bezeichnet [SCHM 87, S. 32]. Für die Methodikauswahl wird die *Beschreibung von Kardinalitäten* gefordert.

Einen Spezialfall von Relationen stellt die Vererbungsbeziehung dar. Sie ermöglicht die Übertragung der Eigenschaften eines Objektes auf weitere ihm zugeordnete Objekte [SCEE 94, S. 55]. Zusätzlich erlaubt die Vererbung den Aufbau von Typenhierarchien und ermöglicht damit die redundanzfreie Beschreibung von Subtypen-Supertypen-Relationen [LANG 95, S. 191 f]. Zur Vermeidung von Redundanzen und dem Vereinfachungsprinzip der Modellbildung folgend wird der *Vererbungsmechanismus* als Anforderung aufgenommen.

Alternative Modellierungsmethodiken und Methodikauswahl

Die **Entity-Relationship-Modellierung** (ERM) wurde von P. CHEN 1976 als Ansatz entwickelt, der eine Datenmodellierung für unterschiedliche Datenbanken ermöglichen sollte [CHEN 76, S. 10]. Die Methode dient sowohl der Analyse der notwen-

Grobkonzeption 43

digen Informationsflüsse als auch deren Spezifizierung und dem Entwurf von Datenbanken zur Abbildung der analysierten Informationsflüsse [ERKE 88, S. 33]. Die ERM wurde aufbauend auf den Arbeiten von CHEN in verschiedenen Arbeiten abgewandelt und ergänzt[35]; sie stellt jedoch bis heute das vorherrschende Modellierungsinstrument im Bereich der Entwicklung betrieblicher Informationssysteme dar [HETT 95, S. 4]. Die Methodik basiert auf einer Beschreibung des Betrachtungsbereiches durch Entitäten und Relationen zwischen diesen. Zur Abbildung zusätzlicher Informationen über Entitäten und Relationen werden Attribute verwendet [SCEE 94, S. 32]. Ein wesentlicher Kritikpunkt an der ERM besteht in der unübersichtlichen und schwer interpretierbaren Darstellung bei größeren Datenmodellen [JAES 93, S. 451]. Weiterhin können Vererbungen nicht abgebildet werden [LANG 95, S. 348].

Zur Analyse der natürlichen Sprache wurde von Nijssen Anfang der siebziger Jahre die nach ihm benannte **Nijssen Information Analysis Technique** (NIAM) entwickelt [NIJS 89, S. ix]. Heutige Anwendungen konzentrieren sich auf die Systemplanung und –implementierung [MERT 94, S. 128]. Bei NIAM handelt sich um eine graphische Modellierungsmethode, die Entitäten und Relationen verwendet. Attribute, wie beispielsweise bei ERM vorhanden, sind nicht vorgesehen und können nur aufwendig mit Hilfe der Relationen beschrieben werden [SCEE 94, S. 32]. Sie sind zudem auf ein Attribut je Entität begrenzt [MERT 94, S. 129]. Ein wesentlicher Vorteil der NIAM Methodik besteht in der Darstellung von inter-relationship constraints, mit Hilfe derer zusätzliche Informationen über die Relationen abgebildet werden können [LAEN 93, 248 f]. Eine graphische Repräsentation erfolgt in NIAM-Diagrammen und wird durch eine definierte Notation unterstützt [LOOS 92, S. 33].

Die **Object Modelling Technique** (OMT) wurde von RUMBAUGH mit dem Ziel entwickelt, Klassen bei der objektorientierten Programmierung zu modellieren [KRZE 93, S. 19]. Darauf aufbauende Erweiterungen ermöglichen die Erstellung funktionaler und generischer Modelle [SCHE 94, S. 22]. Die OMT hat bereits eine hohe Verbreitung gefunden und ihre Anwendung wird durch eine Reihe von Softwarewerkzeugen unterstützt [BALZ 96, S. 29]. OMT umfaßt die Grundelemente Klassen, Beziehungen und Attribute. Mit Hilfe der Beziehungen lassen sich durch Generalisierung Vererbungsmechanismen abbilden [LANG 95, S. 364]. Einschränkungen ergeben sich bei der Darstellung von Kardinalitäten sowie bei der Verwendung von Attributen [SCEE 94, S. 55 f]. Als Attribute sind lediglich Daten, nicht jedoch auch Entitäten zugelassen. Zur graphischen Repräsentation von OMT Modellen dienen Objektdiagramme [RUMB 91, S. 17].

---

[35] Vgl. dazu beispielsweise die Ausführungen in [LOOS 92, S. 20 ff].

Die Beschreibungs- und Datendefinitionssprache EXPRESS wurde gemeinsam mit der Normung der Schnittstelle Standard for the Exchange of Product Model Data (STEP) entwickelt [EVER 94, S. 26]. Es ist das Ziel, eine systemneutrale Methode zur Beschreibung von Produktdaten entlang des gesamten Produktlebenszyklus bereitzustellen [ISO 10303-11, S. xiii]. Die gleichfalls genormte graphische EXPRESS Repräsentation **EXPRESS-G** ermöglicht eine übersichtliche Darstellung und erleichtert die Modellinterpretation [SCHE 94, S. 245 f]. Aufgrund der guten Möglichkeiten zur Datendefinition wird EXPRESS-G neben der ursprünglichen Anwendung in der Produktentwicklung heute vermehrt zur Systemplanung eingesetzt. Das zentrale Element der Informationsmodellierung in EXPRESS ist die Entity [MÜLL 97, S. 51]. Die Beschreibung der Entitys erfolgt über Attribute und Relationen. Dabei können im Unterschied zur ERM die Attribute sowohl aus vordefinierten einfachen Datentypen als auch aus eigenen Entitäten bestehen. Zur Vermeidung von Redundanzen ist ein Vererbungsmechanismus in Form von Sub-Supertyp-Beziehungen vorgesehen [ISO 10313-11, S. 181 f].

Die Modellierungsmethode **IDEF1-X** wurde Ende der siebziger Jahre in einem Projekt der US-Air Force entwickelt [SCHE 94, S. 20]. Ziel des Projektes war es, die Produktivität insbesondere in der amerikanischen Luftfahrtindustrie durch den systematischen Einsatz von Computer Aided Manufacturing (CAM) Technologien zu erhöhen. Als ein Projektergebnis wurde die Methode Integrated Computer Aided Manufacturing Programm Definition (IDEF) entwickelt. Sie besteht aus den Modellierungsmethoden IDEF0 (Funktionsmodell), IDEF1 (Informationsmodell) und IDEF2 (dynamisches Modell) [DOUM 84, S. 211 f]. Für die betrachtete Problemstellung ist insbesondere IDEF1-X interessant. Es handelt sich hierbei um eine Weiterentwicklung von IDEF1. Vergleichbar mit der ERM verfügt IDEF1-X über die Elemente Entity, Attribut und Beziehung. Zusätzlich werden mit Hilfe von Sub-Supertyp-Beziehung Vererbungen dargestellt [SCHE 94, S. 20]. Attribute können jedoch nur über 1 zu 1 Relationen mit Entitäten verknüpft werden, so daß eine Zuordnung von Kardinalitäten nicht möglich ist.

Als eine Methodik zur Modellierung von Informationen wurde von SHLAER und MELLOR 1988 die **Object Oriented System Analysis** (OOSA) entwickelt [SHLA 96, S. 6 ff]. Wie die meisten der zuvor vorgestellten Modellierungsmethoden werden bei OOSA Entitäten, Relationen und Attribute als Grundelemente verwendet [MOK 96, S. 310]. Vererbungsmechanismen können mit Hilfe der Methode dargestellt werden, Einschränkungen ergeben sich jedoch bei der Darstellung von Kardinalitäten. Zusätzlich zu einer lexikalischen Beschreibungsform umfaßt OOSA auch die Möglichkeit der graphischen Repräsentation des Modells und es werden dem Anwender Hilfsmittel zur Modellierung bereitgestellt [SCHE 94, S. 23].

Grobkonzeption 45

Die **Programme Statement Language** (PSL) wurde Ende der siebziger Jahre von TEICHROEW und HERSHEY als maschinenlesbare Sprache zur Beschreibung von Informationssystemen erarbeitet [TEIC 77, S. 41]. Es handelt sich um eine maschinenlesbare Sprache, die grundsätzlich zwischen Entitäten, deren Relationen sowie Attributen unterscheidet [BALZ 90, S. 367; MITT 90, S. 252]. Zusätzlich umfaßt PSL eine Vielzahl von Sprachelementen zur Beschreibung von Ereignissen und Beziehungen, so daß sich ein hoher Aufwand für die Modellerstellung ergibt [ÖSTE 90, S. 168 f]. Zudem wird keine Methode angegeben, in welcher Reihenfolge oder nach welchen Kriterien eine PSL-Beschreibung zu erstellen ist [BALZ 82, S. 144]. In der Praxis wird die PSL heute daher kaum noch angewendet [STICK 98, S. 601].

		Modellierungsmethoden						
		ERM	NIAM	OMT	EXPRESS-G	IDEF1-X	OOSA	PSL
Anforderungen	Darstellung von Objekten	●	●	●	●	●	●	●
	Beschreibung von Objekten durch Attribute	●	◐	◐	●	●	●	●
	Darstellung von Relationen	●	●	●	●	●	●	●
	Beschreibung von Kardinalitäten	◐	○	◐	●	○	◐	○
	Vererbungsmechanismus	○	●	●	●	●	●	○

Legende: ● Anforderung erfüllt ◐ Anforderung teilweise erfüllt ○ Anforderung nicht erfüllt

Bild 21:   *Auswahl einer Modellierungsmethodik*

Die Erfüllung der an die Modellierungsmethodik gestellten Anforderungen durch die vorgestellten Methoden ist in **Bild 21** dargestellt. Es zeigt sich, daß die Beschreibungssprache EXPRESS-G als einzige Methodik alle Anforderungen erfüllt. Sie wird daher in dieser Arbeit zur Abbildung des Entscheidungsmodells verwendet. Die in der ISO 10303-11 genormte Symbolik von EXPRESS-G ist zur Übersicht in Anhang A1 dargestellt.

3.2.3 SYSTEMTECHNIK

Das Ziel der Systemtechnik[36] besteht in der Bereitstellung allgemeiner Vorgehensweisen und Hilfsmitteln zur zweckmäßigen und zielgerichteten Gestaltung komplexer

---

[36] In der Literatur werden anstelle der Systemtechnik auch häufig die Begriffe Systems Engineering bzw. Systems Thinking verwendet [DAEN 99; HABE 73; KRAME 77; ROPO 74].

Systeme [CHES 73, S. 16 ff; ROPO 74, S. 196; ZÜST 97, S. 22 f]. Sie gestattet es dabei, ingenieurmäßige Methoden auf Nachbargebiete zu übertragen und legt damit die Basis für interdisziplinäre Problemlösungen [BRUN 91, S. 1]. Für die praktische Anwendung der Systemtechnik resultiert dies in einem Zwang zur Systematisierung und Strukturierung, der sich in kürzeren Problemlösungszeiten und verbesserten Ergebnissen ausdrückt [NEDE 97, S. 86 f]. Zudem stellt die Anwendung der Systemtechnik sicher, daß Randprobleme schon zu Planungsbeginn berücksichtigt werden und nicht erst nach Realisierung des Systems Beachtung finden. Somit werden aufwendige Nachoptimierungen vermieden [PATZ 82, S. 16].

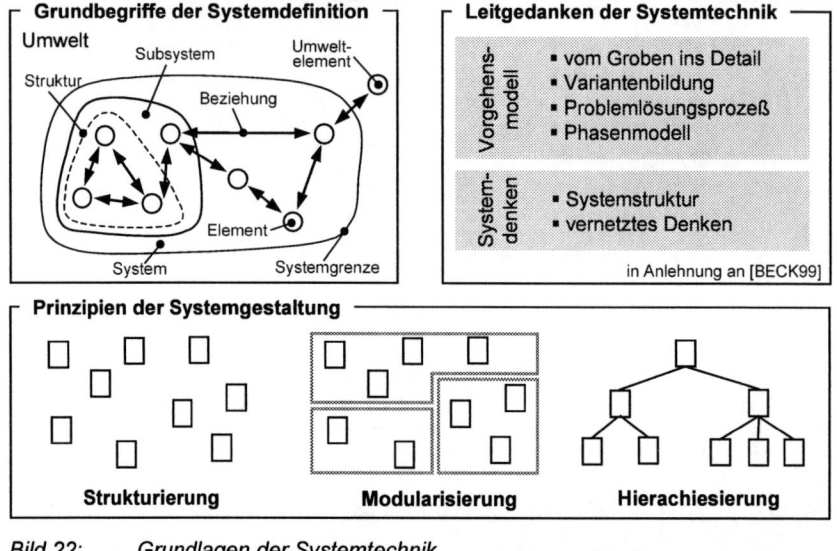

Bild 22: Grundlagen der Systemtechnik

Ein System ist als Gesamtheit von Elementen definiert, die miteinander durch Beziehungen verbunden sind [DAEN 89, S. 11]. Mit einem System wird ein begrenzter Ausschnitt aus der Realität beschrieben, der durch seine Systemgrenze von der Umwelt getrennt wird [BRUN 91, S. 43]. Bestehen zwischen einem System und Elementen der Umwelt Beziehungen, so wird es als offenes System bezeichnet; andernfalls handelt es sich um ein geschlossenes System [NEDE 97, S. 8]. Der Systemtechnik liegt ein hierarchischer Aufbau zugrunde, so daß jedes Element eines Systems selbst wieder als Subsystem betrachtet werden kann (siehe **Bild 22**). Schließlich bildet das abstrakte Anordnungsmuster der Elemente und ihrer Beziehungen die Struktur des Systems. Die Kenntnis der Elemente und ihrer strukturellen Anordnung schafft die Voraussetzung für das Verstehen von Systemen und erläutert die Grundaussage der Systemtechnik, daß das Ganze mehr als die Summe der Teile ist [DAEN 89, S. 12].

Grobkonzeption 47

Wie in Bild 22 dargestellt, lassen sich die Leitgedanken der Systemtechnik in das Vorgehensmodell und das Systemdenken unterteilen. Dabei fordert das Vorgehensmodell ein systemhierarchisches Denken, bei dem zunächst auf grober Ebene die Systemgrenzen beschrieben werden und anschließend in einem Top-Down Ansatz das Detaillierungsniveau der Betrachtung zunimmt. Mit Hilfe der Variantenbildung werden auf jeder Detaillierungsstufe alternative Lösungsprinzipien entwickelt und ihre Wirkungen auf die Systemelemente bestimmt [DAEN 99, S. 33 f]. Ein weiteres Element des Vorgehensmodells stellt die Anwendung des Problemlösungsprozesses dar. Dieser beschreibt einen problemneutralen, arbeitslogischen Ablauf, um von einer gegebenen Problematik zu einer Lösung zu gelangen [ZÜST 97, S. 53]. Das Phasenmodell fordert schließlich die zeitliche Trennung der Systementwicklung von der Systemrealisierung.

Das Systemdenken untergliedert sich in die Bereiche der Systemstruktur und des vernetzten Denkens. Dabei umfaßt die Systemstruktur die zuvor beschriebenen und in Bild 22 gezeigten Grundelemente der Systembeschreibung. Durch das vernetzte Denken stellt die Systemtechnik insbesondere Methoden der Problemstrukturierung zur Verfügung. Zu diesen zählen unter anderem Ansätze der Regelungstechnik sowie Ursache-Wirkungsdiagramme [BECK 99].

Schließlich bilden die Strukturierung, Hierarchiesierung und Modularisierung typische Gestaltungsprinzipien der Systemtechnik. Unter Strukturierung wird das Zerlegen komplexer Systeme in inhaltlich erfaßbare und abgegrenzte Teilkomponenten verstanden. Bei der Modularisierung werden Systemelemente mit hoher inhaltlicher Affinität zu Teilsystemen bzw. Modulen zusammengefaßt. Eine andere Möglichkeit zur Vermeidung der Unübersichtlichkeit bei hoher Anzahl an Systemelementen besteht in der Hierarchiesierung. Die Zuordnung zur Hierarchie kann gemäß charakteristischer Eigenschaften, der inhaltlichen Bedeutung oder dem zeitlichen Bezug erfolgen.

Der Zusammenhang zwischen der allgemeinen Modelltheorie und der Systemtechnik ergibt sich einerseits dadurch, daß die Systemanalyse einen Orientierungsrahmen für die nachfolgende Modellbildung zur Verfügung stellt [HANS 87, S. 39]. Andererseits kann unter einem Modell die Abbildung eines Systems verstanden werden, die dessen Struktur und Funktion aus dem jeweiligen Realitätszusammenhang abstrahiert [ROPO 74, S. 208]. Durch die Anwendung von Modelltheorie und Systemtechnik soll insbesondere die Erfüllung der formalen Anforderungen unterstützt werden.

3.3 ABLEITUNG DES GROBKONZEPTES

Basierend auf den in Kap. 3.1 definierten inhaltlichen und formalen Anforderungen sowie den in Kap. 3.2 beschriebenen Grundsätzen der allgemeinen Modelltheorie und der Systemtechnik kann das Entscheidungsmodell zur Gestaltung dezentraler Organisationseinheiten abgeleitet werden. Entsprechend des Top-Down-Vorgehensprinzips der Systemtechnik erfolgt zunächst die Entwicklung eines Grobkonzeptes auf Basis des Black-Box-Ansatzes [DAEN 99, S. 17]. Im Anschluß wird in Kap. 4 das Grobkonzept operationalisiert und detailliert.

Um eine zeitliche Trennung von Systementwicklung und Systemrealisierung (vgl. [DAEN 99, S. 43]) zu erreichen, unterscheidet das Grobkonzept zwischen dem Center[37]-Betriebsmodell und dem Vorgehensmodell. Dabei dient das *Center-Betriebsmodell* zur Erklärung der grundlegenden Wirkmechanismen der Organisationsgestaltung und zur Identifikation neuer Sollstrukturen für die Organisation. Es bildet damit die Basis für das funktionale *Vorgehensmodell* zur Systemrealisierung, das sich in die Systemelemente Organisationsimplementierung und Organisationsoptimierung unterteilt. Die Organisationsimplementierung unterstützt die erstmalige Einführung einer dezentralen Organisation. Um der Anforderung nach kontinuierlicher Anpassung der Organisation an sich ändernde Umfeldbedingungen bei vorhandener dezentraler Organisation zu entsprechen, wird die Organisationsoptimierung angewendet.

Die Betrachtung des Center-Betriebsmodells erfordert die Analyse einer hohen Anzahl und Vielfalt von Entscheidungsparametern zur Gestaltung der Organisation sowie deren mögliche Ausprägungen und Einflußfaktoren. Zudem sind die Parameter der Organisationsgestaltung durch vielfältige Wirkbeziehungen sowohl untereinander als auch mit Elementen der Systemumwelt verbunden, so daß die Entwicklung des Center-Betriebsmodells als komplexe Problemstellung zu bezeichnen ist (vgl. [ZÜST 97, S. 32]).

Die Verwendung technischer Strukturschemata und insbesondere die Anwendung von regelungstechnischen Modellen stellt die gängige Methode des Systems Engineering zur Beschreibung von komplexen Sachverhalten dar [BRUN 91, S. 85 ff; DAEN 89, S. 247 ff; LEHM 74, S. 243; PATZ 82, S. 61 f]. Aufgrund der zuvor beschriebenen Komplexität der Problemstellung wird eine Strukturierung des *Center-Betriebsmodells* mit Hilfe eines Regelkreismodells durchgeführt. Wie in **Bild 23** gezeigt, können in Anlehnung an das Modell eines geschlossenen Regelkreises die Systemelemente Organisationsmodell, Meßgrößenmodell, Kontextmodell, Regelmodell, Zielmodell und Stellgrößenmodell abgeleitet werden.

---

[37] In der Praxis, aber auch zunehmend in der Literatur, wird der Begriff „Center" als Sammelbegriff für dezentrale Organisationseinheiten verwendet [REIS 99, S. 261]. Diesem Begriffsverständnis wird in der vorliegenden Arbeit gefolgt.

Grobkonzeption 49

Technisches Regelkreismodell

[Diagram: Regler, Stellglied, Meßglied, Regelstrecke, Inputgrößen, Störgrößen, Outputgrößen, Führungsgrößen]

Center-Betriebsmodell

[Diagram: Zielmodell, Regelmodell, Stellgrößenmodell, Meßgrößenmodell, Kontextmodell, Organisationsmodell; umgeben von Organisationsimplementierung (links) und Organisationsoptimierung (rechts)]

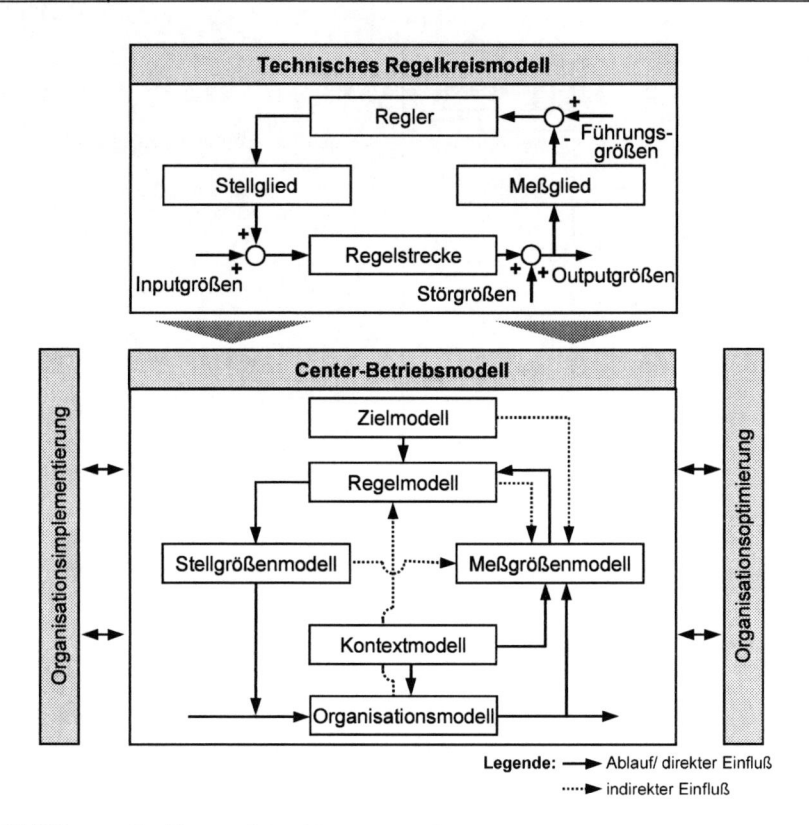

Legende: ⟶ Ablauf/ direkter Einfluß
⋯▶ indirekter Einfluß

Bild 23:   Grobkonzept des Lösungsansatzes

Mit Hilfe des *Organisationsmodells* wird die Regelstrecke modellhaft abgebildet. Es ist das Ziel, ein Referenzmodell für dezentrale Organisationseinheiten zu entwickeln, das geeignet ist, den Istzustand sowie alternative Sollzustände der Organisation wertneutral darzustellen. Dazu sind die einzelnen Systemelemente der Organisation zu strukturieren und ihre Wirkbeziehungen aufzuzeigen. Damit bildet das Organisationsmodell die Ausgangsbasis für die Entwicklung und Anwendung der Meßgrößen-, Stellgrößen-, Kontext- und Regelmodelle. Das Organisationsmodell stellt die objektive Komponente des organisatorischen Entscheidungsproblems dar, indem es den Realitätsausschnitt beschreibt, den der Entscheider gestalten möchte. Entsprechend der Einteilung von ZELEWSKI ist das Organisationsmodell daher als ein Strukturmodell zu klassifizieren (vgl. **Bild 24**) [ZELE 99, S. 49].

Grobkonzeption

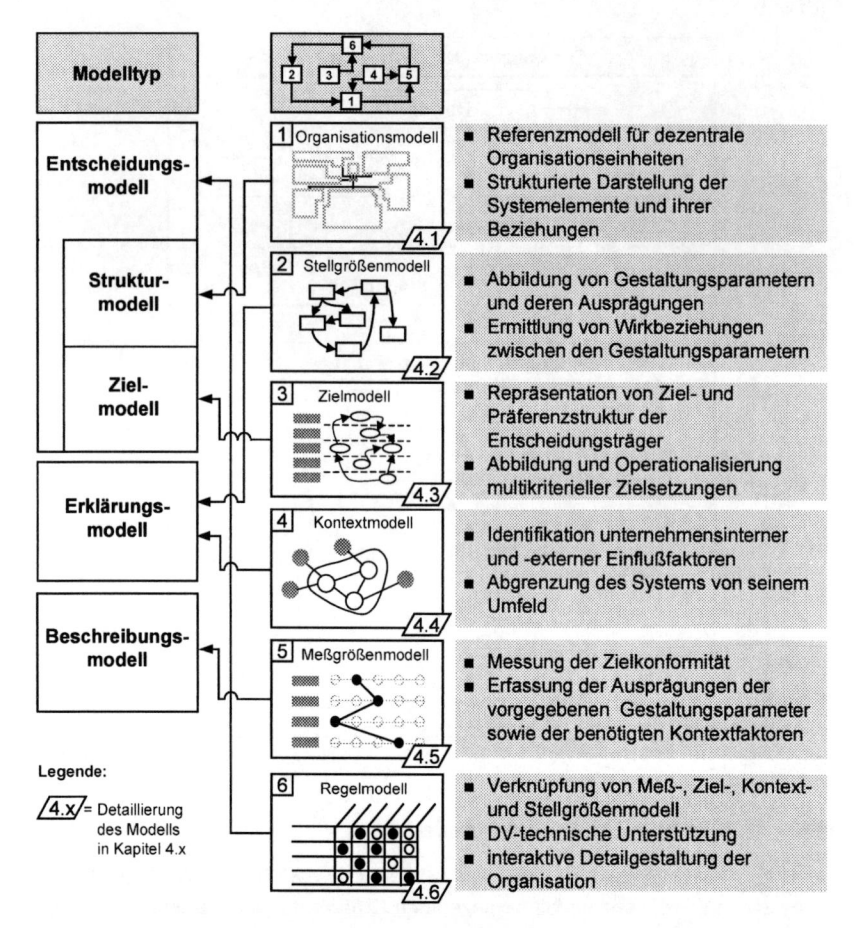

Modelltyp	Teilmodell	Beschreibung
Entscheidungsmodell	① Organisationsmodell /4.1/	■ Referenzmodell für dezentrale Organisationseinheiten ■ Strukturierte Darstellung der Systemelemente und ihrer Beziehungen
Strukturmodell	② Stellgrößenmodell /4.2/	■ Abbildung von Gestaltungsparametern und deren Ausprägungen ■ Ermittlung von Wirkbeziehungen zwischen den Gestaltungsparametern
Zielmodell	③ Zielmodell /4.3/	■ Repräsentation von Ziel- und Präferenzstruktur der Entscheidungsträger ■ Abbildung und Operationalisierung multikriterieller Zielsetzungen
Erklärungsmodell	④ Kontextmodell /4.4/	■ Identifikation unternehmensinterner und -externer Einflußfaktoren ■ Abgrenzung des Systems von seinem Umfeld
Beschreibungsmodell	⑤ Meßgrößenmodell /4.5/	■ Messung der Zielkonformität ■ Erfassung der Ausprägungen der vorgegebenen Gestaltungsparameter sowie der benötigten Kontextfaktoren
	⑥ Regelmodell /4.6/	■ Verknüpfung von Meß-, Ziel-, Kontext- und Stellgrößenmodell ■ DV-technische Unterstützung ■ interaktive Detailgestaltung der Organisation

Legende:
/4.x/ = Detaillierung des Modells in Kapitel 4.x

Bild 24: Teilmodelle des Center-Betriebsmodells

Der Handlungsraum zur Organisationsgestaltung wird durch das *Stellgrößenmodell* beschrieben. Dazu werden aus den Systemelementen des Organisationsmodells die Parameter identifiziert, die vom Entscheider durch organisatorische Maßnahmen verändert werden können. Zusätzlich sind für diese Gestaltungsparameter zulässige alternative Ausprägungen abzuleiten. Zur Vorbereitung der Erstellung des Regelmodells sind zudem vorhandene Interdependenzen zwischen den Gestaltungsparametern bzw. ihren Ausprägungen aufzuzeigen. Als Ergebnis steht dem Entscheider ein strukturiertes und systematisch aufbereitetes Entscheidungsfeld zur Verfügung. Da das Stellgrößenmodell mit der Analyse zulässiger Ausprägungen der Entscheidungsparameter über eine reine Deskription realer Sachverhalte hinausgeht, ist es der Klasse der Erklärungsmodelle zuzuordnen.

Aufgrund der Vielzahl von Zielen und teilweise konkurrierender Zielbeziehungen ist die Zielproblematik selbst ein Untersuchungsobjekt innerhalb des organisatorischen Gestaltungsprozesses. Dabei repräsentiert das *Zielmodell* die Führungsgrößen des klassischen Regelkreises. Zur Gewährleistung eines vollständigen und konsistenten Zielmodells sind die Zielsetzungen zu betrachten, die einerseits dem Centeraufbau zugrunde liegen und andererseits als Erwartungen an den Centerbetrieb zu erfüllen sind. Wird eine proaktive Steuerung der Center angestrebt, gehen diese Zielsetzungen über die reine Wertorientierung hinaus [SEID 97, S. 53]. Daher ist die Verwendung eines multikriteriellen Steuersystems notwendig, das die Zieldimensionen Kosten, Qualität, Zeit, Kundenorientierung und Innovation integriert. Das Zielmodell umfaßt somit alle Entscheidungsdeterminanten, die mit dem Entscheidungsträger[38] verbunden sind. Hierzu gehören sowohl die Sach- und Formalziele als auch Risiko- und Zeitpräferenzstrukturen. Es ist daher mit dem gleichnamigen Modelltyp als Zielmodell zu klassifizieren [ZELE 99, S. 49].

Auf die Regelstrecke wirkende Störgrößen werden mit Hilfe des *Kontextmodells* erfaßt. Dabei setzt sich das Kontextmodell aus Kontextfaktoren und deren Wirkbeziehungen zusammen. Die Organisationstheorie versteht unter Kontextfaktoren solche situativen Bestimmungsgrößen, die erstens Aufschlüsse über Entstehung und Zweckmäßigkeit von Strategie- und Organisationseigenschaften geben und zweitens nicht oder nur eingeschränkt der Disposition des Unternehmens unterliegen [FRES 87, S. 219]. Damit leistet das Kontextmodell zusätzlich die von der Systemtechnik geforderte Abgrenzung des Systems von seiner Umwelt [DAEN 99, S. 47 ff]. Analog zum Stellgrößenmodell werden beim Kontextmodell die Wirkzusammenhänge zwischen Elementen der Unternehmensumwelt und den Bestandteilen des Organisationsmodells analysiert, so daß es sich um ein Erklärungsmodell handelt.

Die notwendigen Regelgrößen werden durch das *Meßgrößenmodell* erfaßt. Es dient der Beschreibung von Informationen zur Bestimmung der Zielkonformität der betrachteten Organisationseinheit. Weiterhin bildet das Meßgrößenmodell zusätzliche Größen ab, die als Hilfsgrößen entweder nicht direkt meßbare Zielerreichungen beschreiben oder als ergänzende Eingangsgrößen für das Regelmodell benötigt werden. Bei letzteren handelt es sich beispielsweise um relevante Veränderungen in der Unternehmensumwelt, die in einer Feedforward-Regelung zur präventiven Adaption der Organisation genutzt werden. Im Gegensatz zu dem zuvor eingeführten Modell liegt hier eine reine Beschreibung der Meßgrößen ohne weitergehende

---

[38] Im Fall der Organisationsgestaltung ist der Entscheidungsträger nicht zwangsläufig eine Einzelperson. Es kann sich in Abhängigkeit von der Unternehmensgröße auch um einen Ausschuß oder die gesamte Unternehmensleitung handeln.

Analyse vor, so daß das Meßgrößenmodell als ein Beschreibungsmodell zu klassifizieren ist.

Das *Regelmodell* übernimmt die Funktion des Reglers und verknüpft die Ziel-, Meß-, Kontext- und Stellgrößenmodelle. Aufgabe des Regelmodells ist es, Wirkbeziehungen zwischen den Elementen dieser Modelle zu identifizieren. Weiterhin sollen basierend auf der im Meßgrößenmodell dokumentierten Ist-Situation des Centers und seines Umfeldes sowie den durch das Zielmodell vorgegebenen Sollwerten geeignete Handlungsalternativen vorgeschlagen und damit eine Entscheidungsunterstützung für den Gestalter der Organisation erzielt werden. Um eine reproduzierbare und damit konsistente Entscheidung zu gewährleisten, sind mit den organisatorischen Gestaltungsalternativen verbundene Konflikte[39] zwischen einzelnen Gestaltungsparametern aufzuzeigen. Durch Modifikation der Eingangsdaten soll zudem eine Simulation veränderter Randbedingungen ermöglicht und deren Konsequenzen auf die Organisationsgestaltung abgebildet werden. Das Regelmodell erfüllt den Zweck, dem Entscheidungsträger die Verwirklichung einzelner Gestaltungsalternativen zu empfehlen bzw. von ihnen abzuraten. Daher handelt es sich bei diesem Modell entsprechend der Einteilung von ZELEWSKI um ein Entscheidungsmodell im eigentlichen Sinne[40] [ZELE 99, S. 49].

Die Anwendung des Regelmodells ist aufgrund der Vielzahl der organisatorischen Gestaltungsmöglichkeiten und ihrer Wirkbeziehungen als komplex zu charakterisieren. Vor diesem Hintergrund sowie der geforderten Simulation von Auswirkungen veränderter Randbedingungen ist die Bereitstellung eines DV-Systems zur effizienten Anwendung des Regelmodells erforderlich. In Bild 24 wird auf die einzelnen Unterkapitel verwiesen, in denen die detaillierte Ausgestaltung und Operationalisierung der Modelle erfolgt.

3.4 ZWISCHENFAZIT

Basierend auf den in Kap. 2 identifizierten Defiziten bestehender Konzepte zur Gestaltung dezentraler Organisationseinheiten und dem damit aufgezeigten Handlungsbedarf wurden die Anforderungen an das Entscheidungsmodell zur kontextspezifischen Organisationsgestaltung für produzierende Geschäftseinheiten abgeleitet. Dabei wurde zwischen inhaltlichen und formalen Anforderungen unterschieden. Um

---

[39] Zielkonflikte sind aufgrund komplementärer Zielsetzungen und damit verbundener Trade-off Entscheidungen zu erwarten.

[40] Ein Entscheidungsmodell im weiteren Sinne stellt das Gesamtmodell dar, das in dieser Arbeit entwickelt wird. Es umfaßt durch die einzelnen Teilmodelle zusätzliche inhaltliche Komponenten, wie beispielsweise die Repräsentation der Regelstrecke durch das Organisationsmodell oder die Berücksichtigung unternehmensexterner Faktoren im Kontextmodell.

die Komplexität der Problemstellung zu beherrschen, wurden die allgemeine Modelltheorie und die Systemtechnik als geeignete Hilfstheorien für die Modellentwicklung ausgewählt und in ihren Grundlagen vorgestellt. Unter Anwendung der Grundprinzipien der Systemtechnik und angelehnt an ein technisches Regelkreismodell wurde im Anschluß die *Grobkonzeption des Entscheidungsmodells* abgeleitet.

Im ersten Schritt der Modellentwicklung wurde zwischen der Konzeption und der Umsetzung einer dezentralen Organisation unterschieden. Dabei erfolgt die Konzeption der Organisation mit Hilfe des Center-Betriebsmodells. Zur Organisationsumsetzung wird das Implementierungs- bzw. Optimierungsmodell eingesetzt.

Aufgrund der Komplexität des organisatorischen Entscheidungsproblems wurde das Center-Betriebsmodell in weitere Teilmodelle unterteilt. Im Sinne einer Anwendung des Problemlösungsprozesses bei der Organisationskonzeption lassen sich die Teilmodelle wie folgt einordnen. Die Situationsanalyse wird durch das Organisationsmodell zur Abbildung des Betrachtungsobjektes, das Meßgrößenmodell zur Erfassung der Ist-Situation und das Kontextmodell zur Repräsentation externer Einflüsse unterstützt. Ziele für die Organisation werden im Zielmodell abgebildet. Der zur Zielerreichung zur Verfügung stehende Entscheidungsraum wird im Stellgrößenmodell als Menge zulässiger organisatorischer Handlungsalternativen dargestellt. Abschließend erfolgt die Zusammenstellung von Einzelmaßnahmen zu sinnvollen Maßnahmenbündeln und deren Bewertung. Diese wird vom Regelmodell geleistet, für das eine entsprechende DV-Unterstützung vorgesehen ist.

Mit der Untergliederung des Entscheidungsmodells in die zuvor beschriebenen Modelle wurde ein Grobkonzept für die Gestaltung dezentraler Organisationseinheiten entwickelt. Die Detaillierung der einzelnen Teilmodelle erfolgt im folgenden Kapitel.

4 DETAILLIERUNG DES ENTSCHEIDUNGSMODELLS

Die Operationalisierung des in Kap. 3 vorgestellten Grobkonzeptes für das Entscheidungsmodell zur Gestaltung dezentraler Organisationseinheiten erfolgt durch die Detaillierung der einzelnen Teilmodelle, die Darstellung ihrer Interdependenzen und die abschließende Integration der Teilmodelle durch das Vorgehensmodell. Zur Sicherstellung einer strukturierten und systematischen Beschreibung der Teilmodelle sowie zur Vorbereitung der DV-technischen Umsetzung wird dabei die zuvor ausgewählte Modellierungsmethodik eingesetzt.

4.1 ORGANISATIONSMODELL

Ziel des Organisationsmodells ist es, ein Referenzmodell[41] zur strukturierten Beschreibung der Organisation dezentraler Geschäftseinheiten bereitzustellen. Der Einsatz eines Referenzmodells vermeidet Redundanzen der Systemelemente und leistet einen Beitrag zur Vereinfachung der Problemstellung [SPUR 94, S. 140]. Die Formulierung des Organisationsmodells erfolgt unternehmensneutral. Durch Operationalisierung und Spezialisierung der Systemelemente wird die unternehmensspezifische Abbildung der Organisation geleistet. Entsprechend dieser Zielsetzung gehört das Organisationsmodell zu der Klasse der generischen Referenzmodelle [SINZ 97, S. 884]. Weiterhin bildet das Organisationsmodell die Basis für die Entwicklung und Anwendung des Stellgrößen-, Meßgrößen- und Regelmodells.

4.1.1 ENTWICKLUNG DES ORGANISATIONSMODELLS

Die dezentrale Organisationseinheit stellt den Ausgangspunkt der Modellbildung dar. Entsprechend dem ökonomischen Prinzip ist jeder wirtschaftlichen Einheit zweckorientiertes Handeln zu unterstellen [SCHI 98, S. 3]. Für die Entwicklung des Organisationsmodells bedeutet dies, daß die betrachtete Organisationseinheit eine Leistung zu erbringen hat. Die der Leistung zugrundeliegende *Aufgabe* wird als ein Modellierungsobjekt eingeführt. Zur Erfüllung der Aufgabe werden innerhalb der Organisationseinheit entsprechende *Kompetenzen*, beispielsweise in Form von Ressourcen oder Entscheidungsfreiheiten, benötigt. Das Kongruenzprinzip der Organisationstheorie fordert die Übereinstimmung von Aufgabe, Kompetenz und Verantwortung [BLEI 91, S. 36]. Zur vollständigen Beschreibung der Organisations-

---

[41] Unter dem Begriff Referenzmodell wird jede modellhafte, abstrahierende Beschreibung von Vorgehensweisen, Richtlinien, Empfehlungen oder Prozessen verstanden, die für einen abgegrenzten Problembereich gelten und in einer möglichst großen Anzahl von Einzelfällen anwendbar sind [STAH 97, S. 253].

Detaillierung des Entscheidungsmodells 55

einheit wird daher die ihr übertragene *Verantwortung* als weiteres Modellierungsobjekt aufgenommen.

Eine übliche auf NORDSIECK zurückgehende Unterscheidung in der Organisationstheorie führt zu der Differenzierung von Aufbau- und Ablauforganisation [EVER 96b, S. 14 f; KOSI 76, S. 32; NORD 34, S. 69 ff]. Dabei stellt die Aufbauorganisation durch Stellen- und Abteilungsbildung die statische Infrastruktur bereit, innerhalb derer sich die Aufgabenerfüllungsprozesse vollziehen [FRES 98a, S. 7; LAUX 97, S. 18]. Die Ablauforganisation beschreibt die raum- und zeitbezogene, zielgerichtete Steuerung von Arbeitsprozessen [GAIT 83, S. 23]. Da die Steuerung der Arbeitsprozesse unmittelbar mit den ihnen zugrundeliegenden Aufgaben verbunden ist, wird die Ablauforganisation innerhalb des Objektes Aufgabe berücksichtigt. Somit wird lediglich die *Aufbauorganisation* als zusätzliches Modellierungsobjekt aufgenommen.

Unternehmen und auch Unternehmensteilbereiche sind als offene Systeme zu klassifizieren [ULRH 91, S. 54]. Zur Abbildung der daraus resultierenden internen und externen Beziehungen wird das Objekt *Schnittstellen* eingeführt. Die für die Organisationseinheit bestehenden Strategien und Ziele stehen in enger Wechselwirkung mit der Organisationsstruktur selbst [CHAND 62, S. 13 ff; SCER 98, S. 122]. Sie werden daher mit dem Objekt *Strategie* beschrieben.

Das soweit vorgestellte Referenzmodell ermöglicht durch die Berücksichtigung der eingeführten Modellierungsobjekte eine vollständige Beschreibung bestehender dezentraler Organisationseinheiten. Entsprechend der Zielsetzung dieser Arbeit, auch die Implementierung der Organisationseinheiten zu unterstützen, ist jedoch zusätzlich das bei der Abgrenzung der Einheit verwendete *Gliederungskriterium* von Bedeutung. Zur Übersicht ist das soweit vorgestellte Organisationsmodell in EXPRESS-G-Darstellung in **Bild 25** abgebildet.

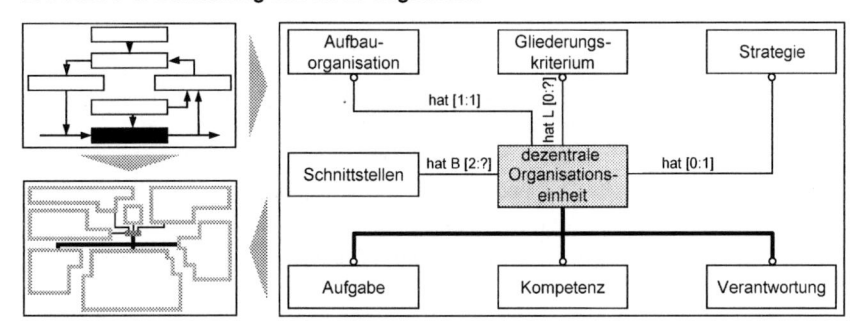

Bild 25:   *Organisationsmodell – Übersicht*

4.1.2 OPERATIONALISIERUNG DES ORGANISATIONSMODELLS

In diesem Kapitel werden die einzelnen Objekte des Organisationsmodells durch ihre Attribute und weitere Objekte detailliert[42]. Das vollständige Organisationsmodell ist in Anhang A2 dargestellt.

Die von der Organisationseinheit zu erfüllende *Aufgabe* wird durch die zugehörige Produkt-Prozeß-Kombination definiert. Zur Klassifizierung des Produktes wird es in eine Produktgruppe eingeordnet. Entsprechend der Zielsetzung dieser Arbeit werden ausschließlich produzierende Organisationseinheiten untersucht, so daß dem Objekt „Prozeß" die direkten Funktionen Fertigung und Montage mit einer „und-oder"- Beziehung zugeordnet werden (vgl. **Bild 26**). Für den Prozeß benötigte indirekte Funktionen werden zusammen mit den Kompetenzen beschrieben. Sind sie der Organisationseinheit nicht direkt zugeordnet, werden die notwendigen Schnittstellen zu anderen Einheiten abgebildet. Um den Anforderungen komplexer Prozesse gerecht zu werden, erlaubt das Modell die Beschreibung von Subprozessen. Der Prozeß ist durch Relationen mit weiteren Objekten verbunden. Zur Erstellung der Produkte greift der Prozeß auf Ressourcen zurück. Weiterhin weist jeder Prozeß als offenes System zumindest eine Input- und eine Outputschnittstelle auf [WARN 93, S. 4]. Schließlich ist dem Prozeß eine Aufbauorganisation zugeordnet.

Verantwortung kann allgemein als die Pflicht aufgefaßt werden, Rechenschaft für die zielkonforme Erfüllung einer übertragenen Aufgabe abzulegen [SCER 99, S. 26]. Zur differenzierten Beurteilung der Zielerreichung unterscheidet SCHIERENBECK zwischen Leistungs-, Erfolgs- und Finanzzielen [SCHI 98, S. 62]. Diese Dreiteilung wird auch für die Operationalisierung des Objektes Verantwortung verwendet[43]. Dabei bezieht sich die Finanzverantwortung auf die Sicherung der Liquidität und die Erreichung angestrebter Finanzierungen. Die Verantwortung für Produktion, Beschaffung und Lagerhaltung wird durch die Leistungsdimension abgebildet. Schließlich berücksichtigt die Erfolgsverantwortung die Erreichung von Umsatz-, Wertschöpfungs-, Gewinn- und Rentabilitätszielen. Eine wesentliche Voraussetzung zur Beurteilung des Zielerreichungsgrades stellt die Meßbarkeit der Ziele dar [ZÜST 97, S. 110 f]. Es werden daher alle Verantwortungsbereiche im Organisationsmodell mit Kennzahlen sowie deren Wert und Berechnungsvorschrift hinterlegt. Eine Erweiterung der Verantwortung ergibt sich, wenn die Organisationseinheit rechtlich verselbständigt wird. Empirische Studien belegen, daß diese Form der erweiterten

---

[42] Aus Darstellungsgründen sind in den folgenden Abbildungen nicht alle Beziehungstypen zwischen den Systemelementen bezeichnet.

[43] Damit wird die insbesondere von DRUMM an den etablierten Dezentralisierungsansätzen geäußerte Kritik einer rein auf Gewinn ausgerichteten Verantwortung überwunden [DRUM 96, S. 13].

Detaillierung des Entscheidungsmodells 57

Autonomie in Deutschland zunehmend an Bedeutung gewinnt [BÜHN 91, S. 141 ff; ENGE 97, S. 219 f; KREU 97a, 225].

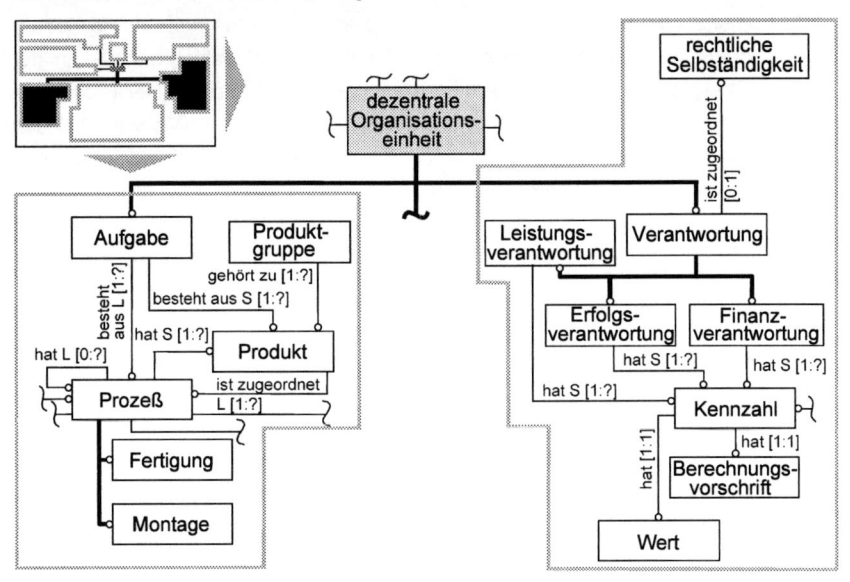

Bild 26: Detaillierung des Organisationsmodells I/IV

Kompetenzen liefern die Legitimationsbasis für die Aufgabenerfüllung und beschreiben gleichzeitig den zulässigen Handlungsrahmen [SCER 98, S. 25]. Zur Charakterisierung der Kompetenzen ist zwischen der Art der Kompetenz[44] und dem Objekt, für das die Kompetenz erteilt wird, zu differenzieren. Für diese Arbeit ist insbesondere die Unterscheidung zwischen Verfügungskompetenz und Entscheidungskompetenz von Bedeutung.

Die einer dezentralen Organisationseinheit übertragenen Verfügungskompetenzen können sich auf die in der Einheit vorhandenen Ressourcen und die dezentral vorgehaltenen indirekten Funktionen beziehen. Dabei soll unter Ressourcen die Gesamtheit aller Faktoren verstanden werden, die dem Unternehmen zur Produktion von Gütern und Dienstleistungen zur Verfügung stehen [GABL 92, S. 2831; NOLT 99, S. 24]. In Anlehnung an SCHUH werden Kapital, Personal, Betriebsmittel, Information/ EDV und Gebäude als Ressourcen unterschieden [SCHU 89, S. 106]. Da diese Einteilung jedoch das eingesetzte Material nicht explizit berücksichtigt, ist eine Ergänzung vorzunehmen. Es ist dabei zweckmäßig, zwischen dem physischen

---

[44] In der Literatur werden verschieden Arten von Kompetenzen unterschieden; vgl. dazu [LAUX 97, S. 181 f; SCER 99, S. 25].

Material und den Lieferanten als weitere Ressourcen zu differenzieren, um einerseits die im Prozeß einzusetzenden Roh-, Hilfs- und Betriebsstoffe zu beschreiben. Andererseits stellen insbesondere Entwicklungspartnerschaften und andere Kooperationsformen mit Zulieferern einen relevanten Wettbewerbsfaktor dar, der in der jüngeren Vergangenheit an Bedeutung gewonnen hat. **Bild 27** stellt die vom Organisationsmodell unterschiedenen indirekten Funktionen dar. Wie auch bei den Ressourcen handelt es sich hier um eine Liste möglicher indirekter Funktionen[45], d.h. bei der Anwendung des Referenzmodells auf eine konkrete dezentrale Einheit sind die dezentral vorhandenen Ressourcen bzw. indirekten Funktionen auszuwählen und zu spezifizieren.

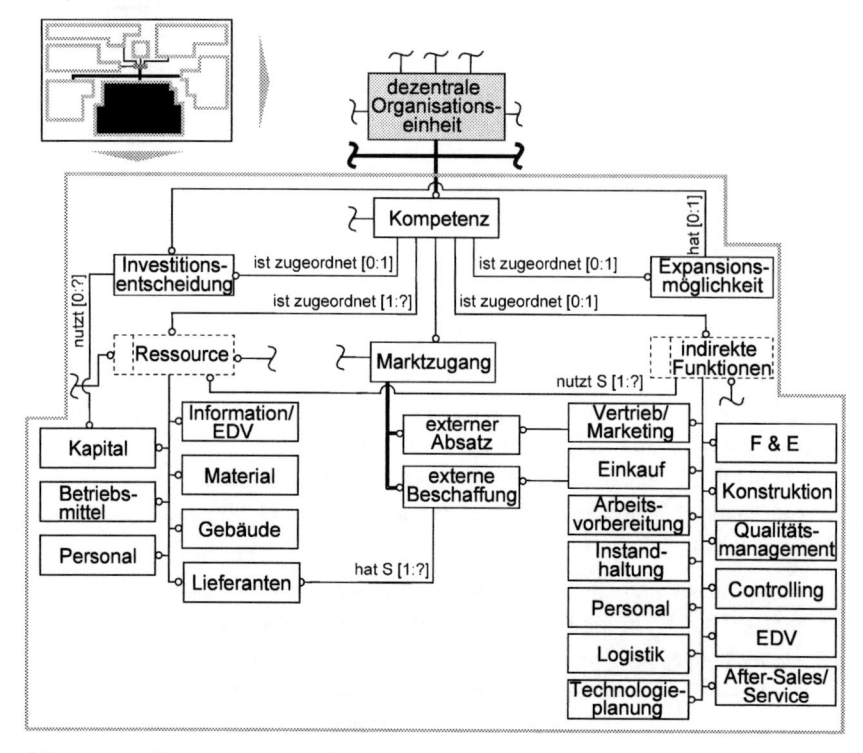

Bild 27: Detaillierung des Organisationsmodells II/IV

---

[45] In der Literatur finden sich unterschiedliche Einteilungen indirekter Funktionen. Die Eignung der dargestellten Einteilung zur Klassifizierung dezentraler Organisationseinheiten hat sich in einer empirischen Untersuchung von EVERSHEIM bestätigt und es wird daher in der Arbeit auf diese zurückgegriffen [EVER 99, S. 18 ff].

Detaillierung des Entscheidungsmodells 59

Entscheidungskompetenzen können der dezentralen Einheit im Hinblick auf die Gewährung eines externen Marktzugangs eingeräumt werden. Hierbei ist zwischen der Möglichkeit zum externen Absatz und zur externen Beschaffung zu unterscheiden. Weiterhin kann eine Entscheidungskompetenz für die Durchführung von Investitionsprojekten und die Möglichkeit zur Expansion übertragen werden.

Eine *Schnittstelle* liegt vor, wenn zwischen zwei Organisationseinheiten ein potentieller Koordinationsbedarf besteht [FRES 98a, S. 371]. Für das zu entwickelnde Organisationsmodell wird zwischen unternehmensinternen und -externen Schnittstellen unterschieden. Intern besteht die Notwendigkeit zur Ausrichtung der einzelnen dezentralen Organisationseinheiten auf das Zielsystem des Gesamtunternehmens, so daß die Unternehmensleitung koordinierend und kontrollierend mit der dezentralen Organisationseinheit in Beziehung steht. Weiterhin können intern sowohl materielle und immaterielle Leistungen ausgetauscht als auch auf gemeinsame Ressourcen zugegriffen werden, so daß ein Abstimmungsbedarf entsteht. Für diesen stellen Verrechnungspreise ein geeignetes Koordinationsinstrument dar [HORV 94, S. 570]. Eine detaillierte Beschreibungen möglicher externer Schnittstellen erfolgt im Kontextmodell (vgl. Kap. 4.4).

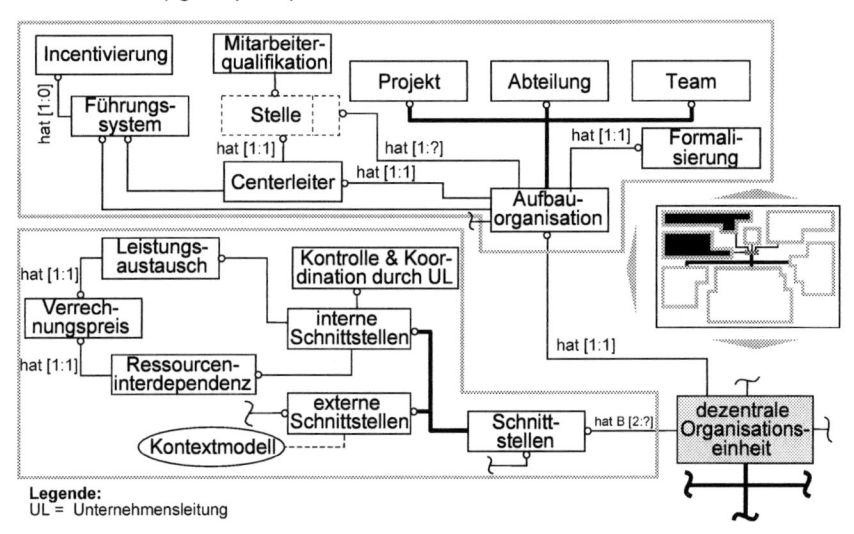

Bild 28: Detaillierung des Organisationsmodells III/IV

Die Detaillierung des Objektes *Aufbauorganisation* erfolgt in Anlehnung an die Organisationsbeschreibung im Klassenmodell von KRAH [KRAH 99, S. 54]. Es werden die Objekte Team, Abteilung und Projekt zur Modellierung unterschiedlicher Organisationseinheiten eingeführt. Die einzelnen Stellen, die die kleinste Form einer Organisationseinheit darstellen [NOLT 99, S. 74], sind weitere Objekte zur Beschreibung der Aufbauorganisation. Zusätzlich zu dem Modell von KRAH wird der Centerleiter und das von ihm angewendete Führungssystem abgebildet, um deren hoher Bedeutung für den Centererfolg in der Praxis gerecht zu werden (vgl. **Bild 28**). Die Organisationsgestaltung wird weiterhin erheblich von den im Unternehmen vorhandenen Mitarbeitern beeinflußt, deren Qualifikationsniveau ebenfalls im Modell abgebildet wird. Um die Mitarbeitermotivation zu erhöhen und den Koordinationsaufwand zu senken, verwenden viele Unternehmen in der jüngeren Vergangenheit eine leistungsabhängige Entlohnung. Hierbei handelt es sich um ein Element der Organisationsgestaltung, es wird unter dem Begriff Incentivierung im Modell berücksichtigt.

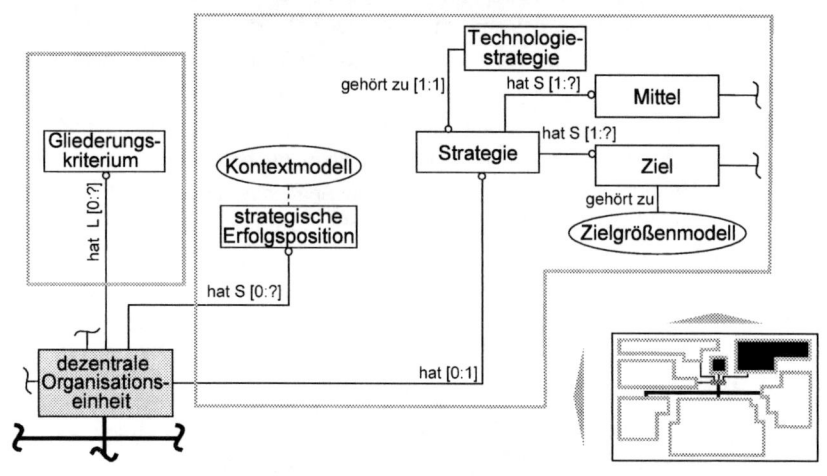

Bild 29: Detaillierung des Organisationsmodells IV/IV

Jede Änderung in der *Strategie* eines Unternehmens verlangt eine entsprechende Anpassung der Organisation [HINT 97, S. 59]. Dabei lassen sich die für die Organisationseinheit gültigen Strategien durch Ziel – Mittel Relationen abbilden (vgl. **Bild 29**) [NEDE 97, S. 11; HOMB 91, S. 31]. Als Mittel zur Verfolgung der Strategie und Erreichung der Zielsetzungen stehen die in der Organisationseinheit vorhandenen Kompetenzen zur Verfügung. Eine detaillierte Beschreibung der Ziele, Subziele und Zielbeziehungen wird durch das Zielgrößenmodell (vgl. Kap. 4.3) geleistet. Die Wirkung der unternehmensintern formulierten Strategie drückt sich in der nur im Vergleich zum Organisationsumfeld bestimmbaren strategischen Erfolgsposition aus. Dieser auf PÜMPIN zurückgehende Begriff beschreibt eine vom Unternehmen bewußt geschaffene Voraussetzung, die es dem Unternehmen erlaubt, im Vergleich zum Wettbewerb langfristig überdurchschnittliche Ergebnisse zu erzielen [PÜMP 83, S. 34]. Um der Bedeutung der strategischen Technologieplanung für produzierende Unternehmen gerecht zu werden, wird neben der allgemeinen Centerstrategie zusätzlich die Technologiestrategie als ein Element des Organisationsmodells berücksichtigt.

Das *Gliederungskriterium* beschreibt, nach welchem Objekt die Abgrenzung der Organisationseinheit vom restlichen Unternehmen erfolgt und bestimmt damit die Anzahl der zwischen der Organisationseinheit und seiner Umwelt bestehenden Interdependenzen. Eine Vielzahl von Objekten kann als Gliederungskriterium für eine Organisationseinheit dienen, beispielsweise bestimmte Kundengruppen, Regionen, Produktgruppen, etc.[46]. Da mit dem Gliederungskriterium die Grundstruktur der Organisationseinheit festgelegt wird, ist es insbesondere für die Neugestaltung von Organisationseinheiten von Bedeutung.

Mit dem Organisationsmodell wurden die einzelnen Elemente einer dezentralen Organisationseinheit in ihren Zusammenhängen grob beschrieben. Es bildet die Grundlage für die weiteren Teilmodelle, in denen die jeweils relevanten Aspekte des Organisationsmodells weiter detailliert werden.

4.2 STELLGRÖßENMODELL

Zur Beschreibung und Analyse des Entscheidungsfeldes bei der Organisationsgestaltung dient das Stellgrößenmodell. Es bildet als Teilmodell diejenigen Elemente des Organisationsmodells ab, die vom Entscheider in der Neuorganisation oder Organisationsoptimierung verändert werden können (vgl. **Bild 30**). Diese Elemente werden als Stellgrößen bzw. Gestaltungsparameter[47] bezeichnet und unterstehen der direkten[48] Disposition des Entscheiders. Zur Operationalisierung des Stellgrößenmodells sind für die Gestaltungsparameter mögliche Ausprägungen zu identifizieren. Die Ausprägungen stellen eine Erweiterung des Organisationsmodells dar und werden daher ebenfalls mit Hilfe von EXPRESS-G modelliert.

Durch die Kombination einzelner Ausprägungen verschiedener Gestaltungsparameter ergeben sich alternative Organisationskonzepte. Die freie Kombination der Gestaltungsparameter ist jedoch aufgrund vorhandener Interdependenzen einge-

---

[46] Für ausführliche Darstellung möglicher Gliederungskriterien vgl. Kap. 4.2.

[47] Die Begriffe Stellgrößen und Gestaltungsparameter entstammen den Disziplinen der Systemtheorie bzw. der Organisationslehre. Sie bezeichnen vergleichbare Inhalte und werden daher in dieser Arbeit synonym verwendet.

[48] Unter der direkten Disposition wird verstanden, daß der Entscheider unmittelbaren Einfluß auf einen Gestaltungsparameter nehmen kann. Dies ist beispielsweise bei der Entscheidung der Fall, ob der Einkauf zentral oder dezentral angeordnet wird. Im Gegensatz dazu liegt bei dem Auftreten von Ressourceninterdependenzen ein indirekter Einfluß des Entscheiders vor, da diese nicht direkt, sondern nur über die entsprechende Ausgestaltung der dezentralen Einheit mit Ressourcen bzw. indirekten Funktionen vermieden werden können.

schränkt. Diejenigen Abhängigkeiten, die datentechnische Zugehörigkeitsbeziehungen beschreiben, wurden schon im Referenzmodell der Organisation abgebildet (vgl. Kap. 4.1.2). Darüber hinaus bestehen jedoch zwischen einzelnen Gestaltungsparametern Wirkbeziehungen, die die Wahl bestimmter Ausprägungen bevorzugen oder Ihnen entgegenstehen. Zu ihrer Abbildung wird in Anlehnung an PROBST und GOMEZ ein Wirknetz für die Stellgrößen erstellt [PROB 91, S. 9 ff]. Die erkannten Wirkbeziehungen werden bei der Ableitung der Entscheidungsregeln im Regelmodell berücksichtigt.

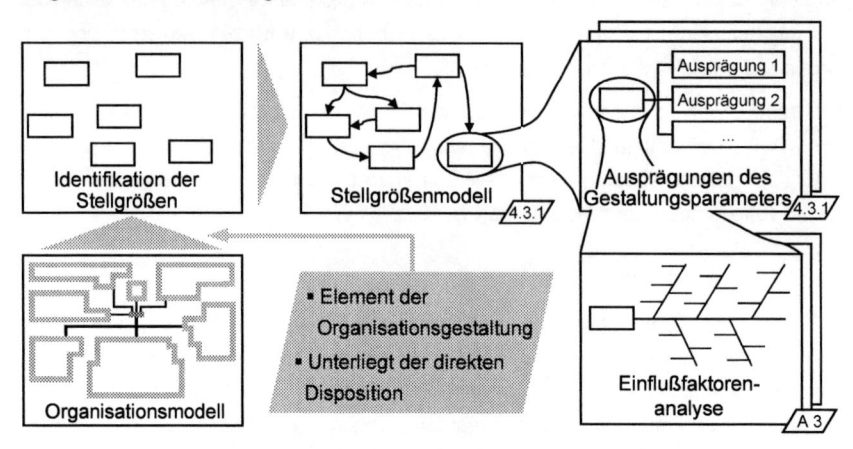

Bild 30: Vorgehen zur Ableitung und Detaillierung des Stellgrößenmodells

Das Ziel der vorliegenden Arbeit ist es, eine optimale Kombination aus den möglichen Ausprägungen der Gestaltungsparameter für eine gegebene Situation zu wählen. Um diesen Auswahlprozeß systematisch zu unterstützen, ist die Kenntnis darüber erforderlich, welche Einflußfaktoren auf die Gestaltungsparameter wirken. Die Ergebnisse der daher notwendigen Einflußfaktorenanalyse werden zur Strukturierung und Visualisierung in Ishikawa-Diagrammen abgebildet. Die detaillierte Dokumentation der Wirkung der Einflußfaktoren auf die Ausprägungen eines betrachteten Gestaltungsparameters erfolgt mit Hilfe von Abhängigkeitsmatrizen (vgl. Kap. 4.6.1).

4.2.1 GESTALTUNGSPARAMETER DES STELLGRÖßENMODELLS UND IHRE AUSPRÄGUNGEN

Die Basis zur Identifikation der Gestaltungsparameter bildet das Organisationsmodell. Um das Stellgrößenmodell als eine Teilmenge vom Organisationsmodell abzugrenzen, werden als Auswahlkriterien einerseits die Möglichkeit zur direkten

Detaillierung des Entscheidungsmodells 63

Einflußnahme durch den Entscheider und andererseits die inhaltliche Zugehörigkeit[49] der Parameter zur Organisationsgestaltung angewendet. In **Bild 31** sind die Gestaltungsparameter und ihre Interdependenzen in einem Wirknetz[50] dargestellt. Die Heterogenität der Stellgrößen unterstreicht die eingangs beschriebene Komplexität des Gestaltungsproblems.

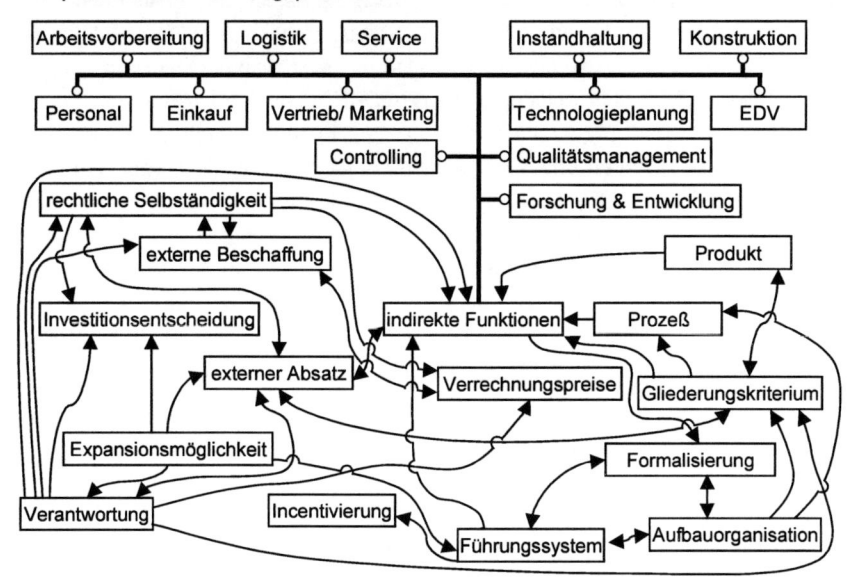

Bild 31: Wirknetz des Stellgrößenmodells

Im folgenden werden die einzelnen Gestaltungsparameter und ihre Ausprägungen erläutert. Dabei besteht die wesentliche Herausforderung darin, die Ausprägungen einerseits so zu spezifizieren, daß sie mit ihrer inhaltlichen Aussagekraft den Organisationsprozeß unterstützen. Andererseits sind die Ausprägungen so zu formulieren, daß alle für die Praxis relevanten[51] Ausprägungen abgedeckt werden. Eine nachträg-

---

[49] Im Sinne der Unterteilung von Mensch, Technik und Organisation erfolgt entsprechend der Zielsetzung der Arbeit eine Konzentration auf den Gestaltungsparameter Organisation. So werden sowohl die Auswahl von Mitarbeitern und deren Zuordnung zu Stellen als auch die Einführung neuer oder die Substitution bestehender Fertigungstechnologien nicht als Gestaltungsobjekte betrachtet. Die Aspekte Mensch und insbesondere Technik werden jedoch als Einflußfaktoren auf die Organisationsgestaltung in den anderen Modellen berücksichtigt.

[50] Dabei dient die Darstellung vornehmlich zur Repräsentation von Wechselwirkungen. Erklärende Zusammenhänge ergeben sich aus dem Organisationsmodell (vgl. Anhang A1).

[51] Der Begriff relevant wird entsprechend der Zielsetzung und des Anwendungsgebietes der Arbeit sowie den in Kap. 3.1 formulierten Anforderungen verwendet.

liche Erweiterung der Ausprägungen ist zwar prinzipiell möglich, sie erfordert jedoch vor ihrer Anwendung die entsprechende Ergänzung der Regelbeziehungen.

Um erstmals eine dezentrale Organisationsstruktur einzuführen, ist zunächst ein geeignetes *Gliederungskriterium* zur Abgrenzung der Einheit vom restlichen Unternehmen auszuwählen. Im wesentlichen wird zwischen einer funktionalen und einer objektorientierten Gliederung differenziert. Dabei steht diese Entscheidung im Spannungsfeld zwischen erzielbaren Spezialisierungsvorteilen und dem notwendigen Koordinationsaufwand. In Anlehnung an FRIEDRICH ist eine weitere Unterteilung der objektorientierten Gliederung nach Regionen, Kundensegmenten, Absatzkanälen, Produktionsverfahren und Technologien sowie Produkten und Leistungen von praktischer Relevanz [FRIE 96, S. 986 f]. Damit wirkt sich das Gliederungskriterium direkt auf die in der dezentralen Einheit zu fertigenden *Produkte* bzw. Teilprodukte aus. Das eigentliche Produkt gehört jedoch nicht zum Entscheidungsfeld der Organisationsgestaltung. Entscheidungsmöglichkeiten bestehen darin, die Anzahl der dem Center zuzuordnenden Produkte und das daraus resultierende homogene bzw. heterogene Produktspektrum festzulegen.

Entsprechend den zu fertigenden Produkten wird der *Produktionsprozeß* ausgelegt. Während der Organisationsgestaltung ist zu entscheiden, welche der zur Herstellung der ausgewählten Produkte notwendigen Produktionsprozesse in die Organisationseinheit zu integrieren sind. Dabei wird festgelegt, wie die im Unternehmen vorhandenen Prozesse der Wertschöpfungskette auf unterschiedliche Center aufzuteilen sind[52]. In Anlehnung an WELLER wird dabei die Fertigungstiefe in drei Wertebereiche unterteilt [WELL 99, S. 10] (vgl. **Bild 32**). Die Frage des In-/ Outsourcing ist explizit nicht Bestandteil der Organisationsgestaltung. Neben diesen direkten Funktionen ist festzulegen, welche *indirekten Funktionen* in die dezentrale Einheit eingegliedert werden sollen. Hierzu stehen die im Referenzmodell der Organisation (Kap. 4.1.2) vorgestellten Funktionen zur Auswahl. Als mögliche Ausprägungen ist allgemein zwischen einer vollständig zentralen[53] bzw. dezentralen Anordnung sowie einer Mischform zu unterscheiden. Unter Mischform wird verstanden, daß beispielsweise eine zentrale Beschaffung Rahmenverträge mit Zulieferern aushandelt und Bestellungen dezentral abgerufen werden.

---

[52] Wird ein Fertigungsprozeß hinreichend unterteilt, ermöglicht diese organisatorische Maßnahme auch eine auf das Center bezogene Reduktion der Produktkomplexität. Die Komplexität des Gesamtproduktes ist jedoch nicht Gegenstand der Organisationsgestaltung. Sie wird als Einflußgröße berücksichtigt (vgl. Kap. 4.4).

[53] Die Systemgrenze zur Organisationsgestaltung entspricht der dezentralen Einheit. Daher umfaßt die Nicht-Integration einer indirekten Funktion die Möglichkeiten einer zentralen Bereitstellung bzw. eines externen Bezugs. Eine Unterscheidung wird erst innerhalb der Einflußfaktorenanalyse getroffen.

Detaillierung des Entscheidungsmodells 65

Produkt
- homogenes Produktspektrum
- heterogenes Produktspektrum
- geringe Anzahl der Produkte
- hohe Anzahl der Produkte

Produktionsprozeß
- Fertigungstiefe im Center < 20%
- Fertigungstiefe im Center 20% - 50%
- Fertigungstiefe im Center > 50%

Externe Beschaffung
- kein Zugang zum externen Beschaffungsmarkt
- beschränkter Zugang zum externen Beschaffungsmarkt
- vollständige Wahlfreiheit zwischen externer und interner Beschaffung

Externer Absatz
- kein Zugang zum externen Absatzmarkt
- beschränkter Zugang zum externen Absatzmarkt
- vollständige Wahlfreiheit zwischen externem und internem Absatz

Expansionsmöglichkeit
- keine Expansion zugelassen
- begrenztes Wachstum
- keine Expansionsbeschränkung

Investitionsentscheidung
- rein zentrale Entscheidung
- begrenzte dezentrale Entscheidungskompetenz
- rein dezentrale Entscheidung

Indirekte Funktionen
- zentral
- Mischform
- dezentral

Rechtliche Selbständigkeit
- gegeben
- nicht gegeben

Verantwortung
- Leistungsverantwortung
- Erfolgsverantwortung
- Finanzverantwortung

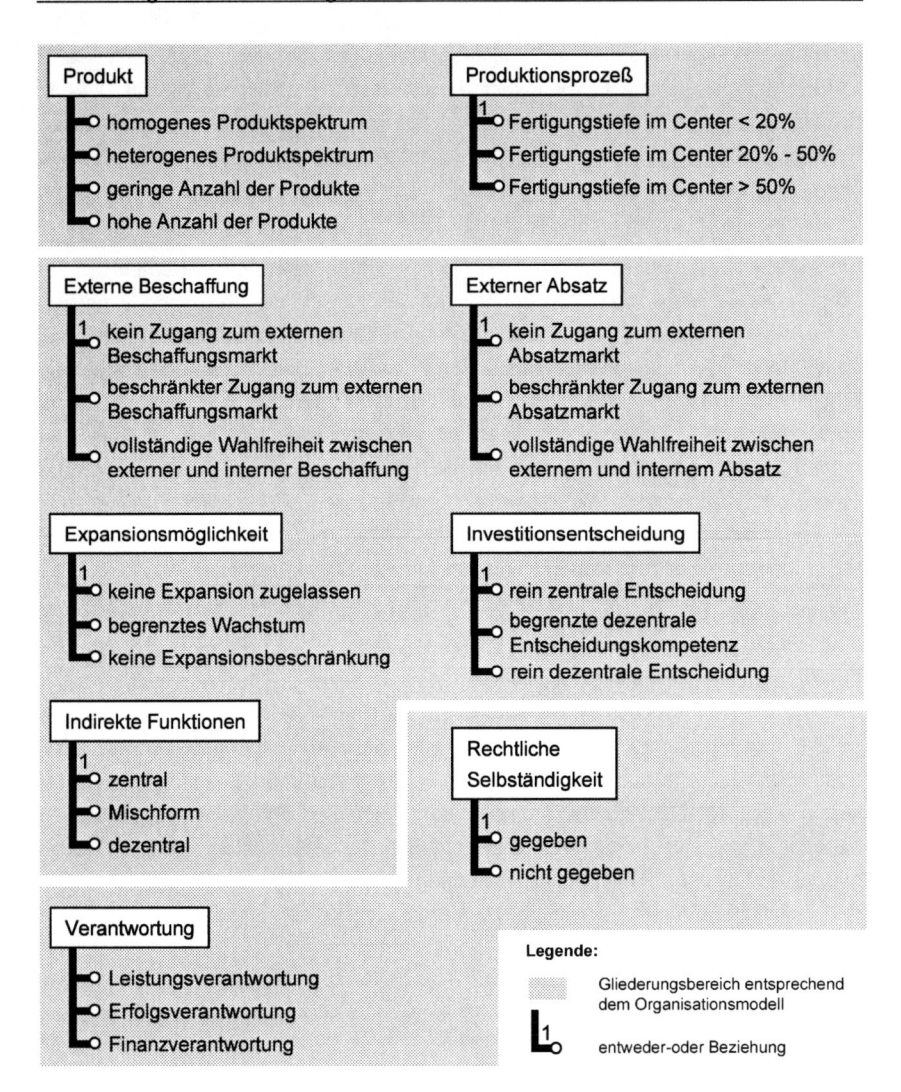

Legende:
- Gliederungsbereich entsprechend dem Organisationsmodell
- entweder-oder Beziehung

Bild 32: Ausprägungen der Gestaltungsparameter I/II

Eine Trennung zwischen der Integration des Vertriebs bzw. der Beschaffung und dem *Zugang zu Absatz- und Beschaffungsmarkt* wurde vollzogen, da für die Organisationsgestaltung der Zugang zum externen Markt wesentliche Auswirkungen u.a. auf die Leistungsverrechnung hat. Dies gilt unabhängig davon, ob der Marktzugang direkt oder beispielsweise nur indirekt durch einen zentralen Vertrieb gegeben ist [KREU 97b, S. 39 ff]. Die damit zusammenhängende und durch den internen Leistungsaustausch begründete Notwendigkeit von *Verrechnungspreisen* unterliegt ebenfalls der Organisationsgestaltung. Mögliche Formen von Verrechnungspreisen[54] werden in der Literatur kontrovers diskutiert [KREU 97b; WAGE 98, S. 23 ff; KALDE 98, S. 31 ff; FRES 95b, S. 942 ff]. Vor dem Hintergrund der praktischen Relevanz wird in Anlehnung an eine empirische Untersuchung von KREUTER und einen Gliederungsvorschlag von ALLEN zwischen den in **Bild 33** dargestellten Verrechnungspreistypen unterschieden [ALLE 87, S. 58 f; KREU 97b, S. 87 ff].

Ein weiterer Gestaltungsparameter, der die dem Center übertragene Kompetenz beschreibt, ist die Möglichkeit zur *Expansion*. Diese kann in verschiedenen Dimensionen erfolgen. Zu diesen zählen die Einführung zusätzlicher Produkte, die Bedienung neuer Märkte, der Aufbau von ergänzenden Kapazitäten und Technologien sowie die Einstellung zusätzlicher Mitarbeiter. Für die einzelnen Dimensionen ist festzulegen, ob der dezentralen Einheit eine vollständige, eingeschränkte oder keine Expansionsmöglichkeit eingeräumt werden soll. Inhaltlich eng verbunden ist die Delegation der *Investitionsentscheidung*. Als mögliche Ausprägungen wird zwischen einer rein zentralen, einer durch das Investitionsvolumen oder das Investitionsobjekt begrenzten und einer rein dezentralen Entscheidungskompetenz differenziert.

Entsprechend den Kompetenzen des Centers ist der *Verantwortungsbereich* festzulegen. Wie im Referenzmodell erläutert, wird zwischen Leistungs-, Erfolgs- und Finanzverantwortung unterschieden. Die Operationalisierung der Verantwortungsbereiche erfolgt mit Hilfe des Zielmodells. Da in der Praxis die Verantwortungsbereiche auch in Kombination zu beobachten sind, wurden die Ausprägungen mit einer „und- oder" Beziehung verbunden. Die Schaffung der *rechtlichen Selbständigkeit* stellt einen weiteren Gestaltungsparameter dar. Vereinfachend wird nur zwischen gegebener und nicht gegebener rechtlicher Selbständigkeit unterschieden. Dies ist mit der Auffassung FRESE´s zu rechtfertigen, daß zunächst das generelle Problem der rechtlichen Verselbständigung zu klären ist, da der praktische Unterschied

---

[54] Die Leistungsverrechnung über Gemeinkosten vermeidet das eigentliche Problem der Bewertung des Leistungsaustausches. Der Abnehmer erhält die Leistung kostenlos, die für den Verkäufer entstandenen Kosten werden durch das Gesamtunternehmen getragen. Bei einem dualen Verrechnungspreis liegen unterschiedliche Preise für Käufer und Verkäufer vor. Zumeist erhält der Käufer die Ware zum Marktpreis, der Verkäufer erhält von der Zentrale einen kostenorientierten Preis, der häufig oberhalb der Marktpreise liegt. Diese Form der Verrechnungspreise wird oftmals dann angewendet, wenn ein interner Bezug notwendig, aber nicht zu wirtschaftlichen Bedingungen realisierbar ist. Bei unechten Marktpreisen handelt es sich um Näherungswerte für reale Marktpreise, die insbesondere dann eingesetzt werden, wenn Marktpreise nicht direkt ermittelt werden können. Bei kostenorientierten Verrechnungspreisen wird entweder eine Teil- oder Vollkostenrechnung durchgeführt. Modernere Ansätze basieren auch auf der Transaktionskostentheorie, sie erfordern jedoch einen hohen Aufwand für ihre Anwendung. Schließlich werden noch Verrechnungspreise auf Verhandlungsbasis verwendet, bei denen in der gemeinsamen Diskussion von Käufer und Verkäufer der Preis festgelegt wird.

zwischen den überwiegend gewählten Rechtsform im Vergleich zum Verbleib im Gesamtunternehmen nur gering ist[55] [FRES 93, S. 505 ff].

Aufbauorganisation	Gliederungskriterium
○ Gliederungsbreite > 9 ○ Gliederungsbreite 7 - 9 ○ Gliederungsbreite < 7 ○ Gliederungstiefe < 3 ○ Gliederungstiefe = 3 ○ Gliederungstiefe > 3	○ innerbetriebliche Funktionen ○ Regionen ○ Kundensegmente ○ Absatzkanäle ○ Produktionsverfahren / Technologie ○ Produkte / Leistungen

Verrechnungspreise	Führungssystem
○ Gemeinkosten ○ dualer Verrechnungspreis ○ unechter Marktpreis ○ echter Marktpreis ○ kostenorientierter Verrechnungspreis ○ Verhandlungsbasis	○ Koord. durch persönliche Weisung ○ Koord. durch Selbstabstimmung ○ Koord. durch Programme ○ Koord. durch Pläne ○ Eigenkontrolle ○ Fremdkontrolle

Incentivierung	Formalisierung
○ keine ○ variabler Anteil	○ Dokumentation der Organisationsstruktur ○ Dokumentation des Informationsflusses ○ Leistungsdokumentation

Legende: ▓ Gliederungsbereich entsprechend dem Organisationsmodell

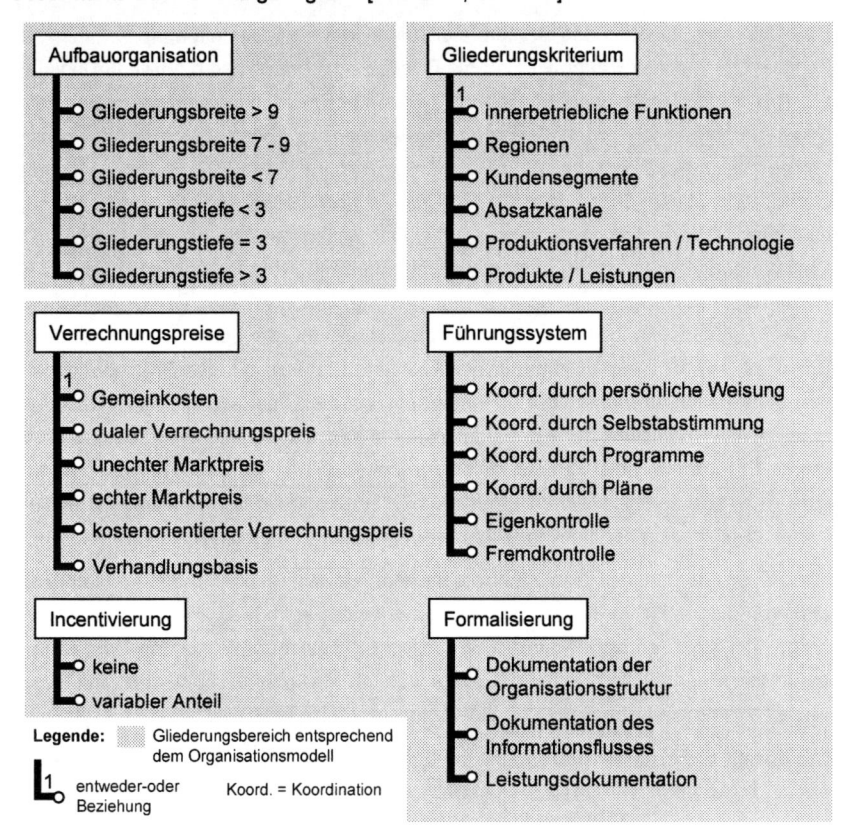

$\underset{\circ}{1}$ entweder-oder Beziehung   Koord. = Koordination

Bild 33: Ausprägungen der Gestaltungsparameter II/II

Weiterhin wirkt sich der gewählte Verantwortungsbereich auf die Form der *Incentivierung* aus. Zunächst ist festzulegen, ob eine leistungsabhängige Entlohnung der Mitarbeiter angestrebt wird. Ist dies der Fall, ist eine unternehmensspezifische Ausgestaltung des Entlohnungssystems vorzunehmen [BLEI 92, S. 23]. Dazu sind diejenigen Mitarbeiter auszuwählen, für die die Incentivierung gelten soll. Als Basis

---

[55] Auch eine von BÜHNER durchgeführte Untersuchung zur rechtlichen Verselbständigung von Organisationseinheiten im Bereich der Hochtechnologie zeigt, daß die wesentlichen Gründe für die rechtliche Selbständigkeit unabhängig von der Rechtsform gültig sind [BÜHN 86, S. 2341 ff]. Die Auswahl der Rechtsform ist eine zeitlich nachgelagerte Aufgabe, die jedoch entsprechend der Zielsetzung dieser Arbeit nicht weiter betrachtet wird.

für die Gestaltung einer leistungsabhängigen Entlohnung bieten sich die im Zielmodell formulierten Zieldimensionen bzw. deren Subziele an.

Die *Aufbauorganisation* des Centers stellt einen weiteren Gestaltungsparameter dar. Zu ihrer Operationalisierung werden die Gliederungsbreite[56] und die Gliederungstiefe als Ausprägungen verwendet [SCHI 98, S. 108]. Empirische Studien zeigen, daß diese Ausprägungen innerhalb eines Unternehmens in Abhängigkeit von der Hierarchieebene unterschiedliche Werte annehmen können [KIKI 92, S. 151]. Vereinfachend wird diese Differenzierung für die Modellbildung jedoch vernachlässigt; Gliederungsbreite und -tiefe werden als Durchschnittswerte berücksichtigt[57]. Die Beschreibung der Aufbauorganisation durch schriftliche Regelungen erfolgt durch die *Formalisierung*. Mögliche Ausprägungen sind die Dokumentation der Organisationsstruktur, die Beschreibung von Informationsflüssen und die Leistungsdokumentation [KIKU 92, 187 ff]. Zur Abstimmung der Aktivitäten innerhalb[58] der Organisationseinheit dient das *Führungssystem*. In Anlehnung an die Unterteilung von KIESER und KUBICEK ist zwischen der Koordination durch persönliche Weisung, Selbstabstimmung, Programme sowie Pläne zu differenzieren [KIKU 92, S. 103]. Weiterhin wird eine Unterscheidung zwischen Eigen- und Fremdkontrolle vorgenommen. Letzterer Aspekt bezieht sich auf die Kontrolle der dezentralen Einheit selbst.

Die Ausprägungen der Gestaltungsparameter stehen untereinander konkurrierend und komplementär in Beziehungen. Dementsprechend sind sie, wie in Bild 32 dargestellt, über „entweder-oder" bzw. „und-oder" Beziehungen mit den Gestaltungsparametern verknüpft. Abhängig vom gewählten Beziehungstyp werden im Regelmodell unterschiedliche Bewertungsmechanismen eingesetzt.

Die soweit dargestellten Parameter genügen den anfangs formulierten Anforderungen zur Auswahl der Gestaltungsparameter. Die anderen Elemente des Organisationsmodells werden nicht als Gestaltungsparameter berücksichtigt, da sie entweder nicht direkt der Disposition des Entscheiders unterliegen oder thematisch nicht der Organisationsgestaltung zuzuordnen sind. So stellt die Bestimmung einer geeigneten Strategie ebenfalls einen wichtigen Aspekt für die Organisationsgestaltung dar [PORT 97, S. 263 f; WATE 80, S. 14 f]. Sie ist jedoch der operativen Gestaltung der dezentralen Einheit zeitlich vorangestellt und wird daher lediglich in

---

[56] Häufig mit dem englischen Begriff span of control bzw. Leitungsspanne bezeichnet.

[57] In der Literatur finden sich kaum Angaben zu Gliederungsbreite und -tiefe dezentraler Organisationseinheiten. Die Intervallgrenzen wurden daher auf Basis der Ergebnisse der in dieser Arbeit durchgeführten empirischen Studie bestimmt.

[58] Die centerübergreifende Abstimmung wird u.a. in der Einflußfaktorenanalyse berücksichtigt. Sie ist jedoch nicht Bestandteil der Centergestaltung.

der Einflußfaktorenanalyse berücksichtigt[59]. Auch die Ressourcenausstattung und die Schnittstellen der Organisation werden nicht als Stellgrößen eingeführt, da sie vom Organisationsgestalter nur mittelbar durch die Festlegung der direkten und indirekten Funktionen, den Marktzugang sowie die Investitionsentscheidung beeinflußt werden.

4.2.2 Einflußfaktorenanalyse

Ziel der Einflußfaktorenanalyse ist es, die Faktoren zu identifizieren, die die Auswahl einer bestimmten Ausprägung eines Gestaltungsparameters befürworten oder ihr entgegenstehen. Sie bildet damit wesentliche Eingangsinformationen für die Erstellung des Regelmodells ab.

Mit der Darstellung eines Wirknetzes für das Stellgrößenmodell (vgl. Bild 31) wurden die Wirkbeziehungen zwischen den Gestaltungsparametern dokumentiert. Darüber hinaus bestehen jedoch weitere unternehmensinterne und –externe Faktoren mit Einfluß auf die Organisationsgestaltung. In einer Kombination von analytisch deduktivem und empirisch induktivem Vorgehen wurden sowohl theoretische Arbeiten als auch empirische Studien zur Centergestaltung analysiert. Die in der Literatur beschriebenen Einflußfaktoren beziehen sich mehrheitlich auf das Gesamtunternehmen, so daß eine entsprechende Interpretation zur Übertragung der Ergebnisse auf dezentrale Organisationseinheiten notwendig ist. Zudem weisen die bekannten Einflußfaktoren zumeist ein sehr hohes Abstraktionsniveau auf. Daher ist eine direkte Einbeziehung dieser Einflußfaktoren in das Regelmodell ohne entsprechende Operationalisierung nicht möglich. So werden beispielsweise als Kriterien zur Anordnung indirekter Funktionen die Spezifität der Aufgabe, die Effizienz der Aufgabenerfüllung sowie der Koordinationsaufwand genannt [FRES 98a, S. 245 ff].

Wie in Bild 30 gezeigt, ordnet die Einflußfaktorenanalyse jedem Gestaltungsparameter die auf ihn wirkenden Einflüsse zu. Um die Einflüsse transparent darzustellen, werden Ishikawa-Diagramme verwendet. Sie sind zur Übersicht in Anhang A3 dargestellt. Das Kontextmodell dient zur Abbildung der Einflußfaktoren auf die Organisationsgestaltung. Daher werden die einzelnen Einflußfaktoren in Kap. 4.4 vorgestellt. Die Zuordnung der Einflußfaktoren ist einerseits aus den Ishikawa-Diagrammen ersichtlich und wird zudem gemeinsam mit den zwischen Gestaltungsparametern und Einflußgrößen vorliegenden Wirkbeziehungen im Regelmodell erläutert.

---

[59] Konform mit diesem Vorgehen ist die Einordnung der Wettbewerbsstrategie als Situationsvariable durch FRESE [FRES 96, S. 3-13].

4.3 ZIELMODELL

Eine begründete Auswahl unter alternativen organisatorischen Gestaltungsmöglichkeiten ist nur möglich, wenn die von der Organisationseinheit angestrebten Ziele bestimmt sind [FRES 98a, S. 251]. Als Bestandteil des Entscheidungsmodells zur Gestaltung dezentraler Organisationseinheiten kommt dem Zielmodell daher die Aufgabe zu, die Entscheidungsdeterminanten des Entscheidungsträgers abzubilden. Diese beschreiben die Zielfunktion und setzen sich aus der Menge der Zielgrößen, der Präferenzfunktion und dem Optimierungskriterium der Zielfunktion zusammen [LAUX 97, S. 140].

4.3.1 MENGE DER ZIELGRÖßEN

Für das gewählte Betrachtungsobjekt ist es sinnvoll, zwischen den Zielen der Dezentralisierung und den Zielen für die dezentrale Einheit zu unterscheiden. Erstere beschreiben die Nutzenbeiträge, die durch die Wahl einer dezentralen Organisationsform erwartet werden. Sie gelten daher insbesondere für die Implementierung dezentraler Organisationseinheiten, ihre Erfüllung ist jedoch auch bei ggf. notwendigen Organisationsanpassungen zu gewährleisten. Im Zusammenhang mit der Analyse verschiedener Dezentralisierungsansätze wurden die Ziele der Dezentralisierung bereits vorgestellt, so daß hier auf die Ausführungen in Kap. 2.1 und 2.3 verwiesen wird.

Durch die Organisation werden einerseits die Rahmenbedingungen zum Erreichen der Ziele für eine dezentrale Einheit festgelegt [SZUR 99, S. 26]. Andererseits bilden von diesen Zielen abgeleitete organisatorische Effizienzkriterien den Maßstab zur Bewertung alternativer Maßnahmen der Organisationsgestaltung [ROTE 89, S. 51 ff]. Daher weisen diese Ziele und Effizienzkriterien[60] einen wesentlichen Einfluß auf die Gestaltung der Organisation auf und werden im folgenden näher analysiert.

Der Großteil dezentraler Organisationseinheiten, wie sie in dieser Arbeit betrachtet werden, läßt sich aus rechentechnischer Sicht auf Cost- oder Profit-Center zurückführen. Dementsprechend werden als Ziele für die Organisationseinheiten zumeist Gewinngrößen oder die Einhaltung von Kostenbudgets formuliert. Diese Ziele erweisen sich jedoch oftmals als zu global und daher ungeeignet, um einen unmittelbaren kausalen Zusammenhang zwischen der implementierten Organisationsstruktur und dem Zielerreichungsgrad herzustellen [FRES 98a, S. 256]. Es ist

---

[60] Eine gemeinsame Analyse der Ziele für eine dezentrale Organisationseinheit und der organisatorischen Effizienzkriterien erscheint sinnvoll, da diese in der Literatur gemeinsam dargestellt und nur selten differenziert werden. FRESE definiert die Kriterien der organisatorischen Effizienz sogar als Subziele der Ziele für eine Organisationseinheit und setzt die beiden Begriffe damit nahezu gleich [FRES 98, S. 252].

daher auf geeignete Subziele zurückzugreifen. Sind diese für die Beurteilung organisatorischer Regelungen geeignet, besteht jedoch ebenfalls das Problem, daß sie sich zumeist nicht logisch zwingend aus den übergeordneten Unternehmenszielen ableiten lassen. Daher stellt die Formulierung geeigneter Subziele ein empirisches Problem dar [FRES 96a, S. 3-10], dessen Lösung durch die Beschreibung operativer Effizienzkriterien angestrebt wird. Die Effizienzforschung stellt eine große Zahl von Zielgrößen, wie beispielsweise Flexibilität, Produktivität, Fluktuation etc., zur Verfügung [LAUX 97, S. 60]. Diese Ziele sind jedoch zumeist nur wenig strukturiert und vorhandene Interdependenzen werden nur teilweise abgebildet.

Zur Systematisierung und Darstellung von Zielen und ihren Beziehungen werden in Literatur und Praxis vornehmlich Kennzahlensysteme[61] eingesetzt [HAHN 97, S. 1081 ff]. Ein in diesem Zusammenhang aktuelles Konzept stellt die von KAPLAN und NORTON entwickelte Balanced Scorecard (BSC) dar [KAPL 92, S. 71 ff; KAPL 93, S. 134 ff]. Das Ziel der BSC ist es, ein Instrument zur Operationalisierung und Umsetzung von Unternehmensstrategie und -vision bereitzustellen [HORV 98b, S. 41]. Die BSC setzt dazu die finanzwirtschaftlichen Größen vergangener Leistungen mit den treibenden Faktoren zukünftiger Leistungen in Verbindung. Ausgehend von der verfolgten Strategie werden in der BSC vier Zielperspektiven unterschieden: Finanzen, Kunden, interne Prozesse sowie Lernen und Entwicklung[62]. Empirische Untersuchungen zeigen eine hohe Akzeptanz und eine zunehmende Anwendung der BSC insbesondere in den USA sowie bei Großunternehmen der produzierenden Industrie in Deutschland [HORV 98a, S. 566 f; KIEL 99, S. 4 f]. Die Vorteile ihrer Anwendung gegenüber konventionellen Kennzahlensystemen liegen in der ausgewogenen Betrachtung monetärer und nicht-monetärer Zielgrößen, der Unterscheidung zwischen Ergebnisgrößen und Leistungstreibern, der Berücksichtigung interner und externer Meßgrößen sowie der übersichtlichen Darstellung von Wirkbeziehungen zwischen den Kennzahlen [FISH 99, S. 259 ff; HORS 99, S. 195]. Daher wird die BSC als Basis für die Darstellung und Ordnung der Zielgrößen und ihrer Interdependenzen verwendet, um aus der Menge der Effizienzkriterien diejenigen auszuwählen, die für dezentrale Organisationseinheiten gültig sind.

Zur Operationalisierung der BSC werden in der Praxis häufig Erweiterungen der von KAPLAN und NORTON vorgeschlagenen vier Dimensionen vorgenommen [FRID 99, S. 222; FINK 98, S. 229; PFEL 99]. Aufgrund der Bedeutung des Themas Innova-

---

[61] Für einen ausführlichen Vergleich verschiedener Kennzahlensysteme vgl. [POLL 95, S. A1 ff].

[62] Letztere Dimension wird in der Praxis häufig mit dem Begriff „Mitarbeiter" bezeichnet, da dieser die Inhalte treffender beschreibt [POSS 99; FISC 99, S. 258].

tion[63] für die Steuerung dezentraler, produzierender Organisationseinheiten ist es notwendig, diesen Themenbereich als eigenständige Dimension aufzunehmen. Die daraus resultierende BSC ist zusammen mit der Zuordnung der Dimensionen zu den Fundamentalzielen des Unternehmens und der Abbildung der Beziehungen zwischen den Zieldimensionen in **Bild 34** dargestellt. Anhand der untereinander gewichteten Zieldimensionen erfolgt im Regelmodell die Bewertung der organisatorischen Gestaltungsalternativen.

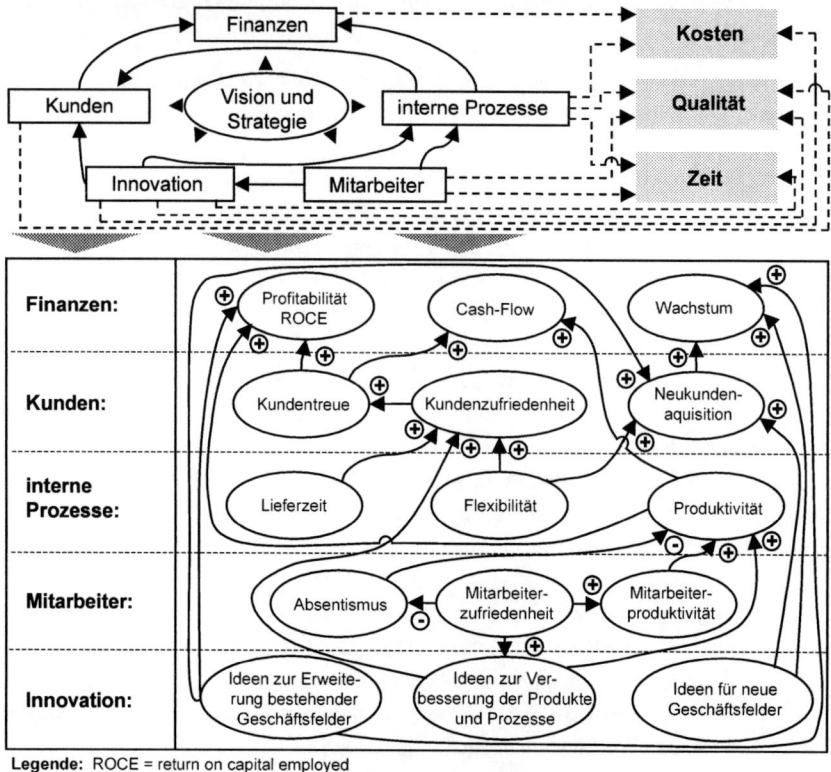

Bild 34: *Balanced Scorecard zur Abbildung und Strukturierung der Zielgrößen*

Da die Organisation den Handlungsrahmen zur Zielerreichung determiniert, ist eine weitergehende Analyse der Zieldimensionen erforderlich. Als geeignetes Hilfsmittel

---

[63] Eine vom Fraunhofer IPT durchgeführte empirische Studie zu den Defiziten dezentraler Organisationseinheiten belegt, daß bestehende Ziel- und Steuerungssysteme das Thema Innovation nur unzureichend berücksichtigen und dies langfristig die Wettbewerbsfähigkeit der Organisationseinheiten gefährdet [EVER 99, S. 21 f].

bieten sich Ursache-Wirkungsdiagramme an, die die Subziele und deren Zielbeziehungen visualisieren. Als Beispiel ist in Bild 34 ein derartiges Ursache-Wirkungsdiagramm dargestellt. Ausführlichere Darstellungen der Subziele der einzelnen Dimensionen befinden sich Anhang A5. Sie werden einerseits für die Modellentwicklung zur Bestimmung der Regelbeziehungen genutzt. Andererseits können sie vom Anwender des Entscheidungsmodells zur Abbildung der für die Organisationseinheit gültigen Ziele verwendet werden.

4.3.2 Bestimmung der Präferenzfunktion

Zur vollständigen Abbildung des Zielmodells ist neben einer Beschreibung der Menge der Zielgrößen, deren Verknüpfung mit Hilfe der Präferenzfunktion sowie das verfolgte Optimierungskriterium darzustellen. Für die Auswahl der zur Beurteilung alternativer Organisationskonzepte geeigneten Zielgrößen fordert FRESE aufgrund begrenzter Informationskapazitäten, die zu berücksichtigenden Ziele auf bestimmte Aspekte der Realität zu fokussieren. Um die Komplexität zu beherrschen und eine allgemeingültige Anwendbarkeit zu gewährleisten, müssen die Zielsetzungen daher einen hohen Abstraktionsgrad aufweisen [FRES 98a, 256 f]. Dementsprechend werden lediglich die Ziele auf der Ebene der Dimensionen betrachtet. Eine Ausnahme bildet nur die Dimension Finanzen. Bei dieser wird abhängig von der Stellung im Lebenszyklus der Organisationseinheit zwischen den Zielgrößen Wachstum, Rentabilität und Cash-Flow unterschieden.

Aggregationsverfahren	Bestimmung von Wertfunktion und Gewichtung	Alternativen-anzahl	Aufwand Bestimmung Wertfunktion & Gewichte	Voraussetzungen an Anwendbarkeit	Nachvollziehbarkeit für Anwender	Benötigte Datenmenge	Literaturhinweise
PROMETHEE	heuristische Bestimmung der Wertfunktion, keine Verwendung von Gewichten	B	◐	●	◐	◐	[BRAN 86, S. 228 ff] [BRAN 90]
Analytical Hierarchy Process	heuristisch, paarweiser Vergleich, Summennormierung	B	●	◐	◖	●	[SAAT 80] [HAED 86]
Nutzwertanalyse	heuristisch, paarweiser Vergleich	B	◖	◐	●	◖	[VDI 81, S.12 ff] [ZANG 76]
Multi-attributive Nutzentheorie	analytisch, Trade-off-Verfahren, Median Verfahren	U	●	●	◐	●	[RISC 80, S. 498 ff] [ZIMM 91]

Legende: ● sehr groß ... ○ sehr gering B = begrenzt U = unbegrenzt

Bild 35: Übersicht und Bewertung verschiedener Aggregationsverfahren

Um einen Vergleich organisatorischer Alternativen durch die zuvor bestimmten Zielgrößen zu unterstützen, ist eine funktionale Verknüpfung der Zielgrößen sinnvoll. Die Auswahl eines Aggregationsverfahrens ist jedoch keineswegs trivial und erfordert eine detaillierte Analyse der Entscheidungssituation [SCHN 90a, S. 18]. In **Bild 35** sind die wichtigsten entscheidungstheoretischen Verfahren zur Beurteilung von Alternativen bei Mehrfachzielsetzungen dargestellt [GÖTZ 95, S. 143].

Die PROMETHEE Methodik unterscheidet sich von den anderen Aggregationsverfahren dadurch, daß eine methodische Bestimmung der Zielgewichte nicht unterstützt wird [BAAN 86, S. 232]. Weiterhin handelt es sich hierbei eher um eine Entscheidungshilfe als ein Verfahren zur Bestimmung einer Optimallösung [GÖTZ 95, S. 195]. Die PROMETHEE auszeichnende Darstellung von sechs verschiedenen Präferenzkriterien ist für den vorliegenden Anwendungsfall nicht zielführend. Das Analytical Hierarchy Process (AHP) Verfahren basiert auf einer additiven Nutzenverknüpfung bei der die Wertfunktion und die Gewichte über einen detaillierten paarweisen Vergleich bestimmt werden. Die wesentliche Kritik am AHP richtet sich auf den erheblichen Rechen- und Datenermittlungsaufwand sowie die Gefahr von Inkonsistenzen [GÖTZ 95, S. 167]. Bei dem sogenannten Rank Reversal Effekt können zusätzlich in die Bewertung aufgenommene Alternativen zu inkonsistenten Verzerrungen der vorherigen Bewertung führen [NITZ 96, S. 88; ZIMM 91, S. 91]. Weiterhin wird als Krtitik der sogenannte Bandbreiteneffekt angeführt, demzufolge die Gewichtung von Zielgrößen nicht ohne Kenntnis der den Zielvariablen zugrundeliegenden Bandbreite ihrer Ausprägungen erfolgen darf. Der gleichen Kritik unterliegt auch die Nutzwertanalyse [SCHN 90b, S. 50]. Sie unterscheidet sich jedoch vom AHP durch einen geringeren Aufwand und eine höhere Nachvollziehbarkeit für den Anwender. Die Multi-Attributive Nutzentheorie (MAUT) stellt das einzige nutzentheoretisch fundierte Entscheidungshilfsmittel dar. Durch die Anwendung des Trade-off Verfahrens können sowohl Rank Reversal als auch Bandbreiteneffekte ausgeschlossen werden, und es kann eine unbegrenzte Anzahl von Alternativen bewertet werden. Dem gegenüber steht jedoch ein erheblich höherer Aufwand und Datenbedarf sowie strenge Anwendungsvoraussetzungen.

Da die vorliegende Bewertung von einer begrenzten Alternativenanzahl ausgeht, können Rank Reversal Effekte ausgeschlossen werden. Weiterhin ist durch die vorgegebenen Stellgrößen und deren Beiträge zur Zielerreichung[64] die Bandbreite der einzelnen Zielvariablen determiniert. Somit ist in diesem Anwendungsfall die Nutzwertanalyse einsetzbar und wird aufgrund ihrer im Vergleich zu MAUT und AHP höheren Transparenz und des geringen Datenbedarfes als Aggregationsverfahren für die Zielgrößen ausgewählt. Zusätzlich soll das in dieser Arbeit zu erstellende

---

[64] Der Beitrag einzelner Ausprägungen der Gestaltungsparameter des Stellgrößenmodells zu den Zielgrößen ist zur Übersicht in Anhang A5 dargestellt. Die dargelegten Wirkbeziehungen basieren auf einer analytisch induktiven Herleitung und sind in der Anwendung vom Entscheider im Hinblick auf ihre Gültigkeit zu überprüfen und ggf. an unternehmensspezifische Randbedingungen anzupassen.

Detaillierung des Entscheidungsmodells 75

Software Tool, der Empfehlung der einschlägigen Literatur zur Nutzwertanalyse folgend, die Durchführung von Sensitivitätsanalysen zum Aufzeigen von Rank Reversal- und Bandbreiteneffekten unterstützen [GÖTZ 95, S. 150 f; WEBR 92, S. 1436]. Es ergibt sich der folgende mathematische Zusammenhang für die Präferenzfunktion Z:

$$Z = \frac{g_W v_W + g_R v_R + g_{CF} v_{CF} + g_K v_K + g_{IP} v_{IP} + g_M v_M + g_{IN} v_{IN}}{g_W + g_R + g_{CF} + g_K + g_{IP} + g_M + g_{IN}}$$

W = Wachstum	R = Rentabilität	CF = Cash Flow
K = Kundenorientierung	IP = interne Prozeßeffizienz	IN = Innovation
M = Mitarbeiterorientierung	g = Zielgewichtung	v = Zielerreichungsgrad

Die somit bestimmte Präferenzfunktion[65] ist um das Optimierungskriterium zu ergänzen, um die optimale Gestaltungsvariante zu ermitteln. Üblicherweise wird eine Maximierung des Gesamtnutzens angestrebt, wie dies auch bei der Bestimmung des Zielerreichungsgrades unterstellt wird. Weiterhin sind alternativ eine Nutzenmaximierung unter zusätzlichen Nebenbedingungen sowie weitere heuristische Kriterien[66] möglich. Als Beispiel ist das Erreichen eines Mindestniveaus in den Zieldimensionen genannt.

Das Zielmodell wird mit Hilfe des Regelmodells in die Gesamtmethodik integriert. Zuvor werden jedoch die Einflüsse auf die Organisationsgestaltung im Kontextmodell beschrieben und analysiert.

4.4 KONTEXTMODELL

Auf die Organisationsentscheidung wirken neben den zuvor diskutierten Stellgrößen (vgl. Kap. 4.2) und Zielen (vgl. Kap. 4.3) sogenannte Kontextfaktoren. Unter diesen werden Größen verstanden, die einerseits die Gestaltung der Organisation beeinflussen und andererseits nicht oder nur eingeschränkt der Disposition des Entscheiders[67] unterliegen. Sie können daher in Abgrenzung zu den Stellgrößen auch als unabhängige Variablen des Entscheidungsproblems charakterisiert werden.

---

[65] Sie ist auf dem Wertebereich [0;1] definiert.

[66] Vgl. hierzu beispielsweise [HOMB 91, S. 135 ff].

[67] Die Bilanzhülle zur Abgrenzung der Veränderlichkeit möglicher Kontextfaktoren wird durch den Handlungsraum der Organisationsgestaltung gebildet. Da der Prozeß der Strategiefindung vor der Organisationsgestaltung erfolgt, zählt die Strategie beispielsweise zu den Kontextfaktoren. Der Begriff der eingeschränkten Disposition umfaßt zusätzlich eine zeitliche Dimension. Unternehmen interagieren mir ihrer Umwelt und können durch eigene Handlungen auch zu Veränderungen ihres Umfeldes führen. Eine derartige Gestaltung der Umwelt ist jedoch nur mittel- bis langfristig realisierbar, so daß diese Einflüsse in der Arbeit als Kontextfaktoren klassifiziert werden. Die Möglichkeit zur aktiven Gestaltung der Umwelt wird in Kap. 4.6.4 detailliert untersucht.

Das Ziel des Kontextmodells ist es, diese unabhängigen Einflußgrößen auf die Organisationsgestaltung abzubilden und zu analysieren. Damit soll einerseits die Grundlage für die folgende Entwicklung eines Wirkmodells zwischen Stell- und Einflußgrößen geschaffen werden. Andererseits bildet dies die Ausgangsbasis, um aktiv die als kurzfristig dispositionsresistent gekennzeichneten Kontextfaktoren zu gestalten (vgl. Kap. 2.1). Die mit dieser Arbeit verfolgte Zielsetzung, den Entscheider durch Simulation unterschiedlicher Randbedingungen zu unterstützen, ermöglicht es, konkrete Zielwerte für die Kontextfaktoren zu bestimmen.

Aus dem zuvor dargelegten Einfluß auf die Organisationsgestaltung resultieren die in **Bild 36** gezeigten Charakteristika und Wirkungen der Kontextfaktoren. Sie bilden Restriktionen bei der Wahl einzelner Gestaltungsparameter und engen dadurch den durch die freie Kombination der Stellgrößen gebildeten Lösungsraum ein. Weiterhin bestehen positive Wirkungen der Kontextfaktoren auf einzelne Stellgrößen, so daß die situationskonforme Auswahl der Ausprägungen unterstützt wird. Es ist als wesentlich zu erachten, daß diese Restriktionen und Wirkbeziehungen als handlungsorientierter und nicht als mechanistischer Zusammenhang zwischen Kontextfaktoren und Organisationsgestaltung verstanden werden.

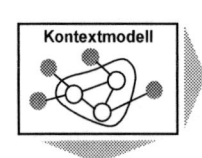

Zielsetzung
- Repräsentation und Analyse der vom Entscheider im Rahmen der Organisationsgestaltung nicht beeinflußbaren Faktoren
- Identifikation der wesentlichen Kontextfaktoren als Ausgangsbasis zur aktiven Gestaltung der Organisationsumwelt

Charakteristika
- Restriktionen für die Organisationsgestaltung
- Bevorzugung bestimmter Gestaltungsalternativen
- handlungsorientierter, nicht mechanischer Zusammenhang zwischen Kontextfaktoren und Organisationsgestaltung

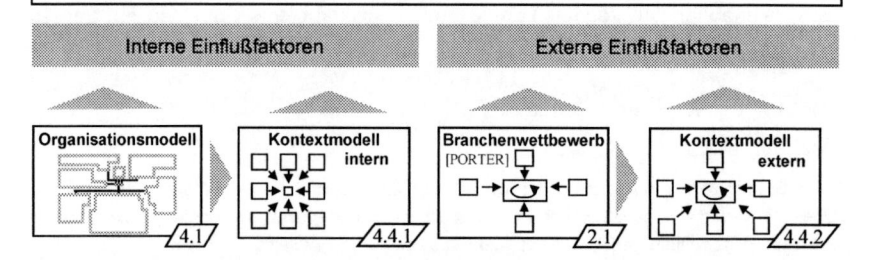

Bild 36:   Aufbau des Kontextmodells

Zur Strukturierung der Kontextfaktoren ist eine Unterteilung in unternehmensinterne und -externe Einflußfaktoren sinnvoll. Entsprechend dieser Gliederung werden in den folgenden Unterkapiteln die Einflußfaktoren vorgestellt. Zusätzlich ist an dieser Stelle

Detaillierung des Entscheidungsmodells 77

zur weiteren Erläuterung auf die in Anhang A4 dargestellten Abhängigkeitsmatrizen zwischen Gestaltungsparametern und Einflußfaktoren verwiesen.

4.4.1 INTERNE EINFLUßFAKTOREN

Um die internen Einflußfaktoren auf die Organisationsgestaltung zu ermitteln, bietet das Organisationsmodell (vgl. Kap. 4.1) eine geeignete Ausgangsbasis. Einerseits sind diejenigen Modellelemente im Hinblick auf ihre Beeinflussung der Organisation zu überprüfen, die nicht als Stellgrößen identifiziert und somit als feste Randbedingungen charakterisiert wurden. Hierzu zählen beispielsweise die Strategie des Centers, dessen Technologiestrategie sowie die verfügbaren Mitarbeiter. Andererseits sind auch die Stellgrößen im Hinblick auf ihren Einfluß zu überprüfen. Eine Stellgröße, wie beispielsweise das Produkt, kann zwar per Definition[68] nicht einen Kontextfaktor repräsentieren (vgl. Kap. 4.2), jedoch beeinflussen darüber hinausgehende Eigenschaften der Stellgröße, z.B. die Produktkomplexität, die Gestaltung der Organisation. Schließlich wirken weitere, das gesamte Unternehmen betreffende Faktoren auf die Gestaltung der dezentralen Einheit. Diese werden unter den Haupteinflußfaktoren Schnittstellen, Investition und Unternehmensgröße zusammengefaßt. **Bild 37** zeigt eine Übersicht der unternehmensinternen Haupteinflußfaktoren auf die Organisationsgestaltung. Um ihre Wirkung auf die Organisation detailliert zu erfassen, werden sie durch Einflußfaktoren operationalisiert. Im folgenden werden die wesentlichen dieser Einflußfaktoren vorgestellt. Eine vollständige Übersicht der Einflußfaktoren und ihrer Ausprägungen zeigt der im Anhang A 10 angefügte Fragebogen zur empirischen Überprüfung der Wirkbeziehungen.

Die vom Center verfolgte *Strategie* stellt einen Haupteinflußfaktor auf die Gestaltung der Organisation dar und wird daher entsprechend detailliert betrachtet. Für die Strategiefestlegung ist die Definition von Kernkompetenzen und -produkten bedeutend. Dabei beeinflußt insbesondere die Frage, ob Produkte oder Vorprodukte des Centers zu den Kernprodukten des Unternehmens zählen, die Gestaltung des Zugangs zu Absatz- und Beschaffungsmarkt. Weiterhin sind Prozeßorientierung, Simultaneous Engineering (SE) und Kundenorientierung aktuell übliche Bestandteile strategischer Programme, für deren Umsetzung eine entsprechende organisatorische Unterstützung erforderlich ist. So bedingt beispielsweise das SE eine Integration von Produkt- und Prozeßplanung, die organisatorisch durch eine gemeinsame Anordnung von Entwicklung, Konstruktion und Technologieplanung unterstützt werden kann.

---

[68] Kontextfaktoren unterliegen entsprechend ihrer Definition nicht der Disposition des Entscheiders, so daß die explizit vom Entscheider beeinflußbaren Stellgrößen keine Kontextfaktoren darstellen können. Einen Einfluß auf die Organisationsgestaltung weisen sie jedoch auf. Dies wird durch die in Bild 31 dargestellten Wirkbeziehungen zwischen den Stellgrößen erläutert und belegt.

Auch die vom Unternehmen verfolgte Wettbewerbsstrategie beeinflußt die Organisationsgestaltung. In Anlehnung an PORTER wird dabei zwischen Kostenführerschafts-, Differenzierungs- (Technologie, Qualität etc.) und Nischenstrategie unterschieden [PORT 97a, S. 62]. Eng mit der Wettbewerbsstrategie verbunden ist die Wachstumsstrategie. Um beispielsweise die Expansionskompetenz zu bestimmen, ist zuvor zu ermitteln, ob von der Organisationseinheit eine Diversifikation oder eine Vertiefung der bestehenden Position angestrebt wird. In der Strategiediskussion wird in Unternehmen vielfach auch die Steigerung der Effizienz genannt. Dies kann durch geeignete organisatorische Maßnahmen, wie dem Einbringen von Marktdruck, unterstützt werden. Nach PORTER stellt die betriebliche Effizienz jedoch keine eigenständige Strategie dar, vielmehr ist sie eine notwendige, aber nicht hinreichende Bedingung für langfristigen Erfolg [PORT 97b, S. 42f]. Die betriebliche Effizienz wird daher innerhalb des Kontextmodells nur als Teilaspekt des Haupteinflußfaktors Strategie aufgenommen. Zusätzlich zu den bisher angeführten Einflüssen der Gesamtstrategie sind die Funktionalstrategien, z.B. von EDV, Logistik und Service, zu berücksichtigen.

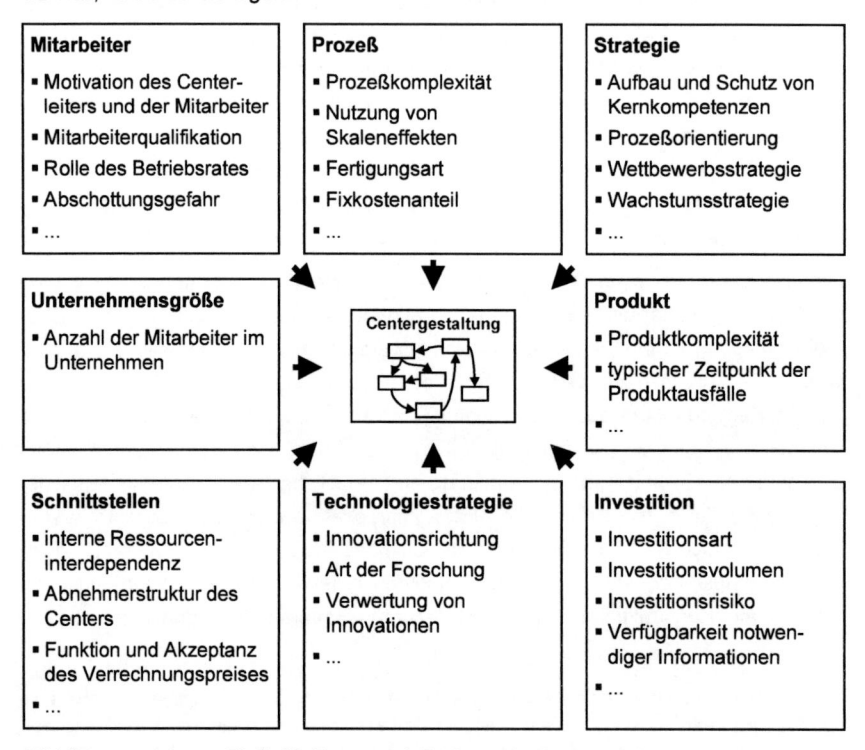

Mitarbeiter	Prozeß	Strategie
• Motivation des Centerleiters und der Mitarbeiter • Mitarbeiterqualifikation • Rolle des Betriebsrates • Abschottungsgefahr • ...	• Prozeßkomplexität • Nutzung von Skaleneffekten • Fertigungsart • Fixkostenanteil • ...	• Aufbau und Schutz von Kernkompetenzen • Prozeßorientierung • Wettbewerbsstrategie • Wachstumsstrategie • ...
Unternehmensgröße • Anzahl der Mitarbeiter im Unternehmen	**Centergestaltung**	**Produkt** • Produktkomplexität • typischer Zeitpunkt der Produktausfälle • ...
Schnittstellen • interne Ressourceninterdependenz • Abnehmerstruktur des Centers • Funktion und Akzeptanz des Verrechnungspreises • ...	**Technologiestrategie** • Innovationsrichtung • Art der Forschung • Verwertung von Innovationen • ...	**Investition** • Investitionsart • Investitionsvolumen • Investitionsrisiko • Verfügbarkeit notwendiger Informationen • ...

Bild 37: Interne Einflußfaktoren auf die Organisationsgestaltung

Detaillierung des Entscheidungsmodells 79

Für produzierende Geschäftseinheiten ist neben einer grundsätzlichen Betrachtung strategischer Aspekte eine gesonderte Analyse der *Technologiestrategie* erforderlich. Im Hinblick auf die im Unternehmen vorherrschende Innovationsrichtung ist zwischen marktgetriebenen (Market Pull) und technologiegetriebenen (Technology Push) Strategien zu differenzieren. So erfordert die Market Pull Strategie eine enge Zusammenarbeit von Vertrieb, Marketing und Service mit der Produktentwicklung und wirkt sich somit auf die Anordnung der indirekten Funktionen aus. Als weiterer Einflußfaktor ist die Art der Forschung zu betrachten. In Anlehnung an BROCKHOFF ist dabei zwischen Grundlagenforschung, angewandter Forschung und experimenteller Entwicklung zu unterscheiden [BROC 96, S. 6-2]. Abhängig von der im Unternehmen verfolgten Forschungsart ist die indirekte Funktion Forschung und Entwicklung anzuordnen. Schließlich ist durch die Technologiestrategie festzulegen, ob und ggf. in welchem Umfang nicht zum Kerngeschäft gehörende Innovationen umgesetzt werden sollen.

Unabhängig von der Strategie stellt das im Unternehmen vorhandene Humanpotential einen Haupteinflußfaktor auf die Gestaltung der Organisation dar. Dieser wird mit dem Begriff *Mitarbeiter* bezeichnet und untergliedert sich in die Motivation sowie die Qualifikation des Centerleiters und seiner Mitarbeiter, die Rolle des Betriebsrates, die Gefahr von Centeregoismen sowie die Gefahr der Ausnutzung von Informationsasymmetrien. Im Hinblick auf die Motivation sind die Mechanismen der extrinsischen und intrinsischen Motivation[69] zu unterscheiden. In Abhängigkeit vom angestrebten Motivationsmechanismus sind die Aufgabeninhalte und das Entlohnungssystem zu gestalten. Die Qualifikationsanforderungen sowohl an den Centerleiter als auch dessen Mitarbeiter nehmen mit steigendem Dezentralisierungsgrad zu. Es ist daher beispielsweise bei der Übertragung von Kompetenzen und Verantwortung zu prüfen, ob der daraus resultierende Qualifikationsbedarf dem Qualifikationsangebot der vorhandenen Mitarbeiter entspricht. Ein weiterer Einflußfaktor besteht in der Bedeutung des Betriebsrates für das Gesamtunternehmen, der sich insbesondere auf die Frage der Dezentralisierung der Personalfunktion auswirkt. Schließlich zeigen Analysen umgesetzter Dezentralisierungen, daß es zur Abschottung von Centern gegenüber dem restlichen Unternehmen kommen kann. Dieser Gefahr ist durch geeignete präventive Maßnahmen der Organisationsgestaltung zu begegnen.

Wie zu Beginn des Kapitels erläutert, liefert die detaillierte Analyse der Stellgrößen weitere Kontextfaktoren. So wirken im Hinblick auf das vom Center herzustellende *Produkt* die Produktkomplexität sowie der typische Zeitpunkt von Produktausfällen

---

[69] Unter extrinsischer Motivation wird ein Anreiz zum Handeln verstanden, der auf einer externen Belohnung, z.B. einen monetären Bonus, beruht. Im Unterschied dazu besteht bei der intrinsischen Motivation der Anreiz zum Handeln im Interesse an der Tätigkeit selbst [EISE 96, S. 25].

auf die Organisationsgestaltung. Mit zunehmender Produktkomplexität steigt beispielsweise das notwendige Produkt-Know-how der Vertriebsmitarbeiter und eine entsprechende Spezialisierung der Mitarbeiter auf bestimmte Produkte ist vorteilhaft. In Anlehnung an PFEIFER lassen sich Produktausfälle in die Bereiche der Früh-, Zufalls-, und Verschleißausfälle unterteilen [PFEI 96, S. 283]. In Abhängigkeit vom Ausfallverhalten der Produkte sind unterschiedliche Formen der Integration des After-Sales Service in die Organisation vorzuziehen.

Auch für den Gestaltungsparameter *Prozeß* ergeben sich zusätzlich zu den einstellbaren Variablen weitere Einflußfaktoren. Die Prozeßkomplexität ist im wesentlichen ein Resultat der produktionstechnischen Anforderungen des Produktes und unterliegt daher nicht der Disposition der Organisationsgestaltung. Gemeinsam mit der Prozeßspezifität, als Maß für die Unterschiedlichkeit der Prozesse im Gesamtunternehmen, wird unter anderem die Anordnung der indirekten Funktionen Service, Technologieplanung sowie Forschung und Entwicklung beeinflußt. Weiterhin ergeben sich für unterschiedliche Technologien verschiedene Verläufe des funktionalen Zusammenhangs zwischen Stückkosten und produzierter Menge. **Bild 38** illustriert diesen Kontext.

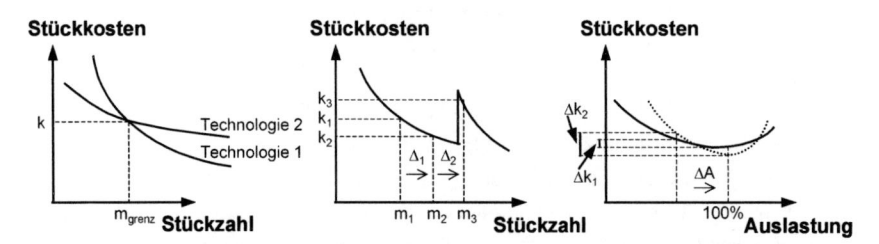

Bild 38: Auswirkungen unterschiedlicher Technologien, Stückzahlen und Auslastungen auf die Stückkosten

Für heutige Produktionen ist eine stetig fallende Stückkostenkurve typisch. Sie repräsentiert derartige Prozesse, bei denen eine Erhöhung der Produktionsmenge zu verminderten Stückkosten führt. Dies wird auch mit dem Begriff economies of scale bezeichnet. Zur optimalen Nutzung der economies of scale sind geeignete organisatorische Maßnahmen notwendig, wie beispielsweise eine entsprechende Untergliederung des Unternehmens im Hinblick auf die eingesetzten Prozeßtechnologien. Übersteigt die nachgefragte Menge die maximale Stückzahl des Prozesses, sind Zusatzinvestitionen notwendig, die sich in sprungfixen Kosten ausdrücken. Für die Organisationsgestaltung ist es erforderlich, die Gefahr des dadurch begründeten Stückkostenanstiegs zu berücksichtigen. Die zuvor erläuterten Zusammenhänge beziehen sich auf die geplante Produktionsmenge. Dem überlagert sind Schwankungen der Kapazitätsauslastung, die aus Veränderungen der Nachfrage resultieren.

Die Fähigkeit eines Prozesses bzw. einer Technologie, auf diese Schwankungen ohne deutliche Erhöhung der Stückkosten zu reagieren, ist als weiterer Einfluß auf die Organisationsgestaltung zu berücksichtigen. Zusätzlich wird in Abhängigkeit von der produzierten Stückzahl zwischen den Fertigungsarten Einzel-, Kleinserien-, und Massenfertigung differenziert. Die Fertigungsarten stellen unterschiedliche Anforderungen an die Homogenität des Produktspektrums, die Integration indirekter Funktionen, die Koordinationsmechanismen etc., und sind daher als interne Kontextfaktoren zu berücksichtigen[70]. Die eingesetzte Prozeßtechnologie legt schließlich den Fixkostenanteil sowie die notwendigen Rüstzeiten bei Produktwechseln fest. Beide Einflußgrößen wirken sich bei Auslastungsschwankungen bzw. Produktwechseln erheblich auf die Wirtschaftlichkeit des Centers aus.

In Ergänzung zu den bisher vornehmlich nur das Center betreffenden Einflußfaktoren bestehen weitere Einflüsse auf die Organisationsgestaltung, die aus den *Schnittstellen* des Centers mit dem restlichen Unternehmen und dem Unternehmensumfeld resultieren. Intern ist in diesem Zusammenhang die technologische Verbundenheit der Prozesse zu betrachten. Als externe Schnittstellen wirken sich Interdependenzen in Absatz- und Beschaffungsmarkt auf die Anordnung der indirekten Funktionen Vertrieb und Beschaffung sowie auf das Gliederungskriterium aus. Der interne Leistungsaustausch wird mit Hilfe von Verrechnungspreisen bewertet und gesteuert. Als Ziel des Verrechnungspreises ist dabei eine verursachungsgerechte Kostenzuordnung (Erfolgsermittlungsfunktion) oder eine gezielte Beeinflussung interner Leistungsströme (Lenkungsfunktion) möglich. In Abhängigkeit von der verfolgten Zielsetzung sowie der erwarteten Akzeptanz ist ein geeigneter Verrechnungspreistyp auszuwählen. Weitere Schnittstellen, die auch die Organisationsgestaltung beeinflussen, ergeben sich durch Mehrfachzuordnungen von strategischen Technologiefeldern zu strategischen Geschäftsfeldern. Auch die räumliche Distanz zwischen einzelnen Organisationseinheiten wirkt sich auf die Organisationsgestaltung aus.

Eine weitere Gruppe von Einflußfaktoren läßt sich unter dem Begriff *Investition* zusammenfassen. Investitionsart, -risiko und -volumen wirken auf die Kompetenzverteilung für Investitionsentscheidungen. Weiterhin ist die Verfügbarkeit der für die Entscheidung notwendigen Informationen zu prüfen. Es ist ersichtlich, daß mit zunehmender Bedeutung der Investitionen für das Gesamtunternehmen eine zentrale Anordnung der Investitionskompetenz sinnvoll ist. Abschließend belegt eine Reihe empirischer Studien den Einfluß der Größe des Gesamtunternehmens auf die Organisationsgestaltung [KIES 93, S. 59]. Daher stellt die *Unternehmensgröße* einen weiteren internen Kontextfaktor dar.

---

[70] Dies wird auch von WIENDAHL bestätigt, der in der Fertigungsart eine äußerst wichtige Einflußgröße auf die Organisationsform sieht [WIEN 97, S. 25].

4.4.2 Externe Einflußfaktoren

Eine Vielzahl unterschiedlicher externer Faktoren, wie Kundenstruktur, technologische Dynamik, Wettbewerber etc., wirkt auf den Gestaltungsprozeß dezentraler Organisationseinheiten. Es wird daher zunächst eine Systematisierung und Strukturierung dieser Einflüsse vorgenommen. Das von PORTER vorgestellte Strukturschema zur Darstellung der Wettbewerbskräfte stellt dazu eine geeignete Ausgangsbasis dar. PORTER differenziert zwischen den Dimensionen Wettbewerber in der Branche, potentielle neue Konkurrenten, Abnehmern und Lieferanten sowie potentiellen Substitutionsprodukten [PORT 97a, S. 26].

Die erste Dimension von PORTER ist für die Anwendung in dieser Arbeit als „*Wettbewerb in der Branche*" aufzufassen. Wie in **Bild 39** dargestellt, umfaßt sie die Unterscheidung zwischen Produktleistungs- und Problemlösungskonkurrenz. Dies ist erforderlich, um den aktuellen Trend der Erweiterung des eigentlichen Produktes um Dienstleistungen und dessen Implikationen für die Organisationsgestaltung abzubilden. Ergänzend wird das für die Branche des betrachteten Unternehmens gültige Differenzierungsmerkmal untersucht. Es muß nicht zwangsläufig mit der vom Unternehmen bzw. Center gewählten Wettbewerbsstrategie übereinstimmen und liefert wichtige Informationen zum Verständnis des vorhandenen Marktes. Ein weiterer Einfluß auf die Organisationsgestaltung geht von der Wettbewerbsintensität aus. Sie läßt sich durch die Anzahl und Stärke der vorhandenen Wettbewerber bestimmen. Schließlich betrachtet diese Dimension die Branche des Centers[71]. Die Branche stellt eine Summengröße verschiedener Einflüsse dar und erlaubt daher lediglich eine undifferenzierte, aber zuverlässige Aussage über den Handlungsraum der Organisationsgestaltung.

Die Gefahr des Aufkommens neuer Wettbewerber wird durch die Dimension *potentielle neue Konkurrenten* berücksichtigt. Auch für die Organisationsgestaltung ist dieser Aspekt von Relevanz. Das Aufkommen neuer Konkurrenten beeinflußt das Entscheidungsproblem, ab welcher kritischen Masse eine dezentrale Einheit am Markt wettbewerbsfähig ist. Entsprechend ist die Kompetenzzuordnung für Marktzugang und die Dezentralisierung indirekter Funktionen vorzunehmen. Im Detail werden Markteintrittsbarrieren untersucht, die beispielsweise aus der Existenz von Economies of Scale oder relevanten technologischen Know-how-Vorsprüngen resultieren. Ergänzt wird dies um die Erfassung der tatsächlichen Anzahl von

---

[71] Insbesondere bei großen Unternehmen ist eine klare Branchenzuordnung aufgrund der häufig vorliegenden Diversifikation nur schwer möglich. Daher wird die Betrachtung hier auf das Center eingeengt.

Detaillierung des Entscheidungsmodells 83

Marktein- und -austritten, die unter anderem auch ein Maß für die Dynamik in der eigenen Branche ist.

potentielle neue Konkurrenten • Markteintrittsbarriere (z.B. durch economies of scale, Lernkurven) • Anzahl Markteintritte und Marktaustritte

Lieferanten • Verflechtung mit Lieferanten • Häufigkeit und Ausmaß von Änderungen im Beschaffungsmarkt • ...	**Wettbewerb in der Branche** • Produktleistungskonkurrenz / Problemlösungskonkurrenz • Produktdifferenzierung (Kosten, Qualität, Innovation) • Anzahl und Stärke der Wettbewerber • ...	**Abnehmer** • Wachstumsmarkt / Sättigungsmarkt • Häufigkeit und Ausmaß von Änderungen im Absatzmarkt • Kundenstruktur • ...

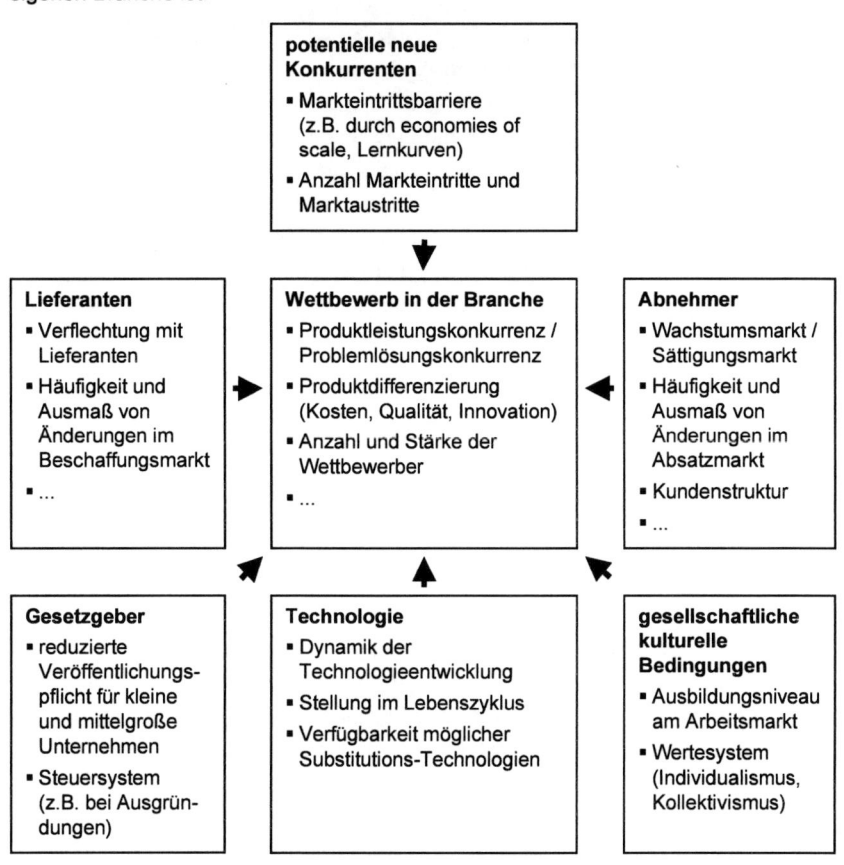

Gesetzgeber • reduzierte Veröffentlichungspflicht für kleine und mittelgroße Unternehmen • Steuersystem (z.B. bei Ausgründungen)	**Technologie** • Dynamik der Technologieentwicklung • Stellung im Lebenszyklus • Verfügbarkeit möglicher Substitutions-Technologien	**gesellschaftliche kulturelle Bedingungen** • Ausbildungsniveau am Arbeitsmarkt • Wertesystem (Individualismus, Kollektivismus)

Bild 39:   Externe Einflußfaktoren auf die Organisationsgestaltung

Als dritte Dimension nennt PORTER die *Abnehmer*. Eine häufige Gliederungsform dezentraler Organisationseinheiten stellt die Objektorientierung nach Kundensegmenten dar. Dies zeigt, daß auch die Abnehmer auf die Organisationsgestaltung als externe Einflußfaktoren wirken. So ist zum Beispiel die Art des Absatzmarktes (Wachstumsmarkt oder Sättigungsmarkt) von Bedeutung, um die Expansionskompetenz für die dezentrale Organisationseinheit festzulegen. Auch die Marktdynamik wirkt sich auf die Organisation aus. Sie läßt sich durch die Prognostizierbarkeit sowie die Häufigkeit von Änderungen der Kundenanforderungen bestimmen. Weiterhin ist die Struktur der Abnehmer von Relevanz; so setzt beispielsweise eine Objektorientierung nach Kundensegmenten homogene Kundengruppen und eine

Gliederung nach Regionen ein hohes Ausmaß regional bedingter Unterschiede in den Kundenanforderungen voraus.

Da produzierende Unternehmen unter Nutzung vorhandener Ressourcen eine Transformation von Eingangsgrößen zu Produkten leisten, sind neben dem Absatzmarkt auch die *Lieferanten* zu untersuchen. Für die Organisationsgestaltung sind dabei das Ausmaß der Verflechtung mit den Lieferanten sowie die Dynamik des Beschaffungsmarktes von Bedeutung. Je mehr die Wertschöpfungsprozesse des betrachteten Unternehmens mit den Lieferanten verflochten sind, desto notwendiger ist eine zentrale Koordination des Informations- und Leistungsaustausches mit den Lieferanten. Die Dynamik des Beschaffungsmarktes läßt sich durch das Aufkommen neuer und den Wegfall bestehender Lieferanten sowie die Geschwindigkeit technologischer Entwicklungen am Beschaffungsmarkt ermitteln. Sie beeinflußt unter anderem den Aufwand für die Marktbeobachtung und damit die zentrale oder dezentrale Anordnung der Beschaffungsfunktion.

PORTER führt als fünfte Dimension Substitutionsprodukte an. Diese sind für die Wettbewerbsstrategie bedeutend, jedoch für die Gestaltung der Organisation produzierender Geschäftseinheiten von geringer Relevanz. Die Interpretation des von PORTER aufgebrachten Gedankens vor dem Hintergrund der betrachteten Problemstellung führt zu dem Schluß, daß die Entwicklung der *Technologie* erhebliche Auswirkungen auf die Organisationsgestaltung hat. So wirkt sich beispielsweise die Automatisierung unmittelbar auf die benötigte Mitarbeiteranzahl sowie -qualifikation und damit auf die interne Aufbau- und Ablauforganisation aus. Es wird daher die Dynamik der für die betrachtete Organisationseinheit relevanten Technologieentwicklungen untersucht. Zudem ist die Stellung der mehrheitlich in der betrachteten Organisation eingesetzten Technologien in ihrem Lebenszyklus bedeutend. Abhängig von der Einordnung als Schrittmacher-, Schlüssel-, Basis- oder verdrängte Technologie bestehen unterschiedliche Anforderungen an die Forschung und Entwicklung, die sich auch auf die Organisation auswirken. Zudem wird die Verfügbarkeit von möglichen Substitutions-Technologien erfaßt, die insbesondere für die Gestaltung der Technologieplanung von Relevanz ist.

In weiterer Ergänzung zum Strukturmuster von PORTER ist der Einfluß des *Gesetzgebers* zu berücksichtigen. Dieser wirkt sich in erster Linie auf die Gestaltung rechtlich selbständiger Einheiten aus. So sind einerseits die vom Gesetzgeber festgelegte reduzierte Veröffentlichungspflicht für kleine und mittelgroße Unternehmen und andererseits die steuerlichen Vorschriften für Tochterunternehmen für den Gestaltungsparameter rechtliche Selbständigkeit von erheblicher Relevanz.

Schließlich wirken sich auch *gesellschaftliche und kulturelle Bedingungen* auf die Organisation aus. Hierzu zählt die Verfügbarkeit von Arbeitskräften und deren

Detaillierung des Entscheidungsmodells 85

Ausbildungsniveau. Insbesondere produzierende Unternehmen haben einen Bedarf an qualifizierten Mitarbeitern. Sind diese nicht in ausreichendem Maße verfügbar, ist als eine mögliche Maßnahme eine entsprechende Anpassung des Automatisierungsgrads vorzunehmen. Auch für die Übertragung von Kompetenzen und Verantwortung müssen die Mitarbeiter über entsprechende Qualifikationen verfügen. Einen weiteren Einfluß übt das gesellschaftliche Wertesystem am Produktionsstandort aus. So hängen beispielsweise die Festlegung der Koordinations- und Kontrollfunktion sowie die leistungsabhängige Entlohnung davon ab, ob mehrheitlich kollektivistische (z.b. Japan) oder individualistische Wertvorstellungen (z.b. USA) vorliegen.

Um die in diesem Kapitel erarbeiteten Kontextfaktoren dem Regelmodell zur Organisationsgestaltung zugänglich zu machen, ist deren Messung vorzunehmen. Das dazu gewählte Vorgehen wird im folgenden Kapitel dargelegt.

4.5 MEßGRÖßENMODELL

Mit dem Meßgrößenmodell sollen die vom Regelmodell benötigten Informationen bereitgestellt werden. Dazu baut es auf den zuvor vorgestellten Modellen auf und operationalisiert sie im Hinblick auf die Datenerfassung. Der Schwerpunkt des Meßgrößenmodells besteht dabei in der Repräsentation der Realität, so daß es in Kap. 3 als Beschreibungsmodell klassifiziert wurde. Im folgenden wird zunächst der strukturelle Aufbau des Meßgrößenmodells beschrieben. Im Anschluß wird detailliert auf die Erhebung der benötigten Daten sowie die eingesetzten Berechnungsvorschriften zur Datenaggregation eingegangen.

4.5.1 STRUKTURELLER AUFBAU DES MEßGRÖßENMODELLS

Um die vom Regelmodell benötigten Informationen bereitzustellen, unterteilen sich die Aufgaben des Meßgrößenmodells in die Datenerhebung und Datenaggregation. Wie in **Bild 40** dargestellt, werden das Ziel-, Stellgrößen- und Kontextmodell als Grundlage zur Entwicklung des Meßgrößenmodells verwendet.

Das Regelmodell soll den Entscheidungsprozeß des Organisationsgestalters unterstützen. Dazu ist es zunächst erforderlich, die der Entscheidung zugrundeliegenden Zielsetzungen zu erfassen. Von dem Meßgrößenmodell werden daher die Ziele für die Organisationseinheit aufgenommen. Zur Abbildung unterschiedlicher Zielprioritäten werden zudem die Zielgewichtungen erfaßt. Wird mit der Anwendung des Entscheidungsmodells die Optimierung einer bestehenden Organisationseinheit verfolgt, ist zudem der aktuelle Status der Zielerreichung zu ermitteln.

In der Organisationsgestaltung sind nicht zwangsläufig alle theoretisch möglichen Stellgrößen frei wählbar; so ist beispielsweise eine ex ante Vorgabe des Gliederungskriteriums oder ein grundsätzlicher Ausschluß der rechtlichen Selbständigkeit durch die Unternehmensleitung denkbar. Zur Berücksichtigung eventueller Einschränkungen des Gestaltungsspielraums erfaßt das Meßgrößenmodell die für den vorliegenden Anwendungsfall zulässigen Stellgrößen sowie deren Ausprägungen. Weiterhin ist für den Fall einer Organisationsoptimierung die Abbildung der vorhandenen Ist-Organisation erforderlich.

Meßgrößenmodell
- Datenerhebung
- Datenaggregation

Zielmodell
- Aufnahme der Ziele für die Organisation
- Erfassung von Zielgewichtungen
- Ermittlung der Zielerreichung

Stellgrößenmodell
- Auswahl der Stellgrößen, die im Rahmen der Organisationsgestaltung einstellbar sind
- Abbildung der Organisation mit Hilfe der Stellgrößen

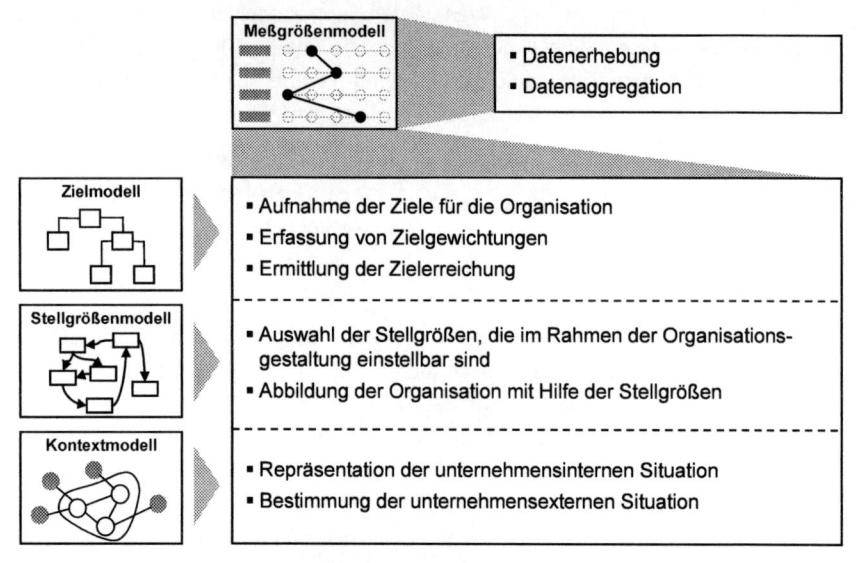

Kontextmodell
- Repräsentation der unternehmensinternen Situation
- Bestimmung der unternehmensexternen Situation

Bild 40: Aufbau des Meßgrößenmodells

Die situationskonforme Gestaltung der Organisation stellt einen der Kerngedanken der vorliegenden Arbeit dar. Dementsprechend sind durch das Meßgrößenmodell die Ausprägungen zu den im Kontextmodell abgebildeten internen und externen Einflußfaktoren auf die Organisationsgestaltung zu erfassen.

4.5.2 FESTLEGUNG DER DATENERHEBUNG

Nachdem mit der Struktur des Meßgrößenmodells und den dabei zugrundegelegten Ziel-, Stellgrößen- und Kontextmodellen die zu erfassenden Daten festgelegt worden sind, ist die Form der Datenerhebung zu bestimmen. Prinzipiell ist zwischen einer bewertenden und einer beschreibenden Datenerhebung zu unterscheiden (vgl. **Bild 41**). Im Falle einer Bewertung wird in Abhängigkeit vom verwendeten Skalenniveau zwischen Messen und Beurteilen unterschieden. Für das Messen werden kardinale Skalenniveaus eingesetzt. Sie liegen vor, wenn eine Zuordnung der beobachteten Merkmalsausprägung zu einer reellen Zahl in der Art möglich ist, daß bei zwei Merkmalsausprägungen die Differenz der Zahlen Unterschiede zwischen den Ausprägungen quantifiziert [PELZ 99, S. 61]. Im Unterschied dazu erlauben ordinale Skalenniveaus lediglich die hierarchische Ordnung von Merkmalsausprägungen, eine Quantifizierung ist jedoch nicht möglich.

Kardinale Skalenniveaus weisen im Vergleich zu ordinalen einen höheren Informationsgehalt auf. Sie setzten jedoch die Existenz eines quantifizierbaren Indikators voraus. Insbesondere bei hoher Komplexität und Aggregation der Bewertungsgrößen ist diese Voraussetzung jedoch oftmals nicht erfüllt, da einerseits die Disaggregation der Bewertungsgrößen auf quantifizierbare Indikatoren sehr aufwendig ist und andererseits eine allgemeingültige Kriterienhierarchie für die mathematische Zusammenfassung der Indikatoren nur selten bestimmt werden kann. Zudem erweisen sich ordinale Skalenniveaus als vorteilhaft, um den Einsatz von Proxy Attributen zu vermeiden. Letztere stellen Hilfsgrößen dar, um die Ausprägung intangibler Bewertungsgrößen[72] zu bestimmen [EISE 99, S. 68]. Wird zudem die Bewertung unscharfer Daten angestrebt, ist der Einsatz eines ordinalen Skalenniveaus vorzuziehen[73].

Formen der Datenerhebung		
Bewertung		Beschreibung
Messen	Beurteilen	Erfassen
kardinales Skalenniveau	ordinales Skalenniveau	nominales Skalenniveau
+ hoher Informationsgehalt − nur für quantitative Größen geeignet − eingeschränkte Anwendung bei unscharfen Daten	+ geringer Aufwand + Vermeidung von Proxy-Größen + Anwendung bei hoher Komplexität und Aggregation der Daten	• wertneutrale Repräsentation der Variablenausprägung
Zahlenwerte	linguistische Variablen	

Legende: ⌐ ¬ gewählte Form der Datenerhebung

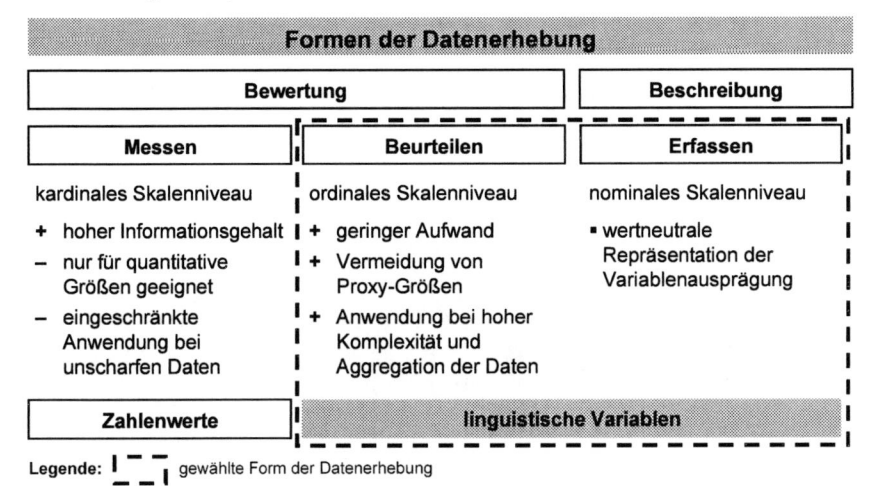

Bild 41: Formen der Datenerhebung

In der vorliegenden Arbeit sind als Bewertungsgrößen Zielgewichtungen, das Ausmaß der Zielerreichung und Kontextfaktoren, wie beispielsweise das Ausmaß der

---

[72] Ein Beispiel für einen intangiblen Bewertungsfaktor ist die Mitarbeiterqualifikation. Sie ist quantitativ nicht direkt meßbar und müßte durch Proxy Attribute, wie „Ausbildungsjahre" oder „Berufserfahrung in Jahren" angenähert werden.

[73] Kardinale Skalenniveaus sind bei unscharfen Informationen zwar prinzipiell auch anwendbar, erfordern jedoch den Einsatz geeigneter Aggregationsverfahren, wie beispielsweise der Fuzzy-Theorie. Die Fuzzy-Theorie ist im Vergleich zu den in dieser Arbeit verwendeten Sensitivitätsanalysen erheblich aufwendiger und für den Anwender schlechter nachvollziehbar.

internen Ressourceninterdependenz, das Qualifikationsniveau der Mitarbeiter, die Wettbewerbsintensität etc., zu berücksichtigen. Diese Größen weisen mehrheitlich ein hohes Aggregationsniveau auf und lassen sich größtenteils nicht quantitativ erfassen. Zudem ist zu erwarten, daß zu einigen Bewertungsgrößen nur unscharfe Informationen vorliegen. In dieser Arbeit wird daher für die zu bewertenden Informationen ein ordinales Skalenniveau ausgewählt.

Die Abbildung der Ist-Organisation durch die Gestaltungsparameter erfolgt wertneutral, so daß neben der zuvor erläuterten Bewertung eine beschreibende Datenerhebung notwendig ist. Es wird beispielsweise für den Gestaltungsparameter der Integration indirekter Funktionen zwischen zentraler oder dezentraler Anordnung sowie einer Mischform unterschieden. Für diesen Anwendungsfall eignet sich die Nominalskala. Sie erlaubt, jedem Objekt einen eindeutigen Wert bzw. eine Bezeichnung zuzuordnen, ohne daß Rechenoperationen erlaubt sind [ZIMM 91, S. 11 ff].

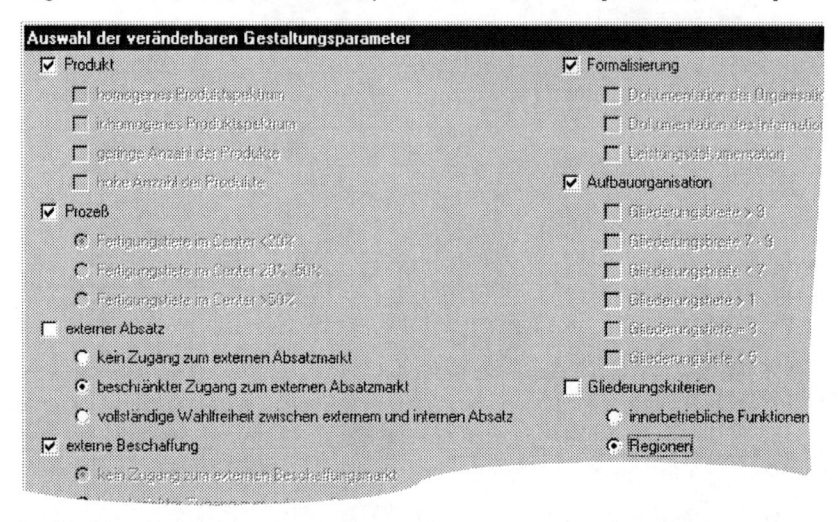

Bild 42:   Formblatt zur Datenerhebung

Für die Bewertung von Informationen mit Hilfe eines ordinalen Skalenniveaus sowie die Informationsbeschreibung mit dem nominalen Skalenniveau werden linguistische Variablen eingesetzt. Um eine allgemeine Anwendbarkeit des Entscheidungsmodells zu gewährleisten, wird der als Termmenge bezeichnete Definitionsbereich der Variablen a priori bestimmt. Beispielsweise wird die Zielgewichtung durch die Termmenge (sehr gering, gering, mittel, hoch, sehr hoch) repräsentiert. Weiterhin wird die Wettbewerbsstrategie durch die Termmenge (Kostenführerschaft, Technologieführerschaft, Qualitätsführerschaft, Nischenstrategie) charakterisiert. **Bild 42** zeigt die praktische Umsetzung der Datenerhebung anhand eines Ausschnitts des Erhebungsdatenblattes für die Gestaltungsparameter.

Mit dem Meßgrößenmodell wird die datentechnische Operationalisierung der Ziel-, Stellgrößen- und Kontextmodelle geleistet. Die Verknüpfung der gewonnenen Detailinformationen zu konkreten Handlungsanweisungen zur Organisationsgestaltung erfolgt mit Hilfe des im folgenden vorgestellten Regelmodells.

4.6 REGELMODELL

Ziel des Regelmodells ist es, basierend auf den Spezifika des betrachteten Centers und seines Umfeldes Handlungsempfehlungen zur Organisationsgestaltung auszusprechen. Die Grundlage des Regelmodells bildet dabei die Verknüpfung der Ziele und Kontextfaktoren mit den Gestaltungsparametern. Die gesuchten Wirkbeziehungen werden in der vorliegenden Arbeit zunächst analytisch deduktiv bestimmt (Kap. 4.6.1) und im Anschluß empirisch validiert (Kap. 4.6.2). Unter Nutzung dieser Grundlagen werden die Ablaufmodelle für die Regelung (Kap. 4.6.3) und Simulation (Kap. 4.6.4) vorgestellt. Aufgrund der Komplexität des Regelmodells ist eine DV-technische Unterstützung erforderlich. Sie wird in Kap. 5 zusammen mit der Methodikanwendung anhand eines Fallbeispiels erläutert.

4.6.1 VERKNÜPFUNG DER TEILMODELLE

Die Verknüpfung der Teilmodelle ist zur Abbildung der Beziehungen zwischen abhängigen und unabhängigen Variablen erforderlich. Entsprechend werden die Interdependenzen zwischen Gestaltungsparametern und Einflußgrößen in sogenannten Abhängigkeitsmatrizen sowie Wirkbeziehungen zwischen Gestaltungsparametern und Zielgrößen in der Zielmatrix abgebildet.

Für jeden Gestaltungsparameter wird eine *Abhängigkeitsmatrix* erstellt. Wie in **Bild 43** gezeigt, beinhaltet die Matrix die möglichen Ausprägungen eines Gestaltungsparameters, wie sie im Stellgrößenmodell[74] definiert wurden. Diesen werden die in der Einflußfaktorenanalyse[75] ermittelten internen und externen Kontextfaktoren gegenübergestellt. Weiterhin sind Interdependenzen mit anderen Gestaltungsparametern zu berücksichtigen und in der Matrix abzubilden. Diese Abhängigkeiten wurden bei der Entwicklung des Stellgrößenmodells[76] dokumentiert. Zusätzlich zu diesen singulären Wirkbeziehungen beeinflussen Kombinationen der Kontextfaktoren die

---

[74] Vgl. dazu Bild 32 und Bild 33 in Kap. 4.2.1.

[75] Vgl. zugehöriges Ishikawa-Diagramm im Anhang A3.

[76] Vgl. Bild 31 in Kap. 4.2.1.

Detaillierung des Entscheidungsmodells

Vorteilhaftigkeit einzelner Ausprägungen des betrachteten Gestaltungsparameters. Sie sind ebenfalls in der Abhängigkeitsmatrix abgebildet. Aus Platzgründen können die Abhängigkeitsmatrizen aller 27 Gestaltungsparameter nicht im Hauptteil der Arbeit dargestellt werden. Sie sind daher zur Übersicht in Anhang A4 angeordnet und enthalten zusätzlich zu den zuvor beschriebenen Inhalten eine Erläuterung, die die Wirkbeziehungen begründet.

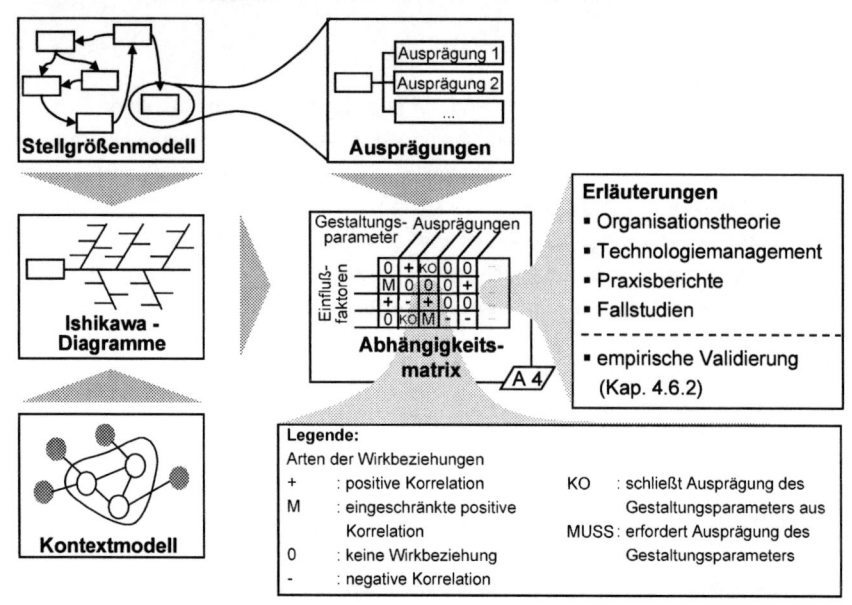

Bild 43: Aufbau der Abhängigkeitsmatrizen

Verschiedene Arten der Wirkbeziehung werden unterschieden (siehe Bild 43). Sie drücken aus, ob bei Eintreten eines Einflußfaktors eine bestimmte Ausprägung des Gestaltungsparameters zu bevorzugen oder eher auszuschließen ist. Diese Tendenzaussagen ergänzend, werden KO-Kriterien betrachtet, die die Wahl einer Ausprägung des Gestaltungsparameters ausschließen bzw. zwingend erforderlich machen. Ein Umkehrschluß der Wirkbeziehungen ist nicht zulässig. Beispielsweise ist bei gegebener Expansionsmöglichkeit des Centers eine Erfolgsverantwortung vorzuziehen. Liegt hingegen keine Expansionskompetenz vor, läßt dies keinen Rückschluß auf die Gestaltung der Verantwortung zu. In den Fällen, in denen ein Umkehrschluß zu sinnvollen Wirkbeziehung führt, ist dieser zusätzlich in den Abhängigkeitsmatrizen aufgeführt.

Die Einträge der Abhängigkeitsmatrix enthalten neben den im Meßgrößenmodell erfaßten Faktoren auch aggregierte Größen. Sie berechnen sich aus den Faktoren des Meßgrößenmodells durch mathematische Verknüpfungen. Hierbei handelt es sich um den Formalisierungsgrad, das Ausmaß der Entscheidungsdelegation, das Ausmaß der Funktionsintegration, die Anzahl interner Schnittstellen, die Centergröße und die Dynamik der Unternehmensumwelt. In **Bild 44** sind diese Faktoren und ihre Berechnungsvorschriften zur Übersicht dargestellt.

Die aggregierte Größe Formalisierungsgrad ist eng mit dem Gestaltungsparameter Formalisierung verbunden. Sie stellt unterschiedliche Kombinationen der möglichen Ausprägungen der Formalisierung dar. Das Ausmaß der Entscheidungsdelegation ist eine umfangreichere Sammelgröße. Sie faßt Investitionsentscheidung, Expansionsmöglichkeit, Zugang zu Absatz- und Beschaffungsmarkt zusammen. Entsprechend des summierten Delegationsgrades dieser Gestaltungsparameter ergibt sich das Ausmaß der Entscheidungsdelegation.

Das Ausmaß der Funktionsintegration bildet ab, wie viele der indirekten Funktionen entweder dezentral oder als Mischform dem Center zugeordnet sind. Sehr ähnlich ist die Anzahl der Schnittstellen zu erklären. Sie stellt im Umkehrschluß ein Maß für die interne Leistungsverflechtung dar. Auf viele Gestaltungsparameter wirkt sich die Centergröße aus. Sie läßt sich anhand der Unterkriterien der Aufbauorganisation bestimmen. Die Multiplikation von Gliederungstiefe und –breite ergibt die Mitarbeiteranzahl und ist damit ein Maß für die Centergröße. Schließlich setzt sich die Dynamik der Unternehmensumwelt aus dem Ausmaß von Veränderungen an Absatz- und Beschaffungsmarkt sowie der Geschwindigkeit der Technologieentwicklung[77] zusammen. Analog zum Ausmaß der Entscheidungsdelegation werden hier die einzelnen Ausprägungen summiert.

Zusätzlich zur zuvor erläuterten Abhängigkeitsmatrix ist für den Aufbau des Regelmodells die *Zielmatrix* von Relevanz. Sie stellt einen Zusammenhang zwischen den Zielen der Organisationseinheit und den Gestaltungsparametern her.

Im Unterschied zur Abhängigkeitsmatrix lassen sich die Zielbeziehungen nicht vollständig für alle Center allgemeingültig herleiten. Dies wird sowohl durch theoretische Arbeiten [FRES 98a, S. 251 ff; LAUX 97, S. 60 ff] als auch durch die Ergebnisse der empirischen Studie belegt. Für die Anwendung des Entscheidungsmodells sind daher die Ziele den Gestaltungsparametern fallspezifisch zuzuordnen. Dies wird einerseits durch das DV-Tool unterstützt. Andererseits enthält die Zielmatrix schon vorab diejenigen Zielbeziehungen als Basisbeziehungen, die sich allgemeingültig bestimmen lassen. Hierbei handelt es sich beispielsweise um den positiven Beitrag, den die Incentivierung zum Ziel der Mitarbeiterorientierung leistet. Die Zielmatrix unterscheidet vereinfachend zwischen drei Beziehungstypen: positive, keine und

---

[77] Dies bezieht sich auf die für das betrachtete Center relevanten Technologien.

negative Wechselwirkung. Die in dieser Arbeit vorab ermittelten, allgemeingültigen Zielbeziehungen sind zur Übersicht in Anhang A6 dargestellt.

Formalisierungsgrad
- hoch: Dokumentation des Informationsflusses und (Organisationsstruktur oder Leistungsdokumentation)
- mittel: Dokumentation des Informationsflusses oder (Organisationsstruktur und Leistungsdokumentation)
- gering: Organisationsstruktur oder Leistungsdokumentation

Ausmaß der Entscheidungsdelegation
- hoch: mindestens 3 „dezentral" bzw. „hoch" und kein „zentral" bzw. „gering"
- mittel: sonst
- gering: mindestens 3 „zentral" bzw. „gering" und kein „dezentral" bzw. „hoch"

für
- Investitionsentscheidung
- Expansionsentscheidung
- Absatzmarktzugang
- Beschaffungsmarktzugang

Ausmaß der Funktionsintegration
- hoch: mehr als 5 indirekte Funktionen („dezentral" oder „Mischform")
- mittel: sonst
- gering: weniger als 2 indirekte Funktionen („dezentral" oder „Mischform")

Anzahl interner Schnittstellen
- hoch: weniger als 2 indirekte Funktionen „dezentral"
- mittel: sonst
- gering: mehr als 5 indirekte Funktionen „dezentral"

Centergröße
- hoch (h)
- mittel (m)
- gering (g)

Gliederungstiefe / Gliederungsbreite:

h	m	h	h	Centergröße
m	g	m	h	
g	g	g	m	
	g	m	h	

Dynamik der Unternehmensumwelt
- hoch: mindestens 2 „groß" und kein „gering"
- mittel: sonst
- gering: mindestens 2 „gering" und kein „groß"

Dynamik
- des Absatzmarktes
- des Beschaffungsmarktes
- der Technologieentwicklung

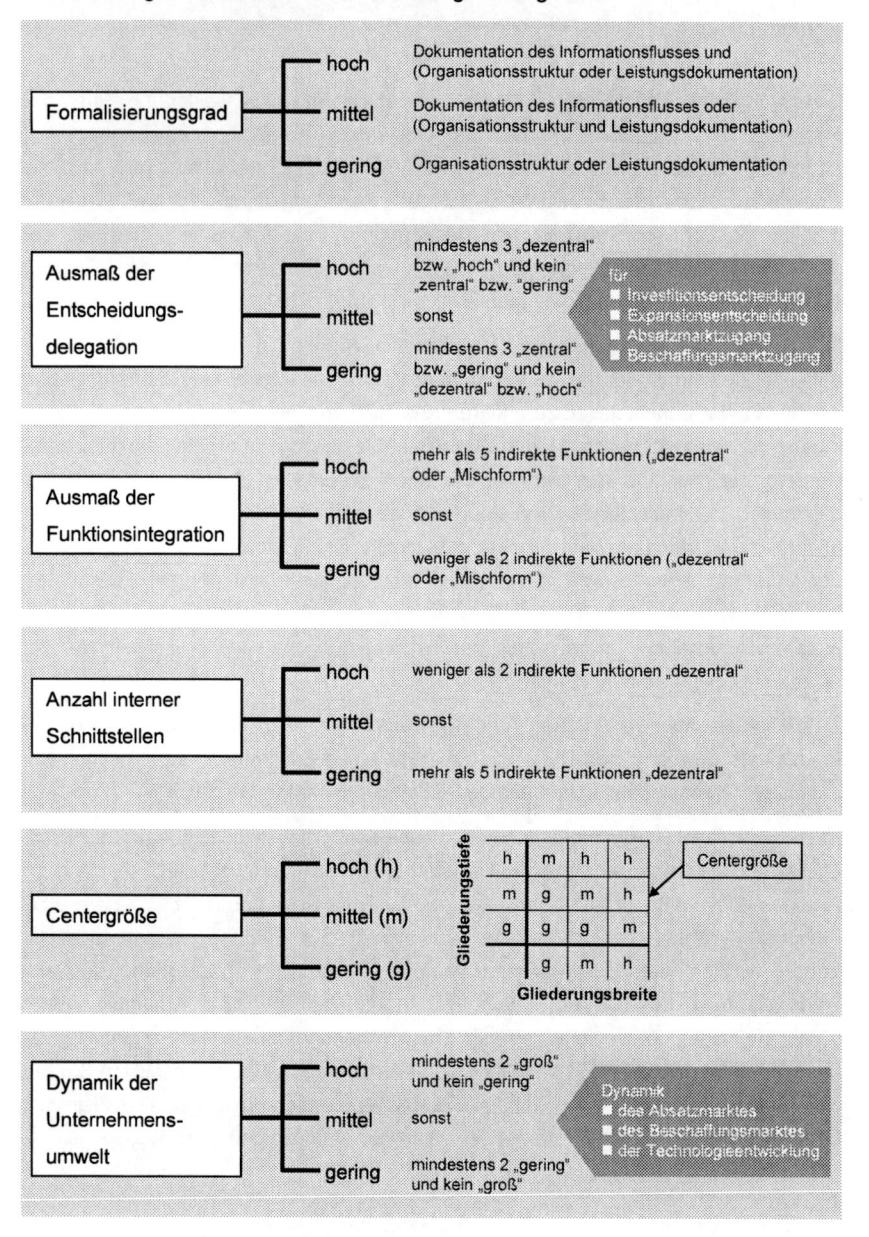

Bild 44: Berechnete Einflußfaktoren

4.6.2 EMPIRISCHE VALIDIERUNG DER REGELBEZIEHUNGEN

Die in den Abhängigkeitsmatrizen abgebildeten Wirkbeziehungen zwischen Einflußfaktoren und Gestaltungsparametern wurden, wie in den vorherigen Kapiteln beschrieben, analytisch deduktiv ermittelt. Um diese Beziehungen an der Praxis zu spiegeln und sie auf Gültigkeit und Vollständigkeit zu überprüfen, ist eine empirische Analyse der Organisation und der Umfeldbedingungen von Centern in der Industrie erforderlich. Im einzelnen sind die Centerziele sowie die Ausprägungen der Gestaltungsparameter und Einflußfaktoren zu erheben. Dazu stehen prinzipiell die in **Bild 45** gezeigten Befragungsmethoden zur Verfügung. Um eine geeignete Methode auszuwählen, sind die von ihr zu erfüllenden Anforderungen zu bestimmen.

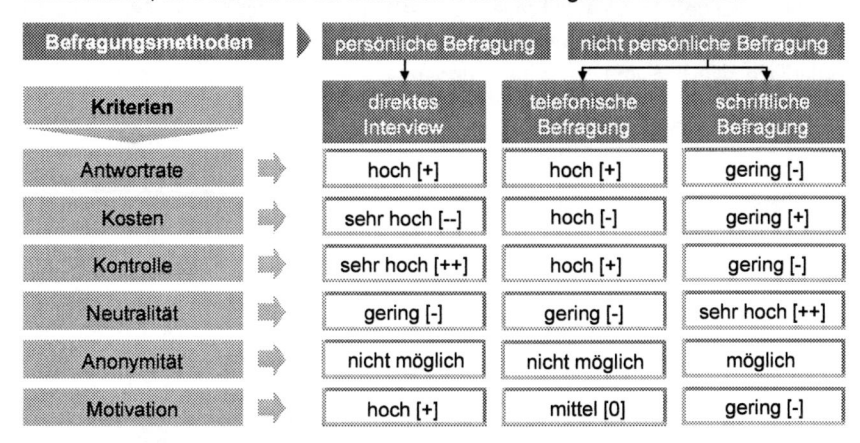

Befragungsmethoden	persönliche Befragung		nicht persönliche Befragung
Kriterien	direktes Interview	telefonische Befragung	schriftliche Befragung
Antwortrate	hoch [+]	hoch [+]	gering [-]
Kosten	sehr hoch [--]	hoch [-]	gering [+]
Kontrolle	sehr hoch [++]	hoch [+]	gering [-]
Neutralität	gering [-]	gering [-]	sehr hoch [++]
Anonymität	nicht möglich	nicht möglich	möglich
Motivation	hoch [+]	mittel [0]	gering [-]

Bild 45: Gegenüberstellung unterschiedlicher Befragungsmethoden

Um im vorliegenden Fall aussagekräftige Ergebnisse zu erhalten, stellen eine hohe Qualität der Antworten und eine für die statistische Auswertung ausreichende Quantität die wesentlichen Anforderungen an die empirische Studie dar. Dabei wird die Qualität der Antworten insbesondere von einer möglichen Beeinflussung durch den Fragenden, der Verständlichkeit der Fragen und deren Anonymität[78] beeinflußt. Die Quantität der Antworten hängt von der Antwortquote und dem Aufwand der Befragungsmethode ab.

Diese Anforderungen werden durch die schriftliche Befragung am besten erfüllt. Es ist jedoch ein angepaßtes Vorgehen erforderlich, um eine hohe Antwortrate zu gewährleisten und die mangelnde Kontrollmöglichkeit zu kompensieren. Dazu beinhal-

---

[78] In Vorgesprächen zur empirischen Studie zeigte sich, daß einige der erforderlichen Daten (insbesondere Fragen zur Strategie) nur bei Gewährleistung der Anonymität von den Unternehmen zur Verfügung gestellt werden.

tete die Entwicklung des Fragebogens[79] einen Pretest, mit dem die eindeutige Verständlichkeit der Fragen kontrolliert wurde. In Anhang A10 ist der Fragebogen gezeigt. Weiterhin wurde bei der Fragebogenversendung ein dreistufiges Vorgehen verfolgt. In einem telefonischen Kontaktgespräch wurden geeignete Ansprechpartner[80] identifiziert und es wurde überprüft, ob es sich entsprechend dem Betrachtungsfokus der vorliegenden Arbeit um produzierende Center[81] handelt. Wurden ein für die Studie passendes Center und ein geeigneter Ansprechpartner ermittelt, wurden sie über Ziele sowie Randbedingungen der Studie informiert und für die Teilnahme motiviert. Im Anschluß an das Gespräch wurde der Fragebogen unmittelbar per Email oder Fax versendet. Als dritter Schritt wurde nach zwei bis drei Wochen nachgefragt, ob der Fragebogen schon beantwortet wurde. Durch dieses Vorgehen konnte eine Rücklaufquote von 51% erreicht werden (vgl. **Bild 46**). Dabei waren alle zurückgesendeten Bögen auswertbar.

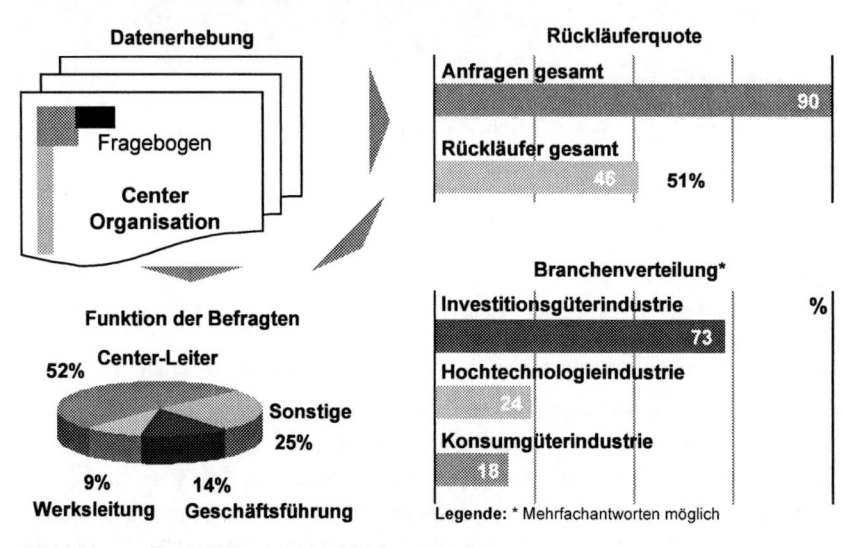

Bild 46: Basisdaten zur empirischen Studie

---

[79] Der Aufbau des Fragebogens stellt einen wesentlichen Erfolgsfaktor für die Qualität der Antworten und für die Antwortrate dar. Daher wurde den Empfehlungen der einschlägigen Literatur, wie Gliederung der Fragen in Themenbereiche, Auswahl einer geeigneten Themenreihenfolge, Verwendung kurzer, einfacher Fragen, Vorgabe der Antworten, Kennzeichnung von Fragen mit Mehrfachnennung etc., gefolgt (vgl. hierzu u.a. [STIE 96, S. 183 ff; REMI 92, S. 604 ff; STBU 96, S. 19 f]).

[80] Aufgrund der Vielschichtigkeit der Fragen erwiesen sich in Vorgesprächen in erster Linie Centerleiter oder deren Vorgesetzte als adäquate Ansprechpartner.

[81] Es wurden in der Studie nur solche Center analysiert, die in den durch das Zielsystem vorgegebenen Dimensionen als erfolgreich zu klassifizieren sind.

Detaillierung des Entscheidungsmodells 95

Mit der Auswertung der Daten wird das Ziel verfolgt, die analytisch deduktiv ermittelten Wirkbeziehungen zu validieren und sie ggf. anzupassen. Es wird also eine Überprüfung bekannter Zusammenhänge gefordert, für die sich die strukturprüfenden Verfahren[82] der multivariaten Statistik eignen. Hierzu zählen die Regressionsanalyse, die Varianzanalyse, die Diskriminanzanalyse, die Kontingenzanalyse, die Lisrel Analyse sowie das Conjoint Measurement [BACK 94, S. VI].

Zur Auswahl einer Analysemethode sind das Skalenniveau der Daten und das von der Methode unterstützte Analyseziel von Bedeutung. Da sowohl die abhängigen als auch die unabhängigen Variablen nominal bzw. ordinal skaliert sind (vgl. Kap. 4.5.2), sind die Methoden der Regressions-, Varianz- und Diskriminanzanalyse nicht geeignet. Auch die Lisrel Analyse und das Conjoint Measurement sind aufgrund ihres speziellen Analyseziels[83] für den Anwendungsfall nicht geeignet, so daß die Kontingenzanalyse als einziges Verfahren die Anforderungen erfüllt.

Bei Kontingenzanalysen werden Kreuztabellen verwendet, um den Zusammenhang zwischen einer abhängigen und einer unabhängigen Variablen zu analysieren. Um den statistischen Zusammenhang zu quantifizieren, werden Assoziationsmaße und die zugehörige Signifikanz berechnet. Dabei gibt das Assoziationsmaß einen Wert für die Stärke und ggf. die Richtung des Zusammenhangs an. Die Signifikanz bezeichnet die Irrtumswahrscheinlichkeit[84] und ist damit ein Maß für die Zuverlässigkeit der Hypothese, daß zwischen den betrachteten Variablen ein statistischer Zusammenhang besteht.

In Abhängigkeit vom verwendeten Skalenniveau und der Anzahl der möglichen Ausprägungen der Variablen sind unterschiedliche statistische Tests und Assoziationsmaße zu verwenden. Die in dieser Arbeit eingesetzten Tests und Assoziationsmaße wurden im Hinblick auf ihre Aussagefähigkeit und ihre Verbreitung in der Literatur ausgewählt. Da sowohl ordinale als auch nominale Skalen sowie eine unterschiedliche Anzahl von Ausprägungen der Variablen besteht, sind verschiedenen Assozia-

---

[82] Prinzipiell wird zwischen strukturprüfenden und strukturentdeckenden Verfahren unterschieden [BACK 94, S. XVIII].

[83] Die Lisrel Analyse wird üblicherweise bei nicht direkt meßbaren Variablen, wie Einstellungen oder der Motivation, angewendet. Beim Conjoint Measurement handelt es sich um eine Kombination aus Erhebungs- und Analyseverfahren, bei dem der Beitrag von Objektmerkmalen zum Objektnutzen bestimmt wird [BACK 94, S. XVIII ff].

[84] Ab einer Irrtumswahrscheinlichkeit < 5% wird von statistischer Signifikanz gesprochen [BÜHL 00, S. 100].

tionsmaße und Tests zu verwenden. Sie sind zur Übersicht in **Bild 47** kurz mit ihren wesentlichen Anwendungsrestriktionen gezeigt[85].

Statistische Tests

Chi-Quadrat Test
- keine der erwarteten Häufigkeiten sollte kleiner als 1 sein
- maximal 20% der erwarteten Häufigkeiten darf kleiner 5 sein
- Anwendung nur für nominalskalierte Variablen
- bei 2x2 Tabellen sollte die Fallzahl größer 30 sein

Exakter Fishertest (Fisher-Yates)
- nur bei 2x2 Tabellen anwendbar
- Anwendung bei Stichproben mit kleinen Fallzahlen
- Anwendung nur für nominalskalierte Variablen

Cramer V
- Anwendung nur für nominalskalierte Variablen
- Wertebereich von 0 -1
- für rechteckige und quadratische Tabellen anwendbar

Assoziationskoeffizienten

Kendal Tau-b
- für ordinalskalierte Variablen geeignet
- Wertebereich von -1 bis 1
- nur bei quadratischen Tabellen anwendbar

Kendal Tau-c
- für ordinalskalierte Variablen geeignet
- Wertebereich von -1 bis 1
- Anwendung bei rechteckigen Tabellen
- schwer zu interpretieren

Somer d
- für ordinalskalierte Variablen geeignet
- Wertebereich von -1 bis 1
- Anwendung bei rechteckigen und quadratischen Tabellen
- gute Reaktionen auf viele Verknüpfungen

Bild 47: Verwendete statistische Verfahren und Assoziationskoeffizienten

Aufgrund der hohen Datenmenge und der aufwendigen Berechnungen wird die Analyse mit Hilfe eines Softwareprogramms durchgeführt. Hierzu wurde das Statistikprogramm SPSS Version 9 eingesetzt, da es weltweit die höchste Verbreitung aufweist und alle zuvor ausgewählten Analysemethoden unterstützt.

Anhand eines Beispiels soll im folgenden das Vorgehen zur Überprüfung der Wirkbeziehungen erläutert werden. Wie in **Bild 48** gezeigt, werden vom Analyseprogramm

---

[85] Für eine ausführliche Darstellung vergl. z.B. [BACK 94, S. 164; BÜHL 00, S. 224].

Detaillierung des Entscheidungsmodells 97

Kreuztabellen erstellt, die einem Gestaltungsparameter einen Kontextfaktor gegenüberstellen. Anhand der Kreuztabelle können dann die Anwendungsvoraussetzungen zur Durchführung der statistischen Tests überprüft werden. Im vorliegenden Fall wurde der Chi-Quadrat Test durchgeführt und zur Auswertung wurden die Assoziationsmaße Kendall Tau-c und Somer d verwendet, da es sich um ordinale Skalen mit ungleicher Ausprägungsanzahl handelt. Der Betrag beider Assoziationsmaße ist größer als der in der Literatur angegebene Grenzwert von 0,25[86], so daß bei statistischer Signifikanz (0,03) von einer mittleren Abhängigkeit gesprochen werden kann.

1. Erstellung der Kreuztabelle durch SPSS

auf Gestaltungsparameter	Einflußfaktor	Innovationsrichtung für die Produktentwicklung - technologiegetrieben		
		ja	nein	Gesamt
Zugang zum externen Absatzmarkt	kein Zugang	11	4	15
	beschränkter Zugang	9	9	18
	volle Wahlfreiheit	4	9	13
Gesamt		24	22	46

Randbedingungen
- 2 x 3 Matrix
- 0 Zellen haben eine erwartete Häufigkeit < 5
- alle Fälle verwendbar

2. Berechnung von Signifikanz und Assoziationsmaß

Koeffizienten	Assoziationsmaß	exakte Signifikanz
Chi-Quadrat nach Pearson	5,1	0,09
Exakter Fishertest	5,0	0,09
Cramer V	0,33	0,09
Kendall Tau-c	0,36	0,03
Somer d	0,31	0,03

Zwischenergebnis
- Signifikanz liegt vor
- mittlere Abhängigkeit

3. Bestimmung der Richtung der Wirkbeziehungen

Häufigkeiten
- Innovationsrichtung technologiegetrieben (ja)
- nicht technologiegetrieben (nein)

	ja	nein
Kein Zugang	46 ↑	18 ↓	33
beschränkt	37 -	41 -	39
volle Wahlfreiheit	17 ↓	41 ↑	28

Ergebnis: Signifikante Wirkbeziehungen zwischen den Variablen

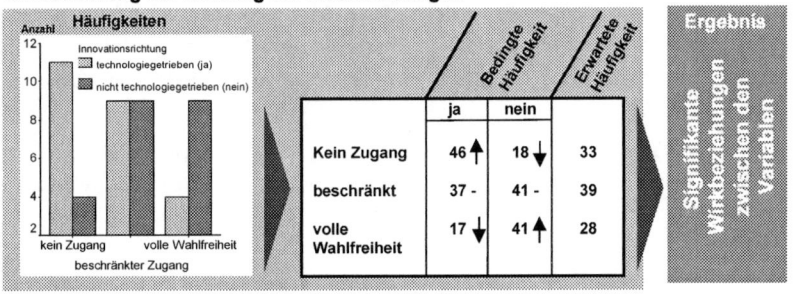

Bild 48: Empirische Analyse der Wirkbeziehungen mit SPSS

---

[86] Abhängig vom Assoziationsmaß wird ab Werten von ca. 0,25 von einem nachweisbaren Zusammenhang gesprochen [ECKS 99, S. 188 ff; MART 99, S. 98 ff]. Aufgrund einer in einigen Fällen ungünstigen Verteilung der Häufigkeiten wurden beobachtete Zusammenhänge bis zu einer Signifikanz von 0,25 untersucht.

Zur weiteren Analyse der Abhängigkeit werden die unter der Nebenbedingung des Kontextfaktors ermittelten Häufigkeiten mit den Häufigkeiten der Gesamtstichprobe verglichen. Dabei bestätigte sich die Richtung[87] der Wirkbeziehung zwischen dem Zugang zum Absatzmarkt und der verfolgten Technologiestrategie (vgl. Anhang A4).

Entsprechend diesem dreistufigen Vorgehen wurden die Gestaltungsparameter[88] mit den Kontextfaktoren gegenübergestellt und ihre Wirkbeziehungen überprüft. Es zeigte sich, daß die analytisch deduktiv ermittelten Korrelationen in überwältigender Mehrheit bestätigt werden konnten. Dort, wo dies nicht möglich war oder die empirische Studie sogar gegenläufige Tendenzen aufzeigte, wurden die analytisch bestimmten Wirkbeziehungen nochmals kritisch geprüft und ggf. modifiziert. Dies ist an den jeweiligen Stellen der Abhängigkeitsmatrizen (vgl. Anhang A4) explizit erläutert. Weiterhin wurden durch die statistische Analyse einige zusätzliche Wirkbeziehungen identifiziert. Aufgrund der geringen Fallanzahl von 46 untersuchten Centern sowie der prinzipiellen Gefahr der Aufnahme von Dreiecksbeziehungen[89] sind diese Wirkbeziehungen nur dann zu berücksichtigen, wenn eine zusätzliche theoretische Fundierung möglich ist.

4.6.3 ABLAUFMODELL DER REGELUNG

Ziel der Regelung ist es, Vorschläge für organisatorische Handlungsempfehlungen unter Berücksichtigung der verfolgten Ziele und Kontextfaktoren abzuleiten. Dazu wird der in **Bild 49** vorgestellte dreistufiger Ansatz angewendet. In der ersten Phase wird aus der Menge der gesuchten Gestaltungsparameter ein Parameter als Startproblem ausgewählt. Für diesen Gestaltungsparameter werden in der zweiten Phase die Ausprägungen ermittelt, die unter Beachtung der Bedingungen der unternehmens- und umfeldspezifischen Situation zulässig sind. Die somit erhaltenen zulässigen Ausprägungen werden in der dritten Phase vor dem Hintergrund der verfolgten Zielsetzung bewertet und es ergibt sich eine optimale Ausprägung, die als Hand-

---

[87] Die Nutzung der Assoziationsmaße zur quantitativen Gewichtung der Wirkbeziehungen ist nicht sinnvoll. Ein derartiges Vorgehen würde zu einer mechanistischen Verknüpfung von Gestaltungsparametern und Kontextfaktoren führen und unterläge damit der am situativen Ansatz geäußerten Kritik (vgl. Kap. 2.1).

[88] Bei einigen Gestaltungsparametern waren Auswertungen nur eingeschränkt bzw. gar nicht möglich, da eine sehr ungleiche Verteilung der Antworten vorlag. Hierzu zählen die Ausprägungen Regionen und Absatzkanäle beim Gliederungskriterium, die Ausprägungen dualer Verrechnungspreis, Verhandlungsbasis und unechter Marktpreis bei den Verrechnungspreisen sowie die rechtliche Selbständigkeit.

[89] Eine Dreiecksbeziehung liegt vor, wenn durch das Statistikprogramm ein Zusammenhang zwischen den Parametern A und C erkannt wird, dieser jedoch auf Wirkbeziehungen zwischen A und B sowie B und C zurückzuführen ist.

Detaillierung des Entscheidungsmodells

lungsempfehlung das Ergebnis der Regelung darstellt. Die drei Phasen werden so oft durchlaufen, bis für alle gesuchten Gestaltungsparameter entsprechende Handlungsempfehlungen formuliert wurden. Diesen rein sequentiellen Ablauf ergänzend sind Rekursionen notwendig, die in der folgenden detaillierten Vorstellung der Phasen erläutert werden.

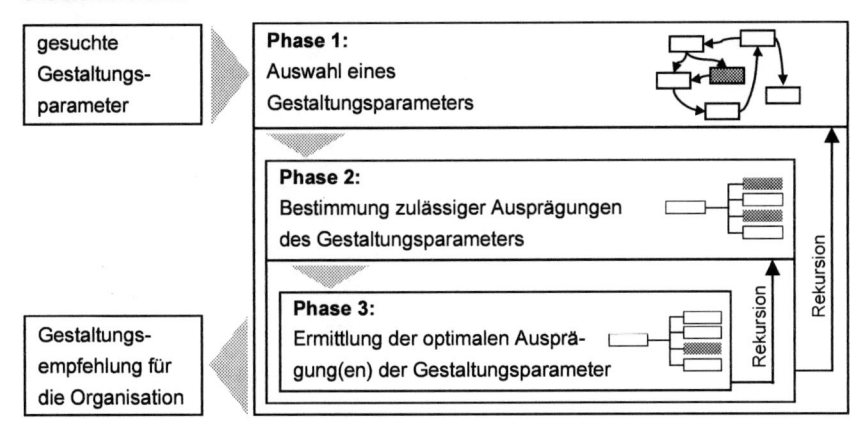

Bild 49: Ablaufmodell der Regelung

Das Ziel der ersten Phase besteht in der Auswahl eines Gestaltungsparameters. Für diesen wird im folgenden in Abhängigkeit von den Einflußfaktoren eine optimale Ausprägung als Handlungsempfehlung vorgeschlagen. Zu den Einflußfaktoren zählen sowohl Kontextfaktoren als auch andere Gestaltungsparameter. Die Kontextfaktoren werden mit als Eingangsinformationen angegeben und stehen daher für die Berechnung zur Verfügung. Im Unterschied dazu werden die ebenfalls benötigten Gestaltungsparameter erst im Verlauf der Anwendung des Entscheidungsmodells bestimmt. Es ergibt sich daher ein Gleichungssystem mit mehreren Unbekannten. Da für jeden gesuchten und damit auch unbekannten Gestaltungsparameter eine Abhängigkeitsmatrix als Gleichung zur Verfügung steht, ist das Gleichungssystem unabhängig von der Anzahl der gesuchten Gestaltungsparameter in jedem Fall als mathematisch bestimmt zu bezeichnen. Jedoch ist aufgrund der Verwendung linguistischer Variablen eine direkte mathematische Lösung nicht möglich und ein Iterationsverfahren ist anzuwenden. Das eingesetzte Lösungsverfahren wird im folgenden entwickelt.

In einem ersten Schritt werden die gesuchten Gestaltungsparameter ausgewählt. Im ersten Durchlauf der Phase 1 entspricht die Menge der gesuchten Gestaltungsparameter den vom Entscheider ausgewählten Parametern. In den folgenden Anwendungszyklen des Regelmodells werden die gesuchten Gestaltungsparameter sequentiell bestimmt und die Menge der gesuchten Parameter reduziert sich. Damit ergibt sich auch die vollständige Bestimmung aller Gestaltungsparameter als Abbruchkriterium des Regelmodells.

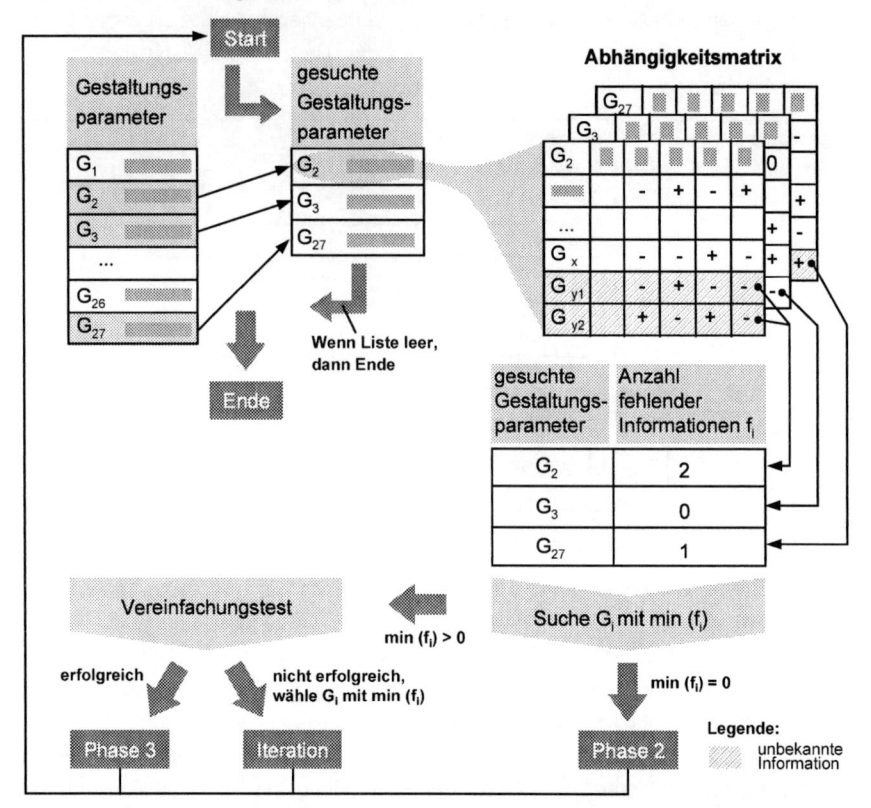

Bild 50: Auswahl eines Gestaltungsparameters (Phase 1)

Wie zuvor erläutert, erfolgt die Bestimmung der zulässigen Ausprägungen eines Gestaltungsparameters in Abhängigkeit von Einflußgrößen, die sowohl Kontextfaktoren als auch andere Gestaltungsparameter sein können. Da eine Berechnung der zulässigen Ausprägungen nur möglich ist, wenn alle Informationen vorhanden sind, wird im ersten Schritt für jeden der gesuchten Gestaltungsparameter die Anzahl fehlender Informationen (f_i) ermittelt (vgl. **Bild 50**). Liegen Gestaltungsparameter vor, für deren Bestimmung alle notwendigen Informationen vorhanden sind ($f_i = 0$), so werden diese ausgewählt und die Berechnung wird mit der Phase 2 fortgesetzt. Ist dies nicht der Fall ($f_i > 0$), wird zunächst ein Vereinfachungstest durchgeführt. Es ist das Ziel dieses Tests festzustellen, ob die fehlende Information einen wesentlichen Einfluß auf das Ergebnis haben. Dazu werden für jeden gesuchten Gestaltungsparameter die Vorteilhaftigkeiten seiner Ausprägungen mit Hilfe der Abhängigkeits-

Detaillierung des Entscheidungsmodells 101

matrizen unter vollständiger Variation der fehlenden Informationen berechnet. Ist trotz der Variation der unbekannten Gestaltungsparameter keine Veränderung der zulässigen Ausprägungen zu beobachten, kann direkt mit der Phase 3 fortgefahren werden und die optimale Ausprägung des Gestaltungsparameters bestimmt werden. Inhaltlich ist der Vereinfachungstest dadurch zu begründen, daß der Anteil fehlender Informationen im Vergleich zu den durch die Kontextfaktoren vorgegebenen Informationen deutlich geringer ist. Zudem ist für die Wirkbeziehungen in der Abhängigkeitsmatrix ein Umkehrschluß nicht zwangsläufig gültig[90]. So ist es beispielsweise möglich, daß ein unbekannter Gestaltungsparameter nur eine Ausprägung des gesuchten Gestaltungsparameters befürwortet bzw. ihr entgegensteht. Deckt sich dies mit dem Einfluß der anderen Kontextfaktoren, ist unabhängig von der Kenntnis des unbekannten Gestaltungsparameters eine Aussage und damit eine Vereinfachung möglich. Ist der Vereinfachungstest nicht erfolgreich, wird der gesuchte Gestaltungsparameter mit dem minimalen Informationsbedarf ausgewählt und stellt die Eingangsgröße für die Iteration dar.

Es ist das Ziel der Iteration, basierend auf einer geeigneten Annahme für die fehlenden Informationen die optimalen Ausprägungen des gesuchten Gestaltungsparameters zu ermitteln. Unter Nutzung der für den unbekannten Gestaltungsparameter verfügbaren Informationen (Anwendung des in Phase 2 beschriebenen Vorgehens) wird eine Annahme über dessen Ausprägung getroffen. Mit Hilfe dieser Annahme werden dann entsprechend dem Vorgehen von Phase 2 und 3 die zunächst vorläufigen Ausprägungen des gesuchten Gestaltungsparameters bestimmt (vgl. **Bild 51**). Zur Überprüfung der Annahme und für nachfolgende Iterationen werden die berechneten vorläufigen Ausprägungen, die getroffenen Annahmen sowie die auf der Annahme beruhenden weiteren Berechnungen gespeichert. Für jeden vorläufig bestimmten Gestaltungsparameter wird im Anschluß überprüft, ob die berechnete Ausprägung mit einer eventuell zuvor getroffenen Annahme übereinstimmt. Ist dies der Fall, wird die Ausprägung als endgültig übernommen. Liegt hingegen ein Unterschied zwischen den Ausprägungen vor, sind sowohl dieser Gestaltungsparameter als auch alle weiteren, die auf der gleichen Annahme beruhen, neu zu berechnen. Es wird dazu eine neue Annahme über die Ausprägung des Gestaltungsparameters getroffen. Sollte der theoretisch mögliche Fall[91] eintreten, daß für keine Annahme eine widerspruchsfreie Handlungsempfehlung bestimmt werden kann, werden dem

---

[90] Vgl. dazu die Erläuterungen in Kap. 4.6.1.

[91] In der praktischen Anwendung des Entscheidungsmodells sowie bei umfangreichen Tests bestätigte sich der Iterationsalgorithmus als leistungsfähig und dieses Abbruchkriterium kam in keinem Anwendungsfall zum Einsatz. Andererseits ist es jedoch notwendig, um eine mögliche Endlosschleife im Algorithmus zu vermeiden.

Entscheider die resultierenden alternativen Organisationskonzepte inklusive der enthaltenen Widersprüche zur Auswahl angezeigt.

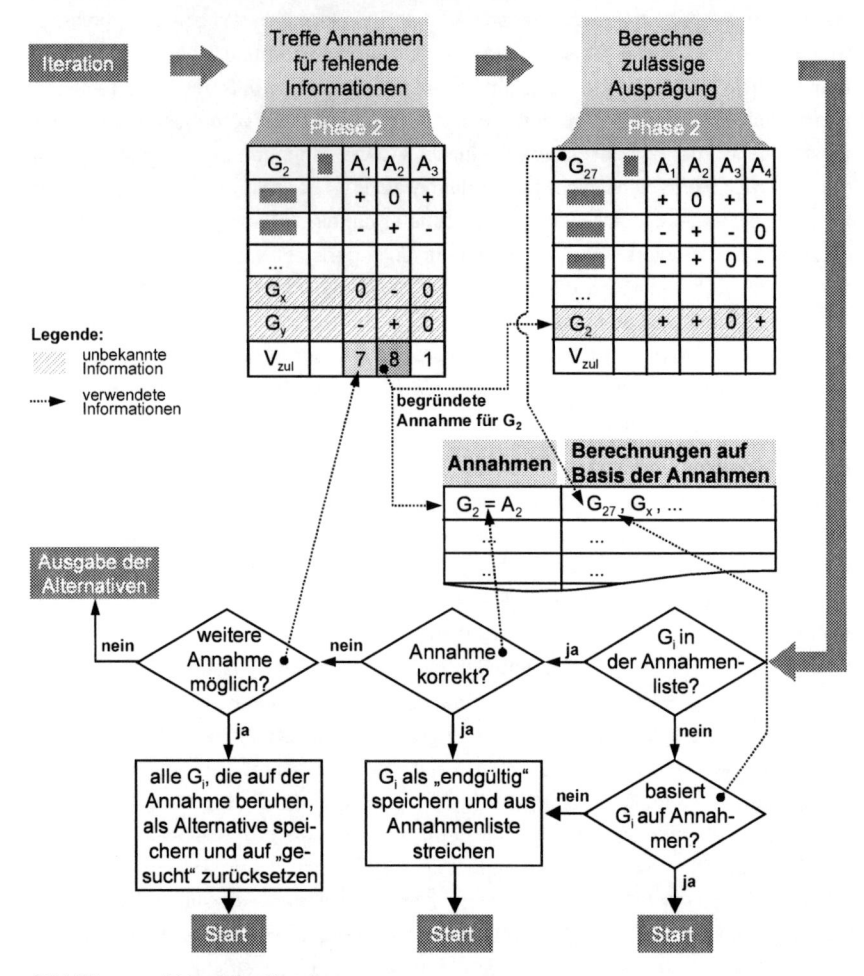

Bild 51: Ablauf der Iteration

In der zweiten Phase des Ablaufmodells werden aus den prinzipiell möglichen Ausprägungen eines Gestaltungsparameters die zulässigen Ausprägungen ausgewählt. Die Ausgangsbasis dazu bildet die Abhängigkeitsmatrix des betrachteten Gestaltungsparameters. Sie enthält alle prinzipiell möglichen Ausprägungen und stellt ihnen die Einflußfaktoren auf die Auswahlentscheidung gegenüber. Letztere setzen sich aus internen und externen Kontextfaktoren sowie Gestaltungsparametern zusammen (vgl. **Bild 52**).

Detaillierung des Entscheidungsmodells 103

Zunächst ist zu ermitteln, welche der Entscheidungsregeln im Anwendungsfall gültig sind. Hierzu werden die unternehmensspezifisch erhobenen bzw. berechneten Ausprägungen der benötigten Kontextfaktoren und Gestaltungsparameter mit den in der Abhängigkeitsmatrix als Bedingungen formulierten Ausprägungen verglichen. Liegt eine Übereinstimmung vor, wirkt sich der Einflußfaktor auf die Auswahl der zulässigen Ausprägungen des Gestaltungsparameters aus; der Einflußfaktor wird in die reduzierte Abhängigkeitsmatrix übernommen. Für den Fall keiner Übereinstimmung wird der entsprechende Einflußfaktor verworfen. Damit umfaßt die reduzierte Abhängigkeitsmatrix alle für den Anwendungsfall relevanten Entscheidungsregeln.

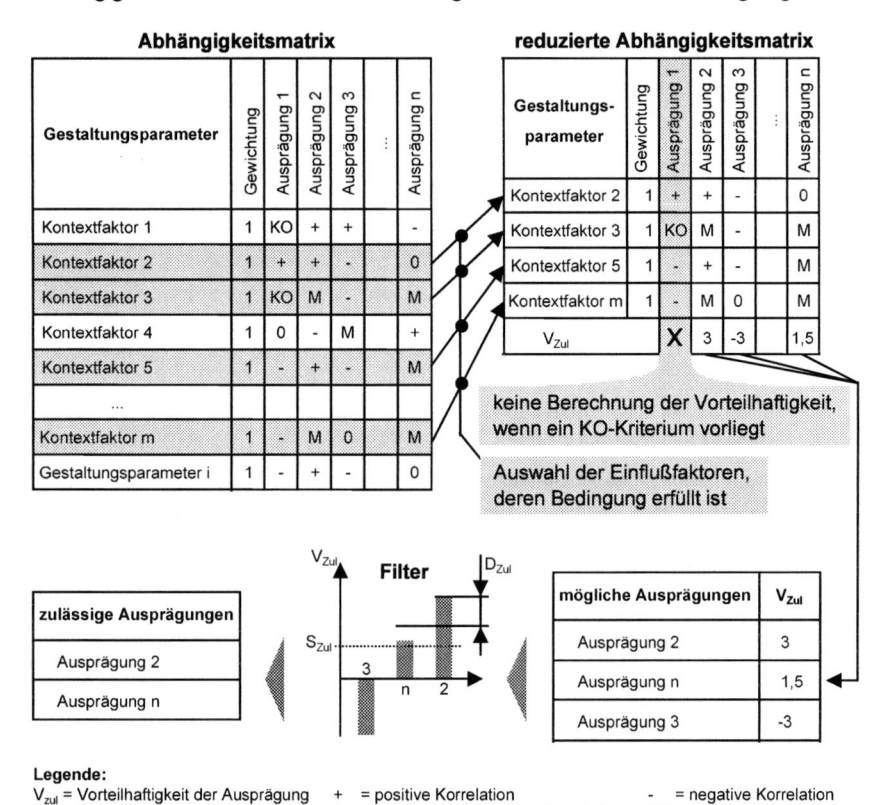

Abhängigkeitsmatrix

Gestaltungsparameter	Gewichtung	Ausprägung 1	Ausprägung 2	Ausprägung 3	...	Ausprägung n
Kontextfaktor 1	1	KO	+	+		-
Kontextfaktor 2	1	+	+	-		0
Kontextfaktor 3	1	KO	M	-		M
Kontextfaktor 4	1	0	-	M		+
Kontextfaktor 5	1	-	+	-		M
...						
Kontextfaktor m	1	-	M	0		M
Gestaltungsparameter i	1	-	+	-		0

reduzierte Abhängigkeitsmatrix

Gestaltungsparameter	Gewichtung	Ausprägung 1	Ausprägung 2	Ausprägung 3	...	Ausprägung n
Kontextfaktor 2	1	+	+	-		0
Kontextfaktor 3	1	KO	M	-		M
Kontextfaktor 5	1	-	+	-		M
Kontextfaktor m	1	-	M	0		M
V_{Zul}		X	3	-3		1,5

keine Berechnung der Vorteilhaftigkeit, wenn ein KO-Kriterium vorliegt

Auswahl der Einflußfaktoren, deren Bedingung erfüllt ist

zulässige Ausprägungen
Ausprägung 2
Ausprägung n

Filter: S_{Zul}, D_{Zul}

mögliche Ausprägungen	V_{Zul}
Ausprägung 2	3
Ausprägung n	1,5
Ausprägung 3	-3

Legende:
V_{zul} = Vorteilhaftigkeit der Ausprägung   + = positive Korrelation   - = negative Korrelation
D_{zul} = Distanzmaß   M = eingeschränkt positive Korrelation   KO = Auschluß der Aus-
S_{zul} = Schwellwert   0 = keine Korrelation   prägung

Bild 52: Bestimmung zulässiger Ausprägungen des Gestaltungsparameters

Anschließend werden die Einträge der reduzierten Abhängigkeitsmatrix auf KO- bzw. Muss-Kriterien überprüft. Besteht zwischen einem Einflußfaktor und einer Ausprägung des Gestaltungsparameters eine KO-Beziehung, wird diese Ausprägung von der weiteren Vorgehensweise ausgeschlossen. Liegt eine Muss-Beziehung vor, wird die Ausprägung direkt ausgewählt[92]. Für die verbleibenden Ausprägungen werden die gewichteten Spaltensummen gebildet, die als Vorteilhaftigkeit einer Ausprägung bezeichnet werden. Wird diese Phase zum ersten Mal durchlaufen, werden alle Einflußfaktoren gleich gewichtet[93]. Mögliche Unterschiede in der Gewichtung ergeben sich erst in Abhängigkeit von dem Ergebnis der dritten Phase und werden dort erläutert.

Die Entscheidung, ob eine Ausprägung zu den zulässigen zählt, hängt sowohl von der berechneten Vorteilhaftigkeit als auch vom Beziehungstyp ab, mit dem die Ausprägungen verbunden sind. Bei einer „und-oder"-Verknüpfung sind prinzipiell mehrere Ausprägungen als Handlungsempfehlung möglich. Daher wird ein Schwellwert[94] (S_{zul}) als kritische Untergrenze der Vorteilhaftigkeit (V_{zul}) einer Ausprägung eingeführt. Er ist wie folgt definiert:

$$S_{zul} = 30\% \leq \frac{V_{zul}}{\text{Summe der Gewichte}}$$

Besteht zwischen den Ausprägungen eine „entweder-oder"-Verknüpfung, ist eine vergleichende Bewertung vorzunehmen. Dazu wird das Distanzmaß (D_{zul}) definiert. Nur diejenigen Ausprägungen eines Gestaltungsparameters werden als zulässig bewertet, deren Vorteilhaftigkeit sich im Vergleich zum Maximalwert um weniger als das Distanzmaß unterscheidet.

$$D_{zul} = 50\ \% \geq \frac{\max(V_{zul}) - V_{zul}}{\text{Summe der Gewichte}}$$

Um eine unterschiedliche Anzahl von Einflußfaktoren in der Abhängigkeitsmatrix zu kompensieren, werden das Distanzmaß und der Schwellwert als relative Parameter eingeführt. Als Ergebnis dieser Phase werden die somit bestimmten zulässigen Ausprägungen des Gestaltungsparameters übergeben.

---

[92] In den Abhängigkeitsmatrizen liegen Muss-Beziehungen nur bei „und-oder"-verknüpften Ausprägungen vor, so daß für die verbleibenden Ausprägungen zu prüfen ist, ob sie als zusätzliche Handlungsempfehlung zu nennen sind.

[93] Generelle Unterschiede in der Bedeutung einzelner Einflußfaktoren werden durch die verschiedenen Wirkbeziehungstypen abgebildet. Unternehmensspezifisch sind ggf. leichte Verschiebungen in der Bedeutung möglich. Um für den Anwender ein angemessenes Verhältnis aus Aufwand zu Nutzen zu gewährleisten, wird die Gewichtung der Einflußfaktoren durch den Anwender nur bei einer ansonsten indifferenten Aussage vorgenommen. Prinzipiell erlaubt das erarbeitete DV-Tool jedoch auch eine vollständige Gewichtung aller Einflüsse.

[94] Die Werte für Schwell- und Distanzmaß stellen Erfahrungswerte dar, die bei der Anwendung des Entscheidungsmodells gewonnen wurden. Grundsätzlich ist eine Variation dieser Werte möglich. Mit abnehmender Höhe des Schwellwertes bzw. vergrößertem Distanzmaß verringert sich die Schärfe des Filters und der Anwendungsaufwand steigt durch eine höhere Anzahl notwendiger Rekursionen.

Detaillierung des Entscheidungsmodells 105

Die Bestimmung der zulässigen Ausprägungen gewährleistet die Konformität der Handlungsempfehlung mit den Kontextbedingungen. Aus diesen alternativen Ausprägungen werden in der dritten Phase die optimalen Ausprägungen vor dem Hintergrund der centerspezifischen Zielsetzung ausgewählt. Dieses Vorgehen ist zur Übersicht in **Bild 53** dargestellt.

Zielmatrix	Gewichtung	Ausprägung 1	Ausprägung 2	Ausprägung 3	...	Ausprägung n
Wachstum	1	+	+	0		0
Rendite	5	0	0	+		+
Cash Flow	3	-	0	0		+
Mitarbeiterorientierung	3	0	-	0		0
Interne Prozeßeffizienz	3	+	0	-		-
Kundenorientierung	5	0	+	0		0
Innovation	3	-	0	+		+
Präferenzfunktion Z		-	2	-		8

Legende:
+ = positive Korrelation
0 = keine Korrelation
- = negative Korrelation

zulässige Ausprägungen (aus Phase 2)

Filter: Distanzmaß D_{opt}, Schwellwert S_{opt}

- eindeutig → Handlungsempfehlung, optimale Ausprägung(en) des Gestaltungsparameters → Ende / Bestimmung weiterer Gestaltungsparameter → **Phase 1**
- nicht eindeutig → Interaktive Gewichtung der Kontextfaktoren → Rekursion → **Phase 2**

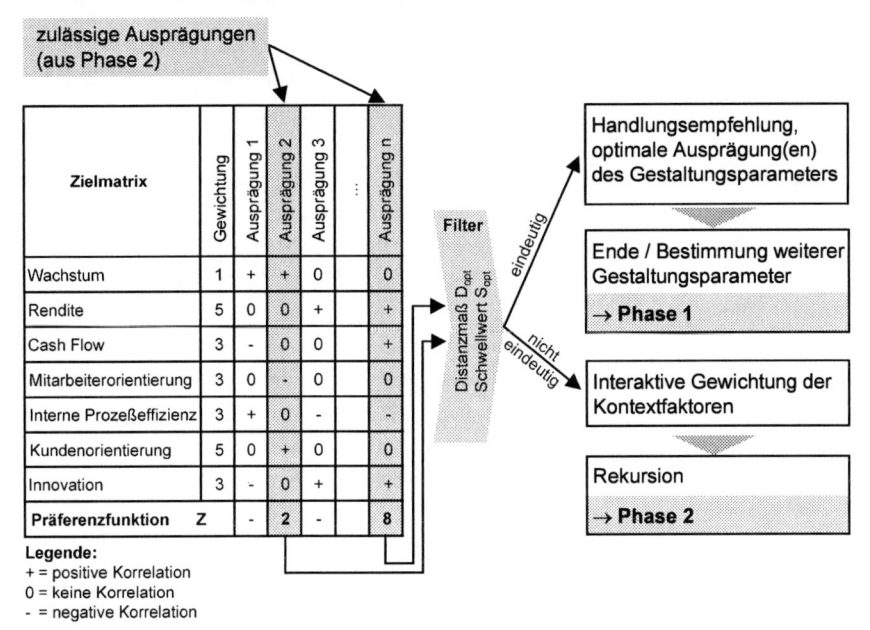

Bild 53:   Bestimmung der optimalen Ausprägung(en) eines Gestaltungsparameters (Phase 3)

Um die optimalen Ausprägungen eines Gestaltungsparameters zu bestimmen, wird mit Hilfe der Zielmatrix und der in Kap. 4.3.2 definierten Präferenzfunktion der Funktionswert Z für alle zulässigen Ausprägungen berechnet. Analog zum Vorgehen in der zweiten Phase entscheidet ein Filter, ob eine Handlungsempfehlung eindeutig ausgesprochen werden kann. Dabei ist die Filterfunktion wiederum von der Verknüpfung der Ausprägungen abhängig.

Sind die Ausprägungen des Gestaltungsparameters mit einer „*und-oder*"-Beziehung miteinander verbunden, wird das Schwellmaß S_{opt} verwendet. Die Ausprägungen des Gestaltungsparameters, die folgende Beziehung erfüllen, werden als organisatorische Handlungsempfehlung vorgeschlagen.

$$S_{opt} = 15\,\% \leq \frac{Z}{\text{Summe der Zielgewichte}}$$

Besteht zwischen den Ausprägungen eine „*entweder-oder*"-*Beziehung*, wird der relative Abstand zwischen den zwei höchsten Werten des Zielmaßes bestimmt. Ist dieser Abstand geringer als das Distanzmaß (D_{opt}), wird die Ausprägung mit dem maximalen Zielmaß als Handlungsempfehlung vorgeschlagen.

$$D_{opt} = 25\,\% \geq \frac{\max(Z) - Z}{\text{Summe der Zielgewichte}}$$

Werden die beiden zuvor beschriebenen Bedingungen von keiner Ausprägung des Gestaltungsparameters erfüllt oder ist die Distanzbedingung bei einer „entweder-oder"-Verknüpfung für mehrere Ausprägungen gültig, ist eine Rekursion erforderlich. Diese umfaßt ein erneutes Durchlaufen der Phasen zwei und drei mit veränderten Gewichtungen für die Einflußfaktoren. Dazu werden von dem DV-Programm die für das Entscheidungsproblem relevanten Einflußfaktoren dargestellt. In einem interaktiven Prozeß führt der Anwender eine Gewichtung der Kontextfaktoren durch. Im Anschluß durchläuft das DV-Programm nochmals die Phasen 2 und 3 und berechnet die zulässigen und optimalen Ausprägungen. Liegt auch nach der Gewichtung keine eindeutige Entscheidung vor, ist der Anwender gefordert, sich für eine Alternative zu entscheiden[95]. Dazu werden die berechneten Zielmaße und Vorteilhaftigkeiten sowie die für die Entscheidung relevanten Einflußfaktoren angezeigt. Somit endet die Phase 3 mit der Anzeige der optimalen Ausprägung bzw. Ausprägungen für den gewählten Gestaltungsparameter. Der Ablauf wird nun für die weiteren noch zu berechnenden Gestaltungsparameter fortgesetzt (Start, Phase 1).

4.6.4 ABLAUFMODELL DER SIMULATION

Ziel der Simulation ist es, Auswirkungen von Variationen der Kontextfaktoren auf die Organisationsgestaltung abzubilden. Diesem Ziel liegen zwei Kerngedanken zugrunde. Einerseits ist zu erwarten, daß nicht alle für die Organisationsgestaltung benötigten Informationen als sichere Daten vorliegen. Um Fehlentscheidungen zu vermeiden, können daher die Auswirkungen unterschiedlicher Ausprägungen der unsicheren Daten untersucht werden. Andererseits ist das unternehmensinterne und -externe Umfeld des Centers zwar als kurzfristig indisponibel klassifiziert und daher als Kontext beschrieben worden, jedoch interagiert das Center mit seiner Umwelt und eine aktive Gestaltung der Umwelt ist zumindest mittelfristig möglich. Um diejenigen Kontextfaktoren zu identifizieren, die sich aufgrund ihrer Auswirkung auf die Organisationsgestaltung besonders für eine aktive Gestaltung eignen, wird die Simulation eingesetzt.

---

[95] Dieser Aspekt ist eher von theoretischer Bedeutung. In den durchgeführten Tests sowie der praktischen Anwendung konnte immer eine eindeutige Entscheidung getroffen werden.

Der Ablauf der Simulation baut auf den für die Regelung beschriebenen Phasen auf. Liegen noch keine Daten aus einer vorhergehenden Anwendung der Regelung vor, ist vom Anwender die zu analysierende Organisation zu beschreiben. Danach erfolgt die Auswahl der Variationsparameter. Durch das DV-Programm wird auch eine gleichzeitige Veränderung mehrerer Kontextfaktoren unterstützt. Erfordert die Bestimmung der optimalen Organisationsstruktur noch zusätzliche Informationen, wie beispielsweise die Ausprägungen weiterer Kontextfaktoren, werden diese erfragt. Entsprechend dem in Kap. 4.6.3 beschriebenen Vorgehen wird die optimale Organisation bestimmt und Abweichungen zur Ausgangsorganisation werden dokumentiert. Mit der Simulation wird damit dem Anwender des Entscheidungsmodells ein einfaches Hilfsmittel bereitgestellt, um interaktiv Variationen der Kontextfaktoren durchzuführen und damit die gewählte Organisation abzusichern sowie wirkungsvolle Ansätze zur Gestaltung des Centerumfeldes zu identifizieren.

4.7 VORGEHENSMODELL

Um die Anwendung des Entscheidungsmodells zur Gestaltung dezentraler Organisationseinheiten zu unterstützen, verbindet das Vorgehensmodell die soweit vorgestellten Teilmodelle und nimmt die aus Anwendungssicht notwendigen Ergänzungen vor. Entsprechend den in der Grobkonzeption formulierten Anforderungen wird durch das Entscheidungsmodell sowohl die Erst- als auch die Reorganisation unterstützt. Zunächst werden daher mögliche Unterschiede zwischen diesen Ansätzen analysiert und daraus resultierende Konsequenzen für die Modellanwendung bestimmt (Kap. 4.7.1). Darauf aufbauend werden anschließend die Teilmodelle integriert und zusätzliche Anforderungen an die Vorgehensweise sowie das DV-Tool abgeleitet (Kap. 4.7.2).

4.7.1 UNTERSCHIEDE ZWISCHEN ORGANISATIONSOPTIMIERUNG UND -IMPLEMENTIERUNG

Ein wesentlicher Unterschied zwischen der Implementierung bzw. Optimierung der Organisationsstruktur besteht in der Anzahl der gestalterischen Freiheitsgrade. Liegt eine erstmalige Implementierung einer dezentralen Organisationseinheit vor, ist bis auf wenige Vorgaben der Unternehmensführung die Mehrzahl der organisatorischen Gestaltungsmöglichkeiten frei wählbar. Im Gegensatz dazu unterliegt die Organisationsoptimierung zumeist deutlich engeren Restriktionen[96], so daß nur wenige Änderungen möglich sind. Für die Anwendung des Entscheidungsmodells führt dies zu einem unterschiedlichen Umfang frei wählbarer Gestaltungsparameter. Da sowohl die frei wählbaren Gestaltungsparameter als auch die unternehmerischen Vorgaben

---

[96] Beispielsweise ist eine Änderung des Gliederungskriteriums nur in seltenen Fällen zu erwarten.

durch das Entscheidungsmodell abgebildet werden, ist jedoch keine zusätzliche Veränderung oder Ergänzung notwendig.

Eine Ursache für die unterschiedliche Anzahl der Freiheitsgrade besteht in differierenden Aufwänden für die Organisationsumsetzung sowie einer unterschiedlich hohen Gefahr von Widerständen seitens der Mitarbeiter. Soll eine dezentrale Organisationseinheit neu eingeführt werden, z.B. zur Gründung eines neuen Produktbereiches, sind nur geringe Widerstände der Mitarbeiter zu erwarten. Zudem werden Strukturen neu aufgebaut und nicht geändert, so daß sich der Umsetzungsaufwand für verschiedene organisatorische Alternativen nur geringfügig unterscheidet. Dagegen führt die Organisationsoptimierung zur Veränderung bestehender Strukturen. In diesem Zusammenhang sind insbesondere Widerstände einzelner Mitarbeiter zu erwarten, deren Aufgaben bzw. Kompetenzbereich verändert oder sogar verringert werden. Der Aufwand der Organisationsumgestaltung hängt vom Ausmaß der notwendigen Veränderungen ab und wird vom Vorgehensmodell entsprechend berücksichtigt.

Aus diesem Unterschied resultiert schließlich, daß die beiden Ansätze prinzipiell unterschiedliche Zielsetzungen verfolgen. Die Organisationsimplementierung versucht die Struktur derart zu gestalten, daß eine optimale Übereinstimmung mit den Zielen und Kontextfaktoren erreicht wird. Hingegen bedingen die vorhandenen Restriktionen bei der Organisationsoptimierung, daß zumeist nur ein lokales Optimum im Sinne einer besten Lösung erzielt werden kann.

Zusammenfassend ist festzustellen, daß im Hinblick auf die Freiheitsgrade, den Änderungsaufwand sowie die Zielsetzung Unterschiede zwischen Neu- und Reorganisation bestehen. Das in dieser Arbeit entwickelte Entscheidungsmodell ist jedoch in der Lage, diese Unterschiede zu berücksichtigen und somit ist für die Anwendung des Regelmodells lediglich ein Vorgehensmodell zu entwickeln. Dieses wird im folgenden vorgestellt.

4.7.2 INTEGRATION DER TEILMODELLE

In der Praxis hat sich zur Modellierung von Vorgehensmodellen die SADT Methode bewährt [KERW 00, S. 103 f; PELZ 99, S. 44 f]. Die Anfang der siebziger Jahre von D. T. ROSS entwickelte Methode wurde ursprünglich zur Darstellung der Struktur komplexer Systeme angewendet. Heute liegt ein wesentliches Einsatzgebiet in der Analyse und dem Entwurf von Aktivitätenmodellen. Der prinzipielle Aufbau von SADT Modellen sowie die Darstellung des Vorgehensmodells sind in Anhang A7 gezeigt.

Das Vorgehensmodell untergliedert sich in die drei Hauptbestandteile Dateneingabe, Auswertung und Simulation (vgl. **Bild 54**), die durch das DV-Tool unterstützt werden (vgl. Kap. 5.1).

Detaillierung des Entscheidungsmodells 109

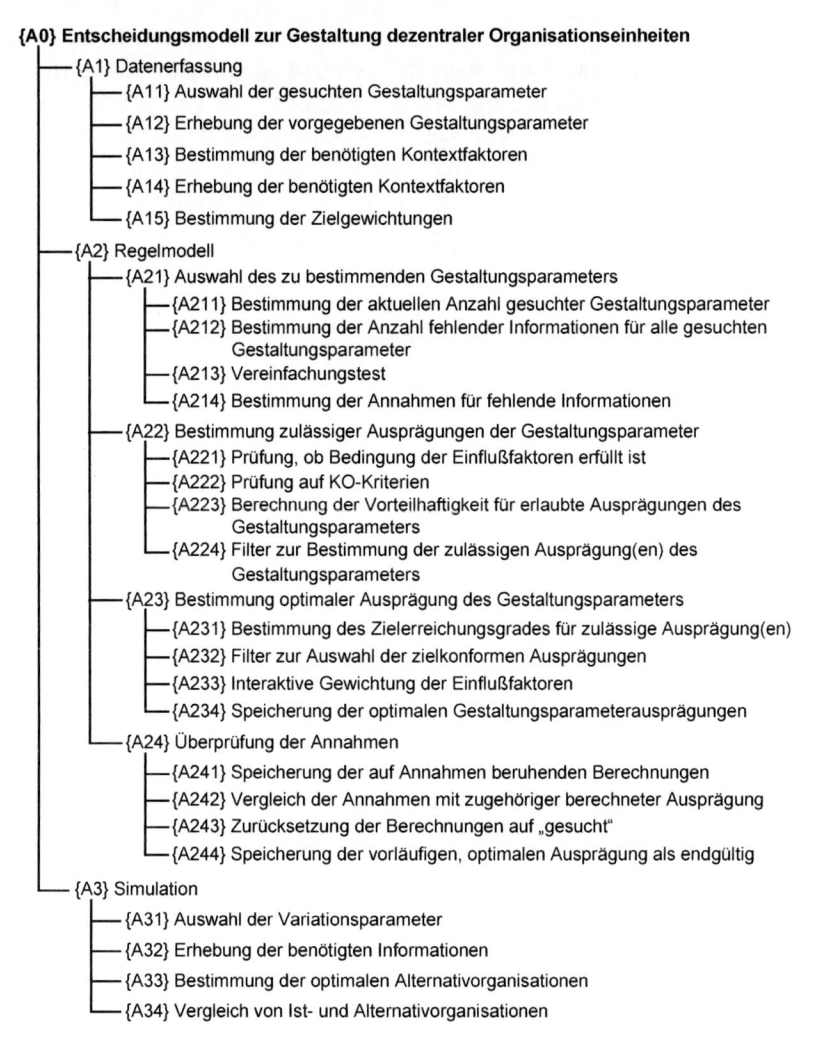

{A0} **Entscheidungsmodell zur Gestaltung dezentraler Organisationseinheiten**
- {A1} Datenerfassung
  - {A11} Auswahl der gesuchten Gestaltungsparameter
  - {A12} Erhebung der vorgegebenen Gestaltungsparameter
  - {A13} Bestimmung der benötigten Kontextfaktoren
  - {A14} Erhebung der benötigten Kontextfaktoren
  - {A15} Bestimmung der Zielgewichtungen
- {A2} Regelmodell
  - {A21} Auswahl des zu bestimmenden Gestaltungsparameters
    - {A211} Bestimmung der aktuellen Anzahl gesuchter Gestaltungsparameter
    - {A212} Bestimmung der Anzahl fehlender Informationen für alle gesuchten Gestaltungsparameter
    - {A213} Vereinfachungstest
    - {A214} Bestimmung der Annahmen für fehlende Informationen
  - {A22} Bestimmung zulässiger Ausprägungen der Gestaltungsparameter
    - {A221} Prüfung, ob Bedingung der Einflußfaktoren erfüllt ist
    - {A222} Prüfung auf KO-Kriterien
    - {A223} Berechnung der Vorteilhaftigkeit für erlaubte Ausprägungen des Gestaltungsparameters
    - {A224} Filter zur Bestimmung der zulässigen Ausprägung(en) des Gestaltungsparameters
  - {A23} Bestimmung optimaler Ausprägung des Gestaltungsparameters
    - {A231} Bestimmung des Zielerreichungsgrades für zulässige Ausprägung(en)
    - {A232} Filter zur Auswahl der zielkonformen Ausprägungen
    - {A233} Interaktive Gewichtung der Einflußfaktoren
    - {A234} Speicherung der optimalen Gestaltungsparameterausprägungen
  - {A24} Überprüfung der Annahmen
    - {A241} Speicherung der auf Annahmen beruhenden Berechnungen
    - {A242} Vergleich der Annahmen mit zugehöriger berechneter Ausprägung
    - {A243} Zurücksetzung der Berechnungen auf „gesucht"
    - {A244} Speicherung der vorläufigen, optimalen Ausprägung als endgültig
- {A3} Simulation
  - {A31} Auswahl der Variationsparameter
  - {A32} Erhebung der benötigten Informationen
  - {A33} Bestimmung der optimalen Alternativorganisationen
  - {A34} Vergleich von Ist- und Alternativorganisationen

Bild 54: Ablaufstruktur des Entscheidungsmodells

Insbesondere bieten die mit der Simulation bereitgestellten Funktionalitäten die Möglichkeit, eine größere Anzahl von Mitarbeitern und deren Interessen in den Prozeß der Organisationsgestaltung einzubeziehen[97]. Bestehen unterschiedliche Wahrnehmungen und Prognosen über die Umfeldsituation des Centers, so können diese

---

[97] Neben den betroffenen Mitarbeitern ist auch der Betriebsrat möglichst bereits zu Projektbeginn zu beteiligen [WERD 99, S. 229].

abgebildet und gemeinsam etwaige Konsequenzen für die Organisationsgestaltung ermittelt werden. Der notwendige Abstimmungsprozeß wird dabei auf die Aspekte reduziert, die zu differierenden Organisationskonzepten führen. Liegt eine Organisationsoptimierung vor, besteht, wie in Kap. 4.7.1 erläutert, der Bedarf, den Aufwand einer Veränderung gegenüber der Ist-Organisation zu bewerten. Dies erfolgt typischerweise zeitparallel zur Simulation unterschiedlicher Umfeldszenarien. Die Bestimmung des Aufwands einzelner Gestaltungsmaßnahmen hat unternehmensindividuell zu erfolgen[98]. Als methodisches Hilfsmittel zur Detailbewertung eignet sich beispielsweise der Transaktionskostenansatz[99]; in der Praxis werden auch häufig einfache Kosten-Nutzen-Abschätzungen eingesetzt.

Wurde ein geeignetes Sollkonzept der Organisation entwickelt, kommt der Kommunikation der neuen Organisationsstruktur eine besondere Bedeutung zu [PICO 99b, S. 54]. Die Kommunikation[100] stellt zudem ein geeignetes Mittel zum Abbau von Widerständen gegen die Veränderung dar [HILL 98, S. 490 ff]. Die Ursachen für Widerstände sind dabei vielschichtig. Zu ihnen können wirtschaftlicher Erfolg vergangener Perioden und damit verbunden ein mangelndes Problembewußtsein, Angst vor Veränderung und Machtverlust einzelner Mitarbeiter, mangelnde Beteiligung der Betroffenen sowie ein unzureichender Informationsstand zählen [VAHS 99, S. 257 ff].

4.8 ZWISCHENFAZIT

Aufbauend auf dem in Kap. 3 abgeleiteten Grobkonzept wurden die Teilmodelle des Entscheidungsmodells zur Gestaltung dezentraler Organisationseinheiten detailliert. Dabei wurde die in Kap. 3.2 ausgewählte Modellierungsmethodik zur Sicherstellung einer strukturierten und systematischen Beschreibung der Teilmodelle sowie zur Vorbereitung der DV-technischen Umsetzung eingesetzt.

Die Grundlage für alle folgenden Modelle bildet das *Organisationsmodell*. Es handelt sich hierbei um ein Referenzmodell für dezentrale, produzierende Organisationseinheiten, das geeignet ist, den Istzustand sowie alternative Sollzustände der Organisation wertneutral darzustellen.

---

[98] Durch das Entscheidungsmodell werden die wesentlichen Kosten- und Leistungstreiber schon in Form von Einflußfaktoren berücksichtigt. Daher ist im Fall einer eindeutigen Handlungsempfehlung keine detaillierte Aufwandsabschätzung erforderlich. Liegt hingegen eine Situation vor, in der für einen Gestaltungsparameter zwei oder mehr Alternativen auch nach der Bewertung mit dem Regelmodell möglich sind, ist eine Detailbewertung vorzunehmen.

[99] Vgl. Kap. 2.3.

[100] Zu geeigneten Kommunikationswegen und -mitteln vgl. [LARK 96, S. 95 ff].

Detaillierung des Entscheidungsmodells 111

Diejenigen Systemelemente des Organisationsmodells, die durch die Organisationsgestaltung veränderbar sind, werden als Gestaltungsparameter bezeichnet und durch das *Stellgrößenmodell* abgebildet. Zur Detaillierung dieses Modells wurden die zulässigen Ausprägungen der Gestaltungsparameter abgeleitet und Interdependenzen aufgezeigt.

Um eine Handlungsempfehlung zur Organisationsgestaltung auszusprechen, sind die Ziele der Organisationseinheit zu berücksichtigen. Mit dem *Zielmodell* wurde dazu einerseits ein strukturierter Rahmen vorgegeben, andererseits wurden Hilfsmittel bereitgestellt, um die Ziele dezentraler Organisationseinheiten zu operationalisieren und in ihren Beziehungen darzustellen.

Neben den Zielen haben interne und externe Kontextfaktoren Einfluß auf die Organisationsgestaltung. Sie unterliegen nicht oder nur eingeschränkt der Disposition der Organisationsgestaltung. Im *Kontextmodell* wurden die wesentlichen Einflußfaktoren identifiziert und durch Angabe ihrer Ausprägungen sowie untereinander vorliegender Wirkbeziehungen operationalisiert.

Um Zielgrößen, Gestaltungsparameter und Kontextfaktoren der Regelung zugänglich zu machen, ist deren Messung erforderlich. Dies erfolgt mit Hilfe des *Meßgrößenmodells*. Linguistische Variablen und ordinale Skalen wurden als geeignet identifiziert, um die benötigten Informationen abzubilden.

Das Regelmodell verbindet die einzelnen Teilmodelle miteinander und schlägt Handlungsempfehlungen zur Organisationsgestaltung vor. Die Handlungsempfehlungen werden unter der Randbedingung der Kontextkonformität und dem Optimierungskriterium maximaler Zielerreichung bestimmt. Die Grundlage für dieses Vorgehen bilden Ziel- und Abhängigkeitsmatrizen, die die Wirkbeziehungen zwischen Gestaltungsparametern und Zielgrößen sowie Kontextfaktoren abbilden. Diese wurden zunächst analytisch ermittelt und mittels einer Studie empirisch bestätigt. Zusätzlich bietet das Regelmodell die Möglichkeit der Simulation, um eine eventuelle Unsicherheit in den Daten zu berücksichtigen sowie Einflußfaktoren zu identifizieren, deren aktive Gestaltung durch das Center besonders vielversprechend ist.

Zur Unterstützung der Methodikanwendung wurde abschließend das *Vorgehensmodell* eingeführt. Es ist sowohl für die Erstorganisation, zum Beispiel für den Aufbau neuer Geschäftsfelder, als auch für die Optimierung der Organisation bestehender, dezentraler Einheiten geeignet.

Im Unterschied zu bestehenden Ansätzen zur Organisationsgestaltung wurde nicht ein idealtypisches Organisationsmodell konzipiert. Vielmehr wurde das Entscheidungsproblem in seine Elemente zerlegt. Die Synthese dieser Elemente erfolgt fallspezifisch unter Berücksichtigung der Besonderheiten des Unternehmens und seines Umfeldes. Es ergeben sich daher für den Anwendungsfall individuelle

Handlungsempfehlungen. Durch die detaillierte Dokumentation der Elemente des Entscheidungsproblems und ihrer Interdependenzen sowie die analytisch deduktive Ermittlung und anschließende empirische Validierung wurden sowohl eine hohe Transparenz und Nachvollziehbarkeit der Handlungsempfehlungen für den Anwender als auch eine entsprechende theoretische Fundierung der Ergebnisse erreicht.

5 EVALUIERUNG

Basierend auf dem in Kap. 3 vorgestellten Grobkonzept des Entscheidungsmodells sowie der in Kap. 4 vorgenommenen Detaillierung ist es das Ziel dieses Kapitels, die Anwendung des Entscheidungsmodells in der industriellen Praxis zu beschreiben. Die empirische Realisierung der erarbeiteten Forschungsergebnisse entspricht der letzten Phase des von ULRICH beschriebenen Forschungsprozesses [ULRI 76b, S. 348]. Sie ist notwendig, da die vorliegende Arbeit den Realwissenschaften zuzuordnen ist[101] und daher die entwickelten Hypothesen induktiv nicht endgültig als wahr bewiesen werden können. Es wird daher in Anlehnung an ULRICH eine Nichtfalsifizierung[102] vorgenommen [ULRI 76b, S. 346].

Im einzelnen wird dazu zunächst das zur Anwendungsunterstützung entwickelte DV-Tool beschrieben. Anschließend wird die praktische Anwendung des Entscheidungsmodells anhand eines industriellen Fallbeispiels aus der Automobilindustrie vorgestellt. Das Kapitel schließt mit einer Zusammenfassung der Anwendungserfahrungen und einem Zwischenfazit.

5.1 DV-MODUL ZUR UNTERSTÜTZUNG DES REGELMODELLS

Sowohl das Stellgrößenmodell mit siebenundzwanzig Gestaltungsparametern als auch das Kontextmodell mit insgesamt einhundert internen und externen Einflußfaktoren unterstreichen die Notwendigkeit einer DV-Unterstützung für das Entscheidungsmodell. Weiterhin ist die Simulation von Änderungen in den Eingangsdaten erforderlich, die dem Anwender die Auswirkungen der vorgenommenen Änderungen zeitnah und mit geringem Aufwand aufzeigt. Um diesen Anforderungen gerecht zu werden, wurde das Softwareprogramm *ORGA-PRO* (Analyse und Gestaltung dezentraler *ORGA*nisationseinheiten *PRO*duzierender Unternehmen) entwickelt.

Aufgrund der umfangreichen und komplexen Wirkbeziehungen des Regelmodells wurde zur Erstellung des Softwareprogramms die Entwicklungsumgebung CENTURA® eingesetzt. Sie beinhaltet für die Programmierung geeignete Unterstützungsfunktionen sowie eine Anbindung an alle gängigen Datenbanktypen, die zur Verwaltung und Speicherung der Abhängigkeits- und Zielmatrizen sowie der unternehmensspezifischen Daten notwendig sind. Weiterhin erzeugt die gewählte Programmierumgebung eine eigenständige Datei des Programms, die unabhängig

---

[101] Vgl. Kap. 1.

[102] Die Überprüfung der Ergebnisse der Arbeit anhand der industriellen Praxis wird in zwei Bereichen vorgenommen. Hierzu zählen die empirische Bestätigung des Wirkmodells (vgl. Kap. 4.6.2) sowie die in diesem Kapitel vorgestellte Anwendung der Gesamtmethodik.

von der zur Programmierung verwendeten Software eingesetzt werden kann. Somit ist eine breite Anwendbarkeit des Programms gewährleistet.

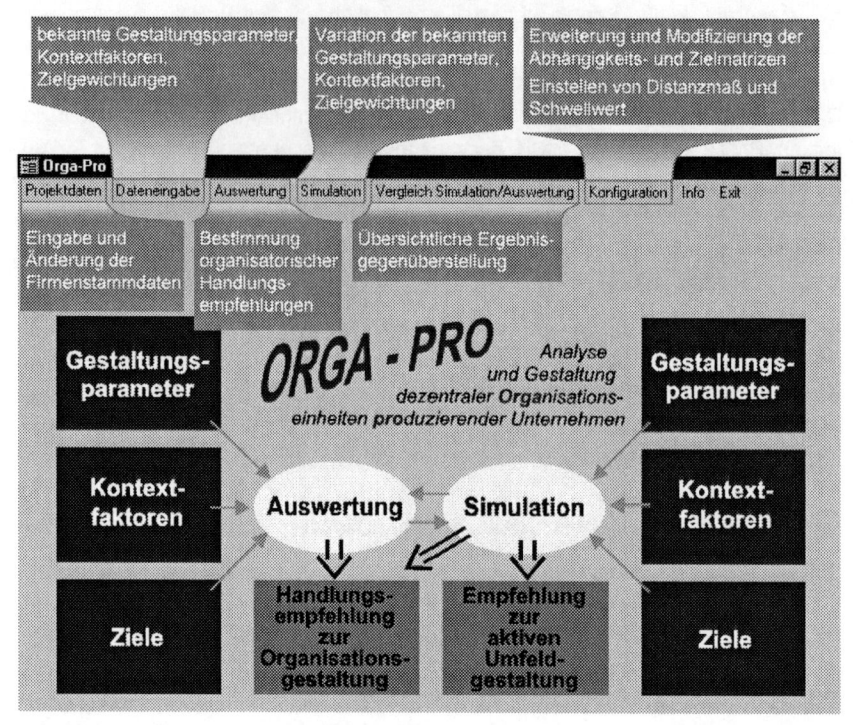

Bild 55: ORGA-PRO Bedieneroberfläche

Um den Leistungsumfang des Programms zu beschreiben, ist in **Bild 55** die Startmaske gezeigt. Wird das Programm für ein Unternehmen erstmals angewendet, sind zunächst die Firmenstammdaten[103] einzugeben. Sie dienen der eindeutigen Zuordnung aller folgenden Eingaben und Auswertungen zu dem Unternehmen. Anschließend folgt die Datenerfassung. In diesem Schritt werden zunächst die Termine der einzelnen Projekttreffen sowie die an der Erhebung der Daten beteiligten Mitarbeiter dokumentiert (vgl. Anhang A9). Dadurch wird gewährleistet, daß bei späteren Rückfragen eine eindeutige Identifizierung des Ursprungs der verwendeten Informationen möglich ist. Hieran schließt sich direkt die Erfassung der Gestaltungsparameter, Kontextfaktoren und Zielgewichtungen an. Dabei werden von dem Programm in Abhängigkeit von den gesuchten Gestaltungsparametern nur die

---

[103] Zu diesen zählen beispielsweise Firmenname, Adresse, Ansprechpartner, analysierter Bereich etc.. In Anhang A9 ist die Maske zur Eingabe der Stammdaten gezeigt.

Evaluierung 115

Kontextfaktoren erfragt, die für die Ermittlung des Handlungsbedarfs notwendig sind. Der Datenbedarf wird also der jeweiligen Situation angepaßt und der Aufwand für den Anwender auf das notwendige Maß reduziert. Auf eine weitere Erklärung der Datenerfassung wird hier verzichtet, da diese im folgenden Kapitel zusammen mit der Anwendung des Entscheidungsmodells beschrieben wird. Gleiches gilt auch für die sich anschließenden Schritte der Auswertung und Simulation.

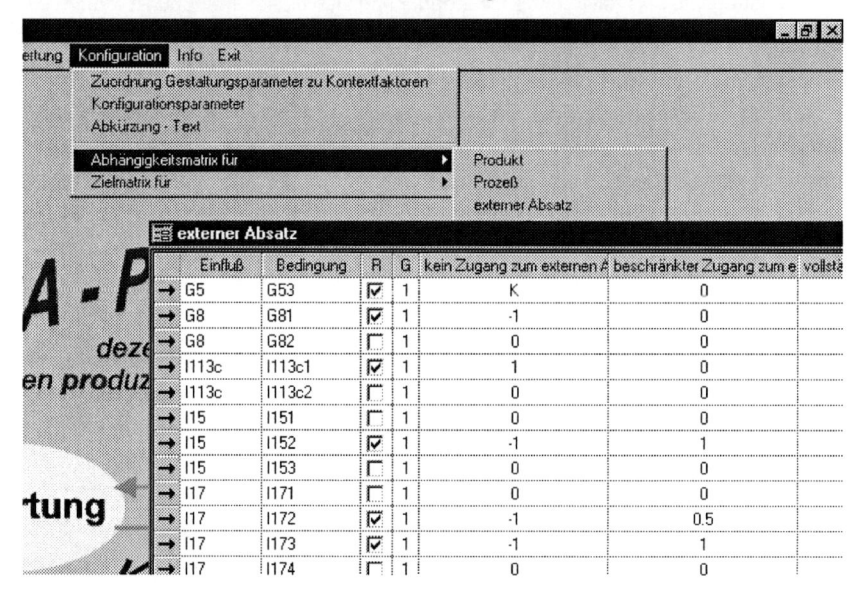

Einfluß	Bedingung	R	G	kein Zugang zum externen A	beschränkter Zugang zum e	vollstä
→ G5	G53	☑	1	K	0	
→ G8	G81	☑	1	-1	0	
→ G8	G82	☐	1	0	0	
→ I113c	I113c1	☑	1	1	0	
→ I113c	I113c2	☐	1	0	0	
→ I15	I151	☐	1	0	0	
→ I15	I152	☑	1	-1	1	
→ I15	I153	☐	1	0	0	
→ I17	I171	☐	1	0	0	
→ I17	I172	☑	1	-1	0,5	
→ I17	I173	☑	1	-1	1	
→ I17	I174	☐	1	0	0	

Bild 56: Konfigurationsmöglichkeiten in ORGA-PRO

Eine weitere wichtige Funktionalität des Programms besteht in der Konfiguration. Wie in **Bild 56** dargestellt, ist es möglich, die Einträge der Abhängigkeits- und Zielmatrizen zu ändern sowie Erweiterungen der Abhängigkeitsmatrizen vorzunehmen. Dies ist notwendig, um das Programm offen zu gestalten, damit zukünftige Erkenntnisse[104] hinsichtlich der Wirkbeziehungen zwischen Gestaltungsparametern und Kontextfaktoren sowie zwischen den Ausprägungen der Gestaltungsparameter und den Zieldimensionen berücksichtigt werden können. Weiterhin ist eine Variation der in der Regelung verwendeten Distanzmaße und Schwellwerte möglich, um damit die Sensitivität der Regelung zu beeinflussen[105]. Für die Programmierung war es vorteilhaft, die Gestaltungsparameter, Kontextfaktoren und Zieldimensionen durch

---

[104] Aktuell wurden die abgebildeten Wirkbeziehungen jedoch durch die als Bestandteil dieser Arbeit durchgeführte empirische Studie bestätigt.

[105] Vgl. Kap. 4.6.3.

Codes zu ersetzen. Sie sind u.a. in der Abhängigkeitsmatrix in Bild 56 ersichtlich. Die für eine spätere Modifikation des Wirkmodells notwendige Zuordnung linguistischer Begriffe zu den Codes ist ebenfalls Bestandteil des Programms und im Konfigurationsmenü angeordnet.

Da mit den Funktionen des Konfigurationsmenüs in das Wirk- und Regelmodell des Entscheidungsmodells eingegriffen werden kann, ist dieser Menüpunkt durch ein Paßwort vor nicht autorisiertem Zugriff geschützt.

Schließlich gilt für das Gesamtprogramm, daß die einzelnen Funktionalitäten aufeinander aufbauen. So erfordert beispielsweise die Auswertung eine vorherige Auswahl der zu untersuchenden Firma sowie die Eingabe der notwendigen Daten. Um Fehlbedienungen zu vermeiden, wird vom Programm automatisch geprüft, ob alle für eine bestimmte Funktion erforderlichen Informationen vorliegen. Nur wenn dies der Fall ist, wird die Funktion auch vom Programm ausgeführt.

5.2 VORGEHENSWEISE UND ERGEBNISSE DER METHODIKANWENDUNG

Zusätzlich zur Validierung der Wirkbeziehungen des Regelmodells anhand der durchgeführten empirischen Studie wird das in dieser Arbeit entwickelte Entscheidungsmodell in einem realen Fallbeispiel angewendet und überprüft. Das betrachtete Unternehmen entwickelt und produziert Motorkomponenten für die Automobilindustrie. Zu den erklärten Unternehmenszielen zählen die Qualitäts- und Technologieführerschaft. Das Unternehmen ist nach DIN ISO 9001, QS 9000, VDA 6.1 sowie DIN ISO 14001 zertifiziert. Schon seit einigen Jahren werden von dem Unternehmen Produkte in den südamerikanischen Markt geliefert. Da von den Kunden des Unternehmens in verstärktem Maße eine lokale Präsenz gefordert wird, sollte der Aufbau eines neuen Produktionsstandortes geplant werden. Diese Aufgabe umfaßte neben Fragen der Standortauswahl, Lieferantenbewertung etc. auch die vom Entscheidungsmodell unterstützte Organisationsgestaltung, die im folgenden beschrieben wird.

Im ersten Schritt der Methodikanwendung wurden die benötigten Daten erhoben (vgl. Ablaufstruktur in Bild 54 {A1}). Das Stellgrößenmodell diente als geeignete Ausgangsbasis, um festzulegen, welche Gestaltungsparameter im Projekt zu bestimmen bzw. welche a priori von der Unternehmensleitung vorgegeben waren {A12}. Aus der Aufgabenstellung konnte direkt abgeleitet werden, daß eine Gliederung der dezentralen Einheit nach Regionen erfolgen sollte, da dies der eigentliche Anstoß des Projektes war. Aus dieser Vorgabe und den gesetzlichen Bestimmungen des neuen Produktionsstandortes resultierte zudem die Bedingung der rechtlichen Selbständigkeit als Voraussetzung für den Aufbau einer neuen Produktionsstätte. Um das mit dem Neuaufbau verbundene Risiko zu begrenzen, wurde von der

Evaluierung 117

Unternehmensleitung weiterhin ein abgegrenztes Produktspektrum vorgegeben. Dies umfaßte die bereits an die bestehenden Kunden gelieferten Produkte und wurde um einige Repräsentanten für weitere potentielle Kunden ergänzt. Insgesamt lag eine als gering einzustufende Anzahl an Produkten und ein homogenes Produktspektrum vor. Die restlichen 24 Gestaltungsparameter wurden von der Unternehmensleitung als frei wählbar festgelegt. Im Projekt sollten für sie geeignete Gestaltungsempfehlungen konzipiert werden (vgl. Anhang A8).

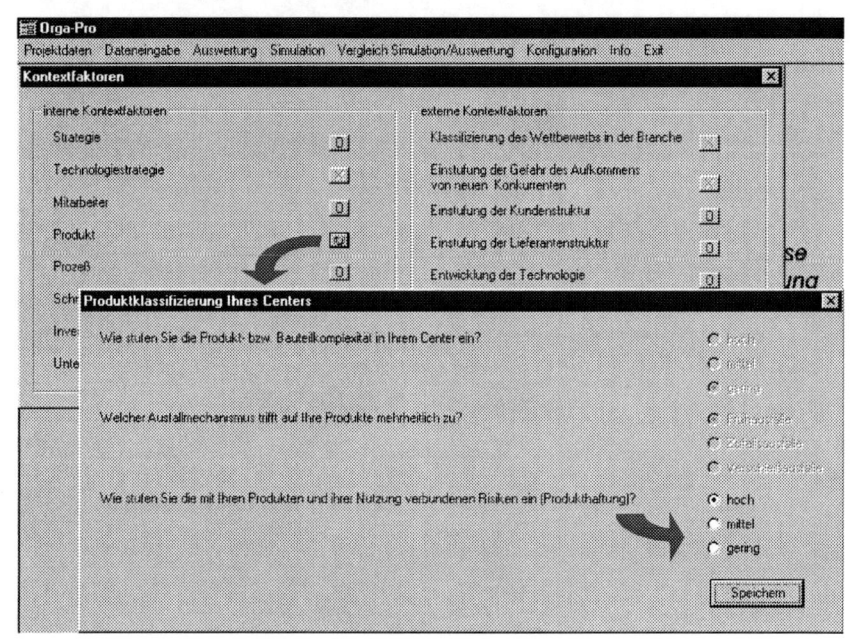

Bild 57: Bestimmung der benötigen Informationen

Auf Basis der gesuchten Gestaltungsparameter wurden durch das Computerprogramm *ORGA-PRO* die für die Entscheidung relevanten Kontextfaktoren bestimmt {A13}. Dazu werden zunächst durch das Programm die benötigten Obergruppen der Kontextfaktoren in der Übersicht markiert (vgl. **Bild 57**[106]). Innerhalb der einzelnen Kontextfaktorgruppen werden durch das Programm nur diejenigen Fragen inklusive ihrer zulässigen Antwortmöglichkeiten gezeigt, die notwendig sind, um die gesuchten Gestaltungsparameter zu bestimmen. Die Analyse des Informationsbedarfs zeigte, daß die Mehrzahl der benötigten Daten gemeinsam mit Mitarbeitern des Unternehmens direkt erhoben werden konnten {A14}. Einige Informationen, wie beispielsweise

---

[106] Alle im Zusammenhang mit dem Fallbeispiel angegebenen Daten sind verfremdet bzw. anonymisiert.

die Verfügbarkeit lokaler Zulieferer, die Bedeutung von Gewerkschaften, die Abhängigkeit von Lieferungen durch das Mutterunternehmen etc. mußten zum Teil vor Ort durch eigene Untersuchungen bzw. in Kooperation mit kompetenten Partnern ermittelt werden. Ein anderer Teil ergab sich erst im Verlauf des Projektes mit fortschreitender Konkretisierung der Planung. Schließlich waren einige der geforderten Informationen noch gar nicht bekannt. Hierzu zählte beispielsweise der Leiter des neuen Standortes. Diese Informationen im Speziellen sowie alle anderen mit unsicherem Informationsgehalt wurden auf einer Liste gesammelt. Diese Liste wurde später in der Simulation wieder aufgegriffen, um die Organisationsgestaltung abzusichern.

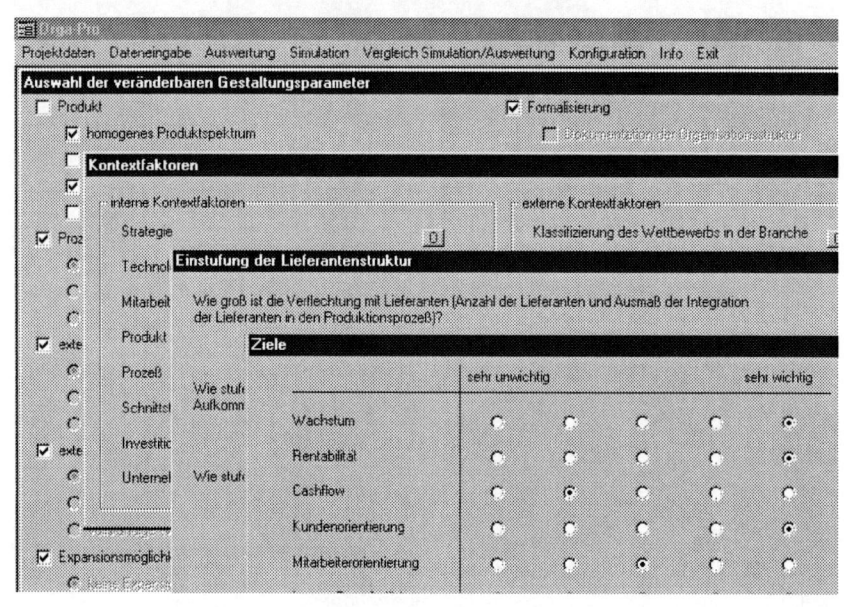

Bild 58: Zielgewichtung in ORGA-PRO

Die letzte Teilaktivität der Datenerfassung stellt die Bestimmung der Zielgewichtungen dar {A15}. Als wichtige finanzielle Ziele wurden Wachstum und Rentabilität angegeben. Dies wurde einerseits durch den Aufbau des Standortes und die damit verbundene Forderung begründet, die für die Wirtschaftlichkeit erforderliche kritischen Masse zu schaffen. Andererseits zeigt die hohe Gewichtung der Rentabilität, daß für die Aufbauphase nur ein kurzer Zeitraum angestrebt wurde. Der Unternehmensstrategie folgend wurde als weiteres wichtiges Ziel der Kundenorientierung eine hohe Bedeutung beigemessen. Im Unterschied zu den Zielen in Deutschland wurde die Zieldimension Innovation zunächst als unbedeutend eingestuft, da technologische Innovationen sowohl für das Produkt als auch die Produktionsprozesse der neuen Organisationseinheit vom Stammsitz des Unternehmens ausgehen sollen (vgl. **Bild 58**).

Im Anschluß an die vollständige Eingabe aller benötigter Informationen wurde die Auswertung mit dem Programm ORGA-PRO gestartet {A2}. Die dafür im Vorgehensmodell beschriebenen Teilaktivitäten laufen zum Großteil programmintern ab. Interaktionen mit dem Anwender ergeben sich, wenn aufgrund der Einflußfaktoren und Zielsetzungen keine eindeutige Handlungsempfehlung ausgesprochen werden kann {A233}. Dies war insgesamt bei fünf Gestaltungsparametern der Fall. Hierzu zählten die Aufbauorganisation, das Führungssystem sowie die indirekten Funktionen Einkauf, EDV und Personal. Hier wurde im Projektteam eine Gewichtung der Einflußfaktoren vorgenommen[107]. Dies ist am Beispiel der indirekten Funktion Einkauf in **Bild 59** gezeigt.

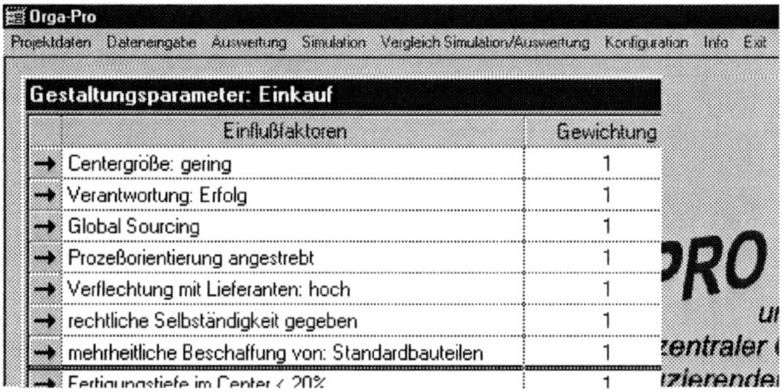

Gestaltungsparameter: Einkauf	
Einflußfaktoren	Gewichtung
→ Centergröße: gering	1
→ Verantwortung: Erfolg	1
→ Global Sourcing	1
→ Prozeßorientierung angestrebt	1
→ Verflechtung mit Lieferanten: hoch	1
→ rechtliche Selbständigkeit gegeben	1
→ mehrheitliche Beschaffung von: Standardbauteilen	1
→ Fertigungstiefe im Center < 20%	1

Bild 59: Interaktive Gewichtung der Einflußfaktoren

Vor der Gewichtung waren sowohl die Mischform (V_{Zul} = 3,5) als auch eine rein dezentrale Anordnung des Einkaufs (V_{Zul} = 2,0) als mögliche Zwischenergebnisse bestimmt worden. Aufgrund des geringen Unterschieds zwischen den zulässigen Vorteilhaftigkeiten und einer Übereinstimmung in der Zielkonformität konnte keine eindeutige Empfehlung ausgesprochen werden. Durch die unternehmensindividuelle Gewichtung[108] der Einflußfaktoren ergab sich eine eindeutige Präferenz für die Anordnung des Einkaufs als Mischform. Dabei werden alle lokalen Zulieferer direkt

---

[107] Gleichzeitig wurden diese Gestaltungsparameter für die Simulation vorgemerkt, um die zunächst unklare Entscheidung durch Sensitivitätsanalysen hinreichend abzusichern.

[108] Zur Gewichtung werden vom Programm ORGA-PRO nur die Einflußfaktoren der Abhängigkeitsmatrix aufgeführt, die unter Berücksichtigung der Kontextfaktoren für die Entscheidungssituation relevant sind. Es werden also die Elemente der in Kap. 4.6.3 beschriebenen reduzierten Matrix dargestellt. Die dort aufgeführten Einflußfaktoren stellen in Verbindung mit der entsprechenden Abhängigkeitsmatrix eine Argumentenbilanz dar, anhand derer nachträglich die Entscheidung fundiert begründet werden kann.

von der dezentralen Einheit betreut. Bestimmte Komponenten sind jedoch lokal nicht verfügbar und werden auf dem Weltmarkt beschafft. Für diese Bauteile erfolgt die Beschaffung durch das Mutterunternehmen, das diese Aufgabe bereits für die bestehenden Produkte und deren Komponenten wahrnimmt.

Um die zuvor erkannten unsicheren Informationen zu berücksichtigen und die Handlungsempfehlung hinreichend abzusichern, wurde abschließend eine Simulation durchgeführt {A3}. Neben dieser Zielsetzung unterstützt die Simulation auch das Identifizieren von Kontextfaktoren, für die sich eine aktive Gestaltung durch das Unternehmen lohnt. Im folgenden wird anhand von drei Beispielen aus dem Projekt das Vorgehen beschrieben, das zum Erreichen dieser Zielsetzungen angewendet wurde.

Als erster Schritt erfolgte die Auswahl der Simulationsparameter {A31}. Hierzu wurde auf die zuvor erstellte Liste mit Eingangsdaten, die als unsicher klassifiziert worden waren, zurückgegriffen (vgl. {A1}). Weiterhin wurden die Gestaltungsparameter näher untersucht, für die eine interaktive Gewichtung der Einflußfaktoren notwendig war (vgl. {A2}). Auf die Identifikation der Variationsparameter folgend waren geeignete Ausprägungen der Parameter zu bestimmen {A32}. Hierbei wurden im Falle unsicherer Informationen diejenigen verwendet, die als wahrscheinlich galten. Für die fehlenden Informationen wurden alle zulässigen Ausprägungen variiert.

Es zeigte sich zum Beispiel ein wesentlicher Einfluß des Beschaffungsmarktes auf die Organisationsstruktur. Dies drückte sich in den als unsicher eingestuften Informationen wie der Anzahl verfügbarer Lieferanten, dem Ausmaß der internen Leistungsverflechtung, der Verflechtung mit lokalen Lieferanten, der verfolgten Beschaffungsstrategie sowie der Dynamik des lokalen Beschaffungsmarktes aus. Die Variationen dieser Einflußfaktoren resultierten in unterschiedlichen Gestaltungsempfehlungen für die Organisation, so daß es im Projekt notwendig war, diese Thematik entsprechend fundiert zu untersuchen. Die benötigten Daten konkretisierten sich derart, daß die ursprünglich vorgeschlagene Organisationsstruktur als Empfehlung aufrechterhalten wurde.

Eine Veränderung in der Handlungsempfehlung ergab sich im Unterschied dazu bei der indirekten Funktion Konstruktion. Die anfänglich angegebenen Strategien der Prozeßorientierung und des Simultaneous Engineering wurden in der Simulation hinterfragt, da sie erst mittel- bis langfristig für die neue Produktionseinheit gelten sollten. Diese Variation in den Kontextfaktoren führte dazu, daß die vom Programm *ORGA-PRO* vorgeschlagene Handlungsempfehlung nicht mehr eindeutig ausfiel und neben der dezentralen Anordnung auch eine Mischform als Alternative genannt wurde. Dabei beruhte die Empfehlung auf den folgenden Argumenten bzw. Einflußfaktoren:

- Produktspektrum
- Produktkomplexität
- Centergröße
- Erfolgsverantwortung
- Strategie der Kundenorientierung
- Reaktion auf Änderungen nach Auftragseingang
- Akzeptanz von Verrechnungspreisen für Dienstleistungen
- Dominanz des Produktionsbereiches im Center

In Ergänzung dieser Argumentenbilanz wurde vom Team zusätzlich berücksichtigt, daß die für den lokalen Markt vorgesehenen Produkte derzeit mehrheitlich auch vom deutschen Standort betreut werden. Nach Gewichtung der einzelnen Einflußfaktoren fiel die Entscheidung zugunsten einer Mischform als Anordnungstyp der Konstruktion. Dabei sollte der Großteil der Konstruktionsarbeit in der Zentrale gemeinsam mit den Mitarbeitern der Entwicklung geleistet werden. Die Mitarbeiter in der dezentralen Einheit übernehmen die Funktion, als Ansprechpartner für eilige Änderungen der lokalen Kunden zu agieren. Weiterhin wurde festgehalten, diese Entscheidung in regelmäßigen Zyklen zu überprüfen, da eine mittelfristige Verschiebung hin zu einer dezentralen Konstruktion erwartet wird. Dazu sollen die dieser Entscheidung zugrundeliegenden Kontextfaktoren überwacht werden.

Weiterhin zeigte sich, daß sich das Qualifikationsniveau der Mitarbeiter wesentlich auf die Leitungsspanne auswirkt. Durch Kooperation mit Experten vor Ort konnte für die betrachteten Standorte eine begründete Einschätzung des Qualifikationsniveaus vorgenommen werden. Für dieses Qualifikationsniveau ergab sich unter Berücksichtigung der restlichen relevanten Einflußfaktoren für den Gestaltungsparameter Aufbauorganisation eine geringe Leitungsspanne. Mit dem Einsatz besser ausgebildeten Personals wäre es ceteris paribus jedoch möglich, die Leitungsspanne zu erhöhen und damit ein günstigeres Verhältnis zwischen leitenden und operativen Mitarbeitern zu erzielen. Folglich stellt das Qualifikationsniveau der Mitarbeiter einen Kontextfaktor dar, der bei geeigneter Gestaltung einen positiven Beitrag zur Wettbewerbsfähigkeit des Produktionsstandortes leisten kann. Entsprechende Maßnahmen zur Qualifikation des Personals wurden abgeleitet und in die Kalkulation des Geschäftsmodells einbezogen.

Als Ergebnis der Anwendung des Entscheidungsmodells sowie der Arbeit im Projekt wurde dem Unternehmen eine durch entsprechende Simulationen abgesicherte Handlungsempfehlung zum Aufbau einer Organisationseinheit gegeben (vgl. Anhang A8). Weiterhin konnten externe und interne Einflußfaktoren identifiziert werden, deren aktive Gestaltung sich positiv auf die Wettbewerbsfähigkeit der dezentralen Organisationseinheit auswirken.

5.3 ANWENDUNGSERFAHRUNG UND ZWISCHENFAZIT

Das in dieser Arbeit entwickelte Entscheidungsmodell zur Gestaltung dezentraler Organisationseinheiten produzierender Unternehmen konnte erfolgreich in dem zuvor beschriebenen industriellen Fallbeispiel angewendet werden. Um die Modellanwendung zu unterstützen, wurde das DV-Tool *ORGA-PRO* eingesetzt. Es identifiziert die für eine gegebene Gestaltungsaufgabe relevanten Einflußfaktoren und bestimmt auf deren Basis Handlungsempfehlungen zur Organisationsgestaltung. Weiterhin können mit Hilfe von *ORGA-PRO* für unterschiedliche Konstellationen der Einflußfaktoren Simulationen durchgeführt werden, um die zuvor abgeleiteten Handlungsempfehlungen abzusichern. Dies ermöglicht zudem, Einflußfaktoren zu identifizieren, für die sich eine aktive Gestaltung durch das Unternehmen besonders anbietet. Schließlich dienen die im DV-Tool hinterlegten Datenblätter zur Erfassung von Gestaltungsparametern, Kontextfaktoren und Zielgewichtungen der systematischen Dokumentation des Entscheidungsprozesses.

Eine wesentliche Voraussetzung für die Anwendung des Entscheidungsmodells ist die Verfügbarkeit der benötigten Daten, denn ohne Kenntnis der relevanten Einflußfaktoren ist eine fundierte Bestimmung organisatorischer Handlungsempfehlungen nicht möglich. Im Projekt zeigte sich, daß der Großteil der erforderlichen Daten in Zusammenarbeit mit den Mitarbeitern des Projektpartners direkt erhoben werden konnte. Aufgrund der Besonderheit, eine neue Organisationseinheit an einem neuen Standort aufzubauen, waren jedoch auch einige Informationen notwendig, die vor Ort am neuen Produktionsstandort erhoben werden mußten. Dabei erwies sich die strukturierte Zusammenstellung der relevanten Daten durch das Kontextmodell und die im Programm *ORGA-PRO* abgelegten Datenblätter als hilfreich. In anderen hier nicht weiter beschriebenen Anwendungen des Entscheidungsmodells zur Organisationsoptimierung bestätigte sich ebenfalls, daß der zur Methodikanwendung benötigte Datenbedarf schnell und zuverlässig ermittelt werden kann.

Das Ergebnis und weiterer Nutzen der Modellanwendungen zeigen sich in der auf die Datenerfassung folgenden Auswertung und Simulation. In der Anwendung erwiesen sich die transparente Darstellung des organisatorischen Handlungsraums durch das Stellgrößenmodell sowie dessen Einbindung in das Gesamtunternehmen, die durch das Organisationsmodell geleistet wird, als vorteilhaft. Auf ihrer Basis konnte im Projektteam schnell ein gemeinsames Verständnis für die gestellte Aufgabe erzielt werden. Weiterhin erlaubte der Einsatz des DV-Tools *ORGA-PRO* eine interaktive und zugleich transparente Ableitung von Handlungsempfehlungen, die mit unternehmensinternen und -externen Randbedingungen sowie den Zielen für die dezentrale Organisationseinheit übereinstimmen.

Durch die Simulation konnten Anwendungsgrenzen einer gewählten Alternative bestimmt, der Einfluß von Umfeldveränderungen abgeschätzt und damit mögliche Risiken und Schwachstellen einer Alternative antizipiert werden. Weiterhin unterstützt die Simulation eine zukunftsorientierte Organisationsgestaltung, indem diejenigen Kontextfaktoren identifiziert werden, deren aktive Gestaltung sich positiv auf die Effizienz der Organisationseinheit auswirkt. Schließlich zeigte sich, daß die Softwareunterstützung durch das Programm *ORGA-PRO* wesentlich für die Anwendung des Entscheidungsmodells ist, da andernfalls der Umgang mit der großen Datenmenge und den komplexen Wirkbeziehungen in einem erheblichen Aufwand sowie geringer Übersichtlichkeit für den Anwender resultieren würde.

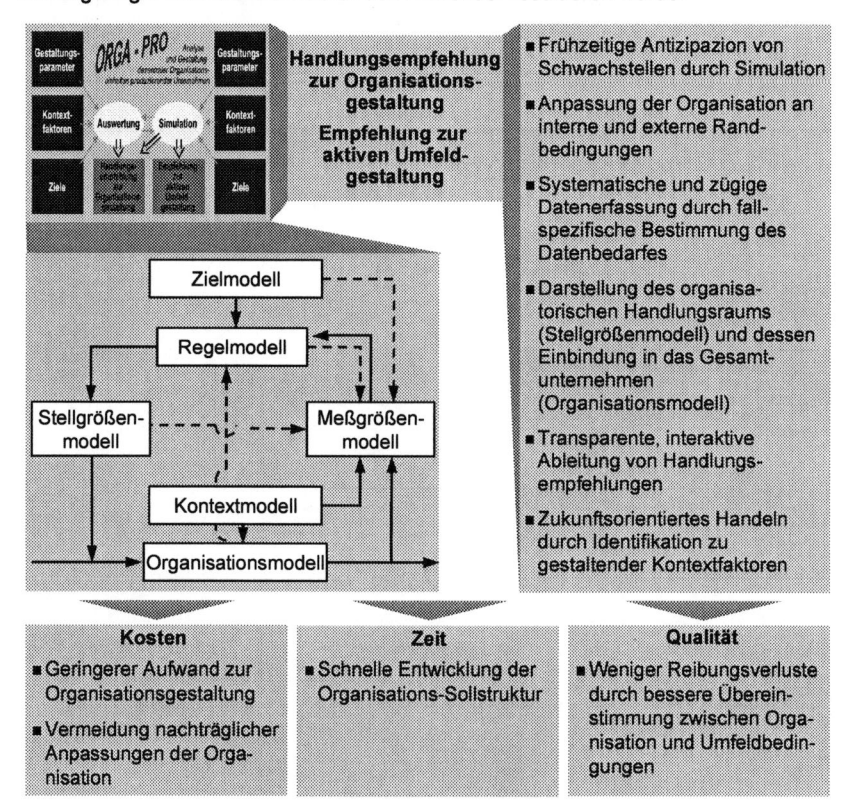

Bild 60: Ergebnisse der Anwendung des Entscheidungsmodells

Im Vergleich mit dem konventionellen Vorgehen bei der Gestaltung dezentraler Organisationseinheiten zeigen sich Vorteile in den drei Zieldimensionen Kosten, Zeit und Qualität (vgl. **Bild 60**). In der heutigen Praxis zeichnen sich entsprechende Umstrukturierungs- oder Neustrukturierungsprozesse durch einen erblichen Finanz- und Zeitbedarf aus [WERD 99, S. 226 ff; BUSC 99, S. 478 ff]. Die Anwendung des Entscheidungsmodells im Fallbeispiel belegte, daß die Zeit und damit auch der finanzielle Aufwand zur Organisationsgestaltung deutlich reduziert werden konnten. Weitere Nutzenbeiträge ergeben sich durch eine bessere Übereinstimmung der Organisation mit dem entsprechenden Umfeld und dadurch reduzierte Reibungsverluste sowie die Vermeidung von nachträglichen Anpassungen.

6 ZUSAMMENFASSUNG

Produzierende Unternehmen sind derzeit einem verschärften, globalen Wettbewerb ausgesetzt. Sie müssen Produkte zu einem günstigen Preis schnell und qualitativ hochwertig am Markt anbieten, um konkurrenzfähig zu sein. Weiterhin ist zunehmend die Fähigkeit erforderlich, sich schnell an veränderte Markt- und Kundenanforderungen anzupassen sowie sich durch Innovationen von Wettbewerbern abzuheben. Um dies zu erreichen, sind geeignete und motivierte Mitarbeiter, die richtigen Technologien sowie eine angepaßte Organisation erforderlich.

Um Mitarbeiter und Technologien zu unterstützen sowie die aus den zuvor beschriebenen Anforderungen resultierende interne Komplexität zu beherrschen, wird der Organisationsgestaltung die Bedeutung eines eigenständigen Wettbewerbsfaktors zugesprochen. Dabei werden insbesondere die Ansätze der Dezentralisierung als vielversprechende Möglichkeiten angesehen, die Flexibilität und Effizienz der Unternehmen zu erhöhen sowie die Motivation der Mitarbeiter zu steigern. Die industrielle Praxis zeigt jedoch, daß die erhofften Verbesserungen oftmals nur unzureichend erreicht werden. Eine wesentliche Ursache dafür besteht in einer mangelnden Berücksichtigung der Besonderheiten des Anwendungsfalls und der Postulierung von Idealkonzepten. Zudem stellt die Gestaltung dezentraler Organisationsstrukturen eine komplexe Entscheidungsaufgabe dar, die einen erheblichen finanziellen und zeitlichen Aufwand verursacht und zu deren Unterstützung bisher geeignete Hilfsmittel und Methoden fehlen.

Ziel der Arbeit war es daher, ein Entscheidungsmodell zur situationsspezifischen Gestaltung dezentraler Organisationseinheiten für produzierende Unternehmen zu entwickeln.

Zur Erreichung dieser Zielsetzung wurden zunächst die Objektbereiche Organisationstheorie, Entscheidungstheorie und Technologiemanagement abgegrenzt. Die in dem damit definierten Untersuchungsgebiet relevanten Forschungsansätze und Konzepte der betrieblichen Praxis wurden diskutiert. Im Hinblick auf die eingangs formulierte Zielsetzung wurden als wesentliche Defizite eine mangelnde Berücksichtigung interner und externer Randbedingung, eine unzureichende Beachtung der Besonderheiten produzierender Unternehmen sowie eine fehlende integrierte Betrachtung von Organisationsaufbau und -steuerung erkannt. Diese Defizite belegen den Forschungsbedarf der vorliegenden Arbeit und dienten als Grundlage, um die inhaltlichen Anforderungen an das Entscheidungsmodell zu formulieren.

Basierend auf diesen Anforderungen sowie unter Nutzung von Modelltheorie und Systemtechnik wurde ein Grobkonzept für das Entscheidungsmodell entwickelt. Es besteht aus dem Organisations-, Stellgrößen-, Zielgrößen-, Kontext-, Meßgrößen- und Regelmodell sowie einem die Teilmodelle integrierenden Vorgehensmodell.

Das *Organisationsmodell* dient als Referenzmodell zur Systematisierung der Problemstellung. Es bildet die Elemente einer dezentralen Organisationseinheit und ihre Beziehungen untereinander strukturiert ab. Um den Handlungsraum der Organisationsgestaltung abzugrenzen, zu untergliedern und zu detaillieren, wurde das *Stellgrößenmodell* entwickelt. Es zeigt die durch die Organisationsgestaltung veränderbaren Systemelemente auf und besteht als Teilmenge des Organisationsmodells aus insgesamt siebenundzwanzig Gestaltungsparametern, ihren Ausprägungen und Wirkbeziehungen. Um aus dem Handlungsraum der Organisationsgestaltung eine geeignete Alternative auszuwählen, sind die für die Organisationseinheit gültigen Ziele zu berücksichtigen. Sie werden durch das *Zielmodell* systematisch abgebildet. Zudem bietet das Zielmodell durch die Operationalisierung der Balanced Scorecard ein Controllinginstrument zur Steuerung der dezentralen Einheit, das die Zieldimensionen Kosten, Zeit, Qualität, Kundenorientierung und Innovation integriert.

Die Analyse des Handlungsbedarfs zeigt, daß zur Gestaltung der Organisation neben den Zielen auch situative Einflüsse zu berücksichtigen sind. Dies wird durch das *Kontextmodell* geleistet. Es klassifiziert interne und externe Einflußfaktoren und ermöglicht damit eine strukturierte Datenaufnahme. Aufgrund der Fokussierung auf produzierende Unternehmen wurde insbesondere der Einfluß des Technologiemanagement auf die Organisationsgestaltung untersucht und entsprechende Einflußfaktoren wurden abgeleitet. Da die Effizienz einer Organisationseinheit zudem wesentlich von der Akzeptanz der Struktur durch die Mitarbeiter beeinflußt wird, wurden auch Soft-Facts, wie Mitarbeitermotivation, als Einflußfaktoren aufgenommen. Insgesamt konnten mehr als einhundert Einflußfaktoren auf die Organisationsgestaltung identifiziert und beschrieben werden. Die Erfassung der benötigten Daten und die dazugehörige Auswahl eines geeigneten Skalenniveaus erfolgt durch das *Meßgrößenmodell*.

Das Kernelement des Entscheidungsmodells stellt das *Regelmodell* dar. Es verknüpft das Zielgrößen- und Kontextmodell mit dem Stellgrößenmodell und ermittelt auf dieser Basis geeignete Handlungsempfehlungen zur Organisationsgestaltung. Die dazu notwendige Wissensbasis ist in den im Anhang dargestellten Abhängigkeits- und Zielmatrizen abgebildet. Die zunächst analytisch deduktiv hergeleiteten Wirkbeziehungen der Abhängigkeits- und Zielmatrizen wurden durch eine empirische Studie, an der sich 46 Unternehmen beteiligten, und unter Einsatz statistischer Analysemethoden bestätigt. Um die Informationsströme zwischen den Teilmodellen abzubilden und damit die Teilmodelle zu einem Gesamtmodell zu integrieren, wurde das *Vorgehensmodell* entwickelt. Es unterstützt sowohl die erstmalige Einführung einer dezentralen Organisation als auch deren Optimierung.

Zusammenfassung

Aufgrund der Vielzahl der Gestaltungsparameter, Einflußfaktoren und ihrer Wirkbeziehungen ist für eine effiziente Anwendung des Entscheidungsmodells eine DV-Unterstützung erforderlich. Dazu wurde der DV-Prototyp *ORGA-PRO* entwickelt. Die Funktionalität des Programms unterstützt eine interaktive und transparente Bestimmung von Handlungsempfehlungen zur Organisationsgestaltung. Zusätzlich ist es möglich, Änderungen in den Eingangsdaten abzubilden und ihre Auswirkungen zu simulieren. Damit können die Handlungsempfehlungen abgesichert und zudem Faktoren zur aktiven Umfeldgestaltung identifiziert werden. Schließlich werden die dem Entscheidungsprozeß zugrundeliegenden Informationen in einer Datenbank gespeichert, so daß durch das DV-Tool eine entsprechende Dokumentation gewährleistet wird.

In einem industriellen Fallbeispiel konnte das Entscheidungsmodell zur Gestaltung dezentraler Organisationseinheiten produzierender Unternehmen hinsichtlich Anwendbarkeit und Konsistenz überprüft werden. Es zeigte sich, daß die zur Anwendung erforderlichen Daten schnell und mit geringem Aufwand erhoben werden konnten. Als Ergebnis wurde ein konsistenter Vorschlag zum Aufbau einer neuen Produktionsstätte erarbeitet. Weiterhin konnten Handlungsempfehlungen zur aktiven Umfeldgestaltung ausgesprochen werden, um die Wettbewerbsfähigkeit der neuen Organisationseinheit zu erhöhen. Der Nutzen des Entscheidungsmodells resultierte insbesondere aus einer schnellen und mit geringem Aufwand verbundenen Konzeption der Organisation sowie einer guten Übereinstimmung der Organisation mit dem entsprechenden Umfeld und dadurch reduzierten Reibungsverlusten sowie der Vermeidung von nachträglichen Anpassungen. Somit wirkt sich die Anwendung des Entscheidungsmodells sowohl auf die Aufbau- als auch die Betriebskosten vorteilhaft aus.

Eine wesentliche Herausforderung der Arbeit besteht darin, einerseits ein für das definierte Anwendungsgebiet allgemeingültiges Entscheidungshilfsmittel zu entwickeln und andererseits entsprechend den Anforderungen der Problemstellung unternehmensindividuelle Handlungsempfehlungen abzuleiten. Gelöst wird dieser Konflikt durch eine allgemeingültige, unternehmensunabhängige Zergliederung der Problemstellung in Zielgrößen, Kontextfaktoren, Gestaltungsparameter sowie die zwischen diesen bestehenden Wirkbeziehungen, die in den einzelnen Modellen beschrieben wurden, und die anschließende vom DV-Tool unterstützte unternehmensspezifische Synthese dieser Elemente zu möglichen Handlungsalternativen. Dabei erfolgt die Bewertung der Alternativen aus Sicht des Gesamtunternehmens. Somit wird mit der vorliegenden Arbeit ein Beitrag zur situativen Gestaltung dezentraler Organisationseinheiten produzierender Unternehmen geleistet.

Aus wissenschaftlicher Sicht ist insbesondere die Strukturierung und Erklärung des Organisationsproblems durch Organisations- und Stellgrößenmodell sowie die analytisch deduktive Ermittlung und anschließende empirische Überprüfung der Wirkbeziehungen zwischen Organisation und Kontext interessant. Für den Anwender bietet das Entscheidungsmodell und insbesondere das DV-Tool praxisnahe Richtlinien zur Strukturierung des Organisationsproblems sowie konkrete Handlungsempfehlungen zur Organisationsgestaltung.

7 LITERATURVERZEICHNIS

[ABEL 90] Abel, D.: Petri-Netze für Ingenieure: Modellbildung und Analyse diskret gesteuerter Systeme, Springer Verlag, Berlin, Heidelberg, New York, 1990

[ALBE 96] Albers, S.: Dezentralisierte Führung von Unternehmen mit Hilfe eines internen Beteiligungsmarktes, in: Betriebswirtschaft (DBW), Band 56, Heft 3, S. 305-317, 1996

[ALEW 92] Alewell, K.: Regionalorganisation, in: Frese, E. (Hrsg.): Handwörterbuch der Organisation, 3. Auflage, Poeschel Verlag, Stuttgart, 1992

[ALLE 87] Allen, B.: Make information services pay its way, in: harvard business review, Heft 1, S. 57-63, 1987

[BACK 94] Backhaus, K.; Erichson, B.; Plinke, W.; Weiber, R.: Multivariate Analysemethoden, Springer Verlag, Berlin, 1994

[BALZ 82] Balzert, H.: Die Entwicklung von Software-Systemen – Prinzipien, Methoden, Sprachen, Werkzeuge, Wissenschaftsverlag, Mannheim, Wien, Zürich, 1982

[BALZ 90] Balzert, H.: Requirements Engineering, in: Mertens, P. (Hrsg.): Lexikon der Wirtschaftsinformatik, 2. Auflage, Springer Verlag, Berlin, Heidelberg, 1990

[BALZ 96] Balzert, H.: Objektorientierte Systemanalyse – Konzepte, Methoden, Beispiele, Spektrum Akademischer Verlag, Heidelberg, Berlin, 1996

[BAMB 96] Bamberg, G.; Coenenberg, A. G.: Betriebswirtschaftliche Entscheidungslehre, 9. Auflage, Verlag Vahlen, München 1996

[BART 95] Bartz, W. J. (Hrsg.): Fertigungsinseln – Strukturierung der Produktion in dezentrale Verantwortungsbereiche, 2. Auflage, Expert Verlag, Esslingen, 1995

[BASS 98] Bassen, A.: Dezentralisation und Koordination von Entscheidungen in der Holding, Dissertation European Business School, Deutscher Universitätsverlag, Wiesbaden, 1998

[BECH 98]	Bechmann, I.: Flexibilisierung von Organisationen als Projekt des fundamentalen Wandels – Dargestellt am Beispiel der Einführung des Profit-Center-Konzepts bei der Mercedes-Benz AG, Dissertation, Universität St. Gallen, Verlag Paul Haupt, Bern, 1998
[BECK 99]	Becker, M.: SE-Wissensbaum, in: Daenzer, W. F.; Huber, F. (Hrsg.): Systems Engineering – Methoden und Praxis, 10. Auflage, Verlag Industrielle Organisation, Zürich, 1999
[BEHM 97]	Behme, W.; Roth, A.: Organisation und Steuerung dezentraler Einheiten, Gabler Verlag, Wiesbaden 1997
[BEUE 92]	Beuermann, G.: Zentralisation und Dezentralisation, in: Frese, E. (Hrsg.): Handwörterbuch der Organisation, 3. Auflage, Poeschel Verlag, Stuttgart, 1992
[BISC 98]	Bischoff, J.: Ein Verfahren zur zielorientierten Auftragsplanung für teilautonome Leistungseinheiten, Dissertation, Universität Stuttgart, Springer Verlag, Berlin, 1998
[BINN 93]	Binner, H.: Strategie des General Management, Springer Verlag, Berlin, 1993
[BLAS 82]	Blaschak, B.: Profit Center in gesellschaftsrechtlicher Form, in: ZfB, 52. Jg., Heft 4, S. 396-403, 1982
[BLEI 91]	Bleicher, K.: Organisation: Strategien – Strukturen – Kulturen, 2. Auflage, Gabler Verlag, Wiesbaden, 1991
[BLEI 92]	Bleicher, K.: Strategische Anreizsysteme – flexible Vergütungssysteme für Führungskräfte, Schäffer Poeschel, Stuttgart, 1992
[BLEI 95]	Bleicher, K.: Technologiemanagement und organisationaler Wandel, in: Zahn, E. (Hrsg.): Handbuch Technologiemanagement, Verlag Schäffer Poeschel, Stuttgart, 1995
[BLOH 95]	Blohm, H.; Lüder, K.: Investitionen – Schwachstellenanalyse des Investitionsbereichs und Investitionsrechnung, 8. Auflage, Verlag Vahlen, München, 1995
[BRAH 95]	Braun, H.-J.; Kristof, R.; Leisinger, J.: Das fraktale Unternehmen – Aufbruch zu neuen Ufern, in: VDI-Z, Heft 10, S. 26-30, 1995
[BRAN 86]	Brans, J. P.; Vincke, P.; Mareschal, B.: How to select and how to rank projects: the PROMETHEE method, in: European Journal of Operations Research, Nr. 24, S. 228-238, 1986

Literaturverzeichnis

[BRAN 90]	Brans, J.P.; Mareschal, B.: The PROMETHEE Methods for multiple criteria decision making, in: Carlos, A. (Hrsg.): Readings in multiple criteria decision aid, Springer Verlag, Berlin, Heidelberg, 1990
[BRAU 77]	Braun, G. E.: Methodologie der Planung – Eine Studie zum abstrakten und konkreten Verständnis der Planung, Verlag Anton Hain, Meisenheim, 1977
[BRAU 92]	Braun, G. E.; Beckert, J.: Funktionalorganisation, in: Frese, E. (Hrsg.): Handwörterbuch der Organisation, 3. Auflage, Poeschel Verlag, Stuttgart, 1992
[BRAU 96]	Braun, J.: Aufgaben und Ziele der Organisationsgestaltung, in: Bullinger, H.-J.; Warnecke, H. J.: Neue Organisationsformen im Unternehmen – Ein Handbuch für das moderne Management, Springer Verlag, Berlin, 1996
[BREIT 99]	Breit, S.: Methodik zur umsetzungsorientierten Gestaltung von Umstrukturierungsprojekten in der Produktion, Dissertation RWTH Aachen, Shaker Verlag, Aachen, 1999
[BROC 96]	Brockhoff, K.: Forschung und Entwicklung, in: in: Eversheim, W.; Schuh, G. (Hrsg.): Betriebshütte – Produktion und Management, Springer Verlag, 1996
[BROC 99]	Brockhoff, K.: Forschung und Entwicklung – Planung und Kontrolle, 5. Auflage, Oldenbourg Verlag, München, Wien, 1999
[BRUN 91]	Bruns, M.: Systemtechnik, Ingenieurwissenschaftliche Methodik zur inderdisziplinären Systementwicklung, Springer Verlag, Berlin, 1991
[BUSC 99]	Busch, V.; Nölken, D.; Tesch, R.: Flexibilisierung von Unternehmensstrukturen auf Basis von Centerkonzeptionen, in: Controlling, Heft 10, S. 477-486, 1999
[BÜHL 00]	Bühl, A.; Zöfel, P.: SPSS Version 9 – Einführung in die moderne Datenanalyse unter Windows, Addison Wesley Verlag, München, 2000
[BÜHN 86]	Bühner, R.: Strategische Führung im Bereich der Hochtechnologie durch rechtliche Verselbständigung von Unternehmensteilbereichen, in: Der Betrieb, 39. Jg., Heft 46, S. 2341-2346, 1986

[BÜHN 91]	Bühner, R.: Management-Holding – Ein Erfahrungsbericht, in: Die Betriebswirtschaft, 51. Jg., Heft 2, S. 141-151, 1991
[BÜHN 92]	Bühner, R.: Spartenorganisation, in: Frese, E. (Hrsg.): Handwörterbuch der Organisation, 3. Auflage, Poeschel Verlag, Stuttgart, 1992
[BÜHN 93]	Bühner, R.: Profit Center, in: Chmielewicz, K.; Schweitzer, M. (Hrsg.): Handwörterbuch des Rechnungswesens, Schäffer-Poeschel, Stuttgart, 1993
[BÜHN 99]	Bühner, R.: Betriebswirtschaftliche Organisationslehre, 9. Auflage, Oldenbourg Verlag, München, Wien, 1999
[BULL 93]	Bullinger, H.-J.: Technologiemanagement, Manusskript zur Vorlesung, Eigendruck Institut für Arbeitswissenschaft und Technologiemanagement, Stuttgart, 1993
[BULL 94]	Bullinger, H.-J.: Einführung in das Technologiemanagement, Verlag Teubner, Stuttgart, 1994
[BULL 96]	Bullinger, H.-J.; Technologiemanagement, in: Eversheim, W.; Schuh, G. (Hrsg.): Betriebshütte – Produktion und Management, Springer Verlag, Berlin, Heidelberg, 1996
[BULL 99]	Bullinger, H.-J.: Effizientes Informationsmanagement in dezentralen Organisationsstrukturen, Springer Verlag, Berlin Heidelberg, 1999
[BURN 61]	Burns, T.; Stalker, G. M.: the management of innovation, London, 1961
[CHAN 62]	Chandler, A. D.: Strategy and structure – chapters in the history of the industrial enterprise, the MIT press, Cambridge, Massachusetts, 1962
[CHEB 96]	Chesbrough, H. W.; Teece, D. J.: Innovation richtig organisieren – aber ist virtuell auch virtuos, in: Harvard Business Manager, Heft 3, S. 63-70, 1996
[CHEN 76]	CHEN, P. P.-S.: The Entity Relationship Model – Towards a unified view of data, in: ACM Transactions on Database Systems, Vol. 1, No. 1, S. 9-36, 1976
[CHES 73]	Chesnut, H.: Methoden der Systementwicklung, Carl Hanser Verlag, München, 1973

Literaturverzeichnis 133

[CIMO 94] o.V.: CIMOSA – open system architecture for CIM, 2. Auflage, Springer Verlag, Berlin, Heidelberg, 1994

[COEN 98] Coenenberg, A. G.; Fischer, T. M.: Transaktionskostenanalyse als Grundlage zur Gestaltung der Qualitätsorganisation, in: Glaser, H. et al. (Hrsg.): Organisation im Wandel der Märkte, Gabler Verlag, Wiesbaden, 1998

[CORS 95] Corstens, H.; Reiß, M. (Hrsg.): Handbuch Unternehmungsführung: Konzepte – Instrumente – Schnittstellen, Gabler Verlag, Wiesbaden, 1995

[CUHL 98] Cuhls, K.; Blind, K.; Grupp, H.: Delphi Umfrage 1998, Studie zur globalen Entwicklung von Wissenschaft und Technik, Eigendruck Fraunhofer ISI, Karlsruhe, 1998

[DAEN 89] Daenzer, W. F.: Systems Engineering, Leitfaden zur Methodischen Durchführung umfangreicher Planungsvorhaben, Verlag Industrielle Organisation, Zürich, 1989

[DAEN 99] Daenzer, W. F.; Huber, F.: Systems Engineering – Methodik und Praxis, 10. Auflage, Verlag Industrielle Organisation, Zürich, 1999

[DINK 96] Dinkelbach, W.; Kleine, A.: Elemente einer betriebswirtschaftlichen Entscheidungslehre, Springer Verlag, Berlin, Heidelberg, 1996

[DOHM 00] Dohms, R.: Entwicklung einer Methodik zur Bewertung und Gestaltung wandlungsfähiger Produktionsstrukturen, Dissertation RWTH Aachen, 2000

[DOUM 84] Doumeingts, G.: Methodology to Design Computer Integrated Manufacturing and Control of Manufacturing Units, in: Rembold, U.; Dillmann, R. (Hrsg.): Methods and Tools for Computer Integrated Manufacturing, Springer Verlag, Berlin, Heidelberg, 1984

[DREH 99] Dreher, C.: Der Wandel der industriellen Arbeitsorganisation: Ergebnisse der Erhebung „Innovationen in der Produktion 1997", in: Pieper, A.; Ströntgen, J. (Hrsg.): Vorhandenes Potential nutzen – flexible Organisation in Produktion und Verwaltung, deutscher Instituts Verlag, Köln, 1999

[DROE 95]	Droege & Comp.: Unternehmensorganisation im internationalen Vergleich – Struktur, Prozesse und Führungsysteme in Deutschland, Japan und USA, Campus Verlag, Frankfurt, New York, 1995
[DRUC 99]	Drucker, P. F.: Management Challenges for the 21th Century, Harper Collins, New York, 1999
[DRUM 92]	Drumm, H. J.: Organisationsplanung, in: Frese, E. (Hrsg): Handwörterbuch der Organisation, 3. Auflage, Poeschel, Stuttgart, 1992
[DRUM 96]	Drumm, H. J.: Das Paradigma der Neuen Dezentralisation, in: Die Betriebswirtschaft, Heft 1, S. 7-20, 1996
[DYCK 95]	Dyckhoff, H.: Grundzüge der Produktionswirtschaft, Springer Verlag, Berlin, Heidelberg, 1995
[EBER 92]	Ebers, M.: situative Organisationstheorie, in: Frese, E. (Hrsg): Handwörterbuch der Organisation, 3. Auflage, Poeschel, Stuttgart, 1992
[ECKS 99]	Eckstein, P.: Angewandte Statistik mit SPSS, 2. Auflage, Gabler, Wiesbaden, 1999
[EISE 96]	Eisenführ, F.: Personalwirtschaft und Organisation, 2. Auflage, Augustinus Verlag, Aachen, 1996
[EISE 99]	Eisenführ, F.; Weber, M.: Rationales Entscheiden, 3. Auflage, Springer Verlag, Berlin, Heidelberg, 1999
[ELSC 91]	Elschen, R.: Gegenstand und Anwendungsmöglichkeiten der Agency-Theorie, in: zfbf, S. 1002-1012, 1991
[ENGE 97]	Engels, M.: Unternehmen im Unternehmen, Ein organisatorisches Konzept im internationalen Vergleich, in: Zeitschrift für Organisation, Heft 4, S. 218-223, 1997
[ERKE 88]	Erkes, K. F.: Gesamtheitliche Planung flexibler Fertigungssysteme mit Hilfe von Referenzmodellen, Dissertation RWTH Aachen, 1998
[EVER 94]	Eversheim, W.; Müller, G.; Katzy, B. R.: NC-Verfahrenskette, Beuth Verlag, Berlin, Wien, Zürich, 1994b

Literaturverzeichnis 135

[EVER 96a]	Eversheim, W.; Milberg, J.; Reinhart, G.; Schraft, R. D.; Tönshoff H. K.: Planung von Produktionssystemen, in: Eversheim, W.; Schuh, G. (Hrsg.): Betriebshütte – Produktion und Management, Springer Verlag, Berlin, Heidelberg, 1996
[EVER 96b]	Eversheim, W.: Organisation in der Produktionstechnik: Band 1 – Grundlagen, 3. Auflage, VDI-Verlag, Düsseldorf, 1996
[EVER 98a]	Eversheim, W.; Kerwat, H.; Schweitzer, G.: Integrierte Produktoptimierung, in: Qualität und Zuverlässigkeit, Heft 6, Nr. 43, S. 723-726, 1998
[EVER 98b]	Eversheim, W.; Schenke, F.-B.; Warneke, L.: Komplexität im Unternehmen verringern und beherrschen – Optimale Gestaltung von Produkten und Produktionssystemen, in: Adam, D.: Komplexitätsmanagement, Schriften zur Unternehmensführung, Band 61, Gabler Verlag, Wiesbaden, 1998
[EVER 98c]	Eversheim, W.: Organisation in der Produktionstechnik: Band 2 – Konstruktion, 3. Auflage, Springer Verlag, Berlin, Heidelberg, New York, 1998
[EVER 99]	Eversheim, W.; Güthenke, G.: Defizite von Center-Konzeptionen für produzierende Unternehmen, in: io-management, Heft 9, S. 18-23, 1999
[EVER 00]	Eversheim, W.; Güthenke, G.: Perspectives and Limitations for Decentralised Organisations in the Automotive Industry, proceedings of the 33rd ISATA Conference, ISATA, Crydon, 2000
[FIED 94]	Fiedler, M.: Dezentrale Organisation und marktorientierte Steuerung der Personalentwicklung, Dissertation Westfälische Wilhelms Universität Münster, Verlag Josef Eul, Köln, 1994
[FINK 98]	Fink, C.; Grundler, C.: Strategieimplementierung im turbulenten Umfeld – Steuerung der Firma Fischerwerke mit der Balanced Scorecard, in: Controlling, Heft 4, S. 226-235, 1998
[FISC 89]	Fischer, J.: Qualitative Ziele in der Unternehmensplanung: Konzepte zur Verbesserung betriebswirtschaftlicher Problemlösungstechniken, Erich Schmidt Verlag, Berlin, 1989
[FISH 99]	Fischer, O.: Alles auf eine Karte, in: manager magazin, Heft 10, S. 257-265, 1999

[FISR 96]	Fischer, H.: Unternehmensplanung – eine praxisorientierte Einführung, Verlag Vahlen, München, 1996
[FLOO 93]	Flood, R. L.; Carson, E. R.: Dealing with complexity – an introduction to the theory and application of systems science, 2. Auflage, Plenum Press, New York, 1993
[FRES 87]	Frese, E.; Mensching, H.; v. Werder, A.: Unternehmensführung, Verlag Moderne Industrie, Landsberg/Lech, 1987
[FRES 93]	Frese, E.: Geschäftssegmentierung als organisatorisches Konzept, in: zfbf, 45. Jg., Heft 12, S. 999-1023, 1993
[FRES 94]	Frese, E.; v. Werder, A.: Organisation als strategischer Wettbewerbsfaktor – Organisationstheoretische Analyse gegenwärtiger Umstrukturierungen, in: Frese, E. (Hrsg.): Organisationsstrategien zur Sicherung der Wettbewerbsfähigkeit, zfbf Sonderheft 33, Handelsblattverlag, 1994
[FRES 95a]	Frese, E.: Profit Center – Motivation durch internen Marktdruck, in: Reichwald, R., Wildemann, H. (Hrsg.): Kreative Unternehmen – Spitzenleistung durch Produkt- und Prozeßinnovation, Schäffer-Poeschel, Stuttgart, 1995
[FRES 95b]	Frese, E.: Profit Center und Verrechnungspreis – organisationstheoretische Analyse eines aktuellen Problems, in: zfbf, Heft 10, S. 942-954, 1995
[FRES 96a]	Frese, E.: Grundlagen der Organisationsgestaltung, in: Eversheim, W.; Schuh, G. (Hrsg.): Betriebshütte – Produktion und Management, Springer Verlag, 1996
[FRES 96b]	Frese, E. et al.: Organisation im Umbruch, in: zfbf, Heft 6, S. 621-665, 1996
[FRES 98a]	Frese, E.: Grundlagen der Organisation, Konzepte – Prinzipien – Strukturen, 7. Auflage, Gabler Verlag, Wiesbaden, 1998
[FRES 98b]	Frese, E.: Dezentralisierung um jeden Preis?, in: Betriebswirtschaftliche Forschung und Praxis, 50. Jg., Heft 2, S. 169-188, 1998
[FRID 99]	Friedag, H.; Schmidt, W.: Balanced Scorecard – mehr als ein Kennzahlensystem, Haufe Verlag, Freiburg, München, 1999

Literaturverzeichnis 137

[FRIE 96] Friedrich, R.: Der Centeransatz zur Führung und Steuerung dezentraler Einheiten, in: Bullinger, H.-J.; Warnecke, H. J.: Neue Organisationsformen im Unternehmen – Ein Handbuch für das moderne Management, Springer Verlag, Berlin, 1996

[FRIL 93] Friedl, B.: Anforderungen des Profit-Center Konzepts an Führungssysteme und Führungsinstrumente, in: WISU, Heft 10, S. 830-842, 1993

[GABL 92] Gabler-Wirtschafts-Lexikon, 13. Auflage, Gabler Verlag, Wiesbaden, 1992

[GAIT 83] Gaitanides, M.: Prozeßorganisation – Entwicklung, Ansätze und Programme prozeßorientierter Organisationsgestaltung, Verlag Vahlen, München, 1983

[GASS 97] Gassmann, O.: Organisationsformen in der internationalen F&E in technologieintensiven Großunternehmen, in: zfo, Heft 6, S. 332-339, 1997

[GÖTZ 94] Götze, U.; Rudolph, F.: Instrumente der strategischen Planung, in: Bloech, J., et.al. (Hrsg.): Strategische Planung, Physica Verlag, Heidelberg, 1994

[GÖTZ 95] Götze, U; Bloech, J.: Investitionsrechnung – Modelle und Analyse zur Beurteilung von Investitionsvorhaben, 2. Auflage, Springer Verlag, Berlin, Heidelberg, 1995

[GROC 82] Grochla, E.: Grundlagen der organisatorischen Gestaltung, Poeschel Verlag, Stuttgart, 1982

[HABE 73] Haberfellner, R.: Systems Engineering, eine Methodik zur Lösung komplexer Probleme, in: zfo, Heft 7, S. 373-386, 1973

[HABL 97] Hahn, D.; Bleicher, K.: Organisationsplanung als Gegenstand der strategischen Planung, in: Hahn, D.; Taylor, B. (Hrsg.): Strategische Unternehmensplanung – strategische Unternehmensführung: Stand und Entwicklungstendenzen, 7. Auflage, Physica Verlag, Heidelberg, 1997

[HAED 86] Haedrich, G.; Kuß, A.; Kreilkamp, E.: Der Analytic Hierarchy Process, in: WiSt, 15. Jg, S. 120-126, 1986

[HAHN 93] Hahn, D.; Laßmann, G.: Produktionswirtschaft – Controlling industrieller Produktion, Band 3.1, Physica Verlag, Heidelberg, 1993

[HAHN 96]	Hahn, D.: Planung und Kontrolle, 5. Auflage, Gabler Verlag, Wiesbaden, 1996
[HAHN 97]	Hahn, D.; Taylor, B.: Strategische Unternehmensplanung – strategische Unternehmensführung: Stand und Entwicklungstendenzen, 7. Auflage, Physica Verlag, Heidelberg, 1997
[HAHN 99a]	Hahn, D.; Laßmann, G.: Produktionswirtschaft – Controlling industrieller Produktion, Physica Verlag, Heidelberg, 1999
[HAHN 99b]	Hahn, D.; Buske, A.; Mayer, A,; Willms, K.: Moderne Managementkonzepte unter Berücksichtigung des Produktionsbereichs, Verlag der Ferber'schen Universitätsbuchhandlung, Gießen, 1999
[HAIS 89]	Haist, F.; Fromm, H.: Qualität im Unternehmen: Prinzipien, Methoden, Techniken, Carl Hanser Verlag, München, Wien, 1989
[HAME 96]	Hamel, G.; Prahalad, C.K.: Competing for the Future, Harvard Business School Press, Boston, 1996
[HAMM 95]	Hammer, R.: Unternehmensplanung, 6. Auflage, Oldenbourg Verlag, München, Wien, 1995
[HANS 87]	Hansmann, F.: Einführung in die Systemforschung – Methodik der modellgestützten Entscheidungsvorbereitung, 3. Auflage, Oldenbourg Verlag, München, Wien, 1987
[HEIZ 94]	Heizmann, J.: Produktionsplanung als Profitcenter, in: Zink, K. J. (Hrsg.): Wettbewerbsfähigkeit durch innovative Strukturen und Konzepte, Carl Hanser Verlag, München, 1994
[HETT 95]	Hettler, R.: Entity/Relationship-Datenmodellierung in axiomatischen Spezifikationssprachen, Dissertation TU München, Tectum Verlag, Marburg, 1995
[HILL 94]	Hill, W.; Fehlbaum, R.; Ulrich, P.: Organisationslehre, Band 1, 5. Auflage, Verlag Paul Haupt, Bern, Stuttgart, 1994
[HILL 98]	Hill, W.; Fehlbaum, R.; Ulrich, P.: Organisationslehre, Band 2, 5. Auflage, Verlag Paul Haupt, Bern, Stuttgart, 1998
[HINT 97]	Hinterhuber, H. H.: Struktur und Dynamik der strategischen Unternehmensführung, in: Hahn, D.; Taylor, B.: Strategische Unternehmensplanung – strategische Unternehmensführung, 7. Auflage, Physica Verlag, Heidelberg, 1997

Literaturverzeichnis

[HOFM 93]   Hofmann, D.: Planung und Durchführung von Investitionen, Gabler Verlag, Wiesbaden, 1993

[HÖGE 97]   Höge, R.: Organisatorische Segmentierung – ein Instrument zur Komplexitätshandhabung, Dissertation Universität Stuttgart, Gabler Verlag, Wiesbaden 1997

[HOMB 91]   Homburg, C.: Modellgestützte Unternehmensplanung, Gabler Verlag, Wiesbaden, 1991

[HORS 99]   Horstmann, W.: Der Balanced Scorecard-Ansatz als Instrument der Umsetzung von Unternehmensstrategien, in: Controlling, Heft 4/5, S. 193-199, 1999

[HORV 94]   Horváth, P.: Controlling, 5. Auflage, Vahlen Verlag, München, 1994

[HORV 98a] Horváth, P.; Gleich, R.: Die Balanced Scorecard in der produzierenden Industrie, in: Zeitschrift für wirtschaftlichen Fabrikbetrieb, 93. Jg., Heft 11, S. 562-568, 1998

[HORV 98b] Horváth, P.; Kaufmann, L.: Balanced Scorecard – ein Werkzeug zur Umsetzung von Strategien, in: Harvard Business Manager, Heft 5, S. 39-48, 1998

[HUNG 95]   Hungenberg, H.: Zentralisation und Dezentralisiation: strategische Entscheidungsverteilung in Konzernen, Habilitation Universität Giessen, Gabler Verlag, Wiesbaden, 1995

[ISO 1303-11]   N.N.: Industrial automation systems and integration – Product data representation and exchange – part 11: The EXPRESS language reference manual, ISO 1303-11, 1994

[JAES 93]   Jaeschke, P.; Oberweis, A.; Stucky, W.: Extending ER Model Clustering by Relationship Clustering, in: Elsmari, R. A.; Kouramajian, V.; Thalheim, B. (Hrsg.): Entity-Relationship Approach – ER'93, Springer Verlag, Berlin, 1993

[KAH 94]   Kah, A.: Profit-Center Steuerung, Dissertation Universität München, Schäffer-Poeschel Verlag, Stuttgart, 1994

[KALD 98]   Kaldewei, R.: Profitcenterstrukturen und innerbetriebliche Verrechnung, in: KRP Sonderheft 1, S.: 31-34, 1998

[KAPL 92]   Kaplan, R. S.; Norton, D. P.: The Balanced Scorecard – Measures that Drive Performance, in: Harvard Business Review, Heft 1, S. 71-79, 1992

[KAPL 93]	Kaplan, R. S.; Norton, D. P.: Putting the Balanced Scorecard to Work, in: Harvard Business Review, Heft 5, S. 134-147, 1993
[KELL 84]	Keller, R.; Ordelheide, D.: Interne Bereichsergebnisrechnung, in: zfbf Sonderheft Planungs- und Kontrollrechnung im internationalen Konzern, Verlagsgruppe Handelsblatt, Düsseldorf, Frankfurt, 1984
[KERN 92]	Kern, W.; Schröder, H.-H.: Organisation der Forschung, in: Frese, E. (Hrsg.): Handwörterbuch der Organisation, 3. Auflage, Poeschel Verlag, Stuttgart, 1992
[KERW 00]	Kerwat, H. K.: Qualitätsoptimierung von Serienprodukten, Dissertation RWTH Aachen, Shaker Verlag, Aachen, 2000
[KIES 93]	Kieser, A.: Organisationsstruktur, in: Hauschildt, J.; Grün, O. (Hrsg.): Ergebnisse empirischer betriebswirtschafticher Forschung, Schäffer-Poeschel, Stuttgart, 1993
[KIEL 99]	Kiesel, M.; Renninger, W.: Roots of the corporate success, Balanced Scorecard als Trainingsprogramm für den Unternehmenserfolg, CSC Ploenzke AG, Wiesbaden, 1999
[KILI 91]	Killian, H.: Organisation industrieller Forschung und Entwicklung, Verlag an der Lottbek, Ammersbek bei Hamburg, 1991
[KIKU 92]	Kieser, A.; Kubicek, H.: Organisation, 3. Auflage, de Gruyter, Berlin, New York, 1992
[KNEE 95]	Kneerich, O.: F&E – Abstimmung von Strategie und Organisation, Erich Schmidt Verlag, Berlin, 1995
[KÖHL 92]	Köhler, R.: Absatzorganisation, in: Frese, E. (Hrsg): Handwörterbuch der Organisation, 3. Auflage, Poeschel, Stuttgart, 1992
[KÖNG 94]	König, S.: Strukturierung von Organisation und Produktion bei Typen- und Variantenvielfalt, in: io Management, Heft 3, S. 64-68, 1994
[KÖNI 93]	König, W.; Wolf, S.: Objektorientierte Software- Entwicklung – Anforderungen an das Informationsmanagement, in: Scheer, A.-W. (Hrsg.): Handbuch Informationsmanagement, Gabler Verlag, Wiesbaden, 1993
[KOSI 76]	Kosiol, E.: Organisation der Unternehmung, 2. Auflage, Gabler Verlag, Wiesbaden, 1976

[KRAH 99]	Krah, O.: Anwendungsorientiertes Prozeßmodell zur Unterstützung umfassender prozeßorientierter Veränderungsprojekte, Dissertation RWTH Aachen, Shaker Verlag, 1999
[KRAL 99]	Krallmann, H.; Frank, H.; Gronau, N.: Systemanalyse im Unternehmen, 3. Auflage, Oldenbourg Verlag, München, Wien, 1999
[KRAM 77]	Kramer, N. J. T. A.; de Smit, J.: Sytems Thinking – concepts and notions, Verlag Martinus Nijhoff Social Sciences Division, Leiden, 1977
[KRAR 94]	Kramer, F.; Kramer, M.: Modulare Unternehmensführung, Springer Verlag, Berlin, Heidelberg, 1994
[KREU 97a]	Kreuter, A.; Solbach, B.: Die rechtliche Verselbständigung von Profit-Centern, Ergebnisse einer empirischen Studie, in: Zeitschrift für Organisation, Heft 4, S. 224-230, 1997
[KREU 97b]	Kreuter, A.: Verrechnungspreise in Profit-Center-Organisationen, Dissertation Universität Mannheim, Hampp Verlag, Müchen, Mering, 1997
[KREU 98]	Kreuter, A.: Interne vs. Externe Leistungsabwicklung in Profit-Center-Organisationen- Ein Blick hinter die Kulissen, in: zfbf, 50 Jg., Heft 6, S. 573 –587, 1998
[KRÜG 92]	Krüger, W.: Organisationsmethodik, in: Frese, E. (Hrsg): Handwörterbuch der Organisation, 3. Auflage, Poeschel, Stuttgart, 1992
[KRZE 93]	Krzepinski, A.: Ein Beitrag zur methodischen Modellierung betrieblicher Informationsverarbeitungsprozesse, Dissertation Universität Karlsruhe, Shaker Verlag, Aachen, 1993
[KULL 98]	Kullmann, G.; Kühl, S.: Der Krieg zwischen dezentralen Einheiten im Unternehmen, in: io-management, Heft 6, S. 42-47, 1998
[KUMA 90]	Kumar, B. N.: Kulturabhängigkeit von Anreizsystemen, in: Schanz, G. (Hrsg.): Handbuch Anreizsysteme, Poeschel Verlag, Stuttgart, 1990
[KUNE 97]	Kunerth, W.: Wandlungsfähige Produktion, in: Gesellschaft für Fertigungstechnik (Hrsg.): Innovation durch Technik und Innovation FTK´97, Springer Verlag, Berlin, 1997

[KÜPP 97]   Küpper, H.-U.: Controlling: Konzepte, Aufgaben und Instrumente, 2. Auflage, Schäffer Poeschel Verlag, Stuttgart, 1997

[LAEN 93]   Laender, A. H. F.; Flynn, D. J.: A semantic comparison of the modelling capabilities of the ER and NIAM models, in: Elsmari, R. A.; Kouramajian, V.; Thalheim, B. (Hrsg.): Entity-Relationship Approach – ER'93, Springer Verlag, Berlin, 1993

[LANG 95]   Lang, S. M.; Lockemann, P. C.: Datenbankeinsatz, Springer Verlag, Berlin, Heidelberg, 1995

[LARK 96]   Larkin, T.J.; Larkin, S.: Reaching and changing frontline employees, in: Harvard Business Review, May-June, S. 95-106, 1996

[LAUX 97]   Laux, H.; Liermann, F.: Grundlagen der Organisation: die Steuerung von Entscheidungen als Grundproblem der Betriebswirtschaftslehre, 4. Auflage, Springer Verlag, Berlin, Heidelberg, 1997

[LAUX 98]   Laux , H.: Entscheidungstheorie, 4. Auflage, Springer Verlag, Berlin, Heidelberg, 1998

[LAWR 69]   Lawrence, P. R.; Lorsch, J. W.: organization and environment, Homewood, IL., 1969

[LEHM 74]   Lehmann, H.; Fuchs, H.: Probleme einer systhemtheoretisch-kybernetischen Untersuchung betrieblicher Systeme, in: Händle, F.; Jensen, S. (Hrsg.): Systemtheorie und Systemtechnik, Nymphenburger Verlagshandlung, München, 1974

[LOOS 92]   Loos, P.: Datenstrukturierung in der Fertigung, Oldenbourg Verlag, München, Wien, 1992

[MACH 92]   Macharzina, K.: Organisation des Rechnungswesens, in: Frese, E. (Hrsg.): Handwörterbuch der Organisation, 3. Auflage, Poeschel Verlag, Stuttgart, 1992

[MART 99]   Martens, J.: Statistische Datenanalyse mit SPSS, Oldenbourg, München, 1999

[MAYE 96]   Mayer, R.: Auftragsabwicklungszentren als Ergebnis radikaler Neugestaltung von Prozessen, in: controller magazin, Heft 1, S. 31-34, 1996

[MENZ 73]   Menz, W.-D.: Die Profit Center Konzeption, Verlag Paul Haupt, Bern, 1973

[MERT 94]	Mertins, K.; Süssenguth, W.; Jochem, R.: Modellierungsmethoden für rechnerintegrierte Produktionsprozesse- Unternehmensmodellierung, Softwareentwurf, Schnittstellendefinition, Simulation, Hanser Verlag, München, Wien, 1994
[MICH 87]	Michel, K.: Technologie im strategischen Management, Erich Schmidt Verlag, Berlin, 1987
[MILB 97]	Milberg, J.: Produktion – Eine treibende Kraft für unsere Volkswirtschaft, in: Reinhart, G.; Milberg, J. (Hrsg.): Mit Schwung zum Aufschwung, Verlag Moderne Industrie, Landsberg/Lech, 1997
[MIRO 96]	Mirow, M.; Aschenbach, M.; Liebig, O.: Governance Structures im Konzern, in: Zeitschrift für Betriebswirtschaft, Ergänzungsheft 3, S. 125-143, 1996
[MITT 90]	Mittermeir, R.: Requirements Engineering, in: Kurbel, K.; Strunz, H. (Hrsg.): Handbuch Wirtschaftsinformatik, Poeschel Verlag, Stuttgart, 1990
[MÜLA 98]	Müller, A.: Umfassende Marktorientierung der Unternehmung mit Hilfe des Center-Konzepts, in: Kostenrechnungspraxis, Heft 6, S. 343-347, 1998
[MÜLL 97]	Müller, W.: Metamodellierung als Instrument der Verknüpfung von Unternehmensmodellen, Dissertation Technische Universität Berlin, Verlag Druckhaus Berlin-Mitte, Berlin
[MOK 96]	Mok, W. Y.; Embley, D.: Transforming conceptual models to object-oriented database designs, in: Thalheim, B. (Hrsg.): Conceptual Modeling, Springer Verlag, Berlin, Heidelberg, 1996
[MORO 98]	Moron, O.: Unterstützung strategischer Entscheidungen in produzierenden Unternehmen, Dissertation RWTH Aachen, Shaker Verlag, 1998
[NEDE 97]	Nedeß, C.: Organisation des Produktionsprozesses, Teubner Verlag, Stuttgart, 1997
[NEUF 96]	Neuhof, B.: Management-Erfolgskontrolle im dezentral divisionalen Unternahmen, in: der Betriebswirt, Heft 3, S. 16-23, 1996

[NEUH 99]   Neuhaus, K.: Strategischer Einsatz von Informationstechnologie zur Wertsteigerung eines Unternehmens, Vortrag am Fraunhofer Institut für Produktionstechnologie Aachen am 7.06.1999

[NIJS 89]   Nijssen, G. M.; Halpin, T. A.: Conceptual Schema and Relational Database Design: a fact oriented approach, Prentice Hall, New York, London, Toronto, 1989

[NITZ 96]   von Nitzsch, R.: Entscheidungslehre, 3. Auflage, Augustinus Verlag, Aachen, 1996

[NOLT 99]   Nolte, H.: Organisation – ressourcenorientierte Unternehmensgestaltung, Oldenbourg Verlag, München, 1999

[NORD 34]   Nordsieck, F.: Grundlagen der Organisationslehre, Poeschel Verlag, Stuttgart, 1934

[ÖSTE 90]   Österle, H.: Entwurfssprache, in: Mertens, P. (Hrsg.): Lexikon der Wirtschaftsinformatik, 2. Auflage, Springer Verlag, Berlin, Heidelberg, 1990

[OSSA 99]   Ossadnik, W.: Planung und Entscheidung, in: Corsten, H.; Reiß, M. (Hrsg.): Betriebswirtschaftslehre, 3. Auflage, Oldenbourg Verlag, München, Wien, 1999

[PATZ 82]   Patzak, G.: Systemtechnik – Planung komplexer innovativer Systeme, Springer Verlag, Berlin, Heidelberg, 1982

[PELZ 99]   Pelzer, W.: Methodik zur Identifizierung und Nutzung technologischer Potentiale, Dissertation RWTH Aachen, Shaker Verlag, Aachen, 1999

[PERI 87]   Perillieux, R.: Der Zeitfaktor im strategischen Technologiemanagement, Erich Schmidt Verlag, Berlin, 1987

[PFEI 96]   Pfeifer, T.: Qualitätsmanagement, Strategien – Methoden – Techniken, 2. Auflage, Hanser Verlag, München, 1996

[PFEL 99]   Pfeilschifter, P.: Performance Management in der ABB Schweiz – Balanced Scorecard, Vortrag im Rahmen der IIR Konferenz Performance Management, Berlin, 06.-08.12.1999

[PFER 97]   Pfersdorf, I.: Entwicklung eines systematischen Vorgehens zur Organisation des industriellen Service, Dissertation TU München, Springer Verlag, Berlin, Heidelberg, New York, 1997

Literaturverzeichnis 145

[PFOH 97]   Pfohl, H.-C.; Stölzle, W.: Planung und Kontrolle – Konzeption, Gestaltung, Implementierung, 2. Auflage, Verlag Vahlen, München, 1997

[PICO 99a] Picot, A.; Dietl, H.; Franck, E.: Organisation, eine ökonomische Perspektive, 2. Auflage, Schäffer Peoschel, Stuttgart, 1999

[PICO 99b] Picot, A.; Freudenberg, H.; Gassner, W.: Die neue Organisation – ganz nach Maß geschneidert, in: Harvard Business Manager, Heft 5, S. 46-58, 1999

[POLH 96]   Pollack, H.; Zeckhauser, R.: Budgets as dynamic gatekeepers, in: Management Science, No. 5, S. 642-657, 1996

[POLL 95]   Pollak, A.: Entwicklung eines Informationsystems zur strategischen Planung des Werkzeugbaus, Dissertation RWTH Aachen, Shaker Verlag, 1995

[POMB 93]   Pomberger, G.; Blaschek, G.: Software Engineering, Prototyping und objektorientierte Software Entwicklung, Carl Hanser Verlag, München, 1993

[PORT 97a] Porter, M. E.: Wettbewerbsstrategie – Methoden zur Analyse von Branchen und Konkurrenten, 9. Auflage, Campus Verlag, Frankfurt, New York, 1997

[PORT 97b] Porter, M. E.: Nur Strategie sichert auf Dauer hohe Erträge, in: Harvard Business Manager, Heft 3, S. 42-58, 1997

[POSS 99]   Possekel, M.: Controlling mit der Balanced Scorecard in einem Dienstleistungsunternemen, Vortrag im Rahmen der IIR Konferenz Performance Management, Berlin, 06.-08.12.1999

[PRAH 91]   Prahalad, C. K.; Hamel, G.: Nur Kernkompetenzen sichern das Überleben, in Harvard Business Manager, Heft 2, S. 66-78, 1991

[PROB 91]   Probst, G. J. B.; Gomez, P.: Vernetztes Denken – ganzheitliches Führen in der Praxis, 2. Auflage, Gabler, Wiesbaden, 1991

[PÜMP 83]   Pümpin, C.: Management strategischer Erfolgspositionen: das SEP-Konzept als Grundlage wirkungsvoller Unternehmensführung, 2. Auflage, Haupt Verlag, Bern, Stuttgart, 1983

[RASC 94]   Rasche, C.: Wettbewerbsvorteile durch Kernkompetenzen – ein ressourcenorientierter Ansatz, Dissertation Universität Bayreuth, Gabler Verlag, Wiesbaden, 1994

[REIS 92]	Reiß, M.: Mit Blut, Schweiß und Tränen zur schlanken Organisation, in: Harvard Business Manager, Heft 2, S. 57-62, 1992
[REIS 94]	Reiß, M.; Höge, R.: Schlankes Controlling in segmentierten Unternehmen, in: Betriebswirtschaftliche Forschung und Praxis, Band 46, Heft 3, S. 210-224, 1994
[REIS 97]	Reis, M.: Ein neuer Mittelstand entsteht, in Harvard Business Manager, Heft 4, S. 115-122, 1997
[REIS 99]	Reiß, M.: Führung, in: Corsten, H.; Reiß, M. (Hrsg.): Betriebswirtschaftslehre, 3. Auflage, Oldenbourg Verlag, München, Wien, 1999
[REMI 92]	Remitschka, R.: Erhebungstechniken, in: Frese, E. (Hrsg.): Handwörterbuch der Organisation, 3. Auflage, Poeschel, Stuttgart, 1992
[RING 98a]	Ringbeck, J.: Wertsteigerung durch Wachstum in neuen Geschäften, in: Frankfurter Allgemeine Zeitung vom 16.11.1998
[RING 98b]	Ringbeck, J.: Unternehmen müssen sich kontinuierlich zu Wachstum verpflichten, in: Frankfurter Allgemeine Zeitung vom 23.11.1998
[RISC 80]	Rischmüller, G.: Die multiattributive Nutzentheorie- Ein Entscheidungshilfeverfahren bei mehrfacher Zielsetzung, in: zfbf, Nr. 32, S. 498-518, 1980
[ROPO 74]	Ropohl, G.: Systemtechnik als umfassende Anwendung kybernetischen Denkens, in: Händle, F.; Jensen, S. (Hrsg.): Systemtheorie und Systemtechnik, Nymphenburger Verlagshandlung, München, 1974
[ROTO 89]	Roters, M.: Komplexität und Dynamik als Einflußgrößen der Effizienz von Organisationen – eine empirische Untersuchung, Verlag Peter Lang, Frankfurt, 1989
[RUMB 91]	Rumbaugh, J.; Blaha, M.; Premerlani, W.; Eddy, F.; Lorensen, W.: Object-Oriented Modelling and Design, Prentice Hall Inc., Englewood Cliffs, New Yersey, 1991
[SAAT 80]	Saaty, T. L.: The Analytic Hierarchy Process, McGraw Hill, New York, St. Louis, 1990

Literaturverzeichnis

[SAGE 91]	Sage, A. P.: Decision support systems engineering, John Wiley Publishers, New York, Chister, 1991
[SALI 98]	Saliger, E.: betriebswirtschaftliche Entscheidungstheorie, 4. Auflage, Oldenbourg Verlag, München, Wien, 1998
[SCEE 93]	Scheer, A.-W.: ARIS – Archtiektur integrierter Informationssysteme, in: Scheer, A.-W. (Hrsg.): Handbuch Informationsmanagement, Gabler Verlag, Wiesbaden, 1993
[SCEE 94]	Scheer, A.-W.: Wirtschaftsinformatik: Referenzmodelle für industrielle Geschäftsprozesse, 5. Auflage, Springer Verlag, Berlin, Heidelberg, 1994
[SCER 98]	Schertler, W.: Unternehmensorganisation: Lehrbuch der Organisation und strategischen Unternehmensführung, 7. Auflage, Oldenbourg Verlag, München, Wien, 1998
[SCHA 92]	Schanz, G.: Organisation, in: Frese, E. (Hrsg.): Handwörterbuch der Organisation, 3. Auflage, Poeschel Verlag, Stuttgart, 1992
[SCHA 94]	Schanz, G.: Organisationsgestaltung – Management von Arbeitsteilung und Koordination, 2. Auflage, Verlag Vahlen, München, 1994
[SCHE 94]	Schenck, D.; Wilson, P.: Information Modeling the EXPRESS Way, Oxford University Press, New York, Oxford, 1994
[SCHI 98]	Schierenbeck, H.: Grundzüge der Betriebswirtschaftslehre, 13. Auflage, Oldenbourg Verlag, München, Wien, 1998
[SCHK 94]	Schildknecht, R.: Human Ressources als Grundlage der Kompetenzverlagerung – Die strategische Bedeutung von Human Resources bei der Unternehmenssegmentierung durch dezentrale Strukturen, in: 13. IAO Arbeitstagung: Neue Impulse für eine erfolgreiche Unternehmensführung, Band T 43, S. 213-228, Springer Verlag, Berlin, 1994
[SCHM 85]	Schmidt, B.: Systemanalyse und Modellaufbau – Grundlagen der Simulationstechnik, Springer Verlag, Berlin, Heidelberg, 1985
[SCHN 90a]	Schneeweiß, C.: Kostenwirksamkeitsanalyse, Nutzwertanalyse und Multi-Attributive Nutzentheorie, in: WiSt, Heft 1, S. 13-18, 1990

[SCHN 90b]	Schneeweiß, C.: Beispiele zum Verständnis der Nutzwertanalyse und der Multi-Attributiven Nutzentheorie, in: WiSt, Heft 1, S. 50-52, 1990
[SCHR 99]	Schreyögg, G.: Organisation – Grundlagen moderner Organsationsgestaltung, 3. Auflage, Gabler Verlag, 1999
[SCHT 87]	Schmidt, J. W.: Datenbankmodelle, in: Lockemann, C.; Schmidt, J. W. (Hrsg.): Datenbankhandbuch, Springer Verlag, Berlin, Heidelberg, 1987
[SCHU 89]	Schuh, G.: Gestaltung und Bewertung von Produktvarianten, Ein Beitrag zur systematischen Planung von Serienprodukten, Dissertation RWTH Aachen, VDI-Verlag, Düsseldorf, 1989
[SCHU 96]	Schuh, G.: Strategisches Produktionsmanagement, in: Eversheim, W.; Schuh, G. (Hrsg.): Betriebshütte – Produktion und Management, Springer Verlag, Berlin, Heidelberg, New York, 1996
[SCHU 97]	Schuh, G.; Katzy, B.; Eisen, S.: Der Praxistest ist bestanden, in: Gablers Magazin, H. 3, S. 8-11, 1997
[SCHU 98]	Schuh, G.; Millarg, K.; Göransson, A.: Virtuelle Fabrik: Neue Marktchancen durch dynamische Netzwerke, Hanser Verlag, München, 1998
[SCHU 99]	Schuh, G.; Güthenke, G.: Das modifizierte EFQM-Modell zur Anwendung bei Virtuellen Fabriken, in: Industrie Managment, Heft 3, S. 19-24, 1999
[SCHW 92]	Schweitzer, M.: Profit Center, in: Frese, E. (Hrsg): Handwörterbuch der Organisation, 3. Auflage, Poeschel, Stuttgart, 1992
[SEID 97]	Seidenschwarz, W.: Ergebnis- und markorientierte Unternehmenssteuerung – Fokussieren auf Kunden, Prozesse und Profitabilität, in: Gleich, R.; Seidenschwarz, W. (Hrsg.): Die Kunst des Controlling, Vahlen Verlag, München, 1997
[SHLA 96]	Shlaer, S.; Mellor, S. J.: Objektorientierte Systemanalyse, Hanser Verlag, Prentice Hall International, München, London, 1996
[SIHN 92]	Sihn, W.: Ein Informationssystem für Instandhaltungsleitstellen, Dissertation, Universität Stuttgart, Springer Verlag, Berlin, 1992

Literaturverzeichnis 149

[SIHN 94]   Sihn, W.: Fraktale Instandhaltung – das Konzenpt der dezentralen Anlagen- und Prozeßverantwortung, in: o.V.: Zukunftssicherung durch Innovation, 9. Stuttgarter fertigungstechnisches Kolloquium, Springer Verlag, Berlin, Heidelberg, S. 348-352, 1994

[SIHN 95]   Sihn, W.: Unternehmensmanagement im Wandel: Erfolg durch Kunden-, Mitarbeiter- und Prozeßorientierung, Hanser Verlag, München, 1995

[SIHN 96]   Sihn, W.: Instandhaltung von Produktionssystemen, in: Eversheim, W.; Schuh, G. (Hrsg.): Betriebshütte – Produktion und Management, Springer Verlag, Berlin, Heidelberg, New York, 1996

[SINZ 97]   Sinz, E. J.: Architektur von Informationssystemen, in: Rechenberg, P.; Pomberger, G. (Hrsg.): Informatik-Handbuch, Hanser Verlag, München, Wien, 1997

[SOMM 83]   Sommerlatte, T.; Walsh, I. S.: Das strategische Management von Technologien, in: Töpfer, A.; Ahlfeld, H. (Hrsg.): Praxis der strategischen Unternehmensplanung, Metzner, Frankfurt, 1983

[SOMM 98]   Sommerlatte, T.: Wachstum und Neugeschäft durch Innovation, in: Barske, H. et al. (Hrsg.): Das innovative Unternehmen, Gabler Verlag, Wiesbaden, 1998

[SPEC 95]   Specht, G.: Institutionalisierung eines Technologiemanagement, in: Zahn, E. (Hrsg.): Handbuch Technologiemanagement, Schaeffer-Poeschel, Stuttgart, 1995

[SPUR 93]   Spur, G.; Mertins, K.; Jochem, R.: Integrierte Unternehmensmodellierung, Beuth Verlag, Berlin, Wien, Zürich, 1993

[SPUR 94]   Spur, G.; Stöferle, T.: Handbuch der Fertigungstechnik, Fabrikbetrieb, Band 6, Carl Hanser Verlag, München, Wien, 1994

[SPUR 98]   Spur, G.: Technologie und Management: zum Selbstverständnis der Technikwissenschaft, Carl Hanser Verlag, München, 1998

[STAC 73]   Stachowiak, H.: Allgemeine Modelltheorie, Springer Verlag, Wien, 1973

[STAE 88]   Staehelin, E.: Investitionsentscheide in industriellen Unternehmungen – Ergebnisse einer Umfrage, Verlag Rüegger, Grüsch (CH), 1988

[STAH 97]	Stahlknecht, P.: Einführung in die Wirtschaftsinformatik, 8. Auflage, Springer Verlag, Berlin, Heidelberg, New York, 1997
[STBU 96]	Statistisches Bundesamt: Pretest und Weiterentwicklung von Fragebögen, Metzler-Poeschel, Stutgart, 1996
[STICK 98]	Stickel, E.; Groffmann, H.-D.; Rau, K.-H.: Gabler Wirtschaftsinformatik Lexikon, Band 1, 2, Gabler Verlag, Wiesbaden, 1998
[STIE 96]	Stier, W.: Empirische Forschungsmethoden, Springer Verlag, Berlin, 1996
[SZUR 99]	Schulte-Zurhausen, M.: Organisation, 2. Auflage, Verlag Vahlen, München, 1999
[TEIC 77]	Teichroew, D.; Hershey, E. A.: PSL/ PSA – a computer aided technique for structured documentation and analysis of information processing systems modeling, in: IEEE Software Engineering, Heft 3, Seite 41-48, 1977
[TÖNS 98]	Tönshoff, H. K.; Sielemann, M.: Dezentralisierte –Auftragsabwicklung, in: Werkstattstechnik, Heft 3, S. 117-120, 1998
[TÜRK 92]	Türk, K.: Organisationssoziologie, in: Frese, E. (Hrsg): Handwörterbuch der Organisation, 3. Auflage, Poeschel, Stuttgart, 1992
[ULRI 76a]	Ulrich, P.; Hill, W.: Wissenschaftstheoretische Grundlagen der Betriebswirtschaftslehre (Teil I), in: Wirtschaftswissenschaftliches Studium, 5. Jg., Heft 7, S. 304 – 309, 1976
[ULRI 76b]	Ulrich, P.; Hill, W.: Wissenschaftstheoretische Grundlagen der Betriebswirtschaftslehre (Teil II), in: Wirtschaftswissenschaftliches Studium, 5. Jg., Heft 8, S. 345 – 350, 1976
[ULRH 91]	Ulrich, H.; Probst, G.: Anleitung zum ganzheitlichen Denken und Handeln: ein Brevier für Führungskräfte, 3. Auflage, Paul Haupt Verlag, Bern, Stuttgart, 1991
[VAHS 99]	Vahs, D.: Organisation – Einführung in die Organisationstheorie und –praxis, 2. Auflage, Schäffer-Poeschel, 1999
[VAZS 95]	Vazsonyi, A.: Decision Support Systems, in: Gass, I.; Harris, C. M. (Hrsg.): Encyclopedia of operations research and management science, Kluwer Academic Publishers, Boston, London, 1995

Literaturverzeichnis 151

[VDI 81]   VDI, Richtlinie 2212: Systematisches Suchen und optimieren konstruktiver Lösungen, VDI Verlag, Düsseldorf, 1981

[WAGE 98] Wagenhofer, A.: Ermittlung von Verrechnungspreisen für Profit Center, in: KRP Sonderheft 1, S. 23-29, 1998

[WARN 96] Warnecke, H.-J.: Die Fraktale Fabrik – Revolution der Unternehmenskultur, 2. Auflage, Springer Verlag, Berlin, 1996

[WARN 94] Warnecke, H.-J.: Der Produktionsbetrieb 1: Organisation, Produkt, Planung, Springer Verlag, Berlin, Heidelberg, 1994

[WARN 95a] Warnecke, H.-J.; Hüser, M.: Selbstorganisation im Produktionsbetrieb, in: ZWF, Heft 1-2, S. 12-16, 1995

[WARN 95b] Warnecke, H.-J. (Hrsg.): Aufbruch zum fraktalen Unternehmen Praxisbeispiele für neues Denken und Handeln, Springer Verlag, Berlin, 1995

[WATE 80] Waterman, R. H.; Peters, T. J.; Phillips, J. R.: Structure is not organization, in Business Horizons, 6, S. 14 - 26, 1980

[WATE 94] Waterman, R. H.: Die neue Suche nach Spitzenleistungen – Erfolgsunternehmen im 21. Jahrhundert, ECON-Verlag, Köln, 1994

[WEBE 92] Weber, P. W.; Polaschewski, E.: Marktorientierte Unternehmensführung mit Leistungs- und Ergebniszentren, Erich Schmidt Verlag, Berlin, 1992

[WEBR 92] Weber, M.: Nutzwertanalyse, in: Frese, E. (Hrsg.): Handwörterbuch der Organisation, 3. Auflage, Poeschel, Stuttgart, 1992

[WEIL 89] Weilenmann, P.: Dezentrale Führung: Leistungsbeurteilung und Verrechnungspreise, in: zfb, 59 Jg., Heft 9, S. 932-956, 1989

[WELL 97] Weller, A.; Carbon, M.; Fleig, J.; Schneider, R.: technische Unterstützung dezentraler Organisationsstrukturen, in: ZWF, Heft 10, S. 492-494, 1997

[WELL 99] Weller, A.: Dezentralisierung in produzierenden Unternehmen, in: Bullinger, H.-J.(Hrsg.): Effizientes Informationsmanagement in dezentralen Organisationsstrukturen, Springer Verlag, Berlin, Heidelberg, 1999

[WERD 98] v. Werder, A.: zur Begründung organisatorischer Gestaltungen, in: Glaser, H. et al. (Hrsg.): Organisation im Wandel der Märkte, Gabler Verlag, Wiesbaden, 1998

[WERD 99]	v. Werder, A.: Implementierung einer Center-Organisation, in: zfo, Heft 4, S. 226-230, 1999
[WERT 95]	Werth-Pape, J.; Tsumura, Y.; Herbermann, H.-J.: Reorganisation eines deutschen Maschinenbauunternehmens mit japanischen Impulsen, in: ZWF, Heft 1-2, S. 36-38, 1995
[WEST 94a]	Westkämper, E.; Laucht, O.: Dezentralität als Basisprinzip zeitgemäßer Unternehmensorganisation – Teil 1: Gestaltungsregeln und Strukturen, in: wt-Produktion und Management, S. 421-425, 1994
[WEST 94b]	Westkämper, E.; Handke, S.: Dezentralität als Basisprinzip zeitgemäßer Unternehmensorganisation – Teil 2: Erzeugnis und Prozeßgestaltung, in: wt-Produktion und Management, S. 491-495, 1994
[WEST 97]	Westkämper, E.; Handke, S.; Lohse, A.; Sixt, A.: Dezentrale Organisations- und Planungsstrukturen für Großprojekte, in ZWF, Heft 1-2, S. 22-25, 1997
[WEST 98]	Westkämper, E.; Wiendahl, H.-H.; Balve, P.: Dezentralisierung und Autonomie in der Produktion, in: ZWF, 93. Jg., Heft 9, S. 407-412, 1998
[WEST 99]	Westkämper, E.: Die Wandlungsfähigkeit von Unternehmen, in: Werkstatttechnik, Heft 4, S. 131-140, 1999
[WETE 97]	Wetekamp, W.: Profit-Center Organisation, Dissertation Universität Köln, Cuvillier Verlag, Göttingen, 1997
[WIEN 96]	Wiendahl, H.-P.: Veränderungen erfolgreich umsetzen, in: Wettbewerbsfaktor Produktionstechnik, VDI-Verlag, Düsseldorf, 1996
[WIEN 97]	Wiendahl, H.-P.: Betriebsorganisation für Ingenieure, 2. Auflage, Hanser Verlag, München, 1997
[WILD 92]	Wildemann, H.: Gestaltungsaspekte indirekter Funktionen in Fertigungssegmenten: Die Bestimmung des Autonomiegrads, in: Die Betriebswirtschaft, Heft 6, S. 777-801, 1992
[WILD 96a]	Wildemann, H.: Dezentralisierung von Kompetenzen und Verantwortung, in: Bullinger, H.-J.; Warnecke, H.-J.: Neue Organisationsformen im Unternehmen – Ein Handbuch für das moderne Management, Springer Verlag, Berlin, 1996

Literaturverzeichnis 153

[WILD 96b] Wildemann, H.: Qualitätsorganisation neu gestalten, in: Qualität und Zuverlässigkeit, Heft 12, S. 1393-1400, 1996

[WILD 98] Wildemann, H.: Die modulare Fabrik – Kundennahe Produktion durch Fertigungssegmentierung, Verlag TCW, München, 1998

[WILH 97] Wilhelm, B.: Organisation als Produktionsfaktor, in: Konferenzband des umformtechnischen Kolloquiums Darmstadt, Wege erkennen, Potentiale nutzen, 11.-12. März 1997

[WIND 96] Windsperger, J.: Transaktionskostenansatz der Entstehung der Unternehmensorganisation, Physica Verlag, Heidelberg, 1996

[WITE 92] Witte, E.: Entscheidungsprozesse, in: Frese, E. (Hrsg.): Handwörterbuch der Organisation, 3. Auflage, Poeschel Verlag, Stuttgart, 1992

[WITT 98] Wittlage, H.: Moderne Organisationskonzeptionen – Grundlagen und Gestaltungsprozeß, Vieweg, Braunschweig, 1998

[WÖHE 93] Wöhe, G.: Einführung in die allgemeine Betriebswirtschaftslehre, Verlag Vahlen, München 1993

[WOFF 98] Wolff, S.: Vergütung, in: Wirtschaftswoche, Heft 48, vom 19.11.1998

[WOLF 85] Wolf, M.: Erfahrungen mit der Profit-Center-Organisation, Europäische Hochschulschriften, Reihe 5, Verlag Peter Lang, Frankfurt am Main, Bern, 1985

[WOLR 91] Wolfrum, B.: Strategisches Technologiemanagement, Dissertation Universität Bayreuth, Gabler Verlag, Wiesbaden, 1991

[WOMA 94] Womack, J.; Jones, D.: Das schlanke Unternehmen: Ein Kosmos leistungsstarker Firmen, in: Harvard Business Manager, Heft 3, S. 84-93, 1994

[WOOD 65] Woodward, J.: Industrial organization: theory and practice, London, 1965

[ZAHN 95] Zahn, E.: Gegenstand und Zweck des Technologiemanagement, in: Zahn, E. (Hrsg.): Handbuch Technologiemanagement, Schaeffer-Poeschel, Stuttgart, 1995

[ZAHN 97] Zahn, E.; Dillerup, R.; Foschiani, D.: Ansätze zu einem ganzheitlichen Produktionsmanagement, in: Seghezzi, H. D. (Hrsg.): Ganzheitliche Unternehmensführung, Schäffer Poeschel, Stuttgart, 1997

[ZANG 76]	Zangemeister, C.: Nutzwertanalyse in der Systemtechnik, 4. Auflage, Wittman'sche Buchhandlung, München, 1976
[ZELE 99]	Zeleweski, S.: Grundlagen, in: Corsten, H.; Reiß, M. (Hrsg.): Betriebswirtschaftslehre, 3. Auflage, Oldenbourg Verlag, München, Wien, 1999
[ZÜST 97]	Züst, R.: Einstieg ins System Engineering – systematisch denken, handeln und umsetzen, Verlag Industrielle Organisation, Zürich, 1997
[ZIMM 91]	Zimmermann, H.-J.; Gutsche, L.: Multi-Criteria Analyse – Einführung in die Theorie der Entscheidungen bei Mehrfachzielsetzungen, Springer Verlag, Berlin, Heidelberg, 1991
[ZIMN 93]	Zimmermann, H. H.; Katzy, B. R.; Plötz, A. J.; Tanner, H.-R.: Integrierte Unternehmensmodellierung, in: io management, Heft 11, S. 67-72, 1993
[ZWFR 99]	Redaktion der Zeitschrift ZWF: Produktion und Arbeitsorganisation, in: ZWF, Heft 12, S. 703, 1999
[ZWIC 97]	Zwicker, E.: Entscheidungsunterstützungssysteme – ein neues Konzept der computerunterstützten Planung?, in: Hahn, D.; Taylor, B. (Hrsg.): Strategische Unternehmensplanung – strategische Unternehmensführung: Stand und Entwicklungstendenzen, 7. Auflage, Physica Verlag, Heidelberg, 1997

Verzeichnis der unveröffentlichten Diplomarbeiten, die zu dieser Dissertation beigetragen haben

Degen, H.:
Center-Gestaltung in der produzierenden Industrie – eine empirische Analyse möglicher Einflußfaktoren und ihrer Wirkungen, Diplomarbeit RWTH Aachen, 2000

Strachwitz, P.:
Center-Konzepte für die produzierende Industrie – Analyse der Schwachstellen von theoretischen Center-Konzepten sowie ihrer praktischen Anwendung und Erarbeitung von Optimierungsansätzen, Diplomarbeit RWTH Aachen, 1999

Winkelmann, G.:
Analyse von Einflußfaktoren zur Gestaltung von Center-Konzepten in der produzierenden Industrie, Diplomarbeit RWTH Aachen, 2000

Worku, T.:
Erarbeitung eines multikriteriellen Steuerungskonzeptes für dezentrale, kundenorientierte Organisationseinheiten, Diplomarbeit RWTH Aachen, 2000

ANHANG

A1 EXPRESS-G Symbolik

A2 EXPRESS-G Darstellung des Organisationsmodells

A3 Ishikawa-Diagramme zur Darstellung der Einflußfaktoren auf die Gestaltungsparameter des Stellgrößenmodells

A4 Abhängigkeitsmatritzen

A5 Zielmodelle für die Dimensionen der Balanced Scorecard

A6 Verknüpfung von Gestaltungsparametern und Zielen

A7 SADT-Modell des Regelmodells

A8 Fallbeispiel

A9 DV-Tool

A10 Fragebogen

X   Anhang

A1 EXPRESS-G SYMBOLIK

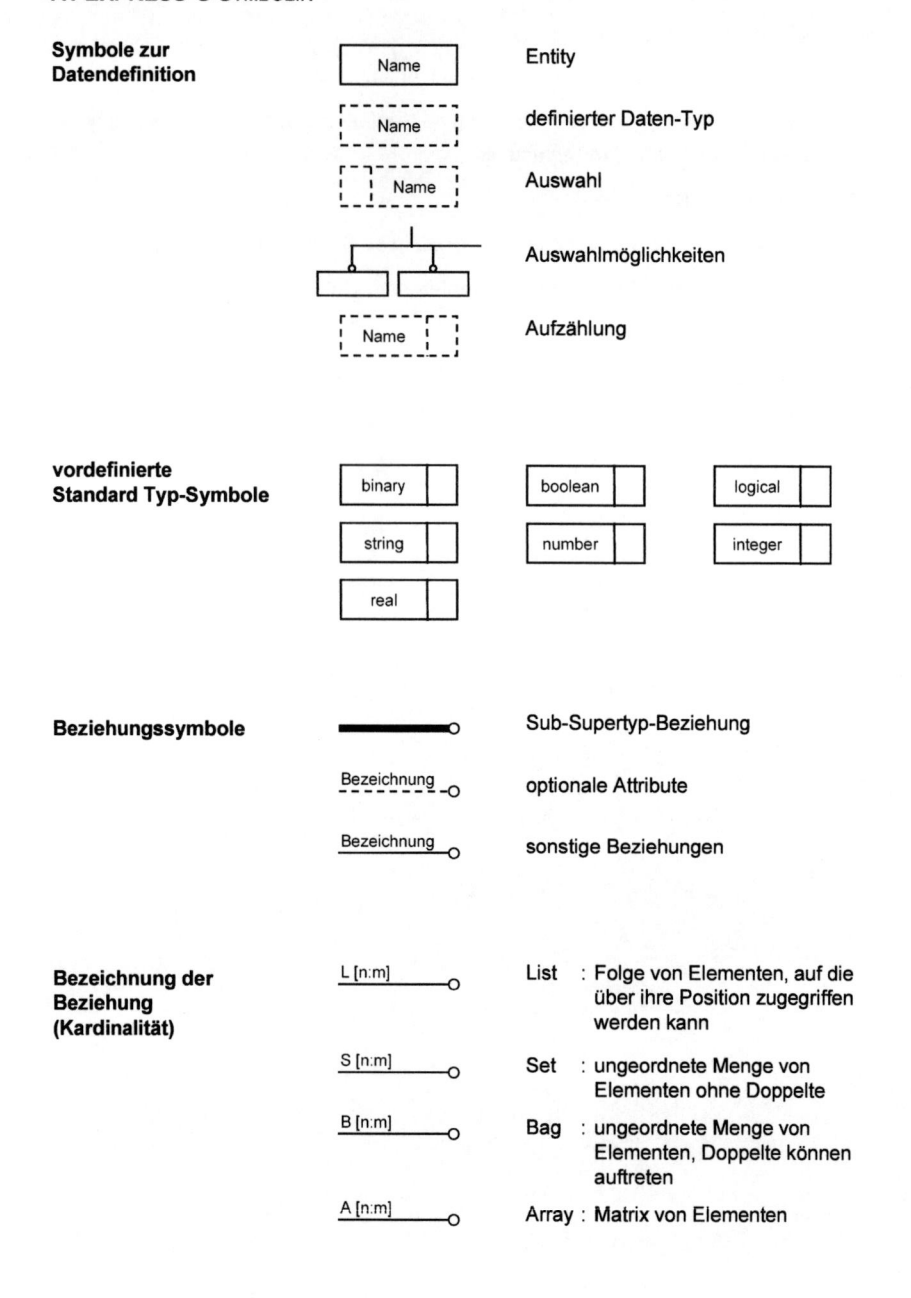

Symbole zur Datendefinition

- Name — Entity
- Name (gestrichelt) — definierter Daten-Typ
- Name — Auswahl
- (Symbol) — Auswahlmöglichkeiten
- Name — Aufzählung

vordefinierte Standard Typ-Symbole

binary	boolean	logical
string	number	integer
real		

Beziehungssymbole

- ━━━━━○ Sub-Supertyp-Beziehung
- Bezeichnung (gestrichelt) ─○ optionale Attribute
- Bezeichnung ─○ sonstige Beziehungen

Bezeichnung der Beziehung (Kardinalität)

- L [n:m] ─○ List : Folge von Elementen, auf die über ihre Position zugegriffen werden kann
- S [n:m] ─○ Set : ungeordnete Menge von Elementen ohne Doppelte
- B [n:m] ─○ Bag : ungeordnete Menge von Elementen, Doppelte können auftreten
- A [n:m] ─○ Array : Matrix von Elementen

Bezeichnung der Beziehung (Kardinalität) **- Fortsetzung -**	[n: m] [n: ?]	von n bis m mögliche Elemente von n bis unendlich viele Elemente

Verweise

          ⎯◯   Verweis auf eine andere Seite / ein anderes Modell

          o—◯   Verweis auf diese Seite / dieses Modell

Sub-Supertyp-Beziehungen

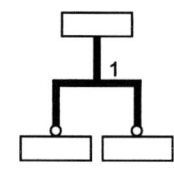

entweder-oder-Beziehung

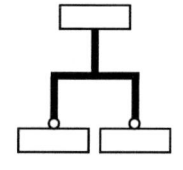

und-oder Beziehung

A2 EXPRESS-G DARSTELLUNG DES ORGANISATIONSMODELLS

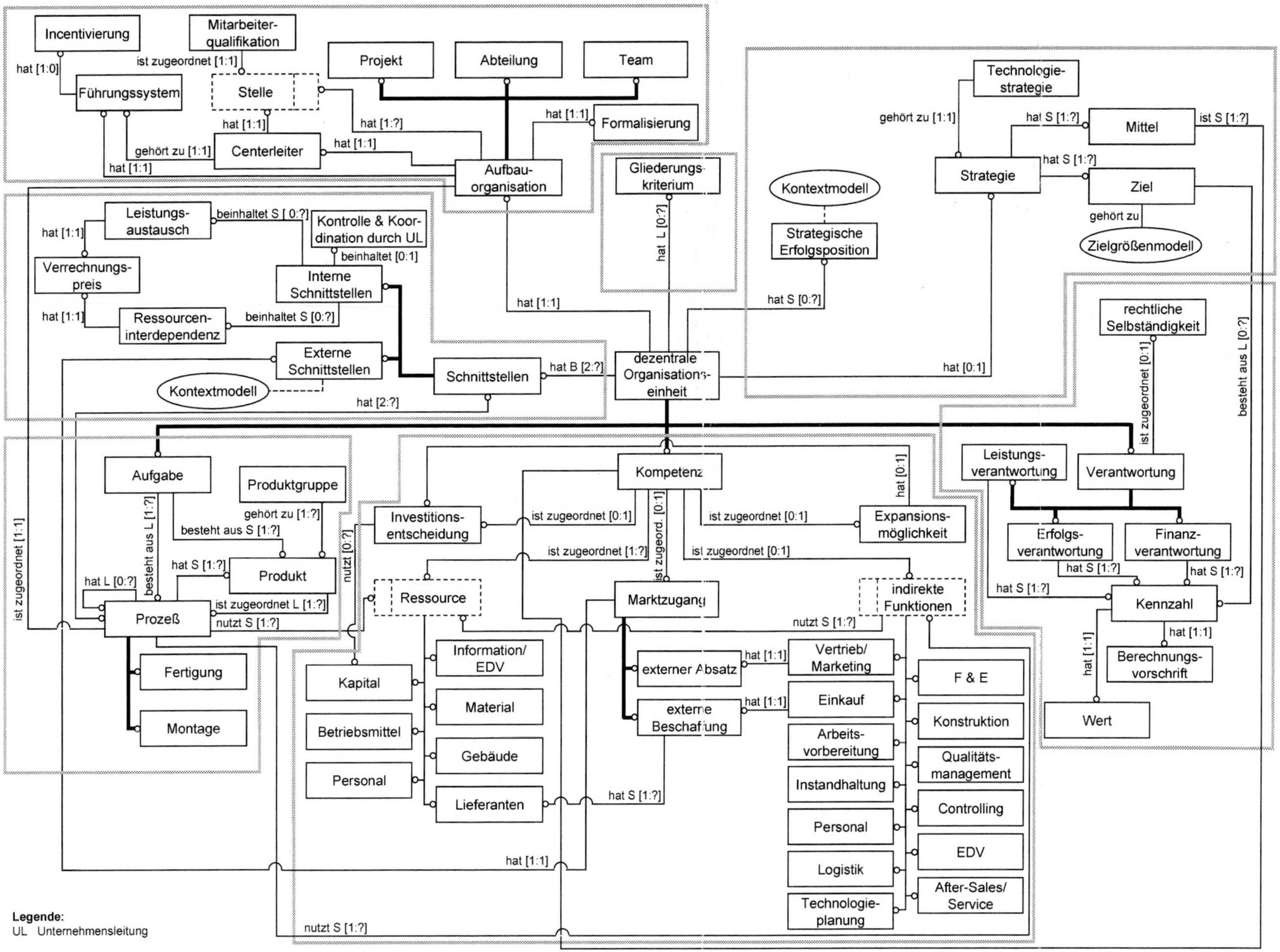

Legende:
UL Unternehmensleitung

Anhang XIII

A3 Ishikawa-Diagramme zur Darstellung der Einflußfaktoren auf die Gestaltungsparameter des Stellgrößenmodells

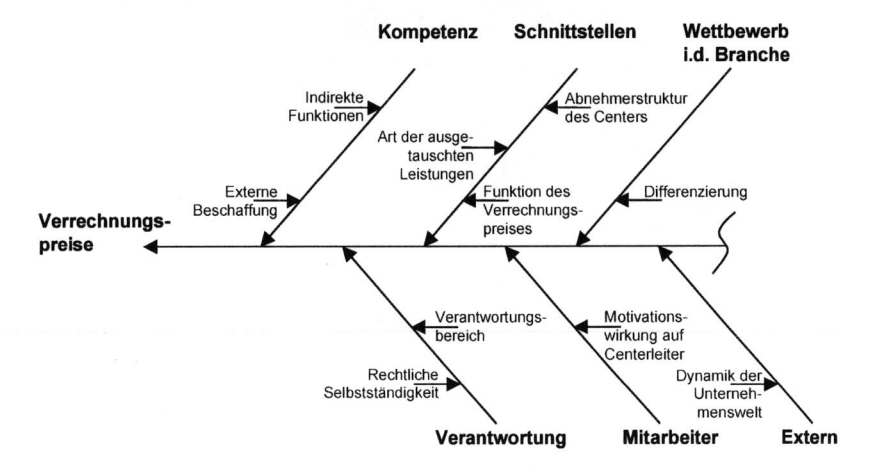

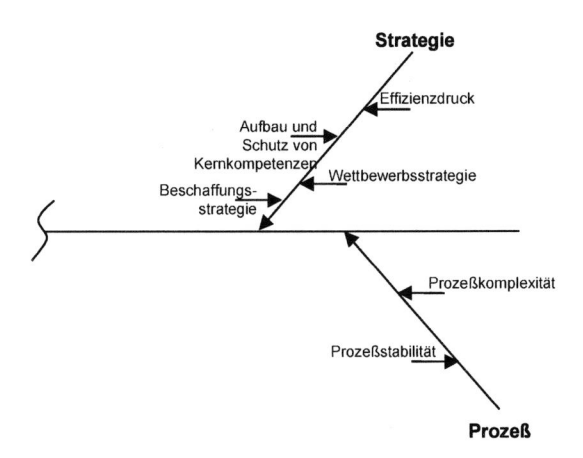

Bild A-1: Einflußfaktoren auf die Verrechnungspreise

Marktzugang Beschaffung

- Prozeß
  - Fertigungstiefe
  - Rechtliche Selbststänigkeit
  - Aufbau und Schutz von Kernkompetenzen
- Verantwortung
  - Verantwortungsbereich
  - Art des Verrechnungspreises
  - Effizienzdruck
- Mitarbeiter
  - Motivationswirkung auf Centerleiter

Strategie
- Beschaffungsstrategie
- Interdependenz am Beschaffungsmarkt

Schnittstellen
- Ressourceninterdependenzen

Extern
- Dynamik der Unternehmensumwelt

Wettbewerb i.d. Branche

Centergröße
- Größe der dezentralen Einheit
- Differenzierung

Kompetenz
- Investitionsentscheidung

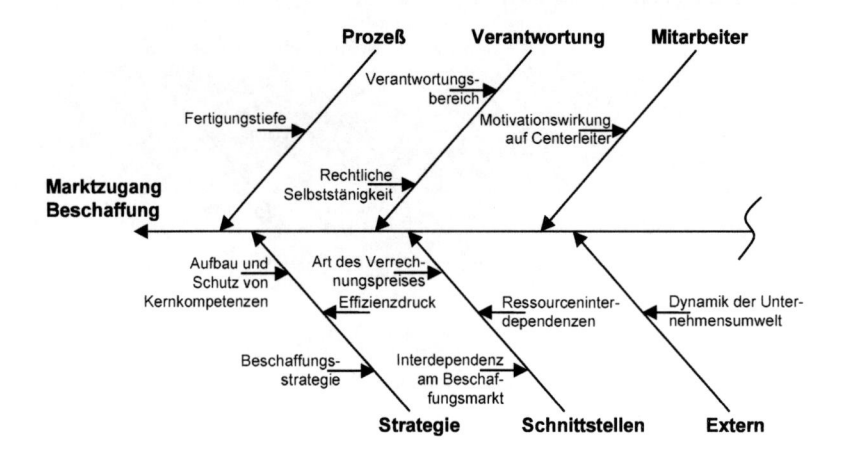

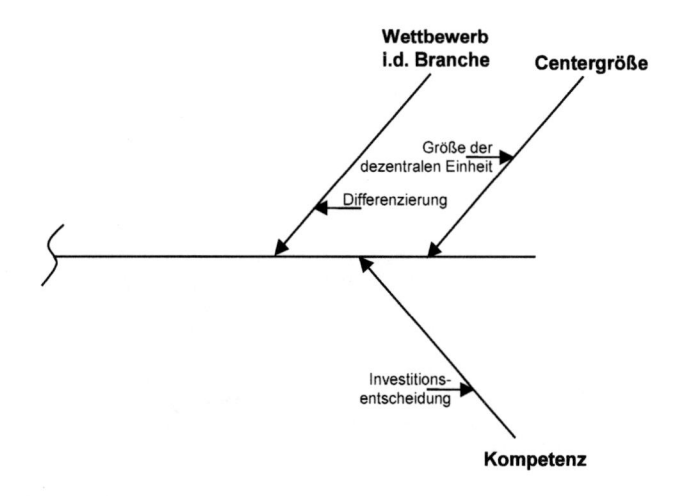

Bild A-2: Einflußfaktoren auf den Zugang zum Beschaffungsmarkt

Anhang XV

Verantwortung **Mitarbeiter** **Produkt**

Verantwortungs-
bereich

Motivationswirkung
auf Centerleiter

Anzahl der
Produkte

Rechtliche
Selbststänigkeit

**Marktzugang
Absatz**

Aufbau und
Schutz von
Kernkompetenzen

Abnehmer des
Centers
Effizienzdruck

Ausmaß interner
Nachfrageschwan-
kungen

Nutzung von
Skaleneffekten

Akzeptanz von
Verrechnungs-
preisen

Abhängigkeit
von Lieferungen
des Centers

Überschreitung
von sprungfixen
Kosten

Wachstums-
strategie

Kommunikation
mit der Zentrale

Verfügbarkeit
relevanter
Informationen

Strategie **Schnittstellen** **Prozeß**

Extern **Gliederungs-
kriterium**

Dynamik der
Unternehmens-
umwelt

Gliederung nach
Kundensegmenten

Gliederung nach
Absatzkanälen

Indirekte
Funktionen

Markteintritts-
barriere

Innovations-
strategie

Expansions-
möglichkeit

**Neue
Konkurrenten**

**Technologie-
strategie**

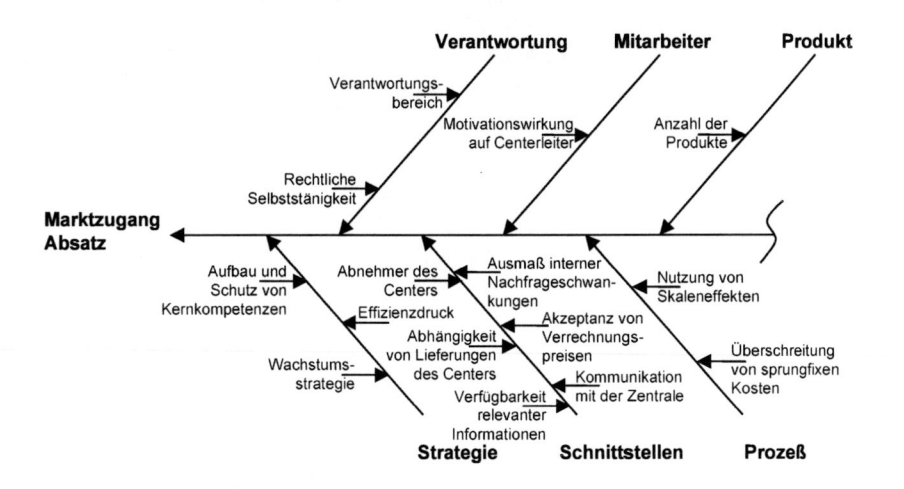

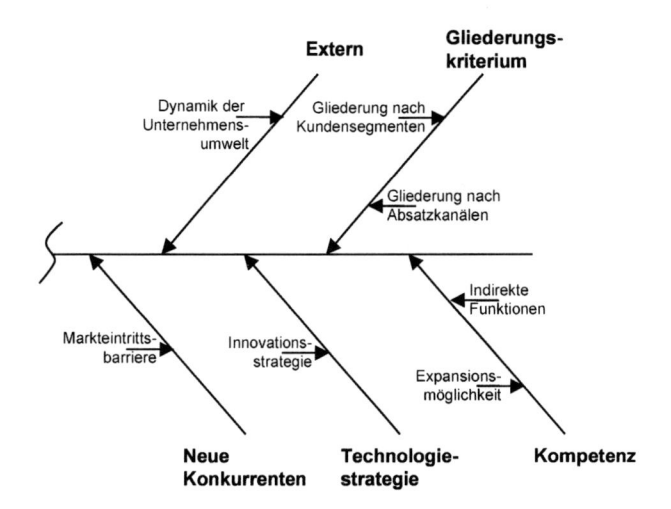

Kompetenz

Bild A-3:   Einflußfaktoren auf den Zugang zum Absatzmarkt

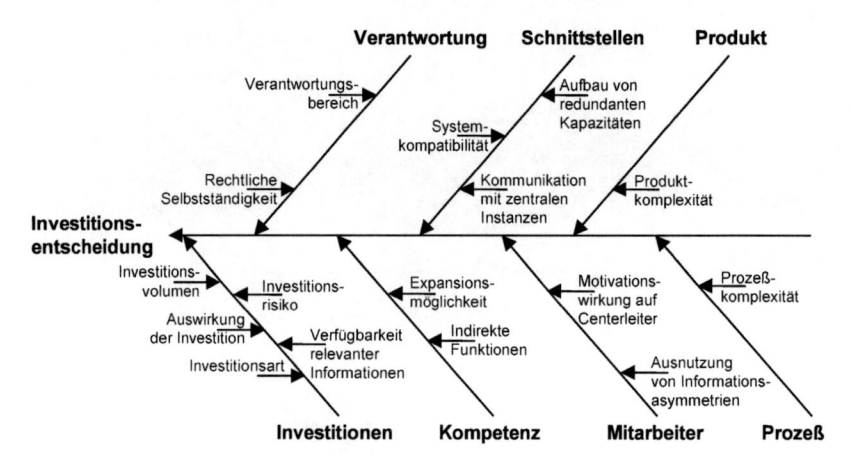

Bild A-4: Einflußfaktoren auf die Investitionsentscheidung

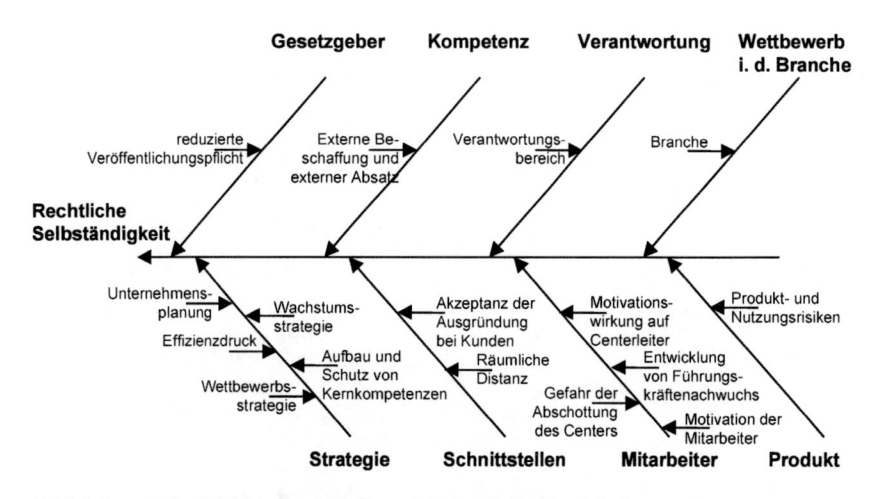

Bild A-5: Einflußfaktoren auf die rechtliche Selbständigkeit

Anhang XVII

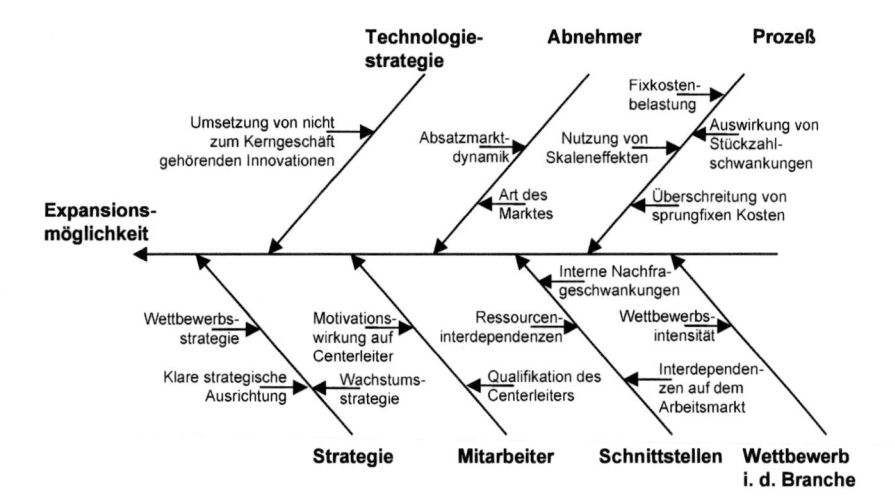

Bild A-6: *Einflußfaktoren auf die Expansionsmöglichkeit*

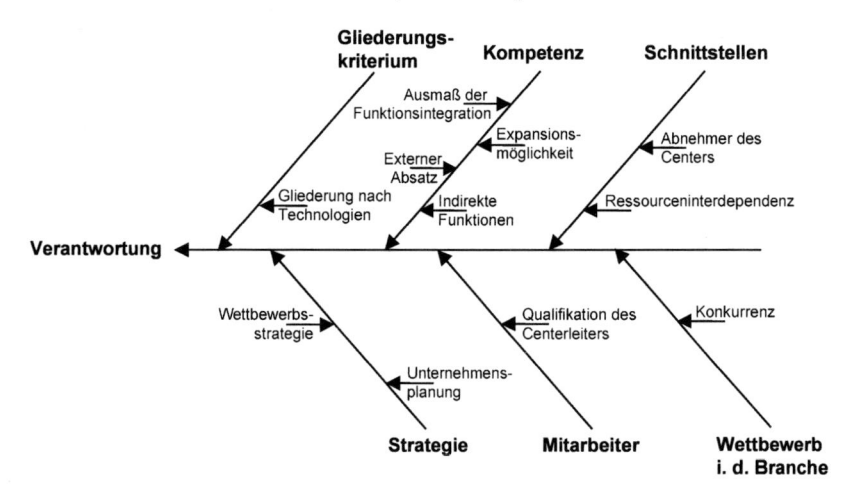

Bild A-7: *Einflußfaktoren auf den Verantwortungsbereich*

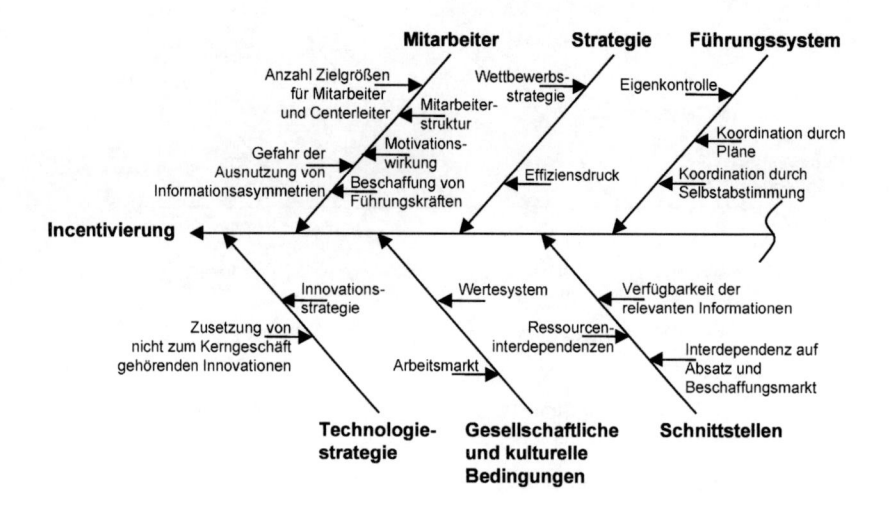

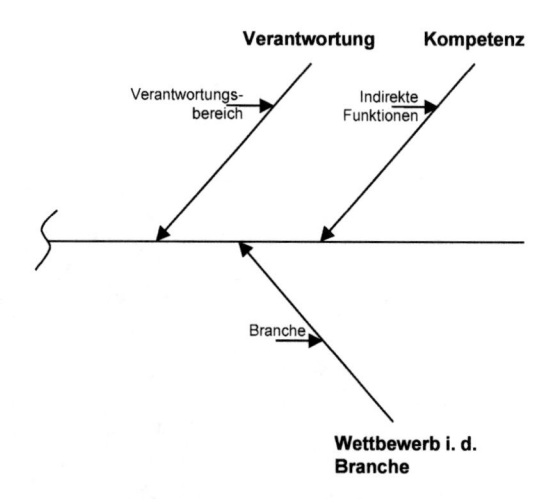

Bild A-8: Einflußfaktoren auf die Incentivierung

Anhang XIX

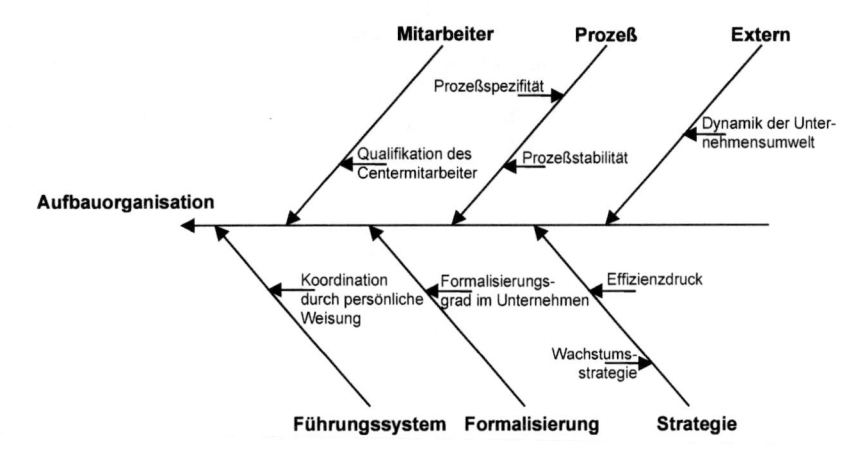

Bild A-9: *Einflußfaktoren auf die Aufbauorganisation*

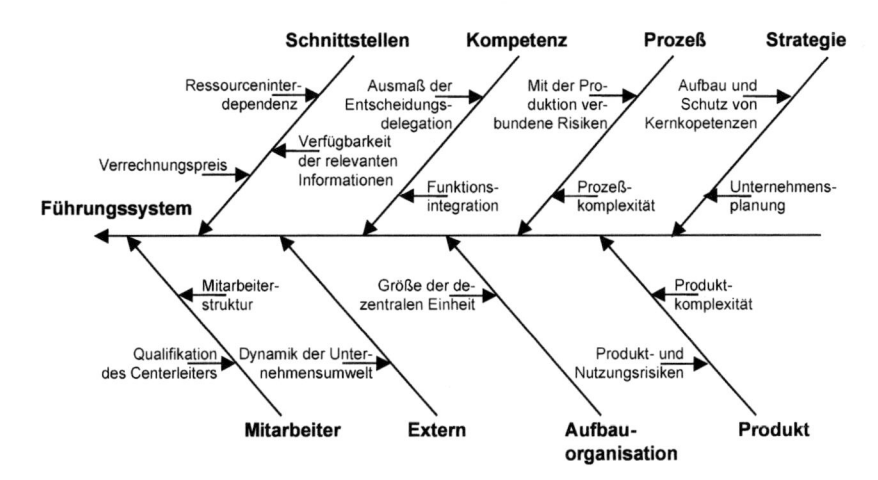

Bild A-10: *Einflußfaktoren auf das Führungssystem*

Anhang

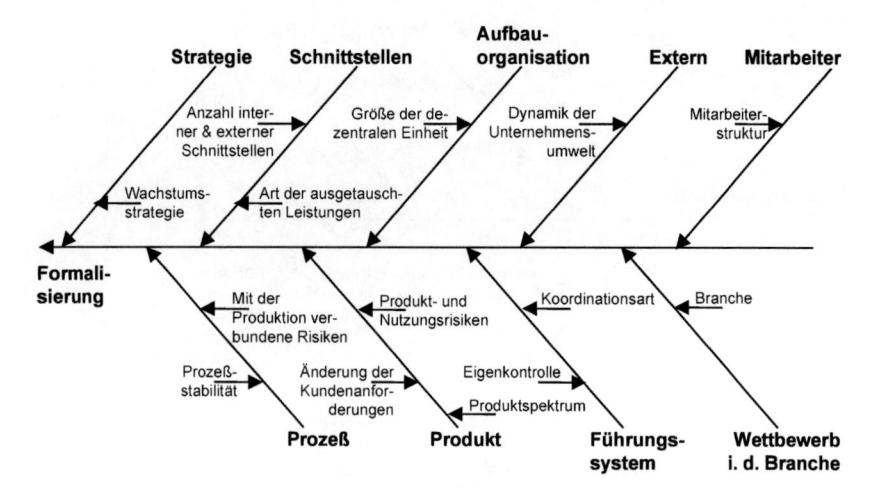

Bild A-11: Einflußfaktoren auf die Formalisierung

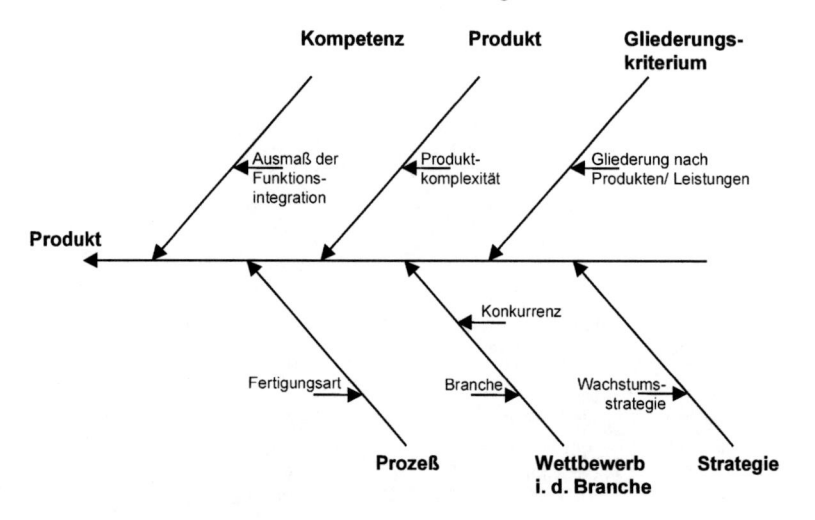

Ishikawa-Diagramm mit Zielgröße **Formalisierung** und Haupteinflüssen:
- **Strategie**: Wachstumsstrategie
- **Schnittstellen**: Anzahl interner & externer Schnittstellen; Art der ausgetauschten Leistungen
- **Aufbauorganisation**: Größe der dezentralen Einheit
- **Extern**: Dynamik der Unternehmensumwelt
- **Mitarbeiter**: Mitarbeiterstruktur
- **Prozeß**: Prozeßstabilität; Mit der Produktion verbundene Risiken; Änderung der Kundenanforderungen
- **Produkt**: Produkt- und Nutzungsrisiken; Eigenkontrolle; Produktspektrum
- **Führungssystem**: Koordinationsart
- **Wettbewerb i. d. Branche**: Branche

Bild A-12: Einflußfaktoren auf das Produkt

Ishikawa-Diagramm mit Zielgröße **Produkt** und Haupteinflüssen:
- **Kompetenz**: Ausmaß der Funktionsintegration
- **Produkt**: Produktkomplexität
- **Gliederungskriterium**: Gliederung nach Produkten/ Leistungen
- **Prozeß**: Fertigungsart
- **Wettbewerb i. d. Branche**: Branche; Konkurrenz
- **Strategie**: Wachstumsstrategie

Produktionsprozeß

Ishikawa-Diagramm mit folgenden Einflußfaktoren:

Schnittstellen:
- Abnehmer des Centers
- Räumliche Distanz

Aufbauorganisation:
- Ressourceninterdependenz
- Größe der dezentralen Einheit

Gliederungskriterium:
- Gliederung nach Technologien

Prozeß:
- Fixkostenbelastung
- Prozeßspezifität

Lieferanten:
- Verfügbarkeit externer Lieferanten

Technologiestrategie:
- Innovationsstrategie
- Aufbau und Schutz von Kernkompetenzen

Strategie:
- Unternehmensplanung

Abnehmer:
- Absatzmarktdynamik

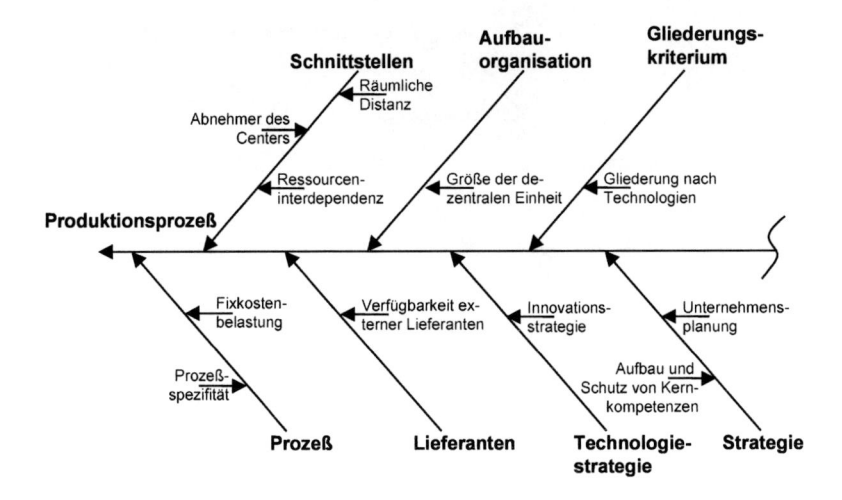

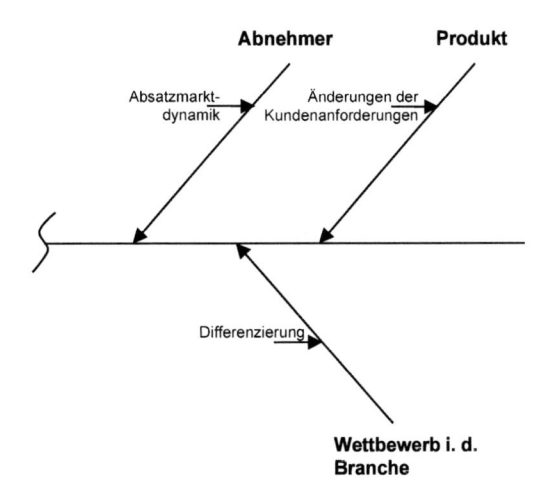

Produkt:
- Änderungen der Kundenanforderungen

Wettbewerb i. d. Branche:
- Differenzierung

Bild A-13:   *Einflußfaktoren auf den Produktionsprozeß*

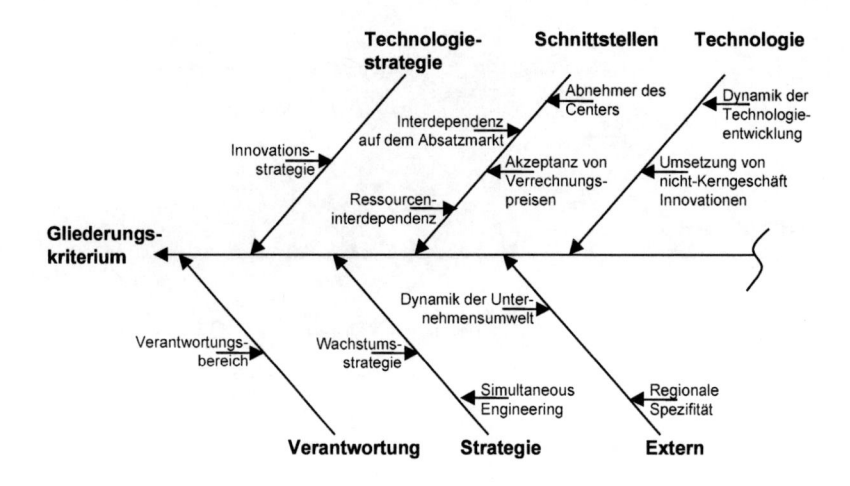

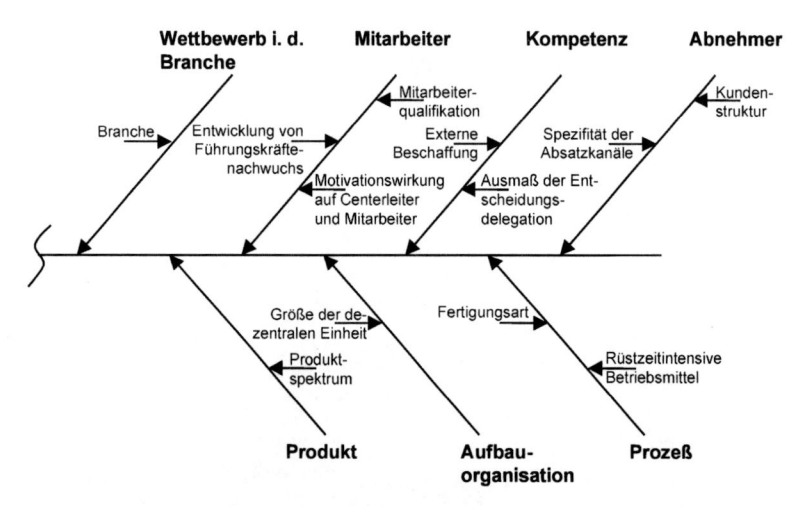

Bild A-14: Einflußfaktoren auf das Gliederungskriterium

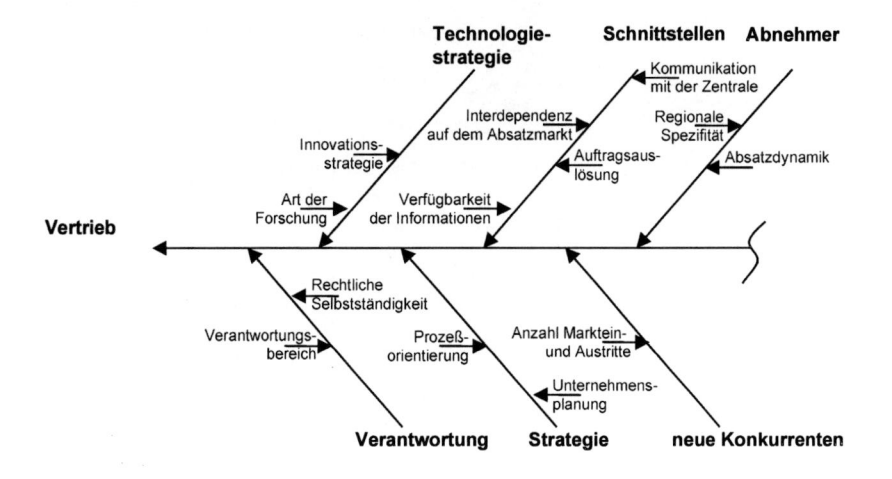

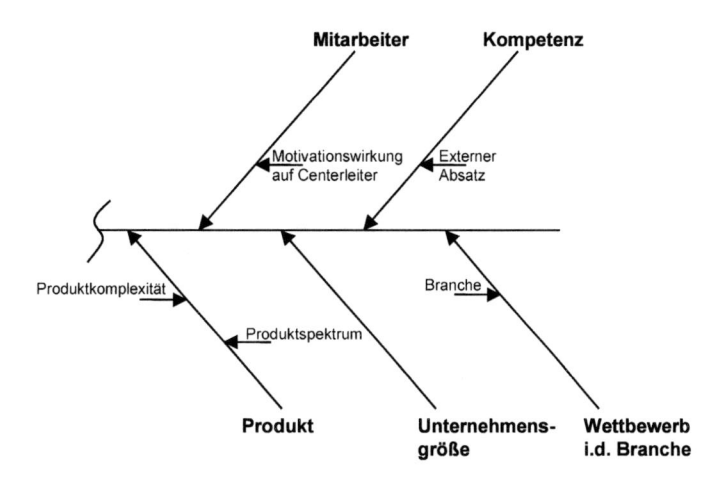

Bild A-15: Einflußfaktoren auf den Vertrieb

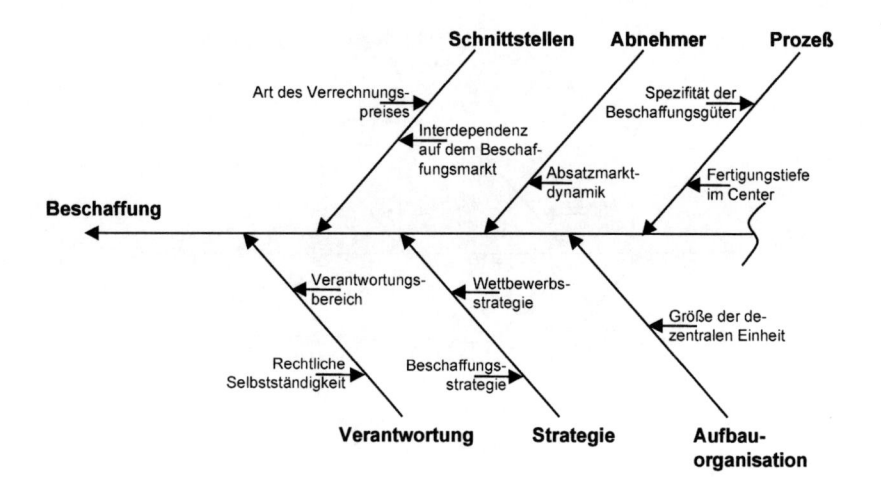

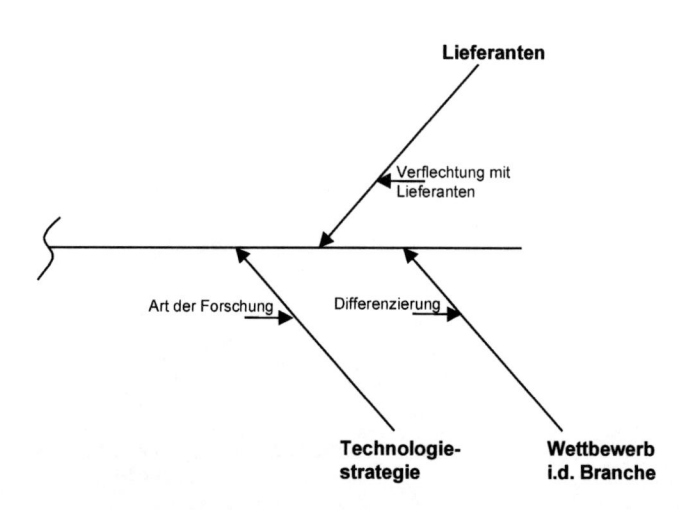

Bild A-16: Einflußfaktoren auf die Beschaffung

Anhang   XXV

**Qualitäts-
sicherung**

Schnittstellen — Räumliche Distanz
Interdependenz am Beschaffungsmarkt — Qualifikation der Center-Mitarbeiter
Ressourceninterdependenz — Systemkompatibilität

Mitarbeiter — Prozeßstabilität
Mitarbeiterstruktur

Prozeß — Risiken

Rechtliche Selbstständigkeit — Wettbewerbsstrategie — Differenzierung

Verantwortung   **Strategie**   **Wettbewerb i. d. Branche**

Produkt
Typischer Zeitpunkt der Produktausfälle
Risiken

Gliederung nach Produkten — Leistungsabhängige Entlohnung

Gliederungskriterium   **Incentivierung**

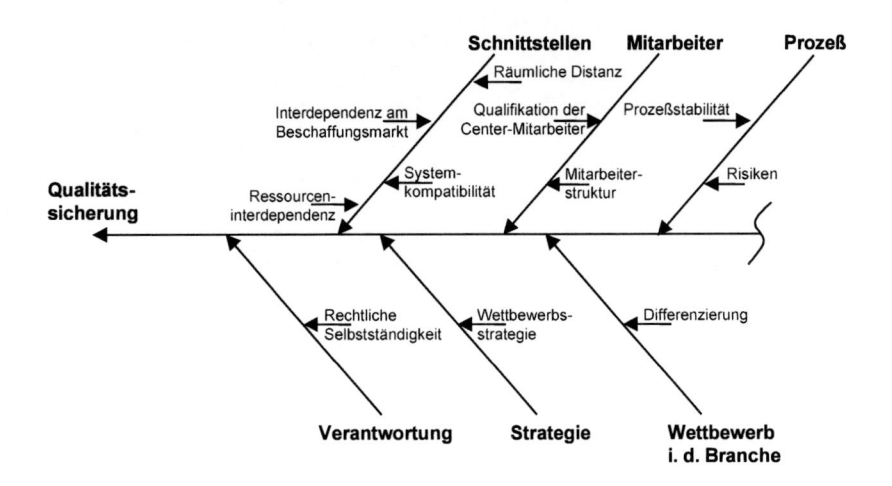

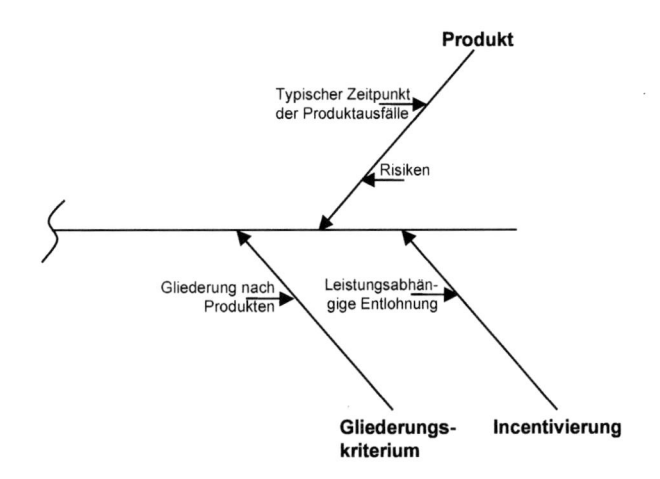

Bild A-17:   Einflußfaktoren auf die Qualitätssicherung

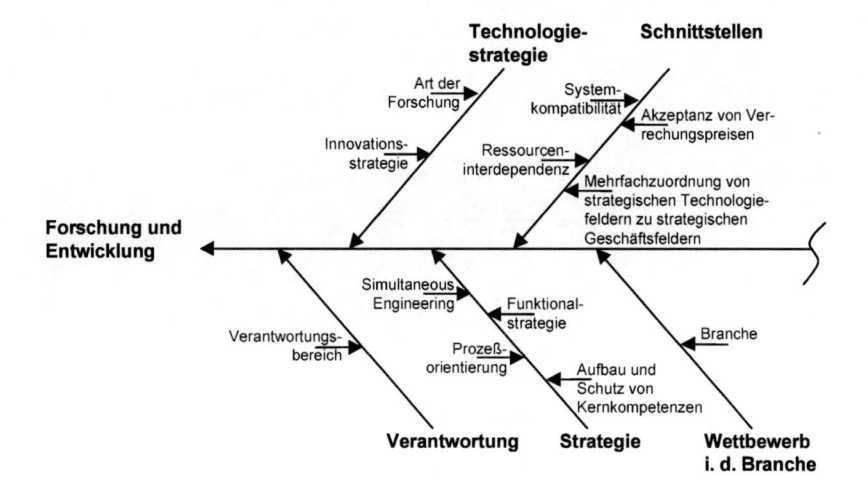

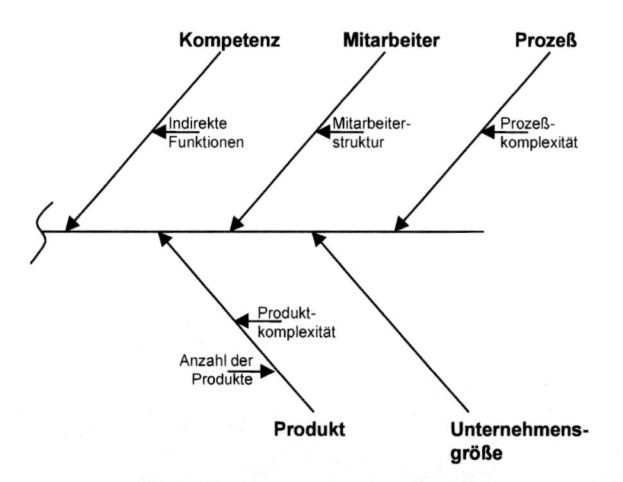

Bild A-18: Einflußfaktoren auf die Forschung und Entwicklung

Anhang XXVII

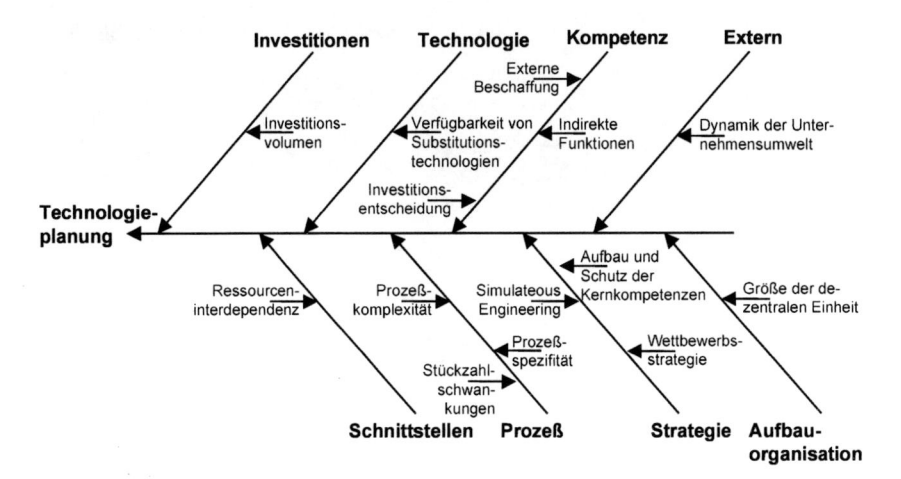

Bild A-19: *Einflußfaktoren auf die Technologieplanung*

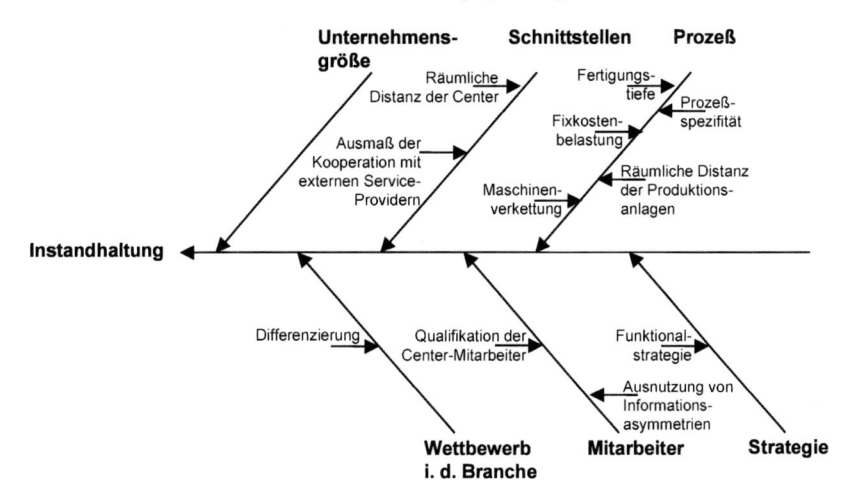

Bild A-20: *Einflußfaktoren auf die Instandhaltung*

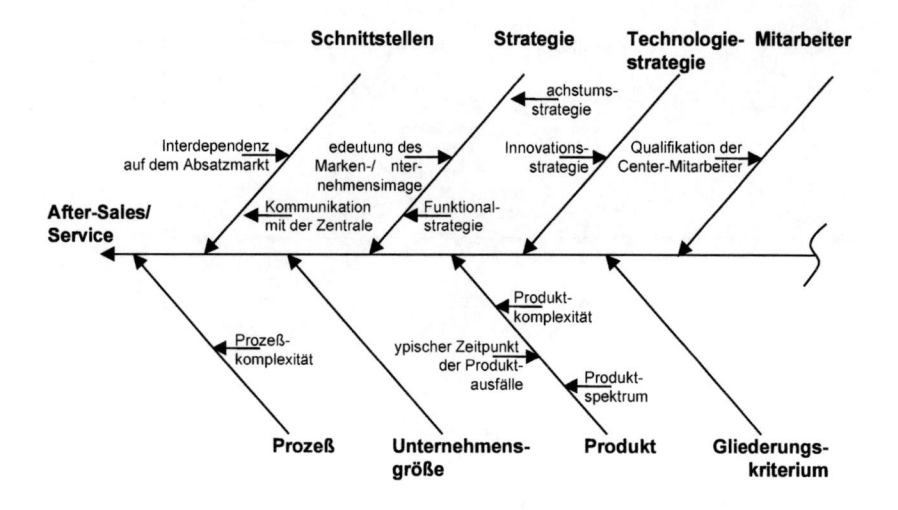

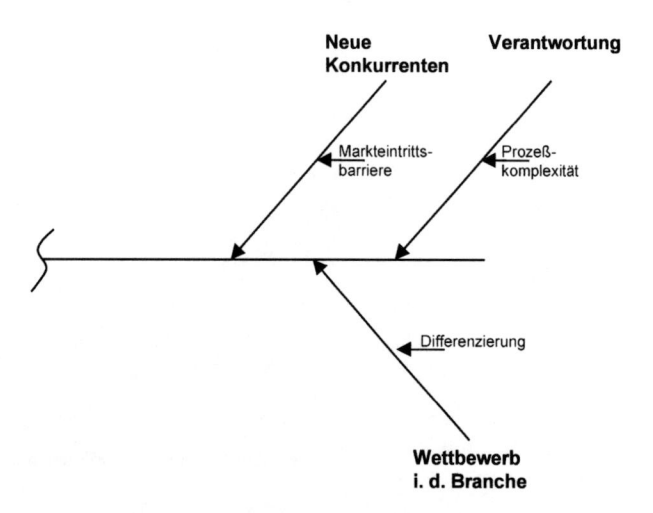

Bild A-21: Einflußfaktoren auf den Service

Anhang

Personalwesen

Schnittstellen — Mitarbeiter — Gliederungskriterium

- Systemkompatibilität
- Bedeutung des Betriebsrates
- Qualifikationsstruktur des Unternehmens
- Rechtliche Selbstständigkeit
- Expansionsmöglichkeiten
- Größe der dezentralen Einheit

Verantwortung — Kompetenz — Aufbauorganisation

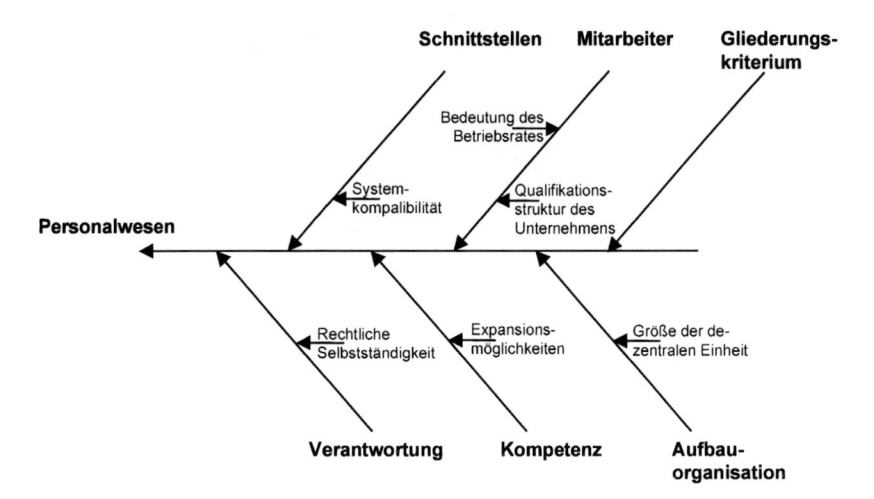

Bild A-22:   Einflußfaktoren auf das Personalwesen

EDV

Führungssystem — Schnittstellen — Extern — Strategie

- Eigenkontrolle
- Fremdkontrolle
- Ausmaß der Kooperation mit externen EDV Dienstleistern
- Spezifität der EDV-Anforderungen der einzelnen Center
- Systemkompatibilität
- Aufbau redundanter Kapazitäten
- Dynamik der Unternehmensumwelt
- Funktionalstrategie
- Differenzierung
- Abhängigkeit von eingesetzten Informationstechnologien
- Rechtliche Selbstständigkeit

Wettbewerb i. d. Branche — Prozeß — Unternehmensgröße — Verantwortung

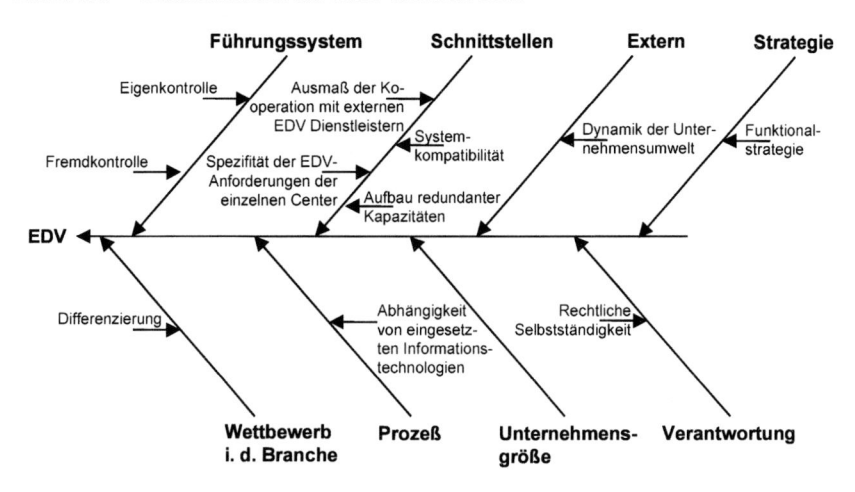

Bild A-23:   Einflußfaktoren auf die EDV

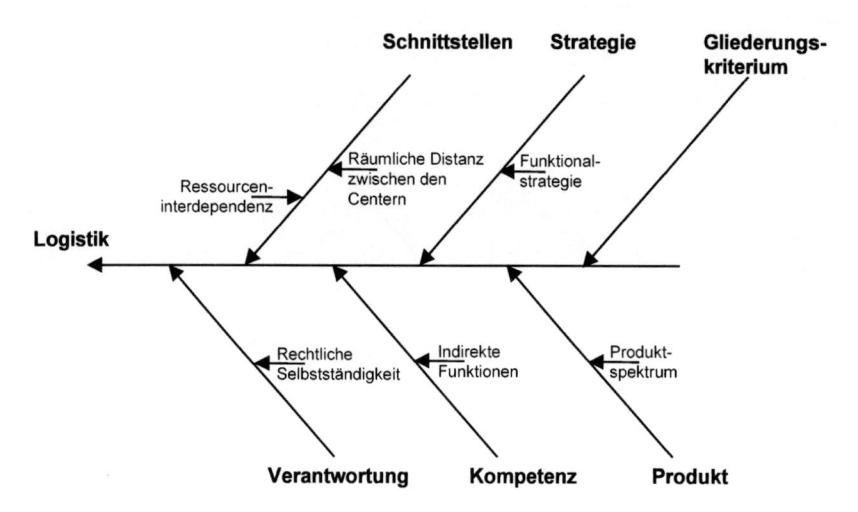

Bild A-24: *Einflußfaktoren auf die Logistik*

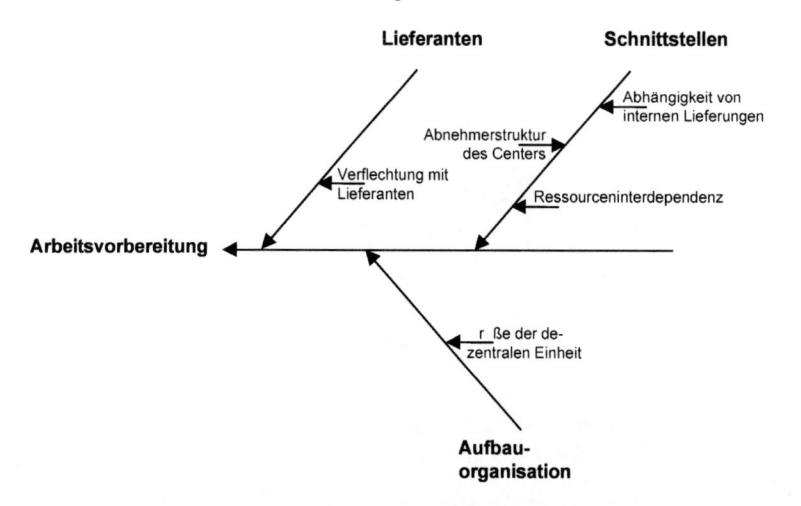

Bild A-25: *Einflußfaktoren auf die Arbeitsvorbereitung*

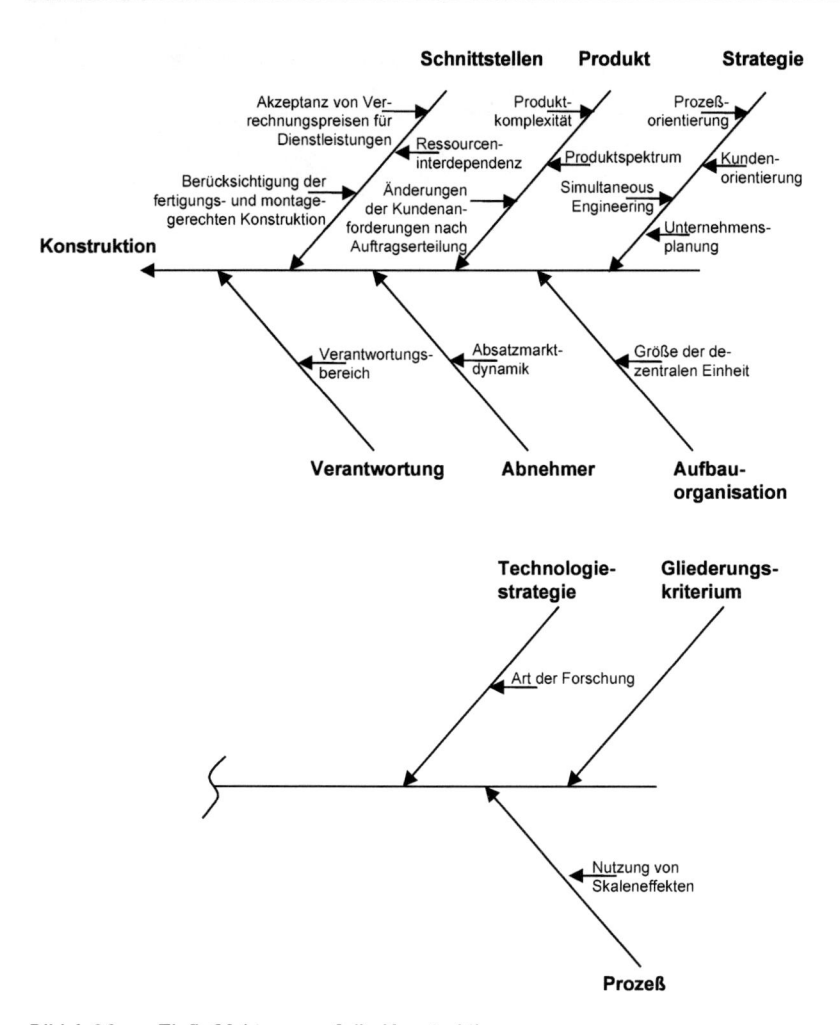

Bild A-26: Einflußfaktoren auf die Konstruktion

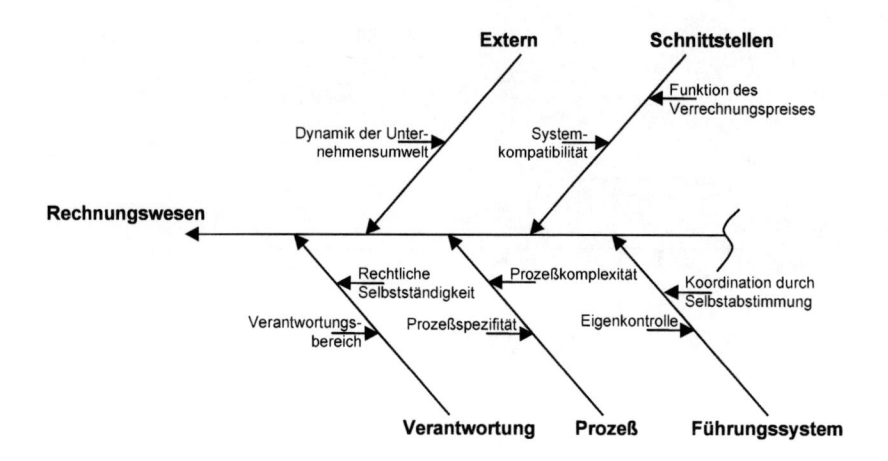

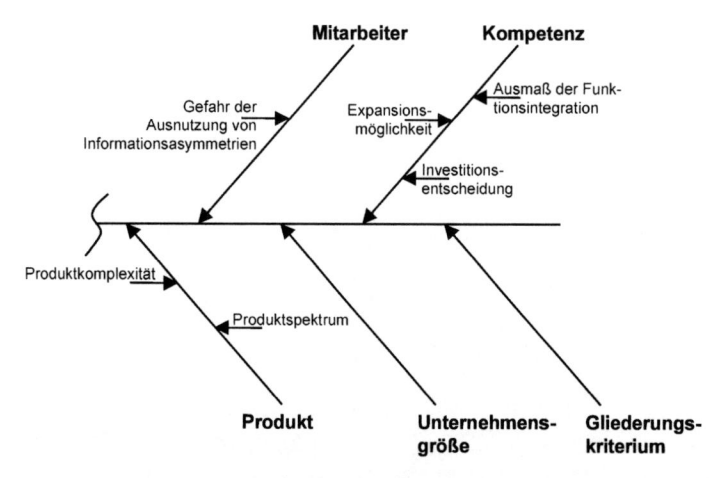

Bild A-27: Einflußfaktoren auf das Rechnungswesen

A4 ABHÄNGIGKEITSMATRITZEN

Legende:

+ = positive Korrelation

M = eingeschränkt positive Korrelation

0 = keine Korrelation

- = negative Korrelation

KO = schließt Ausprägung des Gestaltungsparameters aus

Muss = erfordert Ausprägung des Gestaltungsparameters

Einflußfaktoren auf den Gestaltungsparameter **Verrechnungspreise I/III**			Verrechnungspreis auf Verhandlungsbasis	Kostenorientierter Verrechnungspreis	Echter Marktpreis	Unechter Marktpreis	Dualer Verrechnungspreis	Gemeinkosten	Erläuterungen
Strategie	Aufbau und Schutz von Kernkompetenzen	Interner Preis > Marktpreis	M	+	−	−	+	−	Zeitlich begrenzte Subvention zur Sicherung der Wettbewerbsposition
		Interner Preis ≤ Marktpreis	−	−	+	+	−	−	
	Unternehmensplanung	Rechtliche Selbständigkeit mittel-/ langfristig geplant	0	0	+	+	0	0	• Empirisch erkannter Zusammenhang • Vorbereitung auf angestrebte rechtliche Selbständigkeit
	Wettbewerbsstrategie	Qualitätsführerschaft	0	−	+	+	M	0	• Kostenorientierte Preise bilden bei Qualitätsstrategie unpassende Bezugsbasis
	Effizienzdruck	Für vorgelagerte Bereiche	−	−	+	+	−	−	• Erzeugen von internem Marktdruck als Anreiz zur Kostensenkung [FRES 95a, S. 79; KREU 97b, S. 59]
		Für betrachtetes Center	−	−	+	+	−	−	
	Beschaffungsstrategie	Interne Abnahmeverpflichtung zur Sicherung der Kapazitätsauslastung	+	+	−	−	+	−	• Insbesondere bei fixkostenintensiven Bereichen
		Schutz interner Zulieferer vor Dumpingpreisen	M	M	−	−	+	−	• Dumpingpreise stellen eine zeitlich begrenzte Verzerrung des Wettbewerbs dar. Dieser ist durch eine ebenfalls zeitlich befristete Anpassung der internen Verrechnung zu begegnen.
Verantwortung	Rechtliche Selbständigkeit	Gegeben	M	−	+	M	−	−	• Zuordnung der Verrechnungspreise entsprechend empirischer Befunde [KREU 97b, S. 121] • Entsprechende Gewinn bzw. Kostenbetrachtung erforderlich
	Verantwortungsbereich	Dezentrale Leistungsverantwortung	−	+	−	−	M	M	
		Dezentrale Erfolgsverantwortung	M	−	+	+	M	−	

Anhang XXXV

Einflußfaktoren auf den Gestaltungsparameter Verrechnungspreise II/III			Verrechnungspreis auf Verhandlungsbasis	Kostenorientierter Verrechnungspreis	Echte Marktpreise	Unechte Marktpreise	Dualer Verrechnungspreis	Gemeinkosten	Erläuterungen
Schnittstellen	Funktion des Verrechnungspreises	Lenkungsfunktion	+	M	-	-	+	M	• Ex ante Entscheidung zur Verhaltenssteuerung [WAGE 98, S. 26]
		Erfolgsermittlungsfunktion	M	-	+	+	+	-	• Ex post Erfolgszuordnung
	Art der ausgetauschten Leistung	Standarderzeugnisse	M	-	+	+	0	-	• Verrechnungspreisgestaltung in Abhängigkeit der Verfügbarkeit von Marktpreisen • Empirisch nicht bestätigt
		Spezifische Leistungen / Dienstleistungen	+	M	-	M	0	M	
	Abnehmerstruktur des Centers	Nicht: nur intern	0	-	+	+	-	-	• Verfügt das Center über externe Kunden, liegen Marktpreise oder marktnahe Vergleichspreise vor, die auch zur internen Leistungsverrechnung genutzt werden können.
Mitarbeiter	Motivationswirkung auf Centerleiter	Nutzung intrinsischer und extrinsischer Effekte	M	-	+	+	0	-	• Leistungsbezogene Entlohnung erfordert verursachungsgerechte Kostenzuordnung [BÜHN 93, S. 1615] • Empirisch bestätigter Zusammenhang zwischen Entscheidungsautonomie und intrinsischer Motivation [KREU 97b, S. 148]
Extern	Dynamik des Unternehmensumfeldes	Hoch	-	-	+	+	0	-	• Empirisch belegter Zusammenhang [WOLF 85, S. 153]
		Gering	0	+	-	-	0	-	
Wettbewerb in der Branche	Differenzierung	Preis	+	M	-	-	+	-	• Zeitlich befristete Weiterleitung von marktseitigem Kostendruck auf vorgelagerte Produktionsstufen [KREU 97b, S. 112]

XXXVI   Anhang

Einflußfaktoren auf den Gestaltungsparameter Verrechnungspreise III/III			Verrechnungspreis auf Verhandlungsbasis	Kostenorientierter Verrechnungspreis	Echte Marktpreise	Unechte Marktpreise	Dualer Verrechnungspreis	Gemeinkosten	Erläuterungen
Prozeß	Prozeßkomplexität oder Prozeßstabilität	Hoch oder gering	+	-	0	0	0	0	• Empirisch erkannter Zusammenhang • Aufwand für Prozeßkostenbestimmung zu hoch
Kompetenz	Externe Beschaffung	Vollständige Wahlfreiheit zwischen interner und externer Beschaffung	M	-	+	+	0	-	• Beschaffungsmarktzugang wirkt auf Möglichkeit und Aufwand zur Marktpreisbestimmung
		Beschränkter Zugang	M	M	+	+	0	-	
		Kein Zugang zum externen Beschaffungsmarkt	+	+	-	M	0	M	
	Indirekte Funktionen	Kostenkalkulation und –überwachung auf Centerebene nicht möglich	M	-	+	+	-	+	• Verwendung von Marktpreisen anstelle aufwendiger Kostenkalkulation

Anhang XXXVII

Einflußfaktoren auf den Gestaltungsparameter **Marktzugang Absatz I/III**			Kein externer Absatz	Beschränkter externer Absatz	Freier externer und interner Absatz	Erläuterungen
Strategie	Aufbau und Schutz von Kernkompetenzen	Externer Absatz der Centerprodukte kritisch	+	0	-	• Gefahr der Stärkung von Wettbewerbern und einer abnehmenden Differenzierung
	Effizienzdruck	Für betrachtetes Center	-	+	+	• Einbringen von Marktdruck [FRES 95a, S. 79] • Empirisch belegter Zusammenhang zwischen Effizienz und Wettbewerb [KREU 97b, 115 ff]
	Wachstumsstrategie	Vorwärtsintegration in Wirtschaftsstufe des Abnehmers	-	+	+	• Von der Komponentenentwicklung zur Produktentwicklung [RASC 94, S. 254]
		Diversifikation	-	M	+	• Erfordert direkten Markt- und Kundenkontakt
Verantwortung	Rechtliche Selbständigkeit	Gegeben	-	0	+	• Rechtliche Selbständigkeit impliziert Autonomie
	Verantwortungsbereich	Dezentrale Erfolgsverantwortung	-	M	+	• Erfolgsverantwortung bedingt die Beeinflussung der wesentlichen Leistungstreiber (u.a. Absatz)
		Keine dezentrale Erfolgsverantwortung	+	Ko	Ko	• Ohne Erfolgsverantwortung keine Kontrolle der Effizienz des Marktzugangs
Schnittstellen	Abhängigkeit interner Center von den Lieferungen des Centers	Hoch	0	0	-	• Wahrung der Unternehmensinteressen durch Sicherung der internen Bedarfsdeckung
	Ausmaß interner Nachfrageschwankungen	Gering	-	0	0	• Erhöhte Kapazitätsauslastung durch externe Aufträge
	Akzeptanz von Verrechnungspreisen für Dienstleistungen	Gering	-	+	+	• Erleichterte Bestimmung von objektiven Marktpreisen
	Abnehmer des Centers	Mehrheitlich extern	+	M	-	• Bevorzugung externer Kunden durch Gefahr von Sanktionen (Konventionalstrafen, etc.) • Intern bestehen zumeist geringere Sanktionsmöglichkeiten und eine empirische Studie belegt, daß interne Leistungsabwicklung als deutlich schwieriger eingestuft wird [KREU 98, S. 577]
	Verfügbarkeit der relevanten Informationen	Nur zentral gegeben	+	-	-	• Empirisch aufgedeckter Zusammenhang • Kongruenz von Information und Aufgabe erforderlich
	Kommunikation mit zentralen Instanzen	Langwierig	-	0	+	• Empirisch aufgedeckter Zusammenhang • Theoretisch über erforderliche kurze Reaktionszeiten zu begründen.
		Schnell und flexibel	+	0	-	
Mitarbeiter	Motivationswirkung auf Centerleiter	Nutzung intrinsischer und extrinsischer Effekte	-	M	+	• Leistungsbezogene Entlohnung erfordert Beeinflussung von Kosten- und Leistungstreibern • Entscheidungsautonomie bewirkt intrinsische Motivation [BÜHN 93, S. 1615]

Einflußfaktoren auf den Gestaltungsparameter **Marktzugang Absatz II/III**			Kein externer Absatz	Beschränkter externer Absatz	Freier externer und interner Absatz	Erläuterungen
Prozeß	Nutzung von Skaleneffekten durch Erhöhung der Produktionsmenge	Möglich	-	+	+	▪ Begründung durch economies of scale and scope [PICO 99a, S. 81, S. 216]
Prozeß	Überschreitung von sprungfixen Kosten durch Erhöhung der Produktionsmenge	Gegeben	+	M	-	▪ Gefahr von Auslastungsschwankungen und steigender Fixkostenbelastung
Produkt	Anzahl der Produkte	Hoch	+	-	-	▪ Je geringer die Anzahl der Produkte, desto geringer die Komplexität des Vertriebsprozesses
Produkt	Anzahl der Produkte	Gering	-	0	+	▪ Empirisch aufgedeckter Zusammenhang
Extern	Dynamik des Unternehmensumfeldes	Hoch	-	0	+	▪ Empirische Studie belegt Korrelation zwischen Umfelddynamik und freier Wahl externer Abnehmer [WOLF 85, S. 74]
Schnittstellen / Neue Konkurrenten	Markteintrittsbarriere und Abnehmerstruktur des Centers	Hoch und (bisher) nur intern	+	M	M	▪ Markteintrittsbarrieren erhöhen Aufwand und Risiko für den externen Absatz, detaillierte Prüfung notwendig
Technologiestrategie	Innovationsstrategie	Technology Push	+	0	-	▪ Marktgetriebene Innovationsprozesse erfordern Kundennähe
Technologiestrategie	Innovationsstrategie	Market Pull	-	0	+	▪ Marktgetriebene Innovationsprozesse erfordern Kundennähe
Gliederungskriterium	Gliederung nach	Kundensegmenten	Ko	0	0	▪ logische Konsequenz
Gliederungskriterium	Gliederung nach	Absatzkanälen				

Anhang XXXIX

Einflußfaktoren auf den Gestaltungsparameter **Marktzugang Absatz III/III**			Kein externer Absatz	Beschränkter externer Absatz	Freier externer und interner Absatz	Erläuterungen
Kompetenz	Indirekte Funktionen	Dezentrale Anordnung des Vertriebs	Ko	0	0	• logische Konsequenz
		Zentrale Anordnung des Vertriebs	0	Ko	Ko	• logische Konsequenz
		Dezentrale Anordnung des Service	-	M	+	• Hohe inhaltliche Interdependenz zwischen Service und Zugang zum Absatzmarkt.
	Expansionsmöglichkeit	Keine Expansionsbeschränkung	Ko	0	0	• Interne Expansionsgrenzen stehen im Widerspruch zur geforderten Expansion, so daß externer Marktzugang notwendig ist

Einflußfaktoren auf den Gestaltungsparameter **Marktzugang Beschaffung I/II**			Keine externe Beschaffung	Beschränkte externe Beschaffung	Freie externe und interne Beschaffung	Erläuterungen
Strategie	Aufbau und Schutz von Kernkompetenzen	Gefahr der Vorwärtsintegration der Zulieferer	+	0	-	• Risiken für eigene Ressourcenbasis und mittelfristige Wettbewerbsfähigkeit [PRAH 91, S. 69] • Gefahr des Know-how Verlustes durch Weitergabe von spezifischem Produktwissen [RASC 94, S. 254]
	Effizienzdruck	Für vorgelagertes Center	-	+	+	• Aufbrechen interner Monopole • Einbringen von Marktdruck [FRES 95a, S. 79] • Empirisch belegter Zusammenhang zwischen Effizienz und Wettbewerb [KREU 97b, 115 ff]
	Beschaffungsstrategie	Interne Abnahmeverpflichtung zur Sicherung der Kapazitätsauslastung	0	0	-	• Insbesondere bei hohem Fixkostenanteil des internem Zulieferers
		Schutz interner Zulieferer vor Dumpingpreisen	0	+	-	• Zeitlich befristete Quotierung externer Beschaffung
Verantwortung	Rechtliche Selbständigkeit	Gegeben	-	0	+	• Rechtliche Selbständigkeit impliziert Autonomie
	Verantwortungsbereich	Dezentrale Leistungsverantwortung	-	0	0	• Beeinflussung von Leistungstreibern wie Qualität, Zeit und Menge
		Dezentrale Erfolgsverantwortung	-	M	+	• Erfolgsverantwortung bedingt die Beeinflussung der wesentlichen Kostentreiber (u.a. Beschaffung)
Schnittstellen	Ressourceninterdependenz/ technologische Verbundenheit interner Prozesse	Hoch	-	+	+	• Ansatz des Dual- oder Multiple-Sourcing • Vermeidung interner Konflikte
	Interdependenz am Beschaffungsmarkt	Hoch	+	M	0	• Nutzung von Größeneffekten und Marktmacht
	Art des Verrechnungspreises	Echter Marktpreis		0		• Geringer Aufwand für Preisermittlung bei optionaler externer Beschaffung
		Unechter Marktpreis	-	0	0	
Mitarbeiter	Motivationswirkung auf Centerleiter	Nutzung intrinsischer und extrinsischer Effekte	-	M	+	• Leistungsbezogene Entlohnung erfordert Beeinflussung von Kosten- und Leistungstreibern • Entscheidungsautonomie bewirkt intrinsische Motivation [BÜHN 93, S. 1615]
Extern	Dynamik des Unternehmensumfeldes	Hoch	-	0	+	• Umfelddynamik stellt Flexibilitätsanforderungen • Empirische Studie zeigt positive Korrelation zwischen Flexibilität und Ausmaß externer Beschaffung [WOLF 85, S. 63]

Anhang XLI

Einflußfaktoren auf den Gestaltungsparameter **Marktzugang Beschaffung II/II**			Keine externe Beschaffung	Beschränkte externe Beschaffung	Freie externe und interne Beschaffung	Erläuterungen
Centergröße	Größe der dezentralen Einheit (Produkt aus Gliederungsbreite und -tiefe)	Hoch	+	M	0	• Kritische Masse für effiziente Beschaffung ist auszulasten
		Gering	0	-	-	
Prozeß	Fertigungstiefe	< 20 %	+	M	0	
		> 50 %	0	-	-	
Wettberb in der Branche	Differenzierung	Zeit	-	M	+	• Empirisch aufgedeckter ZUsammenhang • Durch vollständigen Zugang zum externen Beschaffungsmarkt können Reaktionszeiten reduziert werden
Kompetenz	Investitionsentscheidung	Dezentrale Entscheidung	-	-	+	• Die Kompetenz zur Investitionsentscheidung ist eng mit der dazugehörigen Beschaffung der Investitionsgüter verbunden.
		Begrenzte Investitionskompetenz	-	+	-	

Einflußfaktoren auf den Gestaltungsparameter Investitionsentscheidung I/II		Zentrale Entscheidung	Begrenzte dezentrale Entscheidung	Dezentrale Entscheidung	Erläuterungen
Investition					
Investitionsvolumen	Geringes Investitionsvolumen	−	0	0	• Entsprechend Aufwand-Nutzen Betrachtungen ist bei geringwertigen Investitionen die Einbeziehung zentraler Entscheidungsorgane abzulehnen
	Hohes Investitionsvolumen	+	M	−	• Zunehmende Irreversibilität der Entscheidung, Abstimmung mit Gesamtstrategie erforderlich
Investitionsrisiko	Hohe Risiken	+	M	−	• In Zentralbereichen liegt tendentiell ein höheres Know-how im Umgang mit Risiken vor
	Geringe Risiken	0	+	+	• Risikoverteilung über verschiedene Bereiche erfordert zentrale Entscheidung
Auswirkungen der Investition	Mehrere Unternehmenseinheiten betreffend	+	M	−	• Organisationseinheitenübergreifende Abstimmung sichert Gesamtunternehmensinteressen • KAH nimmt an, daß Interdependenzen durch erhöhte Motivation der dezentralen Entscheider berücksichtigt werden [KAH 97, S. 82]. Eine fundierte Begründung liefert er jedoch nicht, so daß diesem Ansatz nicht gefolgt wird.
Investitionsart der mehrheitlich vorkommenden Investitionen	Gründungs- / Liquidationsinvestitionen	+	−	−	• Aufgrund gesamtunternehmerischer Relevanz, Ausnahme: dezentralisierte Expansionskompetenz
	Ersatz- / Rationalisierungsinvestition	−	+	+	• Zumeist direkter Bezug zum Produktionsbereich des Centers
Verfügbarkeit der für die Investitionsentscheidung benötigten Informationen gewärleistet	Im Zentralbereich	+	−	−	• Der Informationsbedarf bezieht sich auf zeitliche und monetäre sowie technische Aspekte.
	Dezentral	−	+	+	
Verantwortung					
Rechtliche Selbständigkeit	Gegeben	−	0	+	• Rechtliche Selbständigkeit impliziert Investitionsautonomie [BLAS 82, S. 399]
Verantwortungsbereich	Dezentrale Finanzverantwortung	−	+	+	• Abstimmung finanzieller Mittel mit Investitionsplanung erforderlich [STAE 88, S. 22]
	Dezentrale Erfolgsverantwortung	−	+	−	• Hohe Erfolgsbeeinflussung durch Übertragung der Investitionensentscheidung [KELL 84, S. 111; HOFM 93, S. 3]
	Dezentrale Leistungsverantwortung	−	M	−	• Investitionsmöglichkeit im Rahmen der Erschließung von Kostensenkungspotentialen sinnvoll
Kompetenz					
Indirekte Funktionen	Kostenkalkulation und -überwachung auf Centerebene nicht möglich	+	−	−	• Dezentralisierung der Investitionsentscheidung erfordert ein leistungsfähiges Rechnungswesen
Expansionsmöglichkeit	Keine Expansionsbeschränkung	−	+	+	• Expansion des Centers erfordert Einflußnahme auf den erfolgsbeeinflussenden Stellhebel Investitionen

Anhang XLIII

Einflußfaktoren auf den Gestaltungsparameter Investitionsentscheidung II/II

	Einflußfaktoren		Zentrale Entscheidung	Begrenzte dezentrale Entscheidung	Dezentrale Entscheidung	Erläuterungen
Schnittstellen	Aufbau von redundanten Kapazitäten	Gefahr besteht	+	-	-	• Mangelnder Informationsaustausch und Vermeidung von Ressourceninterdependenzen sowie interner Abnahmeverpflichtungen können als Ursachen genannt werden [KREU 98, S. 584].
	Gewährleistung einheitlicher Normen, Methodenanwendung sowie Systemkompatibilität	Erforderlich	+	M	M	• Insbesondere bei hoher interner Leistungsverflechtung von Bedeutung [BLOH 95, S. 29 f]
	Kommunikation mit zentralen Instanzen	Langwierig	-	+	+	• Insbesondere Investitionen in komplexe Technologien sind durch häufige Änderungen und Abstimmungen während des Investitionsprozesses gekennzeichnet
Mitarbeiter	Motivationswirkung auf Centerleiter	Nutzung intrinsischer und extrinsischer Effekte	-	M	+	• Leistungsbezogene Entlohnung erfordert Beeinflussung von Kosten- und Leistungstreibern • Entscheidungsautonomie bewirkt intrinsische Motivation [BÜHN 93, S. 1615]
	Gefahr der Ausnutzung von Informationsasymmetrien	Bedeutend	+	-	-	• Mögliche Beispiele sind: Hinauszögern von Instandhaltungs- oder Ersatzinvestitionen, die Zerlegung von Investitionen in Teilinvestitionen, etc. [HOFM 93, S. 85]
Produkt	Produktkomplexität	Hoch	-	+	+	• Mit steigender Produkt- und Prozeßkomplexität nehmen die Anforderungen an die Fachkenntnis des Investitionsentscheiders zu [STAE 88, S. 38]
Prozeß	Prozeßkomplexität	Hoch	-	+	+	

Anhang

	Einflußfaktoren auf den Gestaltungsparameter **Rechtliche Selbständigkeit I/II**		Rechtlich Selbständig	Nicht rechtlich Selbständig	Erläuterungen
Strategie	Wachstumsstrategie	Globalisierung / Aufbau ausländischer Geschäftseinheiten	0	Ko	• Zoll- und Steuervorschriften machen in der Regel eine rechtliche Selbständigkeit von ausländischen Teilbereichen erforderlich.
	Effizienzdruck	Für betrachtetes Center	+	0	• Bessere Einflußnahme auf frühere interne Lieferanten [KREU 97a, 229]. • Hoher Wettbewerbsdruck durch vollständig abgegrenzte Einheit • Höhere Kostentransparenz bietet Ansatzpunkte zur Kostenreduktion [HEIZ 94, S. 268].
	Aufbau und Schutz von Kernkompetenzen	Produkte des Centers gehören zum Kerngeschäft	Ko	+	• Im wesentlichen wird der Schutz der Kernkompetenzen angestrebt [BECH 98, 172], dem eine rechtliche Selbständigkeit entgegensteht.
	Wettbewerbsstrategie	Technologieführerschaft	+	−	• Empirischer Zusammenhang besteht zwischen der Innovationskraft eines Centers und der rechtlichen Selbständigkeit [ENGE 97, S. 222]
	Unternehmensplanung	Abstoßen von Geschäftsbereichen / Zukäufe bzw. Fusionen geplant	+	−	• Erhöhung der strukturellen und strategischen Flexibilität des Unternehmens resultiert in erheblicher Vereinfachung und Beschleunigung der Veräußerung von Geschäftsbereichen oder des Zukaufes anderer Unternehmen oder Unternehmensteilbereiche [KREU 97a, S. 226]
		Center und Gesamtunternehmen gehören zu unterschiedlichen Branchen	+	−	• In vielen traditionellen Unternehmen werden zusätzlich zu den tariflich festgelegten Löhnen erhebliche Zusatzleistungen gezahlt. • Durch Ausgründung nicht zum Kerngeschäft gehörender Teilbereiche entsteht ggf. eine Zugehörigkeit zu anderen Tarifgebieten.
		Verdecken von Gewinnpotentialen in einzelnen Bereichen			
Gesetzgeber	Reduzierte Veröffentlichungspflicht für kleine und mittelgroße Unternehmen	Besteht	+	−	• Nutzung der Möglichkeit der eingeschränkten Pflichtveröffentlichung [BÜHN 86, S. 2343 f] zum Verstecken von Gewinnen
Kompetenz	Externe Beschaffung und externer Absatz	Kein Zugang zum externen Markt	Ko	0	• Die rechtliche Selbständigkeit erfordert als notwendige Voraussetzung den freien Zugang zu Absatz- und Beschaffungsmärkten

Anhang

Einflußfaktoren auf den Gestaltungsparameter **Rechtliche Selbständigkeit II/II**			Rechtlich Selbständig	Nicht rechtlich Selbständig	Erläuterungen
Verantwortung	Verantwortungsbereich	Dezentrale Finanzverantwortung	+	−	• Oftmals ist die rechtliche Selbständigkeit eine Voraussetzung zur eigenständigen Beschaffung von Fremdkapital [BÜHN 91, S. 145]
Mitarbeiter	Entwicklung von Führungskräftenachwuchs	Gefordert	+	0	• Empirisch belegter Zusammenhang [ENGE 97, S. 222]
	Motivationswirkung auf Centerleiter	Nutzung intrinsischer Effekte	+	0	• Rechtliche Selbständigkeit führt entsprechend empirischer Studie zu intrinsischer Motivation [ENGE 97, S. 222]
	Motivation der Mitarbeiter	Nutzung intrinsischer Effekte	+	0	• Steigerung der organisatorischen Effizienz durch positive Wirkungen der Identifikation der Mitarbeiter mit der neuen Organisation [KREU 97a, S. 229].
	Gefahr der Abschottung des Centers	Gegeben	−	+	• Durch die umfassende Handlungsautonomie bestehen kaum Handlungsanreize zur Kooperation mit internen Unternehmensbereichen des Mutterunternehmens [FRES 95a, S. 82]
Produkt	Mit dem Produkt und seiner Nutzung verbundene Risiken	Hoch (z.B.: sicherheitsrelevante Bauteile)	+	−	• Haftungsbegrenzung auf Seiten der Muttergesellschaft bei entsprechender Wahl der Rechtsform auf das eingesetzte Kapital begrenzbar [BÜHN 86, S. 2343] • Diese Wirkung konnte empirisch nicht belegt werden, es zeigte sich vielmehr ein gegenteiliges Ergebnis. • Aufgrund der bei der rechtlichen Selbständigkeit ungünstigen Verteilung der Aussagen wird diese Wirkung nicht im Entscheidungsmodell berücksichtigt.
Wettbewerb in der Branche	Branche	Hochtechnologie	+	0	• Insbesondere für Bereiche dieser Branche ist eine Ausrichtung an langfristigen Zielen von Bedeutung (Dynamik der technologischen Entwicklung), die durch die klassischen Steuerungskonzepte rechtlich unselbständiger Bereiche nicht zwangsläufig garantiert werden kann [BLAS 82, 396].
Schnittstellen	Akzeptanz der Ausgründung bei Kunden	Nicht gegeben	−	+	• Kundenbeziehungen beruhen häufig auf Bekanntheitsgrad und Image des Mutterunternehmens. • Haftungsbegrenzung kann von Kunden erkannt werden.
	Räumliche Distanz zwischen den Centern	Groß	+	−	• Empirisch erkannter Zusammenhang • Zeigt einerseits die Notwendigkeit zur rechtlichen Selbständigkeit bei großen Distanzen auf und ist andererseits ein Indiz für die bisher geringe Nutzung dieses Gestaltungselementes

Einflußfaktoren auf den Gestaltungsparameter **Expansionsmöglichkeit I/II**			Keine Expansion	Begrenzte Expansion (Mitarbeiter, Umsatz)	Unbegrenzte Expansion	Erläuterungen
Strategie	Wettbewerbs-strategie	Nischenstrategie	+	–	–	• Nischenstrategie entspricht Fokussierung auf abgegrenztes Marktsegment, eine dieses Segment erweiternde Expansion ist nicht Bestandteil dieser Strategie bzw. zulässiger Folgestrategien [PORT 97a, S. 337]
	Wachstums-strategie	Vorwärtsintegration in Wirtschaftsstufe des Abnehmers	–	+	+	• Von der Komponentenentwicklung zur Produktentwicklung [RASC 94, S. 254]
		Globalisierung	–	0	+	• Entsprechend dem geforderten Wachstum ist Kompetenz zur Expansion dezentral anzuordnen
		zur Vertiefung einer gegebenen strategischen Position	–	M	+	• Differenziertes Verständnis des Wachstumsbegriffes • Vertiefung wird von PORTER als positiv, eine Verbreiterung hingegen mit dem Verwischen der Strategie gleichgesetzt [PORT 97b, S. 57]
	Klare strategische Centerausrichtung	erforderlich	+	M	–	
Schnittstellen	Ressourceninter-dependenz / technologische Verbundenheit interner Prozesse	Hoch		+	M	–	• Im Fall von Interdependenzen ist tendenziell eine zentrale Abstimmung vorzuziehen.
	Interdependenz auf dem Absatzmarkt	Hoch					
	Ausmaß interner Nachfrage-schwankungen	Hoch		–	–	+	• Empirisch erkannter Zusammenhang • Durch Ausbau des Geschäftes wird relative Bedeutung der internen Nachfrageschwankungen reduziert
Abnehmer	Absatzmarkt-dynamik	Hoch		+	M	–	
	Art des Marktes	Sättigungsmarkt	+	M	–	
Wettbewerb in der Branche	Wettbewerbs-intensität	Hoch		+	M	–	• Nachfragestabilität, Wettbewerbsintensität und Marktwachstum beeinflussen das mit einer Expansion verbundene Risiko. Bei hohem Risiko ist eine zentrale Entscheidung zu bevorzugen.

Anhang

Einflußfaktoren auf den Gestaltungsparameter **Expansionsmöglichkeit II/II**			Keine Expansion	Begrenzte Expansion (Mitarbeiter, Umsatz)	Unbegrenzte Expansion	Erläuterungen
Prozeß	Nutzung von Skaleneffekten durch Erhöhung der Produktionsmenge	Möglich	−	+	+	• Begründung durch economies of scale and scope [PICO 99a, S. 81, S. 216]
	Auswirkung von Stückzahlschwankungen auf die Stückkosten	Hoch	+	M	−	• Mit zunehmendem Kapazitätsaufbau gewinnen Stückzahlschwankungen an Bedeutung.
	Überschreitung von sprungfixen Kosten durch Erhöhung der Produktionsmenge	Gegeben	+	M	−	• Gefahr von zunehmender negativer Auswirkungen bei Auslastungsschwankungen und steigender Fixkostenbelastung
	Fixkostenbelastung	Hoch	−	0	+	• Erhöhung der Stückzahl, um den Anteil der Fixkosten an den Produktkosten zu senken • Empirisch ermittelter Zusammenhang
Technologiestrategie	Umsetzung von nicht zum Kerngeschäft gehörenden Innovationen	Gefordert	−	+	+	• Dezentrale Expansionskompetenz erleichtert die Verwertung von Innovationen, die nicht zum Kerngeschäft des Centers gehören.
Kompetenz	Indirekte Funktionen	Dezentrale Anordnung des Personalwesens	−	0	+	• Ergebnis der empirischen Studie. Es handelt sich jedoch nicht um direkte Wirkbeziehungen. Die beobachtete Wirkung ist vielmehr auf gemeinsame Einflußfaktoren zurückzuführen.
		Zentrale Anordnung des Personalwesens	+	0	−	
Mitarbeiter	Motivationswirkung auf Centerleiter	Nutzung intrinsischer und extrinsischer Effekte	−	M	+	• Leistungsbezogene Entlohnung erfordert Beeinflussung von Kosten- und Leistungstreibern • Entscheidungsautonomie bewirkt intrinsische Motivation [BÜHN 93, S. 1615]
	Qualifikation des Centerleiters	Fachspezialist	+	M	−	• Die Delegation der Expansionskompetenz stellt hohe Anforderungen an die Qualifikation des Centerleiters.

Einflußfaktoren auf den Gestaltungsparameter Verantwortung I/II			Leistungs-verantwortung	Erfolgs-verantwortung	Finanzverantwortung	Erläuterungen
Strategie	Wettbewerbs-strategie	Kostenführerschaft	+	−	−	• Dies entspricht dem Cost-Center-Konzept. Die Leistungsanforderungen sind als Festforderungen dokumentiert und das Ziel der Einheit besteht in einer Kostenreduktion [BÜHN 93, S. 1612]
	Unternehmens-planung	Rechtliche Selbständigkeit mittel-/ langfristig geplant	+	+	+	• Zur Vorbereitung der mit der rechtlichen Selbständigkeit verbundenen Autonomie sind Ergebnis- und Finanzverantwortung zu übertragen. • Analog bei Abstoßen von Geschäftsbereichen, hier jedoch keine eindeutige Aussage zur Finanzverantwortung • Ist die dezentrale Einheit einer anderen Branche als das restliche Unternehmen zuzuordnen, so gelten u.U. andere Kapitalkosten und Gewinnerwartungen (z.B. Telekommunikation, Internet, etc). Daher ist die Übertragung von Erfolgs- und Finanzverantwortung zu empfehlen, um eine leichtere Beurteilung der Center-Perfomance zu ermöglichen.
		Abstoßen von Geschäftsbereichen / Zukäufe bzw. Fusionen geplant	+	+	0	
		Center und Unternehmen gehören zu unterschiedlichen Branchen	+	+	+	
Kompetenz	Ausmaß der Funktionsintegration	Hoch	+	+	0	• Mit zunehmender Integration indirekter Funktionen steigt der Anteil indirekter Kosten. Deren Nutzenbeitrag läßt sich insbesondere durch Erfolgsmeßgrößen bewerten.
	Expansions-möglichkeit	Begrenztes Wachstum	+	Muss	+	• Ohne dezentrale Erfolgsverantwortung ist sind Aktivitäten im Rahmen der Expansionskompetenz nicht bewertbar. • Finanzverantwortung ist erforderlich, um Aktivitäten im Rahmen der Expansionsmöglichkeit zu beurteilen
		Keine Expansionsbeschränkung				
	Externer Absatz	Beschränkter Marktzugang	+	+	0	• Erfolgsverantwortung ist erforderlich, um Effizienz und Effektivität der Marktbearbeitung zu beurteilen • Umkehrschluß empirisch bestätigt
		Vollständige Wahlfreiheit zwischen externem und internem Absatz	+	+	0	
		Kein Marktzugang	+	−	−	
	Indirekte Funktionen	Kostenkalkulation und -überwachung auf Centerebene nicht möglich	+	−	Ko	• Die Bereitstellung der erforderlichen Informationen zur Bestimmung des Zielerreichungsgrads ist eine notwendige Voraussetzung zur Delegation der Verantwortung.

Anhang XLIX

Einflußfaktoren auf den Gestaltungsparameter **Verantwortung II/II**			Leistungs-verantwortung	Erfolgs-verantwortung	Finanzverantwortung	Erläuterungen
Mitarbeiter	Qualifikation des Centerleiters	Fachspezialist	+	-	-	• Die Verfügbarkeit von entsprechend der Aufgabenstellung qualifiziertem Personal ist einer der wesentlichen Erfolgsfaktoren.
Schnittstellen	Abnehmer des Centers	Gleich verteilt oder Mehrheitlich extern oder Nur extern	+	+	0	• Mit zunehmender Bedeutung des externen Absatzes können Marktmechanismen für die interne Steuerung genutzt werden. Dazu ist jedoch eine Erfolgsverantwortung notwendig.
		Nur intern	+	-	-	• Die Einrichtung einer Ergebnisverantwortung ist bei rein internem Absatz aufgrund der problematischen Bestimmung interner Verrechnungspreise mit Gewinnaufschlag nicht sinnvoll.
	Ressourceninterdependenz / technologische Verbundenheit interner Prozesse	Gering	+	+	0	• Erfolgs- und Finanverantwort bedingen die Beeinflussung der relevanten Stellgrößen.
		Hoch	+	-	-	
Gliederungskriterium	Gliederung nach	Produktionsverfahren/ Technologie	+	-	-	• Empirisch erkannter Zusammenhang • Typ der Objektgliederung mit tendenziell geringem Marktzugang, Stellhebel zur Erfolgsbeeinflussung fehlen
Wettbewerb in der Branche	Konkurrenz	Problemlösungskonkurrenz	0	+	0	• Im Unterschied zur Produktleistungskonkurrenz erfordert dieser Konkurrenztyp die Erstellung von Entwicklungsleistungen sowie weiterer Dienstleistungen. Diese lassen sich mit Erfolgskennzahlen deutlich leichter bewerten

Einflußfaktoren auf den Gestaltungsparameter **Incentivierung I/II**			Keine leistungsabhängige Vergütung	Leistungsabhängige Vergütung	Erläuterungen
Mitarbeiter	Anzahl Zielgrößen für Mitarbeiter und Centerleiter	Groß	+	M	• Es ist notwendig, die pluralistischen Zielsetzungen für die Mitarbeiter auf einige wenige erfolgskritische Kennzahlen zu reduzieren [HAHN 93, S. 167]
	Mitarbeiterstruktur	Mehrheitlich Lohnempfänger	+	-	• Die Risikoaversität nimmt mit abnehmendem Gehalt zu und kann u.U. zu Existenzängsten und dementsprechenden Widerständen gegenüber dem Entlohnungssystem führen.
	Beschaffung von Führungskräften	Mehrheitlich intern	-	+	• Durch leistungsabhängige Vergütungssysteme steigt die Verbindung der Mitarbeiter mit Ihrem Unternehmen und die Gefahr von Wechseln des Arbeitgebers wird reduziert.
	Motivationswirkung auf Centerleiter und Mitarbeiter	Nutzung extrinsischer Effekte	-	+	• Entspricht Incentivierung
	Gefahr der Ausnutzung von Informationsasymmetrien	Bedeutend	+	-	• Mit zunehmender Schwierigkeit der Kontrolle und Steuerung des Verhaltens der Mitarbeiter verliert die Incentivierung ihre Anreizfunktion.
Strategie	Effizienzdruck	Für betrachtetes Center	-	+	• Erwartung, daß über leistungsgerechte Entlohnung höhere Leistungsergebnisse entstehen • Dieser Zusammenhang wird in verschiedenen empirischen Studien postuliert [SCHI 98, S. 135]
	Wettbewerbsstrategie	Kostenführerschaft	-	+	• Kostenorientierung kann durch Kopplung an Entlohnung besonders effektiv umgesetzt werden.
Kompetenz	Indirekte Funktionen	Dezentrale Anordnung des Vertriebs	-	+	• Empirisch erkannter Zusammenhang • Oftmals ist Leistungslohn an Erfolgsmeßgrößen gekoppelt, zu denen der Umsatz zählt
Schnittstellen	Verfügbarkeit der relevanten Informationen	Nur zentral gegeben	+	-	• Aktuelle Informationen sind notwendige Voraussetzung zur Verhaltenssteuerung • Wirtschaftlichkeit des Incentive-Systems stellt Grundvoraussetzung dar
	Ressourceninterdependenz / technologische Verbundenheit interner Prozesse	Hoch	+	-	• Die Stellhebel zur Erreichung der Ziele müssen im Einflußbereich der Mitarbeiter liegen, ansonsten tritt die erhoffte die Motivation fördernde Wirkung nicht ein [ALBE 96, S. 306 f; BÜHN 93, S. 1615; WEIL 89, S. 945]
	Interdependenz auf dem Absatzmarkt / Beschaffungsmarkt	Hoch	+	-	• Empirisch erkannter Zusammenhang • Leistungsabhängige Entlohnung erfordert klare Erfolgszuordnung • Vermeidung von Konflikten und Unterstützung des Gesamtoptimum

Anhang LI

	Einflußfaktoren auf den Gestaltungsparameter Incentivierung II/II			Keine leistungsabhängige Vergütung	Leistungsabhängige Vergütung	Erläuterungen
Technologiestrategie	Umsetzung von nicht zum Kerngeschäft gehörenden Innovationen	Gefordert		-	+	• Förderung des Kreativitätspotentials der Mitarbeiter durch monetäre Anreize.
	Innovationsstrategie	Market Pull		-	+	• Zur Unterstützung der für die Market Pull Strategie notwendigen Kundenorientierung ist eine leistungsabhängige Entlohnung sinnvoll.
Führungssystem	Koordination durch Pläne			-	+	• Grundlage für Leistungsmessung
	Koordination durch Selbstabstimmung			-	+	• Die leistungsabhängige Entlohnung stellt einen geeigneten Handlungsrahmen zur Unterstützung autonomer Führungskonzepte dar. In der Praxis bisher jedoch eher selten eingesetzt. Da dies nur die Incentivierung des Center-Leiters unterstützt.
	Eigenkontrolle			-	+	
Wettbewerb i. d. Branche	Branche	Hochtechnologie		-	+	• Empirisch erkannter Zusammenhang.
Verantwortung	Verantwortungsbereich	Keine dezentrale Erfolgsverantwortung		-	+	• Empirisch erkannter Zusammenhang • Erfolg ist häufige Maßzahl für Leistungslohn
Gesellschaftliche und kulturelle Bedingungen	Arbeitsmarkt	Arbeitskräftemangel		-	+	• Bisher hat sich die Einführung von leistungsorientierter Entlohnung erst in einigen Unternehmen durchgesetzt und wird als Wettbewerbsfaktor für die Personalbeschaffung angesehen [WOFF 98]
	Wertesystem	Individualismus		-	+	• Mitarbeiterbedürfnisse sind kulturabhängig • Empirische Studien belegen den Zusammenhang [KUMA 90, S. 219 ff.]
		Kollektivismus		+	-	

Anhang

Einflußfaktoren auf den Gestaltungsparameter Aufbauorganisation I/II			Geringe Gliederungstiefe	Mittlere Gliederungstiefe	Hohe Gliederungstiefe	Geringe Leistungsspanne	Mittlere Leistungsspanne	Hohe Leistungsspanne	Erläuterungen
Mitarbeiter	Qualifikation der Centermitarbeiter	Geringes Qualifikationsniveau	0	0	0	+	0	-	• Eine Überforderung der Mitarbeiter der Leitungsebene wirkt sich negativ auf die Motivation und Leistung der unterstellten Mitarbeiter aus [SCHI 98, S. 108]
Führungssystem		Koordination durch persönliche Weisung	0	0	0	+	0	-	• Die Koordination durch persönliche Weisung ist nur für geringe Leitungsspannen geeignet, da die Leitungsposition sonst zum Engpaß wird [KIKU 92, S. 151]
Prozeß	Prozeßstabilität und Prozeßspezifität	Hoch und gering	0	0	0	-	0	+	• In Bereichen mit Tätigkeiten, die im Zeitverlauf nur wenigen Änderungen unterliegen bzw. sich inhaltlich nur wenig unterscheiden, bietet sich die Einrichtung großer Leitungsspannen an.
Produkt	Mit der Produktion verbundene Risiken	Hoch	0	0	0	+	0	-	
	Mit dem Produkt und seiner Nutzung verbundene Risiken	Hoch (z.B. sicherheitsrelevante Bauteile)	0	0	0	+	0	-	• Zur Verminderung des Risikos wird eine geringe Leitungsspanne empfohlen [WILD 98, S. 138].
Formalisierung	Formalisierungsgrad im Unternehmen	Gering	0	0	0	+	0	-	• Erst mit zunehmender Festschreibung der Abläufe im Center ist eine Erhöhung der Leitungsspanne möglich.
Extern	Dynamik des Unternehmensumfeldes	Hoch	+	0	-	0	0	0	• Hohe Änderungen im Unternehmensumfeld bedingen eine hohe unternehmensinterne Flexibilität. Diese wird insbesondere durch flache Hierarchien aufgrund der hohen Entscheidungsdelegation und der kurzen vertikalen Informationswege begünstigt.

Einflußfaktoren auf den Gestaltungsparameter **Aufbauorganisation II/II**			Geringe Gliederungstiefe	Mittlere Gliederungstiefe	Hohe Gliederungstiefe	Geringe Leistungsspanne	Mittlere Leistungsspanne	Hohe Leistungsspanne	Erläuterungen
Strategie	Effizienzdruck	Für betrachtetes Center	+	0	0	0	0	+	Unter der Randbedingung der Situationskonformität ist entsprechend den Forderungen des Leanmanagement eine geringe Gliederungstiefe bei hoher Leitungsspanne anzustreben
	Wachstumsstrategie	Diversifizierung oder Globalisierung	-	M	+	M	+	-	Eine geringe Gliederungstiefe und mittlere Leitungsspanne stellt eine geeignete Ausgangsbasis für die angestrebte Expansion dar.

Einflußfaktoren auf den Gestaltungsparameter Führungssystem I/II			Koordination durch persönliche Weisung	Koordination durch Selbstabstimmung	Koordination durch Programme	Koordination durch Pläne	Eigensteuerung	Fremdsteuerung	Erläuterungen
Mitarbeiter	Qualifikation des Centerleiters	Geringe Sozialkompetenz	−	−	+	+	−	+	• Koordination durch Pläne bzw. durch Selbstabstimmung bedingen unmittelbare persönliche Kommunikation • Eigenkontrolle erfordert hohe Sozialkompetemz
Mitarbeiter	Mitarbeiterstruktur	Mehrheitlich Lohnempfänger	M	−	M	M	−	+	• Selbstabstimmung erfordert entsprechendes Qualifikationsniveau
Mitarbeiter	Mitarbeiterstruktur	Mehrheitlich Gehaltsempfänger	+	M	M	M	+	−	• Gefahr der Demotivation bei Fremdsteuerung.
Extern	Dynamik des Unternehmensumfeldes	Hoch	+	M	−	0	+	−	• Hohe Umfelddynamik erfordert kurze Regelkreise und schnelle Entscheidungen. Programme und Pläne sind zumeist wenig flexibel.
Kompetenz	Ausmaß der Entscheidungsdelegation	Hoch	−	+	0	0	+	−	• Ein hohes Maß der Entscheidungsdelegation widerspricht einer zentralen Fremdsteuerung des Bereiches. Der Umkehrschluß ist zulässig. • Entscheidungsdelegation bildet die Basis für vertikale Koordination
Kompetenz	Ausmaß der Entscheidungsdelegation	Gering	M	−	+	+	−	+	
Kompetenz	Ausmaß der Funktionsintegration	Hoch	0	0	0	0	−	+	• Zunehmende Dezentralisierung wird durch Fremdkontrolle begleitet • Empirisch erkannter Zusammenhang
Aufbauorganisation	Größe der dezentralen Einheit (Produkt aus Gliederungsbreite und -tiefe)	Groß	−	0	+	+	0	0	• Aufwand für Plan- bzw. Programmerstellung lohnt sich erst ab bestimmter Unternehmensgröße.
Aufbauorganisation	Größe der dezentralen Einheit (Produkt aus Gliederungsbreite und -tiefe)	Klein	+	+	−	−	0	0	

Anhang

Einflußfaktoren Auf den Gestaltungsparameter **Führungssystem II/II**			Koordination durch persönliche Weisung	Koordination durch Selbstabstimmung	Koordination durch Programme	Koordination durch Pläne	Eigensteuerung	Fremdsteuerung	Erläuterungen
Prozeß	Prozeßkomplexität	Hoch	0	0	0	0	+	−	• Mit zunehmender Komplexität nimmt Kontrollaufwand zu
Produkt	Mit der Produktion verbundene Risiken	Hoch	−	−	+	M	0	0	• Programme sind das Ergebnis von Lernprozessen und Erfahrungen, sie bilden daher eine gute Basis für Situationen mit hohem Risiko.
	Mit dem Produkt und seiner Nutzung verbundene Risiken	Hoch (z.B. sicherheitsrelevante Bauteile)	−	−	+	M	0	0	
	Produktkomplexität	Hoch	0	0	0	0	+	−	• Mit zunehmender Komplexität nimmt Kontrollaufwand zu
Strategie	Aufbau und Schutz von Kernkompetenzen	Produkte des Centers gehören zum Kerngeschäft	0	−	0	0	−	+	• Die Wahrung des Unternehmensinteresses läßt sich durch eine Fremdsteuerung leichter erreichen.
	Unternehmensplanung	Rechtliche Selbständigkeit mittel-/ langfristig geplant	0	0	0	0	+	−	• Vorbereitung der rechtlichen Selbständigkeit • Empirisch erkannter Zusammenhang
Schnittstellen	Ressourceninterdependenz / technologische Verbundenheit interner Prozesse	Hoch	+	−	+	+	−	+	• Bereichsgrenzen erschweren häufig die Kommunikation, so daß horizontale Kommunikationswege ungünstig sind.
	Verfügbarkeit der relevanten Informationen	Nur zentral gegeben	M	−	+	+	−	+	• Selbstabstimmung ist ohne benötigte Informationen nicht sinnvoll.
	Art des Verrechnungspreises	Echter Marktpreis	0	0	0	0	+	−	• Echte Marktpreise dienen als objektiver Bewertungsmaßstab • Empirisch erkannter Zusammenhang

Einflußfaktoren auf den Gestaltungsparameter **Formalisierung I/II**			Dokumentation der Organisationsstruktur	Dokumentation des Informationsflusses	Leistungsdokumentation	Erläuterungen
Schnittstellen	Art der ausgetauschten Leistung	Spezifische Leistungen / Dienstleistungen	0	0	+	• Zur Einhaltung der Spezifikationen ist entsprechende Leistungsdokumentation erforderlich
	Anzahl interner und externer Schnittstellen	Hoch	+	+	+	• Zur Beherrschung der Schnittstellenvielzahl empfiehlt sich eine entsprechende Dokumentation.
Prozeß	Prozeßstabilität	Gering	M	-	-	• Eine hohe interne Dynamik resultiert aus sich häufig ändernden internen Abläufen. Daher ist eine Dokumentation von Informationsflüssen und Leistungen nur von kurzer Gültigkeit und tendenziell dem Nutzen gegenüber zu aufwendig.
Produkt	Mit der Produktion verbundene Risiken	Hoch	+	+	+	• Der Umgang mit sensiblen Prozessen oder Produkten, z.B.: sicherheitsrelevanten Teilen für die Automobilindustrie, erfordert besondere Sorgfalt und Absicherung. Die Formalisierung stellt ein geeignetes Hilfsmittel dazu dar.
	Mit dem Produkt und seiner Nutzung verbundene Risiken	Hoch (z.B.: sicherheitsrelevante Bauteile)	+	+	+	
	Produktspektrum	Heterogen	0	-	0	• Hoher Aufwand durch Nutzen nicht gerechtfertigt • Empirisch ermittelter Zusammenhang
	Änderungen der Kundenanforderungen nach Auftragserteilung	Häufig	0	+	-	• Dokumentation des Informationsflusses sichert eine schnelle Weiterleitung der geänderten Kundenaforderungen an die betroffenen Bereiche
Aufbauorganisation	Größe der dezentralen Einheit (Produkt aus Gliederungsbreite und -tiefe)	Groß	+	+	M	• Eine weitere Ursache interner Komplexität besteht in der Anzahl der Organisationsmitglieder. Daher ist mit zunehmender Größe der Organisation eine Formalisierung der Abläufe vorzunehmen.
Führungssystem		Koordination durch persönliche Weisung	0	-	-	• Entsprechend den Flexibilitätsanforderungen des eingesetzten Koordinationsmechanismus ist die Formalisierung zu gestalten
		Koordination durch Selbstabstimmung	+	-	0	
		Koordination durch Programme	+	0	+	
		Koordination durch Pläne	+	+	M	

Anhang LVII

Einflußfaktoren auf den Gestaltungsparameter **Formalisierung II/II**			Dokumentation der Organisationsstruktur	Dokumentation des Informationsflusses	Leistungsdokumentation	Erläuterungen
Mitarbeiter	Mitarbeiterstruktur	Kreativitätspotential der Mitarbeiter bedeutend	-	-	-	• Je höher die Anforderungen an die Kreativität der Mitarbeiter sind, desto geringer sollte das Ausmaß der Formalisierung gewählt werden.
Wettbewerb i. d. Branche	Branche	Hochtechnologie	+	-	-	• Die Branche ist durch eine hohe Dynamik und dadurch bedingte häufige Veränderungen in der Ablauforganisation geprägt. Eine weitergehende Formalisierung ist daher wirtschaftlich nicht sinnvoll.
Führungssystem		Eigenkontrolle	0	-	0	• Dokumentation der Informationsflüsse dient der internen Prozeßsteuerung • Sie widerspricht der flexiblen Anpassung der Abläufe bei der Koordination durch Selbstabstimmung sowie Eigenkontrolle • Wirkzusammenhang bei Koordination durch Pläne empirisch erkannt.
		Koordination durch Selbstabstimmung				
		Koordination durch Pläne	0	+	0	
Strategie	Wachstumsstrategie	Diversifizierung	0	-	-	• Hohe interne Dynamik widerspricht der Dokumentation • Empirisch erkannter Zusammenhang
Extern	Dynamik des Unternehmensumfeldes	Hoch	M	-	-	• Eine hohe Umfelddynamik stellt hohe Flexibilitätsanforderungen an die interne Organisation, dies ist durch ein geringes Ausmaß der Formalisierung zu unterstützen

Einflußfaktoren auf den Gestaltungsparameter Produktionsprozeß I/II			Fertigungstiefe < 20%	Fertigungstiefe 20%-50%	Fertigungstiefe > 50%	Erläuterungen
Lieferanten	Verfügbarkeit externer Lieferanten	Eingeschränkt oder nicht gegeben	-	M	+	• Entsprechen externe Zulieferer für Vorprodukte nicht den internen Anforderungen, so ist interner Kapazitätsaufbau erforderlich • Insbesondere bei regionaler Gliederung ist dieser Aspekt zu prüfen
Abnehmer	Absatzmarktdynamik	Hoch	+	M	-	• Bei ausreichender Zuliefererauswahl besteht zwischen der Flexibilität (gefordert durch Schwankungen in der zu produzierenden Stückzahl bzw. Produktmodifikationen oder –wechsel) und der Fertigungstiefe ein umgekehrt proportionaler Zusammenhang.
Produkt	Änderungen der Kundenanforderungen nach Auftragserteilung	Häufig	+	-	-	• Analog zu Absatzmarktdynamik
Strategie	Aufbau und Schutz von Kernkompetenzen	Externer Absatz der Centerprodukte kritisch	-	M	+	• Gefahr, daß Zulieferer die Komponenten auch an Wettbewerber verkaufen bzw. Prozeß-Know-how an Wettbewerber abfließt.
Strategie	Aufbau und Schutz von Kernkompetenzen	Vorprodukte des Centers gehören **nicht** zum Kerngeschäft	+	M	-	• Klare Fokussierung auf die verfolgte Strategie sichert Wettbewerbsvorteile.
Strategie	Aufbau und Schutz von Kernkompetenzen	Gefahr der Vorwärtsintegration der Zulieferer	-	M	+	• Aufbau eigener Kapazitäten erforderlich. Dies gilt insbesondere im Fall der regionalen Gliederung und der dadurch ggf. reduzierten Möglichkeit, auf interne Zulieferer zurückzugreifen.
Strategie	Unternehmensplanung	Center und Unternehmen gehören zu unterschiedlichen Branchen	-	-	+	• Empirisch erkannter Zusammenhang • Ergebnis unterschiedlicher interner Anforderungen
Schnittstellen	Abnehmer des Centers	Nur intern Mehrheitlich intern Gleich verteilt intern und extern	+	M	-	• Aus Gründen der Kapazitätskonzentration ist im Falle eines mehrfach eingesetzten Vorproduktes eine Trennung der Produktionen sinnvoll.
Schnittstellen	Ressourceninterdependenz/ technologische Verbundenheit interner Prozesse	Hoch	-	M	+	• Liegen hohe Abhängigkeiten zwischen den einzelnen Teilprozessen der Wertschöpfungskette vor, ist eine Unterteilung in mehrere Organisationseinheiten nicht sinnvoll.
Schnittstellen	Räumliche Distanz zwischen den Centern	Groß, mittel	-	0	+	• Empirisch erkannter Zusammenhang • Bei räumlicher Distanz ist der Aufwand für Transport und Koordination häufig so groß, daß an den einzelnen Standorten redundante Kapazitäten aufgebaut werden

Anhang LIX

Einflußfaktoren auf den Gestaltungsparameter **Produktionsprozeß II/II**			Fertigungstiefe < 20%	Fertigungstiefe 20%-50%	Fertigungstiefe > 50%	Erläuterungen
Prozeß	Prozeßspezifität	Hoch	+	M	-	• Unterschiede zwischen den Prozessen der Wertschöpfungskette können im Hinblick auf - mitarbeiterbezogene - technologische - organisatorische Aspekte bestehen. • Innerhalb des Centers ist ein homogener Arbeitsablauf sicherzustellen. Die daraus resultierende Fokussierung ermöglicht die Erschließung von Potentialen zur Effizienzsteigerung.
	Fixkostenbelastung	Hoch	+	M	-	• Die Erhöhung der Fertigungstiefe ist häufig mit einer hohen Fixkostenbelastung des Centers verbunden. Ist dies der Fall, haben Schwankungen in der Produktionsmenge gravierende Auswirkungen auf das Unternehmen.
Aufbau- organisation	Größe der dezentralen Einheit (Produkt aus Gliederungsbreite und -tiefe)	Mittel	M	+	0	• Mit zunehmender Centergröße wird die Erreichung der ursprünglich angestrebten Vorteile der Dezentralisierung erschwert, so daß eine weitere Unterteilung der Einheit zu prüfen ist.
		Groß	+	M	-	
Technologie- strategie	Innovationsstrategie	Technology Push	-	M	+	• Zusammenfassen der relevanten Bereiche unter einer Leitung. Durch intensiven Austausch zwischen den Komponentenverantwortlichen werden Probleme aufgezeigt und diese bieten Ausgangspunkte für Innovationen.
Gliederungs- kriterium	Gliederung nach	Produktionsverfahren/ Technologie	-	M	+	• Entsprechend des vorgegebenen Gliederungskriteriums ist eine hohe Fertigungstiefe anzustreben.
Wettbewerb in der Branche	Differenzierung	Innovation	0	+	-	• Empirisch erkannter Zusammenhang • Bei hoher Fertigungstiefe Wegfall von Transportzeiten sowie schnellere Reaktionsmöglichkeit • Mittlere Fertigungstiefe ermöglicht die Kombination von unternehmensinternen Innovationen und Entwicklungspartnerschaften mit Lieferanten
		Zeit	0	-	+	

Anhang

Einflußfaktoren auf den Gestaltungsparameter Produkt l/I			Homogenes Produktspektrum	Heterogenes Produktspektrum	Geringe Anzahl Produkte	Hohe Anzahl Produkte	Erläuterungen
Wettbewerb in der Branche	Konkurrenz	Problemlösungskonkurrenz	+	-	+	-	• Die Problemlösungskonkurrenz erfordert neben dem eigentlichen Produkt auch das Angebot geeigneter Dienstleistungen. Zum Aufbau eines entsprechenden Know-hows insbesondere im Dienstleistungsbereich ist es daher sinnvoll, das Produktspektrum zu fokussieren.
		Produktleistungskonkurrenz	M	+	0	+	
	Branche	Investitionsgüterindustrie	+	-	+	-	• Aufgrund der zumeist hohen Produktkomplexität ist eine Fokussierung vorzuziehen.
		Konsumgüterindustrie	M	+	M	+	• Vielfältigkeit der Kundenanforderungen erfordert breites Produktspektrum
		Rohstoffindustrie	+	-	+	-	• Unterschiedliche Produktionsprozesse bedingen eine Konzentration.
Gliederungskriterium	Gliederung nach	Produkten / Leistungen	+	-	0	0	• logische Konsequenz
Strategie	Wachstumsstrategie	Diversifizierung	M	+	M	+	• Aufnahme weiterer, nach Möglichkeit ähnlicher Produkte, um eine höhere Kapazitätsauslastung zu erzielen.
Produkt	Produktkomplexität	Hoch	0	-	+	-	• Bei hoher Produktkomplexität ist eine zusätzliche Ablaufkomplexität durch eine hohe Anzahl unterschiedlicher Produkte zu vermeiden
Prozeß	Fertigungsart	Einzel- / Kleinserienfertigung	-	+	-	+	• Die Fertigungsart determiniert die Flexibilität der Produktionsprozesse und wirkt sich damit auf die im Center zu produzierenden Produkte aus.
		Massenfertigung	+	-	+	-	
Kompetenz	Ausmaß der Funktionsintegration	Hoch	0	0	+	-	• Empirisch erkannter Zusammenhang • Dezentralisierung erfolgt zumeist nur für überschaubare Aufgabenbereiche
		Gering	0	0	-	+	

Gliederungskriterium I/V	Einflußfaktoren auf den Gestaltungsparameter		Funktionen	Regionen	Kundensegmente	Absatzkanäle	Produktionsverfahren	Produkte / Leistungen	Erläuterungen
Verantwortung	Verantwortungsbereich	Dezentrale Leistungsverantwortung	M	0	0	-	M	0	Erfolgsverantwortung erfordert den Zugang zum Absatzmarkt sowie möglichst weitgehende Beeinflussung von Kosten- und Leistungstreibern
		Dezentrale Erfolgsverantwortung	-	M	M	M	-	+	
		Dezentrale Finanzverantwortung	-	M	M	M	0	+	
Strategie	Wachstumsstrategie	Globalisierung / Aufbau ausländischer Gesellschaften	-	+	M	M	M	M	Für den Aufbau ausländischer Organisationseinheiten eignen sich insbesondere die regionale Gliederung. In der Praxis sind jedoch auch produktorientierte Gliederungen mit mehreren Produktionsstandorten zu beobachten.
	Simultaneous Engineering	Angestrebt	0	0	0	0	+	+	Empirisch erkannter Zusammenhang
Schnittstellen I	Interdependenz auf dem Absatzmarkt	Hoch	+	M	+	+	0	-	Die Gliederung nach Produkten führt bei Marktinterdependenz zu einer reduzierten Markteffizienz. Die Marktinterdependenz stellt daher eine wesentliche Anwendungsrestriktion für diese Gliederungsform dar [FRES 98a, 408].
	Akzeptanz von Verrechnungspreisen für interne Dienstleistungen	gering	-	M	M	M	M	+	Tendenziell führt die Gliederung nach Produkten zu der geringsten Anzahl von Schnittstellen zwischen dem Center und anderen unternehmensinternen Einheiten, so daß dabei das geringste Konfliktpotential zu erwarten ist

Einflußfaktoren auf den Gestaltungsparameter Gliederungskriterium II/V			Funktionen	Regionen	Kundensegmente	Absatzkanäle	Produktions-verfahren	Produkte / Leistungen	Erläuterungen
Schnittstellen II	Ressourceninterdependenz / technologische Verbundenheit interner Prozesse	Hoch	-	+	+	+	+	+	Zwischen Funktionalbereichen besteht ein deutlich höherer Koordinationsaufwand [BRAU 92, S. 646], der bei der Objektorientierung durch Internalisierung der Schnittstellen umgangen wird [FRES 98a, S. 409].
	Abnehmer des Centers	Mehrheitlich intern	+	M	-	-	+	+	Eine Ausrichtung am externen Markt ist bei nur geringer Anzahl externer Kunden nicht sinnvoll.
Technologiestrategie	Innovationsstrategie	Market Pull	-	M	+	+	0	+	Die funktionale Untergliederung ist für den Innovationsprozeß als nachteilig einzustufen, da sie aufgrund der hohen Schnittstellenanzahl die Implementierung behindert [BRAU 92, S. 649]
		Technology Push	-	0	0	0	+	M	
Technologie	Dynamik der Technologieentwicklung	Hoch	-	0	0	0	+	M	Die Gliederung nach Produktionstechnologien bzw. Produkten führt zu einer erhöhten Anpassungsfähigkeit [BÜHN 92, S. 2276].
	Umsetzung von nicht zum Kerngeschäft gehörenden Innovationen	Gefordert	0	0	0	0	+	-	Empirisch erkannter Zusammenhang Gliederung nach Technologien ist marktunabhängig
Abnehmer	Spezifität der Absatzkanäle	Hoch	-	-	-	+	-	-	Bestehen erhebliche Unterschiede in den Anforderungen der Absatzkanäle, kann dies insbesondere durch eine Gliederung nach Absatzkanälen berücksichtigt werden.
	Art der Kundenstruktur	Heterogen	0	0	-	0	0	0	Heterogene Kunden widersprechen der Produkt-Gliederung

Anhang LXIII

Einflußfaktoren auf den Gestaltungsparameter Gliederungskriterium III/V			Funktionen	Regionen	Kundensegmente	Absatzkanäle	Produktions-verfahren	Produkte / Leistungen	Erläuterungen
Produkt	Produktspektrum	Heterogen	-	O	M	M	M	+	Der Diversifikationsgrad des Absatzprogramms bestimmt maßgeblich die Wahl des Gliederungskriteriums [FRES 98a, S. 407] und korreliert zumeist mit der Kundenindividualität der Produkte. Dies wird auch durch praktische Erfahrungen von KÖNIG bestätigt [KÖNI 94, S. 65]. Die Wahl des Gliederungskriteriums wird durch die Prozeßeffizienz sowie die Gefahr der Überlastung der Mitarbeiter begründet [KIKU 92,S.244].
		Homogen	+	0	-	0	-	-	
Mitarbeiter	Entwicklung von Führungskräftenachwuchs	Gefordert	-	+	+	M	M	+	Die Position des Leiters einer nach dem Objektprinzip gegliederten Organisationseinheit umfaßt alle wesentlichen unternehmerischen Aufgaben und stellt ein Reservoir zur Besetzung von Top-Führungspositionen dar [FRES 98a, S. 407; SCHK 94, S. 217]
	Motivationswirkung auf Centerleiter und Mitarbeiter	Nutzung intrinsischer und extrinsischer Effekte	-	+	+	+	+	+	Die Gliederung nach dem Objektprinzip unterstützt die Mitarbeiter, ihren Beitrag innerhalb der Wertschöpfungskette zu erkennen und erleichtert dadurch die Selbststeuerung.
	Qualifikation der Center-Mitarbeiter	Gering	0	0	0	0	0	-	Empirisch erkannter Zusammenhang. Objektgliederung nach Produkten erfolgt zumeist gemeinsam mit Aufgabenintegration auf Mitarbeiterebene

Einflußfaktoren auf den Gestaltungsparameter Gliederungskriterium IV/V			Funktionen	Regionen	Kundensegmente	Absatzkanäle	Produktions-verfahren	Produkte / Leistungen	Erläuterungen
Kompetenz	Ausmaß der Entscheidungsdelegation	Hoch	-	+	+	M	M	+	▪ Hohe Entscheidungsdelegation erfordert Schnittstellenarmut zwischen dem Center und dem restlich Unternehmen
	Externe Beschaffung	Vollständige Wahlfreiheit zwischen interner und externer Beschaffung	+	0	0	0	+	0	▪ Empirisch erkannter Zusammenhang ▪ Unmittelbarer Bezug zwischen Produktionsverfahren und Beschaffung der Komponenten
	Externer Absatz	Kein Zugang	0	0	0	0	+	-	
Prozeß	Rüstzeitintensive Betriebsmittel	Liegen vor	M	-	-	-	+	-	▪ Die Gliederung nach Produktionsverfahren führt zu höheren Fertigungslosgrößen und damit geringeren produktbezogenen Rüstzeiten.
	Fertigungsart	Einzelfertigung	-	0	0	0	0	+	▪ Aufgrund der geringen Wiederholung von Arbeitsabläufen und hohen Schnittstellenanzahl eignet sich die funktionale Organisation nicht bei der Einzelfertigung
		Großserien-/ Massenfertigung	+	0	0	0	+	M	
Aufbauorganisation	Größe der dezentralen Einheit (Produkt aus Gliederungsbreite und -tiefe)	Gering	+	-	-	-	-	-	▪ Für die objektorientierte Gliederung ist aus Gründen der Effizienz und der Vermeidung der Überforderung von Mitarbeitern das Erreichen einer kritischen Masse sicherzustellen.
Wettbewerb in der Branche	Branche	Konsumgüterindustrie	0	0	+	0	0	0	▪ Empirisch erkannter Zusammenhang

Anhang LXV

Einflußfaktoren auf den Gestaltungsparameter **Gliederungskriterium V/V**			Funktionen	Regionen	Kundensegmente	Absatzkanäle	Produktionsverfahren	Produkte / Leistungen	Erläuterungen
Extern	Dynamik des Unternehmensumfeldes	Hoch	-	+	+	M	M	+	Bei hoher äußerer Stabilität können die mit der funktionalen Gliederung verbundenen Effizienzvorteile genutzt werden [WITT 98, S. 50]. Hingegen ist bei der Anforderung nach kurzen Reaktionszeiten eine objektorientierte Gliederung vorzuziehen [BRAU 92, S. 650].
		Gering	+	0	0	0	0	0	
	Regionale Spezifität	Hoch	-	+	-	-	-	-	Die regionale Spezifität kann sich in der Marktstruktur oder der Kostenstruktur zeigen [ALEW 92, S. 2188 f].

Einflußfaktoren auf den Gestaltungsparameter Integration indirekter Funktionen - Beschaffung - I/II			Zentrale Beschaffung	Mischform	Dezentrale Beschaffung	Erläuterungen
Verantwortung	Rechtliche Selbständigkeit	Gegeben	-	M	+	• Rechtliche Selbständigkeit impliziert Autonomie.
Verantwortung	Verantwortungsbereich	Dezentrale Erfolgsverantwortung	-	M	+	• Erfolgsverantwortung bedingt die Beeinflussung der wesentlichen Kosten- und Leistungstreiber (u.a. Beschaffung von Bauteilen und Maschinen).
Verantwortung	Verantwortungsbereich	Keine dezentrale Erfolgsverantwortung	+	0	Ko	• Ohne Erfolgsverantwortung keine Kontrolle der Effizienz der Beschaffung
Verantwortung	Verantwortungsbereich	Dezentrale Finanzverantwortung	-	-	+	• Empirisch ermittelter Zusammenhang
Schnittstellen	Interdependenz auf dem Beschaffungsmarkt	Hoch	+	M	-	• Die Realisierung von Größenvorteilen bei der Beschaffung ermöglicht es, Kostensenkungspotentiale zu erschließen.
Schnittstellen	Art des Verrechnungspreises	Echter Marktpreis	-	0	+	• Geringer Aufwand für Preisermittlung bei optionaler externer Beschaffung
Strategie	Wettbewerbsstrategie	Qualitätsführerschaft	0	+	0	• Empirisch erkannter Zusammenhang • Beschaffung weist mit Trend zu reduzierter Fertigungstiefe steigende Bedeutung für Produktqualität auf.
Strategie	Beschaffungsstrategie	Global Sourcing	+	M	-	• Erfordert gute Kenntnis der intenationalen Märkte und ist zumeist sehr personalintensiv, so daß sich insbesondere eine zentrale Organisation anbietet. • Ausnutzung von Wechselkursschwankungen möglich
Abnehmer	Absatzmarktdynamik	Hoch	-	M	+	• Eine geringe Planbarkeit des Absatzmarktverhaltens wirkt sich unmittelbar auf den Beschaffungsbedarf der Komponenten aus. Bei geringer Planungssicherheit sind kurze Reaktionszeiten und flexible Entscheidungen erforderlich, für welche eine dezentrale Beschaffung förderlich ist.
Aufbauorganisation	Größe der dezentralen Einheit (Produkt aus Gliederungsbreite und -tiefe)	Gering	+	0	-	• Wird die kritische Masse nicht erreicht, führt dies aus Unternehmenssicht zum Aufbau unnötiger Kapazitäten und birgt zudem die Gefahr der Überforderung der Mitarbeiter, wenn als Konsequenz auch auf Mitarbeiterebene eine Integration indirekter Aufgaben erfolgt.

Anhang LXVII

Einflußfaktoren auf den Gestaltungsparameter Integration indirekter Funktionen - Beschaffung - II/II			Zentrale Beschaffung	Mischform	Dezentrale Beschaffung	Erläuterungen
Prozeß	Fertigungstiefe im Center	>50 %	+	M	0	• Geringer Einfluß der Beschaffung auf Leistung und Erfolg des Centers
		< 20%	-	M	+	• hoher Einfluß der Beschaffung auf Leistung und Erfolg des Centers
	Spezifität der Beschaffungsgüter	Hoch, z.B. Investitionsgüter, wie Produktionsmaschinen	-	0	+	• Mit zunehmender Spezifität der Beschaffungsgüter steigt der Informationsbedarf für die Auswahl des richtigen Produktes und Zulieferers. Die Verringerung des Koordinationsbedarfes bzw. die Nutzung von Synergiepotentialen sind die Argumente für die Wahl der Ausprägungen.
		Gering, z.B. Standardprodukt, wie Wälzlager oder Rohstoffe	+	M	-	
Lieferanten	Ausmaß der Verflechtung mit externen Lieferanten	Hoch	-	M	+	• analog zur Spezifität der Beschaffungsgüter ist mit zunehmender Verflechtung des internen Leistungsprozesses mit den Lieferanten eine schnelle Abstimmung und Koordination erforderlich.
Kompetenz	Indirekte Funktionen	Dezentrale Anordnung der F&E	-	0	+	• Ergebnis der empirischen Studie. Es handelt sich jedoch nicht um direkte Wirkbeziehungen. Die beobachtete Wirkung ist vielmehr auf gemeinsame Einflußfaktoren zurückzuführen.
		Dezentrale Anordnung des Personalwesens	-	-	+	
		Zentrale Anordnung des Personalwesens	+	-	-	
		Zentrale Anordnung der Konstruktion	+	M	-	
Technologiestrategie	Art der Forschung	Experimentelle Entwicklung	-	0	+	• Zunehmende Einbindung von Lieferanten in den Entwicklungsprozeß, insbesondere bei marktnaher Produktentwicklung • Empirisch aufgedeckter Zusammenhang
Wettbewerb in der Branche	Differenzierung	Qualität	-	-	+	• Kurze Regelkreise unterstützen eine schnelle Beseitigung von Qualitätsproblemen. • Zunehmende Bedeutung der Lieferanten für die Qualität des Gesamtproduktes

Anhang

Einflußfaktoren auf den Gestaltungsparameter Integration indirekter Funktionen - Qualitätssicherung - I/II			Zentrales Qualitätsmanagement	Mischform	Dezentrales Qualitätsmanagement	Erläuterungen
Verantwortung	Rechtliche Selbständigkeit	Gegeben	-	-	+	• Rechtliche Selbständigkeit impliziert Autonomie
Mitarbeiter	Mitarbeiterstruktur	Mehrheitlich Lohnempfänger	-	-	+	• Durch die Internalisierung des Qualitätsmanagement werden die Mitarbeiter gefordert, Qualität als individuelles Ziel zu akzeptieren und entsprechende Maßnahmen abzuleiten.
	Qualifikation der Center-Mitarbeiter	Gering	+	0	-	• Eine dezentrale Anordnung des Qualitätsmanagement ist zumeist mit der Aufgabenintegration auf Mitarbeiterebene verbunden. Diese erfordert entsprechend qualifiziertes Personal
Schnittstellen	Gewährleistung einheitlicher Normen, Methodenanwendung sowie Systemkompatibilität	Erforderlich	+	+	-	• Durch dezentrale Autonomie ist zusätzlicher Kontrollaufwand notwendig
	Ressourceninterdependenz/ technologische Verbundenheit interner Prozesse	Hoch	0	0	-	• Liegen hohe Abhängigkeiten zwischen den einzelnen Teilprozessen der Wertschöpfungskette vor, ist eine Unterteilung in mehrere Organisationseinheiten nicht sinnvoll.
	Räumliche Distanz zwischen den Centern	Groß	-	+	+	• Bei räumlicher Distanz ist eine zentrale Anordnung der produktionsnahen Funktion Qualitätssicherung nicht sinnvoll.
	Interdependenz am Beschaffungsmarkt	Hoch	+	M	-	• Zentrale Qualitätsabteilung ermöglicht Einhaltung einheitlicher Qualitätsstandards • Empirisch erkannter Zusammenhang
Produkt	Typischer Zeitpunkt der Produktausfälle	Frühausfälle	-	M	+	• Ursache von Frühausfällen sind zumeist Fehler in der Produktion, so daß eine dezentrale Anordnung der Qualitätssicherung zu empfehlen ist.
	Mit dem Produkt und seiner Nutzung verbundenes Risiko	Hoch	-	M	+	• Risikobehaftete Prozesse und Produkte erfordern entsprechendes Know-how sowie eine kontinuierliche Betreuung durch die Qualitätssicherung.
Prozeß	Mit der Produktion verbundene Risiken	Hoch	-	M	+	
	Prozeßstabilität	Gering	-	M	+	• Bei geringer Prozeßstabilität sind häufige Eingriffe des Qualitätsmanagement in den Prozeß notwendig, so daß sich eine dezentrale Anordnung empfiehlt.

Anhang LXIX

Einflußfaktoren auf den Gestaltungsparameter Integration indirekter Funktionen - Qualitätssicherung - II/II			Zentrales Qualitätsmanagement	Mischform	Dezentrales Qualitätsmanagement	Erläuterungen
Strategie	Wettbewerbsstrategie	Qualitätsführerschaft	+	+	-	• Durch dezentrale Autonomie ist zusätzlicher Kontrollaufwand notwendig
Gliederungskriterium	Gliederung nach	Produkten/ Leistungen	-	+	+	• Empirisch ermittelter Zusammenhang • Eine dem Produkt zugeordnete Prüfung erscheint vor dem Hintergrund kurzer Regelkreise und direkten Feedbacks sinnvoll
Kompetenz	Indirekte Funktionen	Dezentrale Anordnung der Logistik	-	0	+	• Ergebnis der empirischen Studie. Es handelt sich jedoch nicht um direkte Wirkbeziehungen. Die beobachtete Wirkung ist vielmehr auf gemeinsame Einflußfaktoren zurückzuführen.
		Zentrale Anordnung der Logistik	+	0	-	
		Dezentrale Anordnung des Controlling	-	0	+	
		Zentrale Anordnung des Controlling	+	0	-	
		Zentrale Anordnung der F&E	+	0	-	
		Dezentrale Anordnung der F&E	-	-	+	
Incentivierung	Leistungsabhängige Entlohnung	Liegt vor	-	+	+	• Empirisch ermittelter Zusammenhang • Produktqualität stellt ein wesentliches Erfolgskriterium dar. Daher ist es als Bestandteil der Kompetenz zu dezentralisieren. • Zudem signifikante Korrelation von Qualitätssicherung und extrinsischer Motivation des Centerleiters
Wettbewerb in der Branche	Differenzierung	Qualität	-	+	+	• Kurze Regelkreise unterstützen eine schnelle Beseitigung von Qualitätsproblemen.

Einflußfaktoren auf den Gestaltungsparameter **Integration indirekter Funktionen - Vertrieb - I/III**			Zentraler Vertrieb	Mischform	Dezentraler Vertrieb	Erläuterungen
Verantwortung	Rechtliche Selbständigkeit	Gegeben	-	-	+	• Rechtliche Selbständigkeit impliziert Autonomie
	Verantwortungs-bereich	Dezentrale Erfolgsverantwortung	-	M	+	• Erfolgsverantwortung bedingt die Beeinflussung der wesentlichen Leistungstreiber (u.a. Absatz der Produkte)
		Keine dezentrale Erfolgsverantwortung	+	Ko	Ko	• Ohne Erfolgsverantwortung keine Kontrolle der Effizienz des Vertriebs
Strategie	Prozeßorientierung	Angestrebt	-	M	+	• Die Prozeßorientierung zeichnet sich durch die bereichsübergreifende Betrachtung der Wertschöpfungskette und die Steuerung im Hinblick auf das Gesamtoptimum aus [EVER 96b, S. 310 f]. Dementsprechend ist eine Dezentralisierung des Vertriebs anzustreben
	Unternehmens-planung	Center und Unternehmen gehören zu unterschiedlichen Branchen	-	-	+	• Empirisch aufgedeckter Zusammenhang • Bei unterschiedlichen Branchen liegen üblicherweise auch unterschiedliche Kunden und Kundenanforderungen vor • Klare Anbindung an die Kunden mit dezentraler Anordnung
Schnittstellen	Interdependenz auf dem Absatzmarkt	Hoch	+	M	-	• Um Markteffizienz sicher zu stellen, ist eine koordinierte Bearbeitung des Marktsegmentes erforderlich [FRES 98a, S. 268 f].
	Verfügbarkeit der relevanten Informationen	Nur zentral gegeben	+	-	-	• Empirisch aufgedeckter Zusammenhang • Kongruenz von Information und Aufgabe erforderlich
	Kommunikation mit zentralen Instanzen	Langwierig	-	0	+	• Empirisch aufgedeckter Zusammenhang • Theoretisch über erforderliche kurze Reaktionszeiten zu begründen.
	Auftragsauslösung	Lagerfertiger	+	0	0	• Kundenindividuelle Fertigung ist zumeist zeitkritisch, so daß eine Schnittstellenreduktion durch Dezentralisierung förderlich ist. Zudem besteht oftmals auch während der Produkterstellung Abstimmungsbedarf zwischen Kunden und Unternehmen.
		Kundenindividuelle Produktion	-	M	+	
Technologie-strategie	Innovationsstrategie	Market Pull	-	M	+	• Sind Produktinnovationen und Produktverbesserungen vornehmlich durch marktseitige Impulse initiiert, ist eine Dezentralisierung des Vertriebs zur Sicherstellung der entsprechenden Informationsflüsse notwendig.
	Art der Forschung	Experimentelle Entwicklung	-	+	+	• Hoher Anwendungsbezug, Marktnähe erforderlich • Empirisch ermittelter Zusammenhang

Einflußfaktoren auf den Gestaltungsparameter Integration indirekter Funktionen - Vertrieb - II/III			Zentraler Vertrieb	Mischform	Dezentraler Vertrieb	Erläuterungen
Produkt	Produktspektrum und Produktkomplexität	Homogen und gering	+	0	0	• Geringer Bedarf für spezifische Vertriebs-/ Marketingaktivitäten • Höhere Ressourceneffizienz in der Zentrale
		Inhomogen und Hoch	-	M	+	• Produkt Know-how im Vertrieb erforderlich • Dezentrale Anordnung fördert Informationsaustausch
Abnehmer / neue Konkurrenten	Absatzmarktdynamik und Anzahl Marktein- und –austritte	Hoch und Hoch	-	M	+	• Dynamische Marktveränderungen wirken sich auf die Mengen-, Termin- und Kapazitätsplanung aus [SCHU 96, S. 5-50]. Aufgrund dieser mehrheitlich operativen Aspekte bietet sich eine Dezentralisierung des Vertriebs an. Dies hat zudem den Vorteil einer erleichterten Marktbeobachtung.
Abnehmer	Regionale Spezifität	Hoch	-	M	+	• Um den regionalen Spezifika und Anforderungen an Vertriebs- und Marketingaktivitäten zu entsprechen, empfiehlt sich eine Dezentralisierung des Vertriebs.
Unternehmensgröße		Klein	+	0	0	• Zuordnung entsprechend einer von KÖHLER durchgeführten empirischen Studie [KÖHL 92, S. 37]. Der Zusammenhang läßt sich dadurch erklären, daß bei kleiner Gesamtmitarbeiterzahl die für die Einrichtung dezentraler Vertriebseinheiten notwendige kritische Masse nicht erreicht wird.
Wettbewerb in der Branche	Branche	Investitionsgüterindustrie	+	M	-	• Zuordnung entsprechend einer von KÖHLER durchgeführten empirischen Studie [KÖHL 92, S. 37].
		Konsumgüterindustrie	-	M	+	

Einflußfaktoren auf den Gestaltungsparameter **Integration indirekter Funktionen** - Vertrieb - III/III			Zentraler Vertrieb	Mischform	Dezentraler Vertrieb	Erläuterungen
Kompetenz	Externer Absatz	Kein Zugang zum externen Absatzmarkt	+	-	Ko	• Ohne Zugang zum Absatzmarkt ist eine Dezentralisierung des Vertriebs nicht möglich.
	Indirekte Funktionen	Dezentrale Anordnung des Service	-	0	+	• Ergebnis der empirischen Studie. • Es handelt sich jedoch nicht um direkte Wirkbeziehungen. Die beobachtete Wirkung ist vielmehr auf gemeinsame Einflußfaktoren zurückzuführen.
		Zentrale Anordnung des Service	+	0	-	
Mitarbeiter	Motivationswirkung auf Centerleiter	Nutzung intrinsischer Effekte	-	M	+	• Leistungsbezogene Entlohnung erfordert Beeinflussung von Kosten- und Leistungstreibern • Entscheidungsautonomie bewirkt intrinsische Motivation [BÜHN 93, S. 1615]

Anhang LXXIII

Einflußfaktoren auf den Gestaltungsparameter **Integration indirekter Funktionen - Forschung und Entwicklung - I/III**		Zentrale F&E	Mischform	Dezentrale F&E	Erläuterungen
Strategie	Funktionalstrategie / Integration der F&E Strategie in die strategische Gesamtplanung	+	M	-	• Abkehr von isolierter Technologiestrategie und Integration in die Gesamtplanung.
	Aufbau und Schutz von Kernkompetenzen / Produkte des Centers gehören zum Kerngeschäft	+	M	-	• Gefahr der Stärkung von Wettbewerbern. • Erleichterter Aufbau neuer Kernkompetenzen durch Nutzung von Synergiepotentialen bei zentraler F&E [GASS 97, S. 334; BROC 99, S. 140].
	Prozeßorientierung / Angestrebt	-	M	+	• Die Prozeßorientierung zeichnet sich durch die bereichsübergreifende Betrachtung der Wertschöpfungskette und die Steuerung im Hinblick auf das Gesamtoptimum aus [EVER 96b, S. 310 f]. Dementsprechend ist eine Dezentralisierung der F&E anzustreben.
	Simultaneous Engineering / Angestrebt	-	M	+	• Enge Abstimmung zwischen Produktion und F&E • Ermöglichung schnellere Reaktionszeiten [BROC 99, S. 140]
Schnittstellen	Mehrfachzuordnung von strategischen Technologiefeldern zu strategischen Geschäftsfeldern / Liegt vor	M	+	-	• Erleichterte Weiterentwicklung der Technologiefelder durch Bündeln der Ressourcen. • Koordinierter Know-how Transfer an die einzelnen Center • Flexibler Zugriff bei technologischen Problemen [GASS 97, S. 336]
	Ressourceninterdependenz/ technologische Verbundenheit interner Prozesse / Hoch	+	M	-	• Im Fall von unteilbaren Ressourcen ist eine Zentralisierung der F&E Aktivitäten vorzuziehen. Die zentrale Abwicklung des Ressourcenbedarfes wird gegenüber einer Abstimmung zwischen gleichgestellten Centern eher als gerecht empfunden.
	Akzeptanz von Verrechnungspreisen für Dienstleistungen / Gering	-	0	+	• Internalisierung der F&E Funktion in ein Center reduziert die Schnittstellen und macht Verrechnungspreise obsolet.
	Gewährleistung einheitlicher Normen, Methodenanwendungen sowie Systemkompatibilität / Erforderlich	+	M	-	• Spätere Kompatibilitätsprobleme sind zu vermeiden.

Einflußfaktoren auf den Gestaltungsparameter Integration indirekter Funktionen - Forschung und Entwicklung - II/III			Zentrale F&E	Mischform	Dezentrale F&E	Erläuterungen
Technologiestrategie	Art der Forschung	Grundlagenforschung	+	0	-	• Vermeidung von Ergebnisdruck, intrasystemare Koordination • Konzentration der Aktivitäten • F&E Spezialisten können sich in dezentralen Einheiten zu produktbezogenen Fachkräften entwickeln und im eigentlichen Fachgebiet den Anschluß an aktuelle Entwicklungen verpassen.
		Angewandte Forschung Experimentelle Entwicklung	-	0	+	• Hoher Anwendungsbezug, Marktnähe erforderlich
	Innovationsstrategie	Market Pull	-	M	+	• Sind Produktinnovationen mehrheitlich marktgetrieben, erfordert dies eine direkte Verbindung mit dem Kunden [BULL 96, S. 6-50]. Daher sollte eine möglichst direkte Kommunikation mit dem Vertrieb innerhalb eines Centers angestrebt werden.
		Technology Push	+	+	0	• Konzentration der F&E Aktivitäten zu Schaffung eine kritischen Masse für die Entwicklung neuer Produkte. • Anregung zur Produktentwicklung ohne Berücksichtigung des angestammten Objektbereiches
Mitarbeiter	Mitarbeiterstruktur	Kreativitätspotential der Mitarbeiter bedeutend	+	M	-	• In der Forschung tätige Mitarbeiter weisen eine spezifische Bedürfnisstruktur auf. Dem Leistungs- und Selbstverwirklichungsbedürfnis kommt tendenziell ein größeres Gewicht als bei anderen Mitarbeitern zu [KERN 92, 629].
Wettbewerb in der Branche	Branche	Konsumgüterindustrie	-	0	+	• Empirische Untersuchungen belegt diesen Zusammenhang [KILI 91, S. 23]
Unternehmensgröße		Klein	+	0	-	• Bei geringem Aufgabenvolumen im Bereich F&E ist eine Zentralisierung zur Nutzung von Größenvorteilen und Spezialisierungseffekten sinnvoll.
		Sehr groß	-	0	+	• Nach Erreichen einer optimalen Größe der F&E führt eine weitere Vergrößerung zu abnehmender Effizienz [BROC 99, S. 140]. Dies wird mit der Rigidität großer Zentralbereiche begründet [GASS 97, S. 334].

Anhang LXXV

Einflußfaktoren auf den Gestaltungsparameter **Integration indirekter Funktionen - Forschung und Entwicklung - III/III**			Zentrale F&E	Mischform	Dezentrale F&E	Erläuterungen
Verantwortung	Verantwortungsbereich	Dezentrale Erfolgsverantwortung	-	M	+	▪ Erfolgsverantwortung bedingt die Beeinflussung der wesentlichen Kosten- und Leistungstreiber. Entsprechend Untersuchungen von EVERSHEIM werden bis zu 70% der Herstellkosten durch Entwicklung und Konstruktion festgelegt [EVER 98c, S. 2].
Produkt	Produktkomplexität	Gering	+	M	-	▪ Geringer Abstimmungsbedarf zwischen F&E und Produktbereich.
		Hoch	-	M	+	▪ Hohe Produktkomplexität und Kundenorientierung erfordern enge Abstimmung mit dem Produktions- und Vertriebsbereich, so daß eine dezentrale Anordnung vorgeschlagen wird.
	Anzahl der Produkte	Hoch	+	-	-	▪ Hohe Anzahl der Produkte führt zu entsprechend größer und damit eigenständiger F&E-Abteilung
Prozeß	Prozeßkomplexität	Hoch	-		+	▪ Kennzeichen für komplexe Fertigungstechnologien sind hoher Automatisierungsgrad, Anlagenverkettung und geringe Prozeßbeherrschung. Eine entsprechende Unterstützung ist dezentral vorzusehen. ▪ Die dezentrale Anordnung der F&E erhöht zudem den Fertigungsbezug. Prinzipien der fertigungs- und montagegerechten Konstruktion werden eher berücksichtigt.
Kompetenz	Indirekte Funktionen	Dezentrale Anordnung der Technologieplanung	0	0	+	▪ Enge Verbindung zwischen Konstruktion, Technologieplanung und F&E
		Zentrale Anordnung der Konstruktion	+	-	-	▪ Empirisch aufgedeckte Wirkbeziehung

Einflußfaktoren auf den Gestaltungsparameter Integration indirekter Funktionen - Technologieplanung - I/II			Zentrale Technologieplanung	Mischform	Dezentrale Technologieplanung	Erläuterungen
Strategie	Wettbewerbsstrategie	Technologieführerschaft	+	M	-	• Für die Strategie der Technologieführerschaft stellt die Technologieplanung eine Kernfunktion dar. • Flexibilität und kurze Abstimmungszeiten sind erforderlich. • Konzentration der Aktivitäten erlaubt fachlichen Austausch der Mitarbeiter.
	Aufbau und Schutz von Kernkompetenzen	Centerprodukte gehören **nicht** zum Kerngeschäft	+	-	-	• Aufwand für dezentrale Technologieplanung rechtfertigt den Nutzen nicht
	Simultaneous Engineering	Angestrebt	-	M	+	• Technologieplanung ist wesentlicher Bestandteil des Simultaneous Engineering Ansatzes.
Kompetenz	Indirekte Funktionen	Dezentrale Anordnung der Konstruktion	0	0	+	• Das Simultaneous Engineering erfordert eine enge Zusammenarbeit zwischen Konstruktion und Technologieplanung.
		Zentrale Anordnung der Konstruktion	+	-	-	
	Externe Beschaffung	Volle Wahlfreiheit	-	-	+	• empirisch aufgedeckter Zusammenhang • in der Technologieplanung liegt häufig eine intensive Zusammenarbeit mit externen Technologiegebern vor
	Investitionsentscheidung	Dezentrale Entscheidung	-	-	+	• empirisch aufgedeckter Zusammenhang • Die Technologieplanung ist häufig der Ausgangspunkt für den Anstoß von Investitionen in neue Maschinen und Anlagen
		Zentrale Entscheidung	+	-	-	
Prozeß	Prozeßkomplexität	Hoch	-	M	+	• Hohe Komplexität und Spezifität der Produktion bedingen spezifisches Know-how der Technologieplaner. • Häufige Abstimmung zwischen Technologieplanung und Produktion notwendig.
	Prozeßspezifität	Hoch				
		Gering	+	M	-	• Effizienzvorteile • Vermeidung von Doppelarbeit insbesondere bei der personalaufwendigen Technologiebeobachtung
	Auswirkung von Stückzahlschwankungen auf die Stückkosten	Hoch	-	M	+	• Empirisch erkannter Zusammenhang • Die Auswirkung von Stückzahlschwankungen auf die Stückkosten hängt stark von der eingesetzten Technologie ab, so daß dezentraler Technologieplanung entsprechende Bedeutung zukommt.

Einflußfaktoren auf den Gestaltungsparameter Integration indirekter Funktionen - Technologieplanung - II/II		Zentrale Technologieplanung	Mischform	Dezentrale Technologieplanung	Erläuterungen
Extern	Dynamik des Unternehmensumfeldes	Hoch	-	M	+	▪ Geringe Umfeldstabilität resultiert in geringer interner Planungssicherheit und erfordert kurzfristige und flexible Anpassungen im Rahmen der Technologieplanung.
Aufbauorganisation	Größe der dezentralen Einheit (Produkt aus Gliederungsbreite und -tiefe)	Gering	+	M	-	▪ Dezentralisierung erfordert kritische Masse im Bereich der Technologieplanung.
Technologie	Verfügbarkeit von Substitutionstechnologien	Gegeben	-	-	+	▪ Liegen Substitionstechnologien vor, ist eine Abstimmung zwischen den Prozeßanwendern und den Technologieplanern notwendig, um die richtige Technologie sowie den richtigen Zeitpunkt für einen Technologiewechsel zu bestimmen. ▪ Umkehrschluß zusätzlich empirisch bestätigt
Technologie	Verfügbarkeit von Substitutionstechnologien	Nicht gegeben	+	+	-	
Schnittstellen	Ressourceninterdependenz / technologische Verbundenheit interner Prozesse	Gering	-	-	+	▪ Liegt eine hohe Verbundenheit der technologischen Prozesse vor, ist eine Koordination der Technologieplanung erforderlich. Dies ist insbesondere über eine Zentrale Anordnung zu erzielen ▪ Empirisch aufgedeckter Zusammenhang
Schnittstellen	Ressourceninterdependenz / technologische Verbundenheit interner Prozesse	Hoch	M	+	-	
Investition	Investitionsvolumen	Hohes Investitionsvolumen	-	-	+	▪ Empirisch aufgezeigter Zusammenhang ▪ Mit Zunahme des Investitionsvolumens gewinnt die Einbeziehung der Technologieplanung zur Entscheidungsunterstützung an Bedeutung
Investition	Investitionsvolumen	Geringes Investitionsvolumen	+	0	-	

Einflußfaktoren auf den Gestaltungsparameter Integration indirekter Funktionen - Instandhaltung - I/II

	Einflußfaktor	Ausprägung	Zentrale Anordnung	Mischform	Dezentrale Anordnung	Erläuterungen
Schnittstellen	Ausmaß der Kooperation mit externen Service-Providern	Hoch	-	0	+	Verbleibende Aufgaben erfordern zumeist geringeres Spezialistenwissen und können von Produktionsmitarbeitern übernommen werden
		gering	+	0	-	Umkehrschluß zusätzlich empirisch klar bestätigt.
	Räumliche Distanz zwischen den Centern	Groß	-	0	+	Bei räumlicher Distanz sind die Möglichkeiten der zentralen Kapazitätsbereitstellung eingeschränkt.
Strategie	Funktionalstrategie	Wenig präventive Instandhaltung (Anteil < 20 %)	+	0	-	bessere Kapazitätsauslastung
		Präventive Instandhaltung (Anteil > 60 %)	-	0	+	Hohe Planung erlaubt dezentral effizienten Ressourceneinsatz
Mitarbeiter	Qualifikation der Center Mitarbeiter	Hohes Qualifikationsniveau	-	0	+	Instandhalter werden in den Produktion integriert und übernehmen teilweise Produktionsaufgaben. Analog übernehmen Produktionsmitarbeiter Instandhaltungsaufgaben.
	Gefahr der Ausnutzung von Informationsasymmetrien	Bedeutend	+	0	-	Die Instandhaltung ist ein übliches Objekt zur Manipulation durch Ausnutzung von Informationsasymmetrien. Empirische Studie zeigt, daß in diesem Fall eine zentrale Anordnung bevorzugt wird.
Prozeß	Fixkostenbelastung	Hoch	-	M	+	
	Räumliche Distanz der Produktionsanlagen	Hoch	-	M	+	Kurze Reaktionszeit erforderlich. Der Zusammenhang kann mit statistischen Verfahren nicht bestätigt werden.
	Maschinenverkettung	Hoch	-	M	+	
	Prozeßspezifität	Gering	+	M	-	Das Synergiepotential resultiert aus Größendegressionseffekten in Form von reduziertem Personalbedarf sowie einer effizienteren Ersatzteilversorgung bei zentraler Instandhaltung.
		Hoch	-	M	+	
	Fertigungstiefe	< 20 %	+	-	-	Je geringer die Fertigungstiefe, desto geringer die Bedeutung der Produktion und damit auch der Instandhaltung. Weiterhin bestehen bei kleiner Produktion ggf. Auslastungsprobleme der Instandhaltung, so daß eine zentrale Anordnung vorgezogen wird. Dieser Zusammenhang wurde durch die empirische Studie aufgedeckt.

Einflußfaktoren auf den Gestaltungsparameter **Integration indirekter Funktionen - Instandhaltung - I/II**			Zentrale Anordnung	Mischform	Dezentrale Anordnung	Erläuterungen
Kompetenz	Indirekte Funktionen	Dezentrale Anordnung der Konstruktion	0	-	+	Ergebnis der empirischen Studie. Es handelt sich jedoch nicht um direkte Wirkbeziehungen. Die beobachtete Wirkung ist vielmehr auf gemeinsame Einflußfaktoren zurückzuführen.
		Zentrale Anordnung der Konstruktion	-	+	-	
		Zentrale Anordnung des Personalwesens	+	0	-	
		Dezentrale Anordnung des Personalwesens	-	-	+	
Unternehmensgröße		Klein	+	0	-	Aus Effizienzgründen ist eine zentrale Anordnung vorzuziehen. Dies entspricht zudem Beobachtungen in der Praxis [SIHN 96, S. 10-115].
Wettberb in der Branche	Differenzierung	Zeit	-	M	+	Erfolgt die Differenzierung am Markt anhand des Kriteriums Zeit, so sind kurze Reaktionszeiten und eine hohe Maschinenverfügbarkeit erforderlich.

Einflußfaktoren auf den Gestaltungsparameter **Integration indirekter Funktionen - Personalwesen - I/II**			Zentrale Anordnung	Mischform	Dezentrale Anordnung	Erläuterungen
Verantwortung	Rechtliche Selbständigkeit	Gegeben	Ko	-	+	• Zuordnung ergibt sich aus der Eigenständigkeit der rechtlich selbständigen Organisationseinheit
Kompetenz	Expansionsmöglichkeit	Begrenzt	-	+	M	• Durch Zuordnung der Expansionsmöglichkeit an ein Center ist die Erweiterung durch zusätzliches Personal entsprechend zu unterstützen.
		Unbegrenzt				
Gliederungskriterium	Gliederung nach	Regionen	-	M	+	• Der räumliche Abstand zwischen der Zentrale und den dezentralen Einheiten ist bei regionaler Gliederung zumeist hoch, so daß eine zentrale Anordnung erheblichen Aufwand verursachen würde • Spezifität der regionalen Besonderheiten (Lohn- / Gehaltsstruktur; Lohnnebenkosten; Gewerkschaften, etc) ist bei vorgenommener regionaler Gliederung wesentlich.
Aufbauorganisation	Größe der dezentralen Einheit (Produkt aus Gliederungsbreite und -tiefe)	Groß	0	+	M	• Für die Dezentralisierung der Aufgaben des Personalwesens ist eine kritische Größe erforderlich • Mit zunehmender Centergröße wirkt sich eine teilweise Dezentralisierung des Personalwesens (Mischform) aufgrund erleichterter Kommunikation positiv aus.
		Klein	+	0	-	
Mitarbeiter	Qualifikationsstruktur des Unternehmens	Homogen über Center verteilt	+	M	-	• Bestehen erhebliche Unterschiede in den Aufgaben der Personalabteilung in der Zusammenarbeit mit den einzelnen Centern, ist eine Dezentralisierung dieser spezifischen Aufgaben sinnvoll.
		Heterogen über Center verteilt	M	+	M	
	Bedeutung des Betriebsrates	Hoch	+	M	-	• Ist die Rolle des Betriebsrates/ der Arbeitnehmervertreter im Unternehmen als bedeutend einzustufen, bietet das zentrale Personalwesen den Vorteil der Bündelung der Macht seitens des Management.
Schnittstellen	Gewährleistung einheitlicher Normen, Methodenanwendung sowie Systemkompatibilität	Erforderlich	+	M	-	• Beispielsweise erfordert die Leistungsbeurteilung ein unternehmensweit einheitliches Vorgehen, ansonsten ist eine Demotivation der Mitarbeiter zu erwarten.

Anhang LXXXI

Einflußfaktoren auf den Gestaltungsparameter **Integration indirekter Funktionen** - **Personalwesen - II/II**			Zentrale Anordnung	Mischform	Dezentrale Anordnung	Erläuterungen
Kompetenz	Indirekte Funktionen	Zentrale Anordnung der Instandhaltung	+	-	-	• Ergebnis der empirischen Studie. Es handelt sich jedoch nicht um direkte Wirkbeziehungen. Die beobachtete Wirkung ist vielmehr auf gemeinsame Einflußfaktoren zurückzuführen. • Hier aufgrund des hohen statistischen Zusammenhangs angegeben.
		Dezentrale Anordnung der Instandhaltung	-	+	+	
		Zentrale Anordnung der Qualitätssicherung	+	-	-	
		Dezentrale Anordnung der Qualitätssicherung	-	+	+	
		Zentrale Anordnung des Controlling	+	-	-	

Einflußfaktoren auf den Gestaltungsparameter **Integration indirekter Funktionen - EDV - I/II**			Zentrale Anordnung	Mischform	Dezentrale Anordnung	Erläuterungen
Strategie	Funktionalstrategie	EDV leistet mehrheitlich Unterstützungsfunktion	+	0	-	• Auf die EDV Abteilung fällt in den letzten Jahren ein zunehmend großer Kostenanteil. ALLEN führt einen Großteil dieser Kosten auf mangelnde Effizienz zurück [ALLE 87, S.57 f]. Zur besseren Kostenbeurteilung und zur Kostenreduktion empfiehlt sich daher eine Dezentralisierung. • Ist die EDV wichtiger Bestandteil von Produkt- bzw. Prozeßtechnologie, empfiehlt sich zur Schnittstellenvermeidung eine dezentrale Anordnung.
		EDV ist integraler Bestandteil von Produkt- und Prozeßtechnologie	-	+	+	
Schnittstellen	Gewährleistung einheitlicher Normen, Methodenanwendung sowie Systemkompatibilität	Erforderlich	+	M	-	• Sonst Gefahr von Effizienzverlusten durch mehrfache Datenhaltung, aufwendigen Datenaustausch etc. • Die Verwendung einheitlicher Soft- und Hardware reduziert den Installations- und Wartungsaufwand.
	Spezifität der EDV-Anforderungen der einzelnen Center	Hoch	-	+	+	• Bestehen erhebliche Unterschiede zwischen den Aufgaben der EDV Abteilung für einzelne Center, ist eine dezentrale Anordnung vorteilhaft.
	Aufbau von redundanten Kapazitäten	Gefahr besteht	+	-	-	• Empirisch erkannter Zusammenhang • Zentrale EDV zur Umgehung der Problemstellung
Prozeß	Ausmaß der Kooperation mit externen EDV Dienstleistern	Hoch	-	M	+	• Die verbleibenden Aufgaben sind oftmals von geringerer Komplexität und können von Mitarbeitern im Center übernommen werden.
	Abhängigkeit von der eingesetzten Informationstechnologie	Hoch	-	+	+	• Stellt die EDV einen kritischen Erfolgsfaktor des Centers dar, ist zur Gewährleistung schneller und flexibler Reaktionen eine Dezentralisierung anzustreben.
Unternehmensgröße		Klein	+	0	-	• Notwendigkeit einer kritischen Masse zum Aufbau von Kompetenzen und als Puffer für Kapazitätsschwankungen.

Anhang LXXXIII

Einflußfaktoren auf den Gestaltungsparameter **Integration indirekter Funktionen** - EDV - II/II			Zentrale Anordnung	Mischform	Dezentrale Anordnung	Erläuterungen
Verantwortung	Rechtliche Selbständigkeit	Gegeben	Ko	-	+	• Zuordnung ergibt sich aus der Eigenständigkeit der rechtlich selbständigen Organisationseinheit.
Kompetenz	Indirekte Funktionen	Zentrale Anordnung des Personalwesens	+	-	-	• Ergebnis der empirischen Studie. Es handelt sich jedoch nicht um direkte Wirkbeziehungen. Die beobachtete Wirkung ist vielmehr auf gemeinsame Einflußfaktoren zurückzuführen. • Hier aufgrund des hohen statistischen Zusammenhangs angegeben.
Führungssystem		Eigenkontrolle	-	+	M	• Empirisch entdeckter Zusammenhang • Spiegelt hohe Bedeutung der EDV für aktuelle Controllingsysteme wieder
		Fremdkontrolle	+	-	-	
Formalisierung	Dokumentationsart	Dokumentation der ausgetauschten Leistungen	-	+	M	• Leistungsdokumentation und zeitnahe Anpassung erfordern entsprechende DV-Unterstützung • Statistisch signifikanter Zusammenhang
Wettbewerb in der Branche	Differenzierung	Zeit	-	M	+	• Kurze Regelkreise und eine schnelle EDV sind erforderlich, um sich diesem Differenzierungskriterium zu stellen

Einflußfaktoren auf den Gestaltungsparameter **Integration indirekter Funktionen - Logistik - I/II**			Zentrale Anordnung	Mischform	Dezentrale Anordnung	Erläuterungen
Strategie	Funktionalstrategie	Logistikstrategie: Just in Time, Kanban	-	M	+	Erfordert dezentrale, verbrauchsorientierte Steuerung mit kurzen Regelkreisen
Verantwortung	Rechtliche Selbständigkeit	Gegeben	Ko	-	+	Zuordnung ergibt sich aus der Eigenständigkeit der rechtlich selbständigen Organisationseinheit
Schnittstellen	Räumliche Distanz zwischen den Centern	Groß	-	M	+	Bei räumlicher Distanz sind die Möglichkeiten der zentralen Kapazitätsbereitstellung eingeschränkt.
	Ressourceninterdependenz / technologische Verbundenheit interner Prozesse	Hoch	+	0	-	Je höher die Verbundenheit der Prozesse desto notwendiger ein Materialfluß zwischen den Bereichen => zentrale Logistik
		Gering	-	0	+	
Gliederungskriterium	Gliederung nach	Regionen	-	0	+	Bei regionaler Gliederung es eine räumliche Distanz zwischen den Centern zu erwarten (siehe oben). Zudem wirkt sich eine dezentrale Anordnung positiv auf die Berücksichtigung regional unterschiedlicher Anforderungen aus.
		Absatzkanälen	0	+	M	Unterschiedliche Absatzkanäle zeichnen sich zumeist durch verschiedenartige Logistikanforderungen aus.
Produkt	Produktspektrum	Homogen	+	M	-	Reduktion der Bestände und Erhöhung der Flexibilität durch Zusammenfassung von Sicherheitsbeständen möglich.
		Heterogen	-	M	+	Unterschiedliche Produkte haben verschiedenartige Anforderungen an die Logistik, z.B. Lager- und Transportmittel.

Einflußfaktoren auf den Gestaltungsparameter **Integration indirekter Funktionen - Logistik - II/II**			Zentrale Anordnung	Mischform	Dezentrale Anordnung	Erläuterungen
Kompetenz	Indirekte Funktionen	Dezentraler Vertrieb und dezentrale Beschaffung	-	M	+	• Zwischen Produktion, Beschaffung, Vertrieb und Logistik bestehen konkurrierende Zielsetzungen (z.B. Lagerbestände, Liefertermine, etc.) [BÜHN 99, S. 334]. Daher ist der Logistik-Bereich entsprechend den genannten indirekten Funktionen anzuordnen.
		Zentraler Vertrieb und zentrale Beschaffung	+	M	-	
		Zentrale Anordnung der Qualitätssicherung	+	-	-	• Ergebnis der empirischen Studie. Es handelt sich jedoch nicht um direkte Wirkbeziehungen. Die beobachtete Wirkung ist vielmehr auf gemeinsame Einflußfaktoren zurückzuführen. • Hier aufgrund des hohen statistischen Zusammenhangs angegeben.
		Dezentrale Anordnung des Controlling	-	-	+	
		Zentrale Anordnung der EDV	+	-	-	

Anhang

Einflußfaktoren auf den Gestaltungsparameter Integration indirekter Funktionen - Arbeitsvorbereitung - I/II

	Einflußfaktor	Ausprägung	Zentrale Anordnung	Mischform	Dezentrale Anordnung	Erläuterungen
Schnittstellen	Ressourceninterdependenz / technologische Verbundenheit interner Prozesse	Hoch	+	0	-	• Ist die Produktion in dem betrachteten Center eng mit anderen, nicht dem Center zugeordneten Bereichen verbunden, ist die Einführung einer zentralen Koordinationsstelle sinnvoll. Für die unabhängig im Center zu planenden Aufgaben sowie für die Detailgestaltung der Aktivitäten bietet sich die dezentrale Anordnung an, so daß insgesamt unter diesen Randbedingungen die Mischform empfohlen wird. In der empirischen Studie wurde die Mischform bei diesem Einflußfaktor jedoch bei hoher Abhängigkeit nicht beobachtet • Entsprechend wurde Wirkbeziehung für mittlere Interdependenz ergänzt
		Mittel	0	+	-	
	Räumliche Distanz zwischen den Centern	Groß, mittel	Ko	-	0	• Bei räumlicher Distanz ist eine zentrale Anordnung der produktionsnahen Funktion Arbeitsvorbereitung nicht sinnvoll.
Aufbauorganisation	Abnehmerstruktur des Centers	Nur intern	M	+	0	• Bei rein interner Belieferung bzw. hoher Abhängigkeit von den Lieferungen anderer interner Center ist eine Abstimmung der Arbeitsvorbereitung vorzunehmen.
	Abhängigkeit von Lieferungen anderer interner Center	Gegeben	M	+	-	
	Größe der dezentralen Einheit (Produkt aus Gliederungsbreite und -tiefe)	Klein	M	+	-	• Die Auslastung der Mitarbeiter in der Arbeitsvorbereitung ist bei geringer Mitarbeiteranzahl im Center zu gewährleisten.
Lieferanten	Ausmaß der Verflechtung mit externen Lieferanten	Hoch	+	0	-	• Empirisch aufgedeckter Zusammenhang • Hohe Interdependenz mit Lieferanten erfordert zentrale Koordination

Anhang LXXXVII

Einflußfaktoren auf den Gestaltungsparameter **Integration indirekter Funktionen - Arbeitsvorbereitung - II/II**		Zentrale Anordnung	Mischform	Dezentrale Anordnung	Erläuterungen
Kompetenz	Indirekte Funktionen	Zentrale Anordnung der Qualitätssicherung	+	-	-	• Ergebnis der empirischen Studie. Es handelt sich jedoch nicht um direkte Wirkbeziehungen. Die beobachtete Wirkung ist vielmehr auf gemeinsame Einflußfaktoren zurückzuführen. • Hier aufgrund des hohen statistischen Zusammenhangs angegeben.
		Zentrale Anordnung der Technologieplanung	0	+	-	
Grundtendenz			-	-	+	• Die Arbeitsvorbereitung unterteilt sich in die Bereiche Arbeitsplanung und -steuerung. Sie hat die Aufgabe, die Fertigung und Montage der Produkte zu planen und festzulegen sowie die terminliche Durchführung zu überwachen [EVER 96b, S. 71]. Sie ist daher der Produktion zeitlich und logisch direkt vorgeschaltet und weist erhebliche Interdependenzen mit dieser auf. Daher ist im Rahmen der Gestaltung dezentraler Organisationseinheiten die Arbeitsvorbereitung dezentral anzuordnen. Es gelten die zuvor dargelegten Ausnahmen.

Einflußfaktoren auf den Gestaltungsparameter **Integration indirekter Funktionen - Rechnungswesen - I/II**			Zentrale Anordnung	Mischform	Dezentrale Anordnung	Erläuterungen
Verantwortung	Rechtliche Selbständigkeit	Gegeben	-	0	+	• Eine Dezentralisierung des Rechnungswesens ist vorzunehmen, um den gesetzlich verankerten Vorschriften zu entsprechen.
	Verantwortungsbereich	Dezentrale Erfolgsverantwortung	-	-	M	• Mit zunehmendem Ausmaß der Eigenverantwortung des Centers steigt die Notwendigkeit, die eigene Erfolgsposition selbständig zu bestimmen.
		Dezentrale Finanzverantwortung	-	-	+	
Kompetenz	Investitionsentscheidung	Dezentrale Entscheidung	-	M	+	• Mit zunehmendem Ausmaß der Entscheidungsdezentralisation sind auch die für den Entscheidungsprozeß relevanten monetären Informationen dezentral vorzuhalten. • Weiterhin fördert die monetäre Bewertung der getroffenen Entscheidungen vor Ort die Selbstoptimierung.
		Begrenzt dezentrale Entscheidungskompetenz	0	+	0	
	Expansionsmöglichkeit	Keine Expansionsbeschränkung	-	-	+	
		Begrenztes Wachstum	+	+	-	
	Ausmaß der Funktionsintegration	Hoch	-	-	+	
		Mittel	0	+	M	
	Indirekte Funktionen	Zentrale Anordnung der Logistik	+	-	-	
		Dezentrale Anordnung der Logistik	-	0	+	
		Zentrale Anordnung der EDV	+	-	-	• Ergebnis der empirischen Studie. Es handelt sich jedoch nicht um direkte Wirkbeziehungen. Die beobachtete Wirkung ist vielmehr auf gemeinsame Einflußfaktoren zurückzuführen. • Hier aufgrund des hohen statistischen Zusammenhangs angegeben.
		Dezentrale Anordnung der EDV	-	-	+	
		Zentrale Anordnung der Qualitätssicherung	+	-	-	
		Dezentrale Anordnung der Qualitätssicherung	-	-	+	
		Zentrale Anordnung des Personalwesens	+	-	-	
		Dezentrale Anordnung des Personalwesens	-	-	+	
Schnittstellen	Gewährleistung einheitlicher Normen, Methodenanwendung sowie Systemkompatibilität	Erforderlich	+	M	-	• Beispielsweise erfordern die gesetzlichen Regelungen zur Bilanzierung ein unternehmensweit einheitliches Vorgehen. Auch die interne Vergleichbarkeit wird bei einheitlichen Methoden erhöht.
	Funktion des Verrechnungspreises	Lenkungsfunktion	-	0	0	• Empirisch aufgedeckter Zusammenhang
		Erfolgsermittlungsfunktion	+	-	-	
Gliederungskriterium	Gliederung nach	Regionen	-	+	M	• Erleichtert die Berücksichtigung regions- bzw. landesspezifischer Richtlinien für das Rechnungswesen • Aufgrund zumeist großer räumlicher Distanz bei diesem Gliederungskriterium ist eine zeitnahe Informationsversorgung zu gewährleisten.

Einflußfaktoren auf den Gestaltungsparameter **Integration indirekter Funktionen - Rechnungswesen - II/II**			Zentrale Anordnung	Mischform	Dezentrale Anordnung	Erläuterungen
Produkt	Produktspektrum und Produktkomplexität	Heterogen und hoch	-	-	M	Bei hoher Produktkomplexität sind im Rechnungswesen Detailkenntnisse des Produktes erforderlich. Liegt zugleich ein heterogenes Produktspektrum vor und können diese Kenntnisse daher nicht auf andere Center übertragen werden, ist eine dezentrale Anordnung zur Erleichterung der Kommunikation zwischen Produktverantwortlichen und Mitarbeitern des Rechnungswesens vorzuziehen.
Prozeß	Prozeßkomplexität und Prozeßspezifität	Hoch und hoch	-	M	M	Für die Steuerung des Centers ist der wirtschaftliche Betrieb der Produktionsanlagen von großer Bedeutung. Weist der interne Prozeß eine hohe Ablaufkomplexität auf, sind entsprechende Spezialkenntnisse im Rechnungswesen erforderlich. Liegt zugleich eine hohe Prozeßspezifität vor und können diese Kenntnisse daher nicht auf andere Center übertragen werden, ist eine dezentrale Anordnung zur Erleichterung der Kommunikation zwischen Prozeßverantwortlichen und Mitarbeitern des Rechnungswesens vorzuziehen.
Unternehmensgröße		Gering	+	0	-	Solange ein kritisches Arbeitsvolumen zum Ausgleich von Kapazitätsschwankungen nicht erreicht ist, ist aus Gründen der Effizienz eine dezentrale Anordnung nicht sinnvoll. Dieser Zusammenhang ist auch empirisch bestätigt [MACH 92, S. 2153].
Mitarbeiter	Gefahr der Ausnutzung von Informationsasymmetrien	Bedeutend	+	M	-	Wie schon bei der Gestaltung der Investitionskompetenz angesprochen, besteht die Gefahr der Manipulation durch Ausnutzung von Informationsasymmetrien.
Führungssystem		Fremdkontrolle	+	-	-	Fremdkontrolle impliziert zentrale Anordnung des Rechnungswesens
		Koordination durch Selbstabstimmung	-	M	+	Die Eingliederung des Rechnungswesens in das Center ist die notwendige Voraussetzung, um eine wirkungsvolle Selbststeuerung zu etablieren.

Einflußfaktoren auf den Gestaltungsparameter Integration indirekter Funktionen - Konstruktion - I/II

			Zentrale Anordnung	Mischform	Dezentrale Anordnung	Erläuterungen
Strategie	Prozeßorientierung	Angestrebt	-	M	+	• Die Prozeßorientierung zeichnet sich durch die bereichsübergreifende Betrachtung der Wertschöpfungskette und die Steuerung im Hinblick auf das Gesamtoptimum aus [EVER 96b, S. 310 f]. Dementsprechend ist eine Dezentralisierung der Konstruktion anzustreben.
	Kundenorientierung	Angestrebt	-	M	+	• Hohe Marktnähe bei dezentraler Anordnung
	Simultaneous Engineering	Angestrebt	-	M	+	• Enge Abstimmung zwischen Produktion und Konstruktion • Ermöglichung schneller Reaktionszeiten [BROC 99, S. 140] • Umkehrschluß zusätzlich empirisch bestätigt
		Nicht angestrebt	+	0	-	
	Unternehmensplanung	Center und Unternehmen gehören zu unterschiedlichen Branchen	-	-	+	• Empirisch aufgedeckter Zusammenhang • Unterschiedliche Anforderungen auch im Konstruktionsbereich bei verschiedener Branchenzugehörigkeit • Klare Anbindung an die Kunden im dezentralen Bereich
Schnittstellen	Akzeptanz von Verrechnungspreisen für Dienstleistungen	Gering	-	0	+	• Internalisierung der Konstruktion in ein Center reduziert die Schnittstellen und macht Verrechnungspreise obsolet.
	Ressourceninterdependenz/ technologische Verbundenheit interner Prozesse	Hoch	+	0	-	• Abgestimmte Entwicklungsprozesse • Nutzung von Synergien • Eindeutiger statistischer Zusammenhang
		Gering	-	0	+	
	Besondere Berücksichtigung der Aspekte der fertigungs- und montagegerechten Konstruktion	Erforderlich	-	M	+	• Die Einbeziehung der Konstruktion in das Center verbessert die Kommunikation der Bereiche. Zudem wird durch die Unterstellung unter einen gemeinsamen Verantwortungsbereich die Abstimmung der Aktivitäten auf ein Gesamtoptimum verbessert.
Produkt	Produktspektrum und Produktkomplexität	Homogen und gering	+	M	-	• Geringer Abstimmungsbedarf zwischen Konstruktion und Produktbereich • Nutzung von Synergiepotentialen
		Heterogen und hoch	-	M	+	• Hohe Produktkomplexität und Kundenorientierung erfordern enge Abstimmung mit dem Produktions- und Vertriebsbereich, so daß eine dezentrale Anordnung vorgeschlagen wird.
	Änderungen der Kundenanforderungen nach Auftragserteilung	Häufig oder mittel	-	M	+	• Schnelle Informationsversorgung erforderlich • Gezielte Kommunikation zwischen Vertrieb, Konstruktion, Arbeitsvorbereitung und Produktion notwendig

Anhang XCI

Einflußfaktoren auf den Gestaltungsparameter
Integration indirekter Funktionen - Konstruktion - II/II

Kategorie	Faktor	Ausprägung	Zentrale Anordnung	Mischform	Dezentrale Anordnung	Erläuterungen
Abnehmer	Absatzmarktdynamik	Hoch	-	M	+	Eine hohe Marktdynamik erfordert kurze Regelkreise, um eine detaillierte Kenntnis der aktuellen Marktanforderungen zu erwerben
Aufbauorganisation	Größe der dezentralen Einheit (Produkt aus Gliederungsbreite und -tiefe)	Klein	+	0	-	Aus Effizienzgründen ist eine Auslastung der Konstruktionsmitarbeiter sicherzustellen.
Gliederungskriterium	Gliederung nach	Produktionsverfahren	M	+	-	Eindeutiger statistischer Zusammenhang. Bei diesem Gliederungskriterium überwiegt die Prozeßsicht.
Kompetenz	Indirekte Funktionen	Dezentrale Anordnung des Service	-	0	+	Ergebnis der empirischen Studie. Es handelt sich jedoch nicht um direkte Wirkbeziehungen. Die beobachtete Wirkung ist vielmehr auf gemeinsame Einflußfaktoren zurückzuführen. Hier aufgrund des hohen statistischen Zusammenhangs angegeben.
		Zentrale Anordnung des Service	+	0	-	
		Dezentrale Anordnung der Konstruktion	-	-	+	
		Dezentrale Anordnung des Vertriebs	-	-	+	
		Zentrale Anordnung des Vertriebs	+	-	-	
		Dezentrale Anordnung der Instandhaltung	-	0	+	
Prozeß	Nutzung von Skaleneffekten durch Erhöhung der Produktionsmenge	Möglich	-	0	+	Empirisch aufgedeckter Zusammenhang. Insbesondere für die Nutzung der economies of scope ist eine enge Zusammenarbeit der Konstruktion mit der Produktion und den produktionsnahen Funktionen erforderlich.
Verantwortung	Verantwortungsbereich	Dezentrale Erfolgsverantwortung	-	M	+	Erfolgsverantwortung bedingt die Beeinflussung der wesentlichen Kosten- und Leistungstreiber. Entsprechend Untersuchungen von EVERSHEIM werden bis zu 70% der Herstellkosten durch Entwicklung und Konstruktion festgelegt [EVER 98c, S. 2].
Technologiestrategie	Art der Forschung	Angewandte Forschung	M	0	0	Hoher Anwendungsbezug, Marktnähe erforderlich. Empirisch aufgedeckter Zusammenhang.
		Experimentelle Entwicklung	-	+	+	

Einflußfaktoren auf den Gestaltungsparameter
Integration indirekter Funktionen - After-Sales / Service - I/III

			Zentrale Anordnung	Mischform	Dezentrale Anordnung	Erläuterungen
Strategie	Bedeutung des Marken-/ Unternehmensimage	Hoch	+	M	-	Der After-Sales Bereich steht in starker Wechselwirkung mit dem Unternehmens- und ggf. Centerimage. Einerseits prägt der Service das Image, andererseits steigt die Wettbewerbsfähigkeit des Service als Produkt bei gutem Image des Unternehmens.
	Wachstumsstrategie	Globalisierung	-	0	+	Um die Wachstumsstragie zu unterstützen und den Kundenkontakt zu verbessern, ist eine dezentrale Anordnung vorzuziehen.
	Funktionalstrategie	Servicestrategie: Pionier	+	M	0	Für die Entwicklung neuer Serviceprodukte ist die Konzentration der Aktivitäten sinnvoll. Durch die Unterschiedlichkeit der Produkte des Gesamtunternehmens und der Kundenanforderungen bieten sich Ansatzpunkte für neue Service-Dienstleistungen
		Servicestrategie: Folger	0	0	+	
		Service gehört zum Kerngeschäft (Umsatz Index > 20%)	-	-	+	Bei hoher Relevanz des Service-Geschäftes ist eine detaillierte Abstimmung zwischen Service und Produkteinheit notwendig.
		Service gehört nicht zum Kerngeschäft (Umsatz Index < 10%)	+	M	-	
Produkt	Produktkomplexität	Mittel	-	M	+	Um gute Serviceleistungen zu erbringen, ist eine entsprechend detaillierte Produktkenntnis erforderlich. Bei hoher Komplexität zeigt die empirische Studie, daß entsprechende Sonderformen von Relevanz sind.
	Produktspektrum	Heterogen	-	M	+	Die durch eine zentrale Anordnung der Service-Funktion erschließbaren Synergiepotentiale verringern sich mit steigender Heterogenität des Produktprogramms. Bei hoher Spezialisierung ist es sinnvoller, die Mitarbeiter den dezentralen Einheiten direkt zuzuordnen.
		Homogen	+	M	-	
	Typischer Zeitpunkt der Produktausfälle	Frühausfälle	-	M	+	Zumeist hohe Beeinflussung der Frühausfälle durch die Produktion. Kurze Regelkreise erforderlich
		Zufallsausfälle	+	0	0	Geringe Planbarkeit der Ausfälle, so daß Schwankungen in der Arbeitsbelastung zu erwarten sind. Ausgleich durch zentrale Anordnung
		Verschleißausfälle				
Prozeß	Prozeßkomplexität	Hoch	-	M	+	Zusätzlich zu der für den Kunden erbrachten Dienstleistung hat der Service die Aufgabe, unternehmensinterne Bereiche (Produktion, Konstruktion, F&E) mit Informationen über das Produktverhalten zu versorgen. Bei hoher Prozeßkomplexität ist zur gezielten Feedback-Nutzung eine Einbindung der Servicemitarbeiter in das Center vorzuziehen.

Einflußfaktoren auf den Gestaltungsparameter
Integration indirekter Funktionen - After-Sales / Service - II/III

			Zentrale Anordnung	Mischform	Dezentrale Anordnung	Erläuterungen
Gliederungskriterium	Gliederung nach	Kundensegmenten	-	0	+	Im Falle einer absatzmarktorientierten Gestaltung des Centers ist es sinnvoll, den dem Absatz nahestehenden Bereich Service dezentral anzuordnen.
		Absatzkanälen	-	0	+	
		Produkte / Leistungen	-	0	+	
		Regionen	-	0	+	
		Produktionsverfahren	+	0	-	Empirisch ist der Umkehrschluß zu obiger These zu bestätigen
Schnittstellen	Interdependenz auf dem Absatzmarkt	Hoch	+	M	-	Werden Produkte aus unterschiedlichen Centern an gleiche Kundensegmente verkauft oder liegt ein hoher Exportanteil vor und es werden von unterschiedlichen Centern gleiche Regionen beliefert, gilt es, Synergien durch zentralen Service zu nutzen.
	Kommunikation mit zentralen Instanzen	Langwierig	-	0	+	Empirisch aufgedeckter Zusammenhang, theoretisch über zunehmende Bedeutung des Service und damit verbundene schnelle Reaktion zu begründen.
		Schnell und flexibel	+	0	-	
Mitarbeiter	Qualifikation der Center-Mitarbeiter	Geringes Qualifikationsniveau	+	M	-	Bei geringer Qualifikation oder Erfahrung ist der fachliche Austausch zwischen Mitarbeitern des Service von besonderer Bedeutung, so daß eine zentrale Anordnung vorzuziehen ist.
Technologiestrategie	Innovationsstrategie	Market Pull	-	M	+	Sind Produktinnovationen mehrheitlich marktgetrieben, sollte eine möglichst direkte Kommunikation der Kundenbedürfnisse innerhalb eines Centers angestrebt werden. Umkehrschluß zusätzlich empirisch bestätigt.
		Technology Push	+	0	-	
Unternehmensgröße		Sehr klein	+	M	-	Aufteilung macht erst Sinn, wenn notwendiges Aufgabenvolumen erreicht ist, bei dem eine konstante Kapazitätsauslastung gewährleistet ist.
		Groß	0	+	M	Zu großer Koordinationsaufwand in der Zentrale für die notwendigen Service-Einsätze [PFER 97, S. 63]
		Sehr groß	-	M	+	
Kompetenz	Indirekte Funktionen	Dezentrale Anordnung der Konstruktion	-	0	+	Ergebnis der empirischen Studie. Es handelt sich jedoch nicht um direkte Wirkbeziehungen. Die beobachtete Wirkung ist vielmehr auf gemeinsame Einflußfaktoren zurückzuführen.
		Dezentrale Anordnung des Vertriebs	-	0	+	
		Zentrale Anordnung des Vertriebs	+	0	-	
		Dezentrale Anordnung der Instandhaltung	-	0	+	

Einflußfaktoren auf den Gestaltungsparameter **Integration indirekter Funktionen** **- After-Sales / Service - III/III**			Zentrale Anordnung	Mischform	Dezentrale Anordnung	Erläuterungen
Verantwortung	Verantwortungsbereich	Dezentrale Erfolgsverantwortung	-	0	+	Erfolgsverantwortung bedingt die Beeinflussung der wesentlichen Kosten- und Leistungstreiber. Auf Basis der empirischen Studie neu aufgenommener Zusammenhang.
Wettbewerb in der Branche	Differenzierung	Kosten	-	0	+	Die Differenzierung über Kosten erfolgt heute noch oftmals über den Kaufpreis. Viele Unternehmen nutzen den Service um Produkte zunächst günstig anzubieten und die erforderliche Marge anschließend im Service zu verdienen. Dies ist so auch empirisch bestätigt.
		Qualität	+	+	-	
Neue Konkurrenten	Markteintrittsbarriere	Hoch	-	+	+	Empirisch erkannter Zusammenhang, der theoretisch mit einer Unterstützungsleistung des Service für den Vertrieb bei der Marktbearbeitung sowie die Möglichkeit, daß ein entsprechendes Service Angebot die Markteintrittsbarriere darstellt begründet werden kann.

A5 Zielmodelle für die Dimensionen der Balanced Scorecard

Legende ⇠(x-y) Schnittstelle   x Schnittstelle zur Dimension x   y Kennung der Schnittstelle

F = Finanzen   K = Kunden   M = Mitarbeiter   IP = Interne Prozesse   In = Innovationen

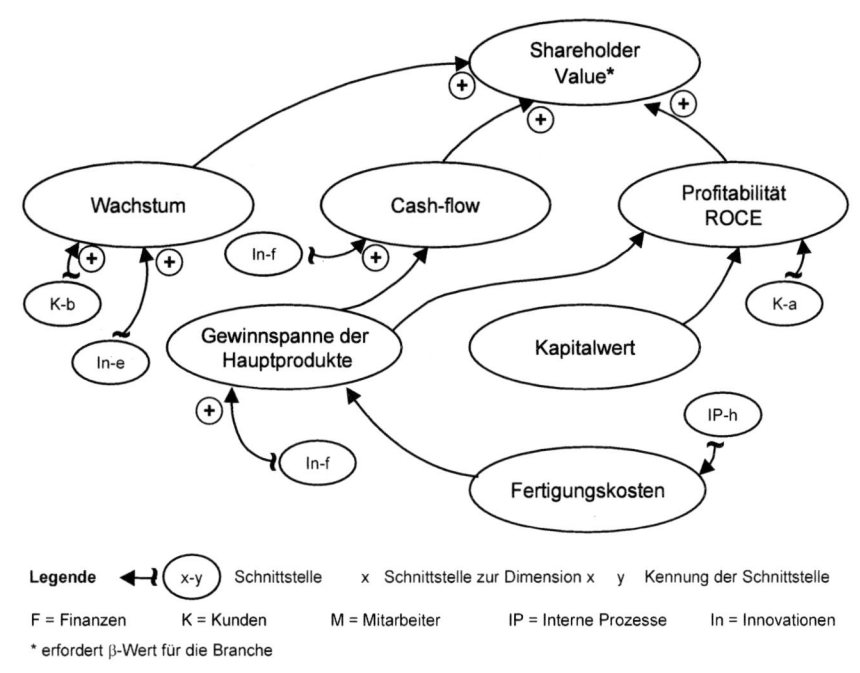

* erfordert β-Wert für die Branche

Bild A-28:   Detaillierung der Dimension Finanzen

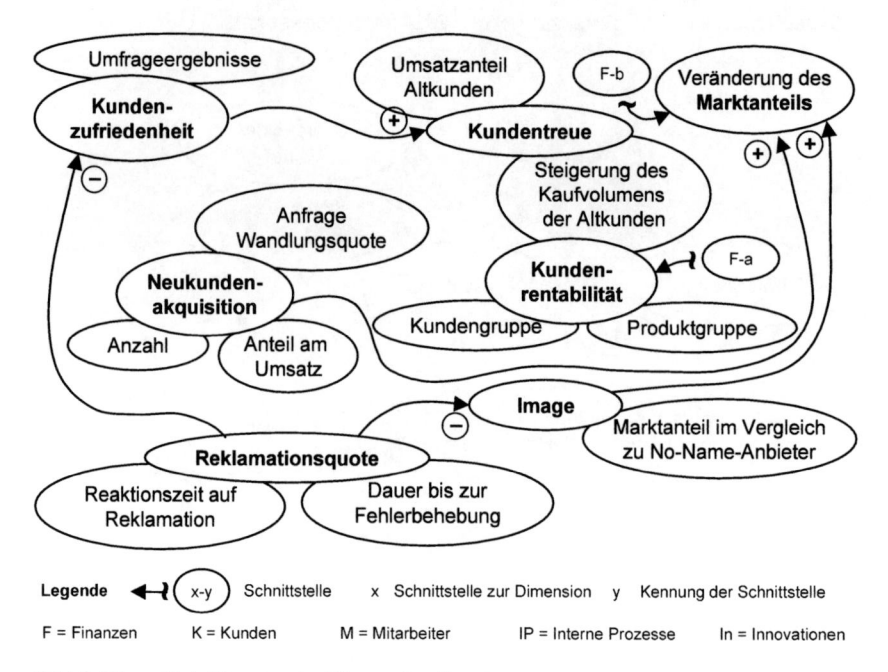

Bild A-29: Detaillierung der Dimension Kunden

Legende ⬅↳ (x-y) Schnittstelle   x Schnittstelle zur Dimension   y Kennung der Schnittstelle

F = Finanzen   K = Kunden   M = Mitarbeiter   IP = Interne Prozesse   In = Innovationen

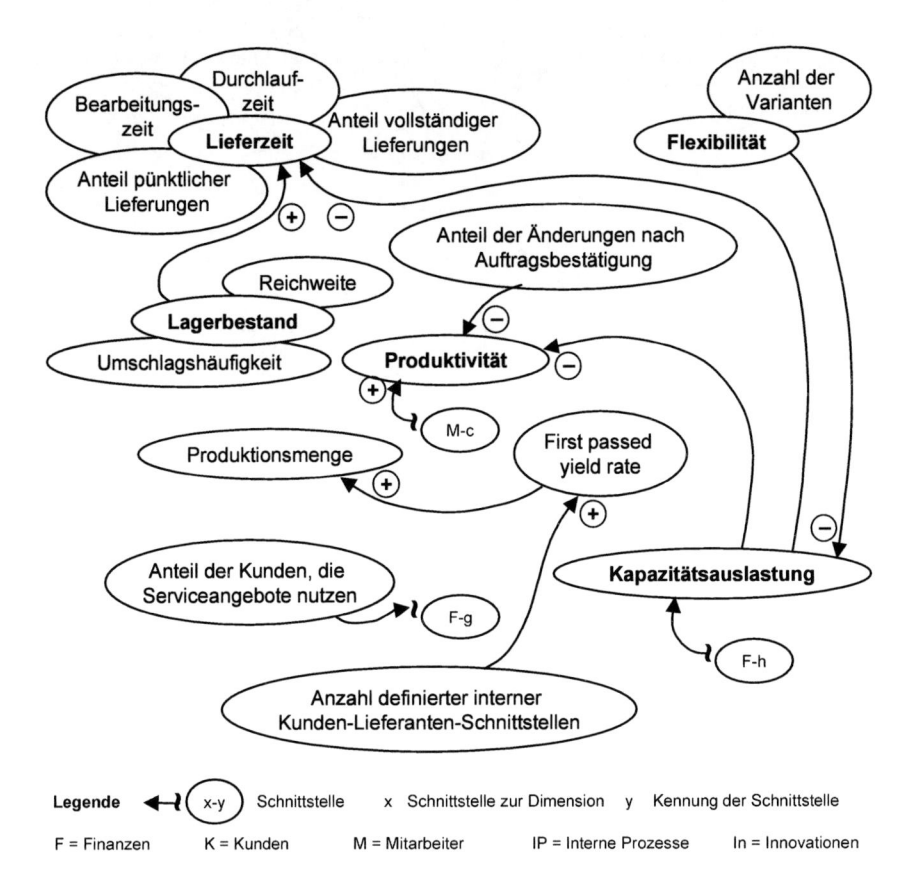

Bild A-30:   Detaillierung der Dimension interne Prozesse

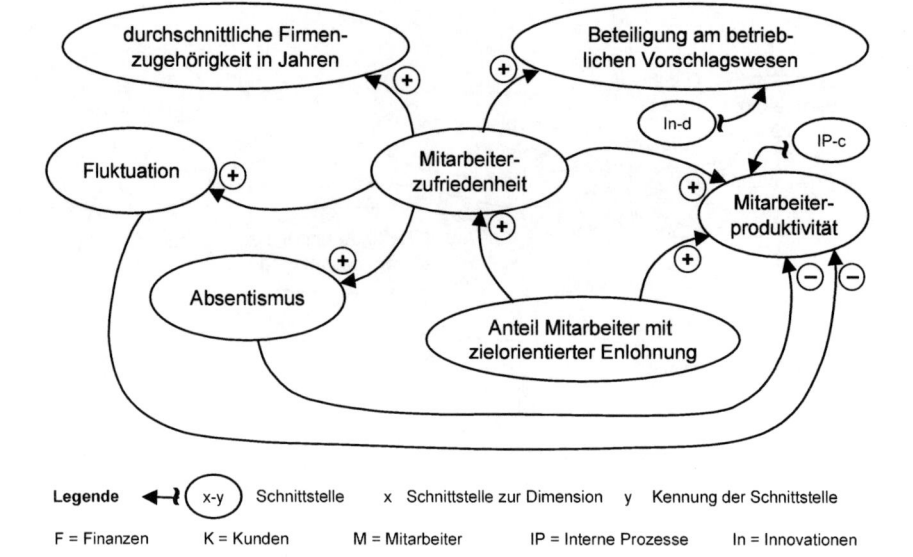

Bild A-31: Detaillierung der Dimension Mitarbeiter

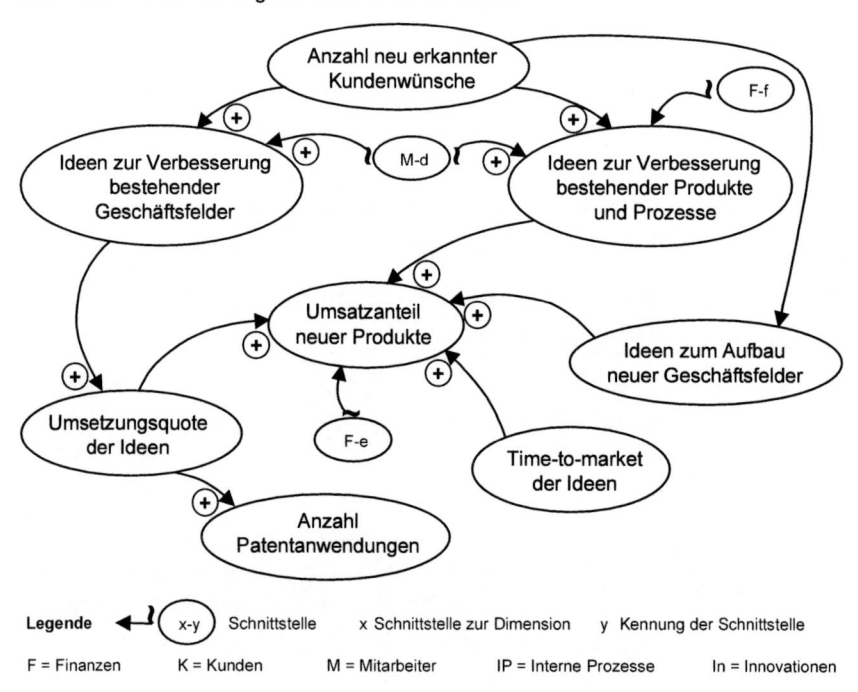

Bild A-32: Detaillierung der Dimension Innovation

A6 VERKNÜPFUNG VON GESTALTUNGSPARAMETERN UND ZIELEN

Produkt
- homogenes Produktspektrum
- heterogenes Produktspektrum
- geringe Anzahl der Produkte
- hohe Anzahl der Produkte — + K

Produktionsprozeß
- Fertigungstiefe im Center < 20% — + R
- Fertigungstiefe im Center 20% - 50%
- Fertigungstiefe im Center > 50% — - R

Externe Beschaffung
- kein Zugang zum externen Beschaffungsmarkt
- beschränkter Zugang zum externen Beschaffungsmarkt
- vollständige Wahlfreiheit zwischen externer und interner Beschaffung — + K + I

Externer Absatz
- kein Zugang zum externen Absatzmarkt
- beschränkter Zugang zum externen Absatzmarkt
- vollständige Wahlfreiheit zwischen externem und internem Absatz — + K + I

Expansionsmöglichkeit
- keine Expansion zugelassen — - W + CF
- auf Mitarbeiterzahl und Umsatz begrenztes Wachstum
- keine Expansionsbeschränkung — + W - CF

Investitionsentscheidung
- rein zentrale Entscheidung — + CF
- begrenzte dezentrale Entscheidungskompetenz
- rein dezentrale Entscheidung — - CF

Indirekte Funktionen
- zentral
- Mischform
- dezentral

Rechtliche Selbständigkeit
- gegeben — + W
- nicht gegeben

Verantwortung
- Leistungsverantwortung
- Erfolgsverantwortung — +R + W + K
- Finanzverantwortung — +R + K

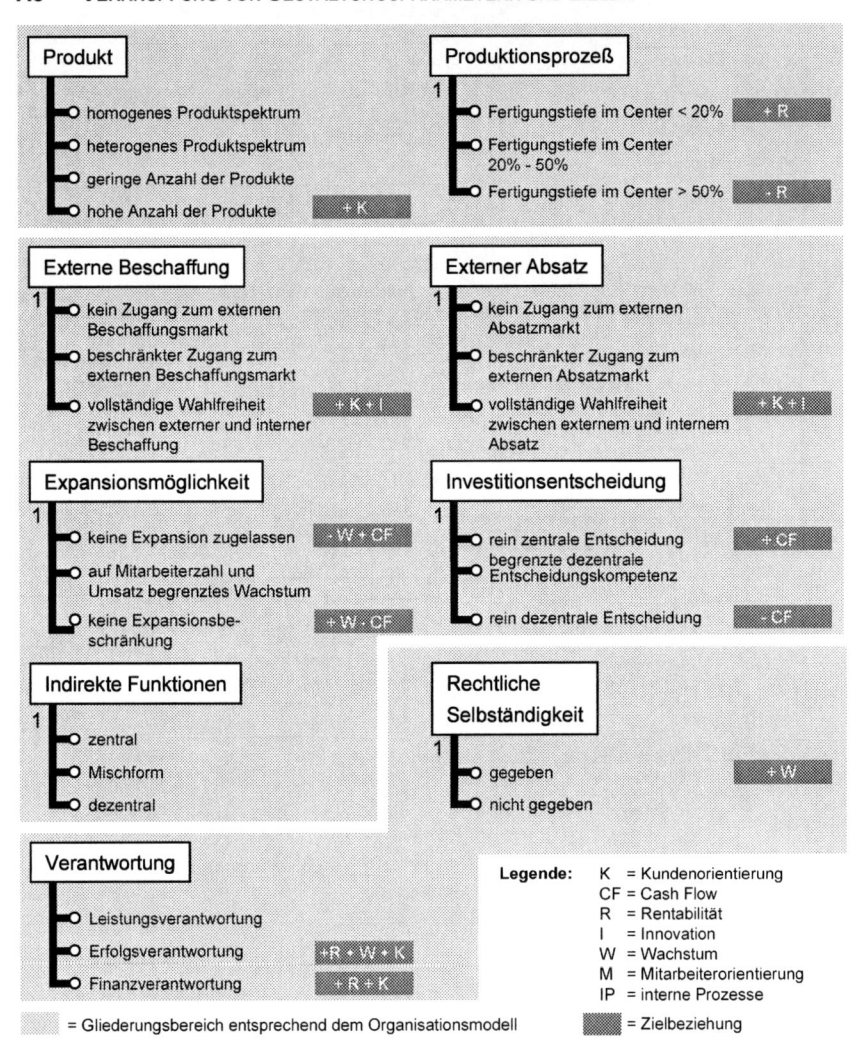

Legende:
- K = Kundenorientierung
- CF = Cash Flow
- R = Rentabilität
- I = Innovation
- W = Wachstum
- M = Mitarbeiterorientierung
- IP = interne Prozesse

▨ = Gliederungsbereich entsprechend dem Organisationsmodell
▨ = Zielbeziehung

Bild A-33: Zielmatrix I/II

C Anhang

Aufbauorganisation
- Gliederungsbreite > 9
- Gliederungsbreite 7 - 9
- Gliederungsbreite < 7
- Gliederungstiefe < 3
- Gliederungstiefe = 3
- Gliederungstiefe > 3

Gliederungskriterium
1
- innerbetriebliche Funktionen
- Regionen
- Kundensegmente
- Absatzkanäle
- Produktionsverfahren **+ I**
- Produkte / Leistungen **+ I**

Verrechnungspreise
1
- Gemeinkosten
- dualer Verrechnungspreis
- unechter Marktpreis
- echter Marktpreis **+ M + IP**
- Kostenorientierter Verrechnungspreis
- Verhandlungsbasis **- IP**

Führungssystem
- Koordination durch persönliche Weisung
- Koordination durch Selbstabstimmung **+ M**
- Koordination durch Programme
- Koordination durch Pläne
- Eigenkontrolle **+ M**
- Fremdkontrolle

Incentivierung
- keine
- variabler Anteil **- M + R + CF**

Formalisierung
- Dokumentation der Organisationsstruktur
- Dokumentation des Informationsflusses
- Leistungsdokumentation **- IP**

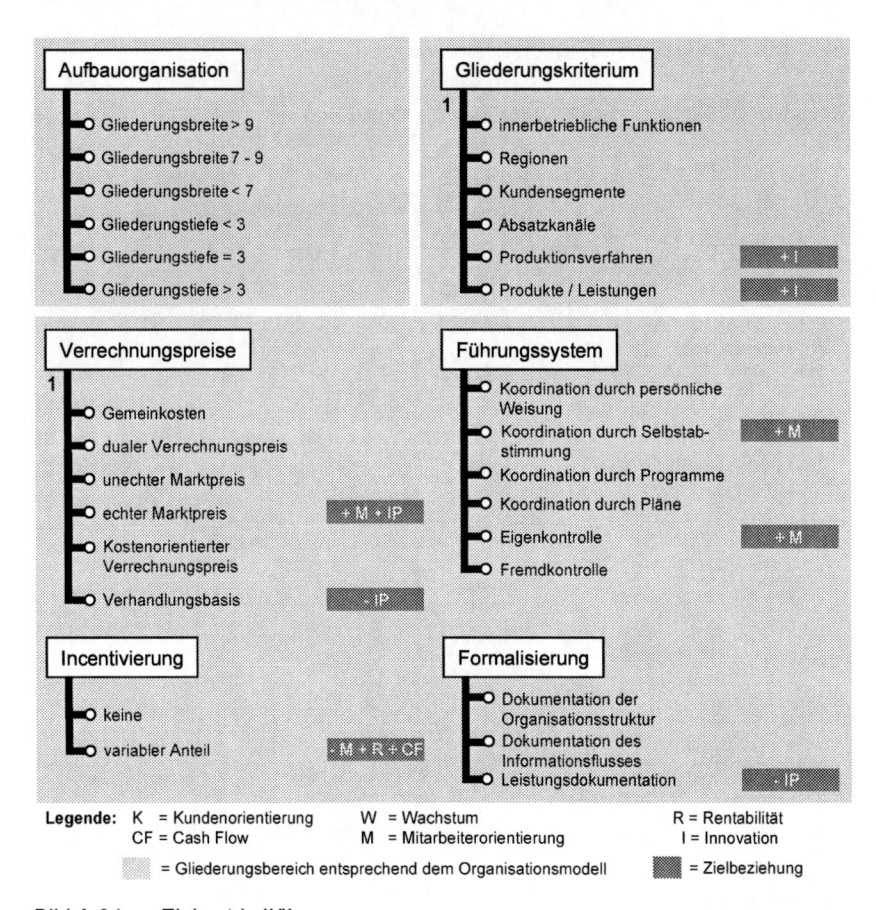

Legende: K = Kundenorientierung   W = Wachstum   R = Rentabilität
 CF = Cash Flow   M = Mitarbeiterorientierung   I = Innovation

▨ = Gliederungsbereich entsprechend dem Organisationsmodell   ▨ = Zielbeziehung

Bild A-34:   Zielmatrix II/II

A7 SADT-MODELL

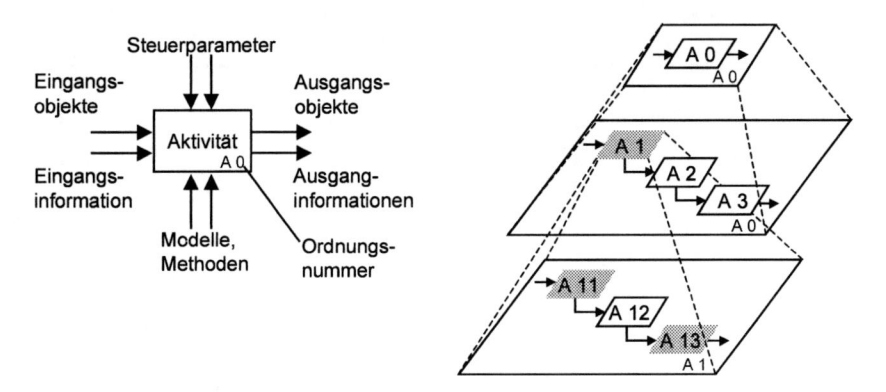

Bild A-35: Aufbau von SADT-Modellen

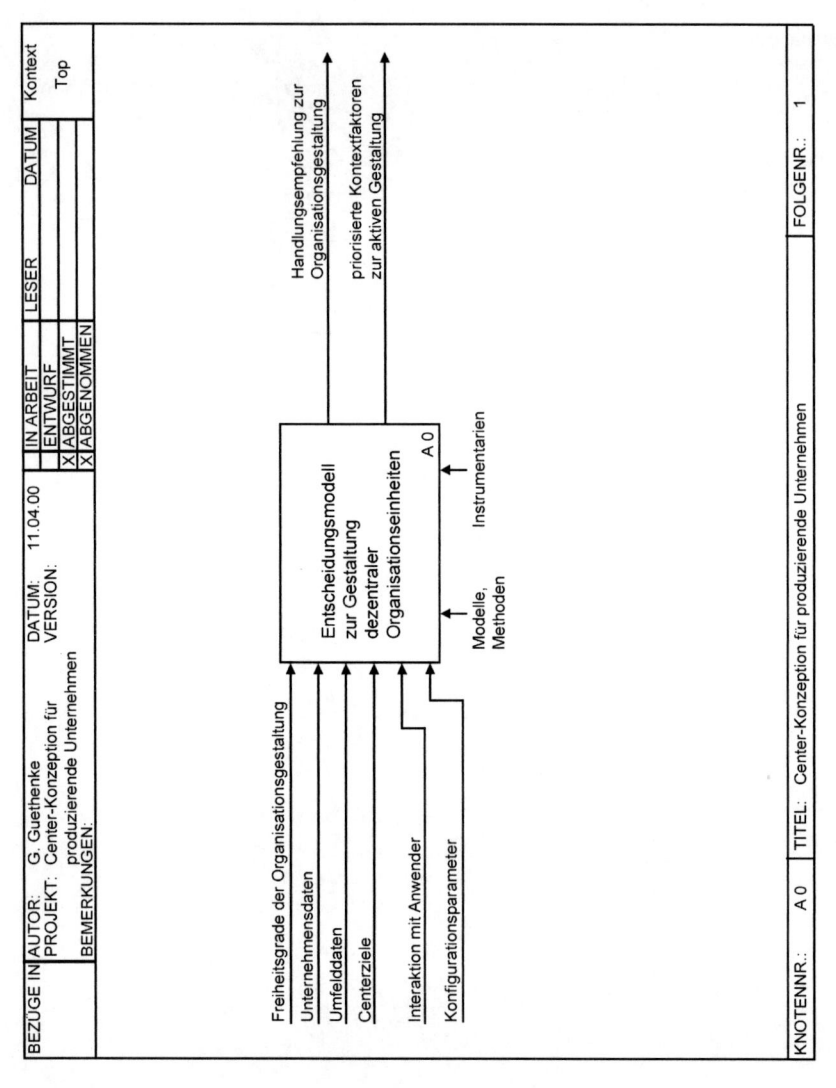

Bild A-36: SADT-Modell – Teil 1/9

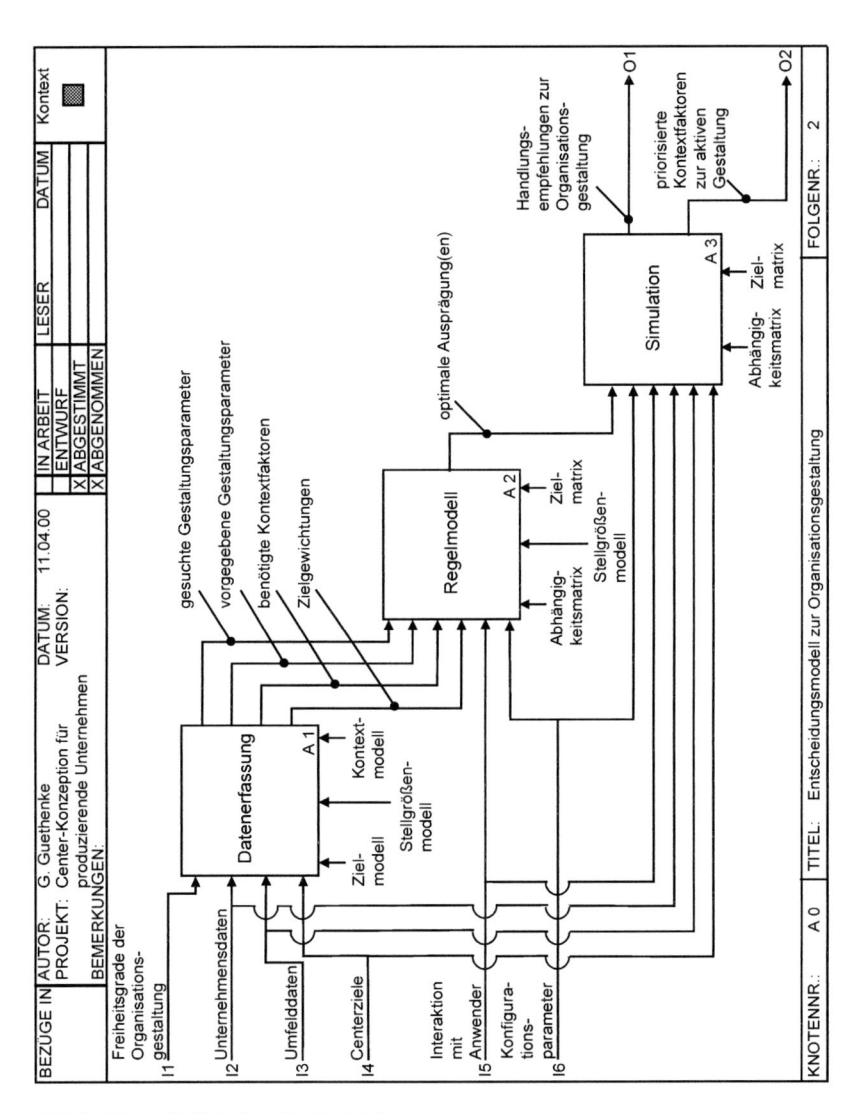

Bild A-37:   *SADT-Modell – Teil 2/9*

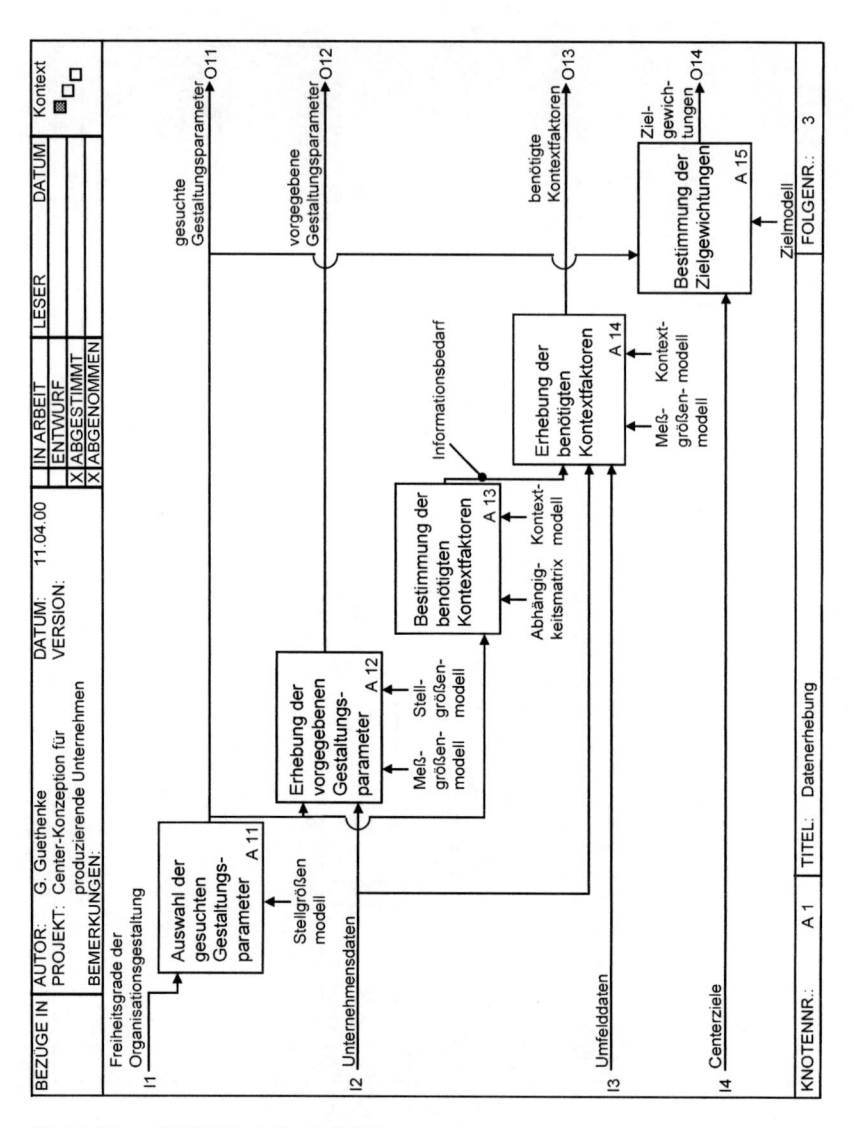

Bild A-38: SADT-Modell – Teil 3/9

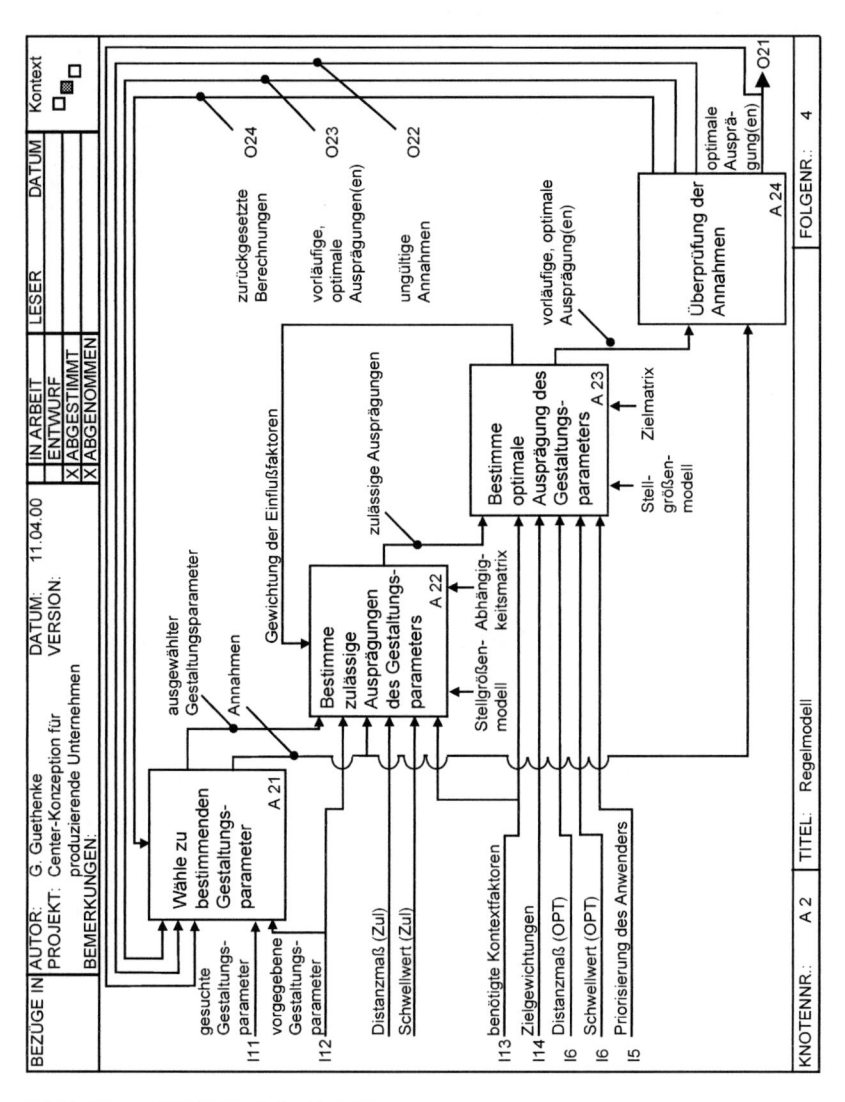

Bild A-39: SADT-Modell – Teil 4/9

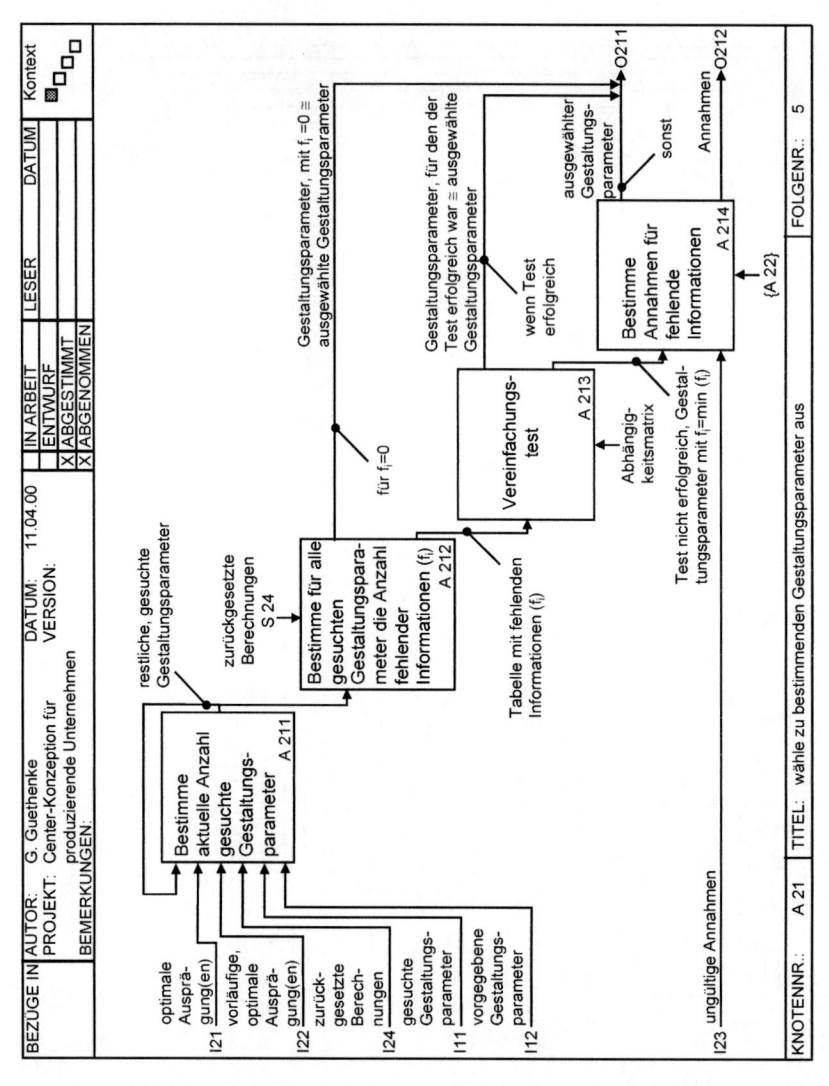

Bild A-40: SADT-Modell – Teil 5/9

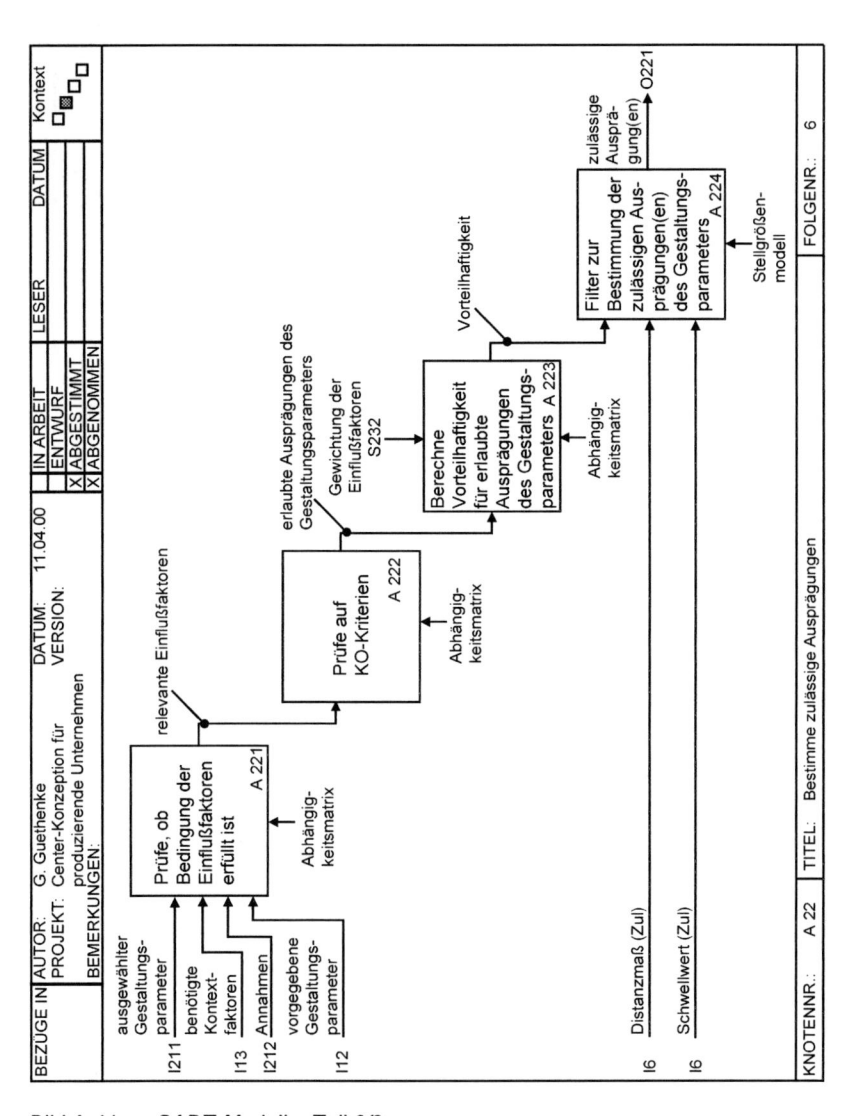

Bild A-41: SADT-Modell – Teil 6/9

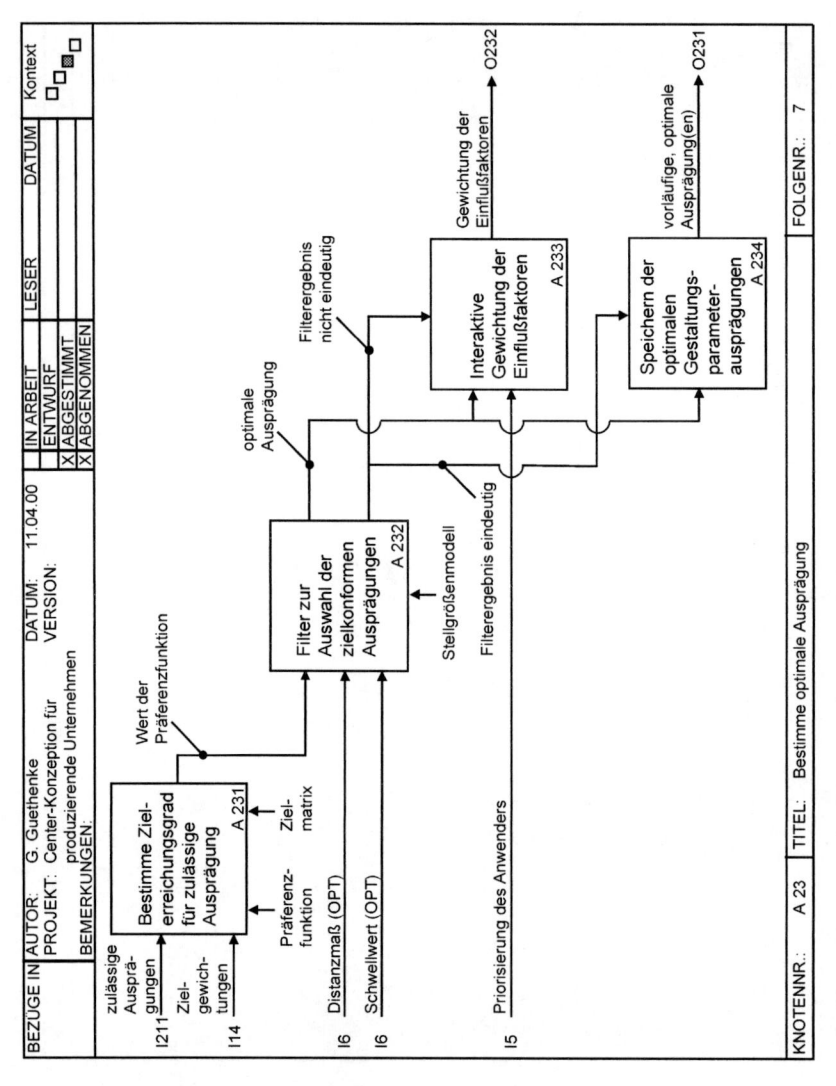

Bild A-42:   SADT-Modell – Teil 7/9

Anhang CIX

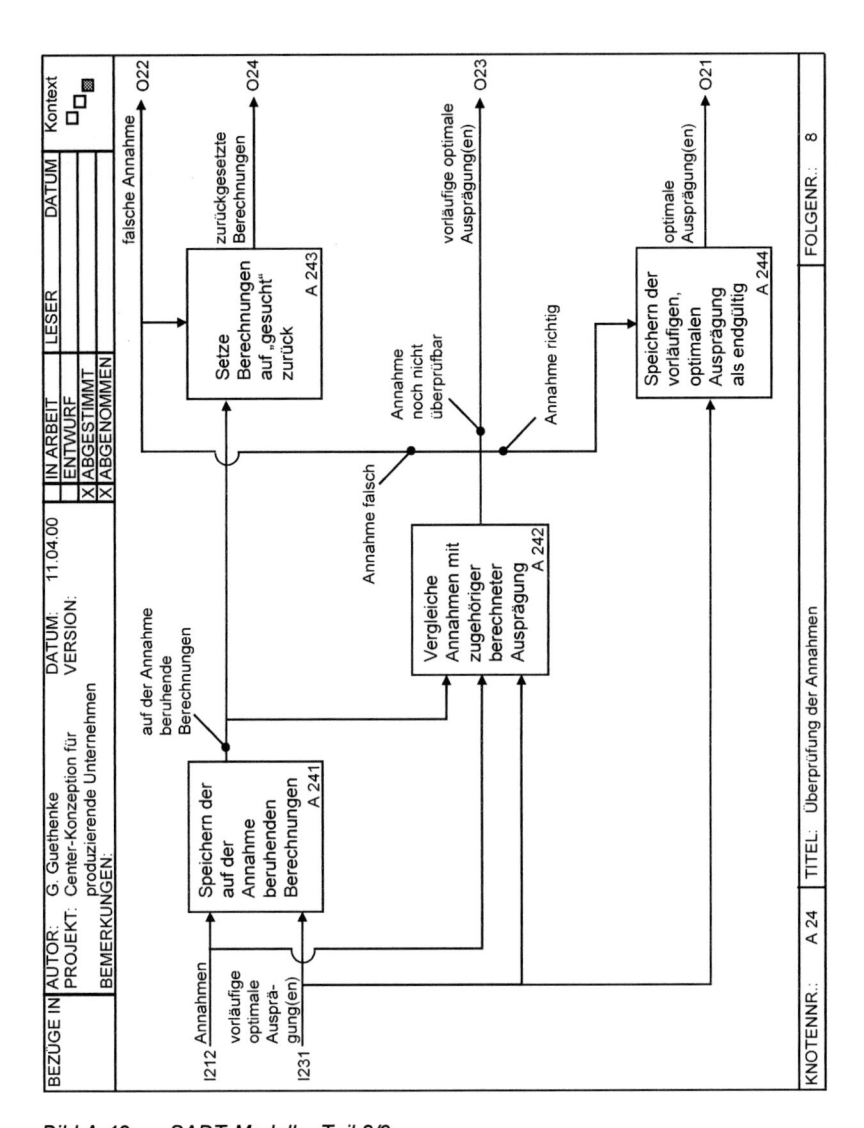

Bild A-43: SADT-Modell – Teil 8/9

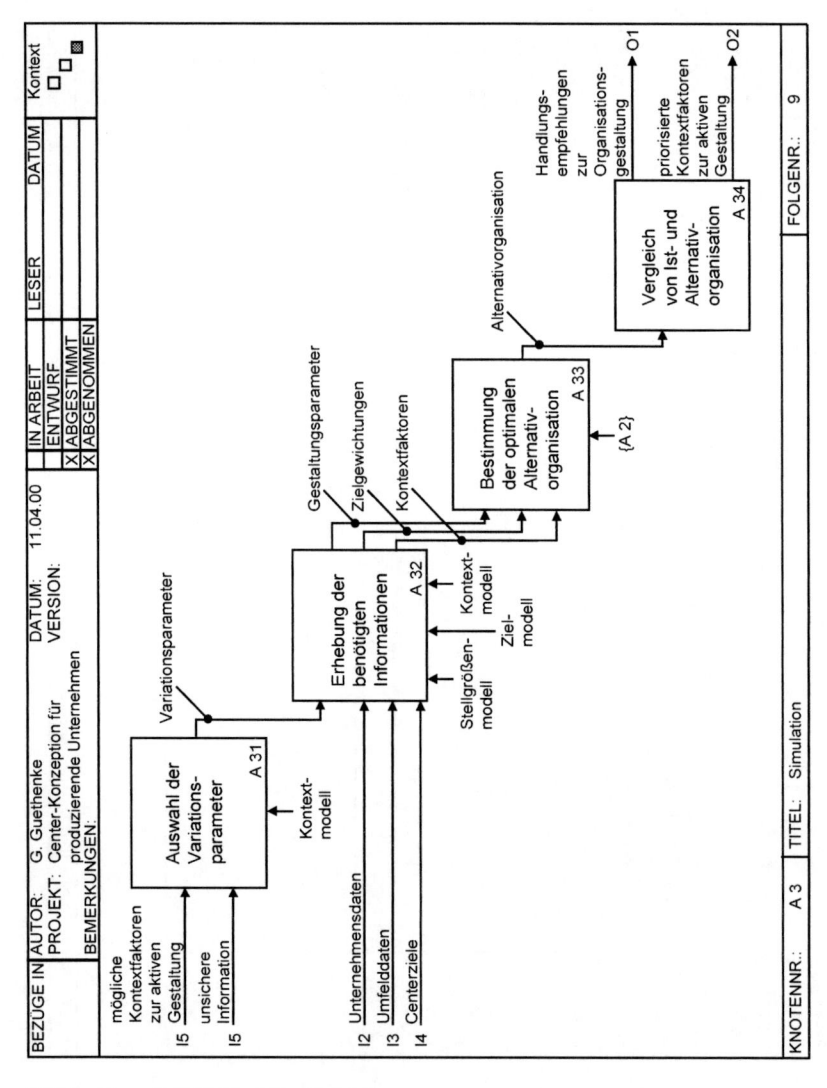

Bild A-44: SADT-Modell – Teil 9/9

Anhang CXI

A8 FALLBEISPIEL

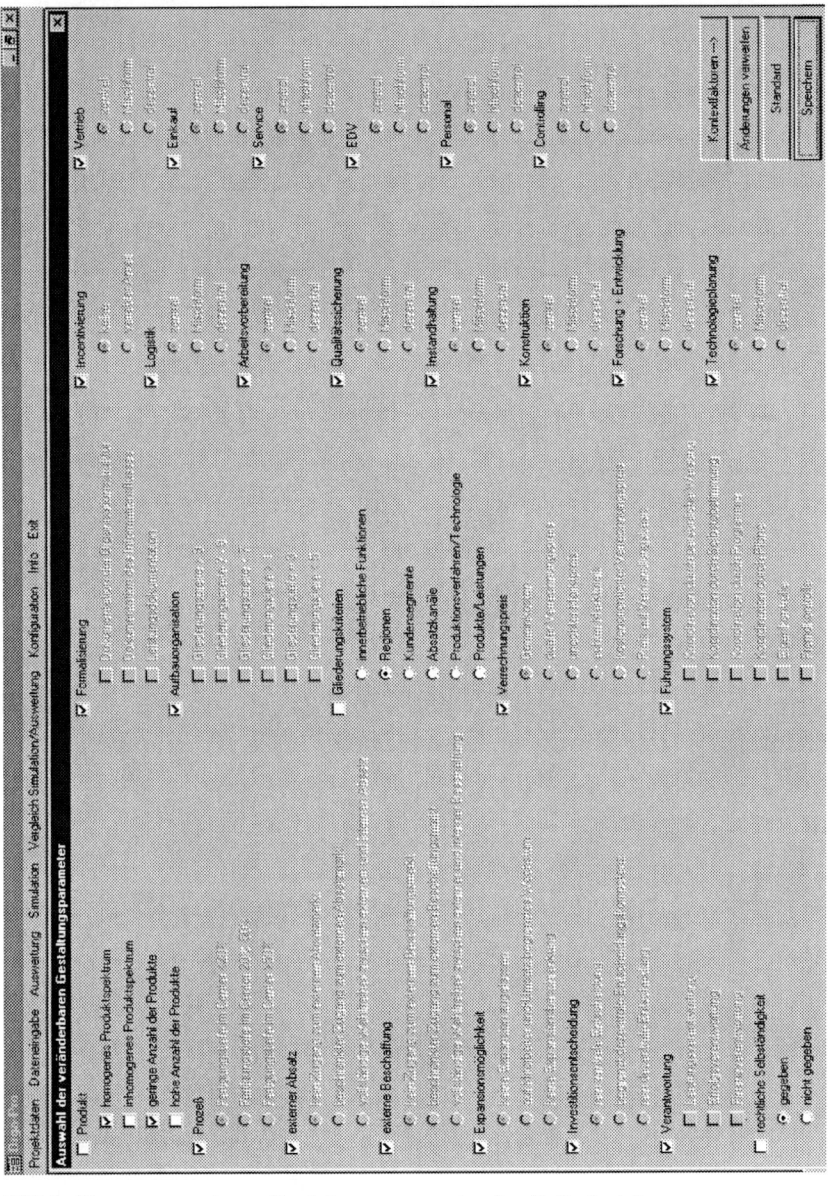

Bild A-45: vorgegebene Gestaltungsparameter des Fallbeispiels

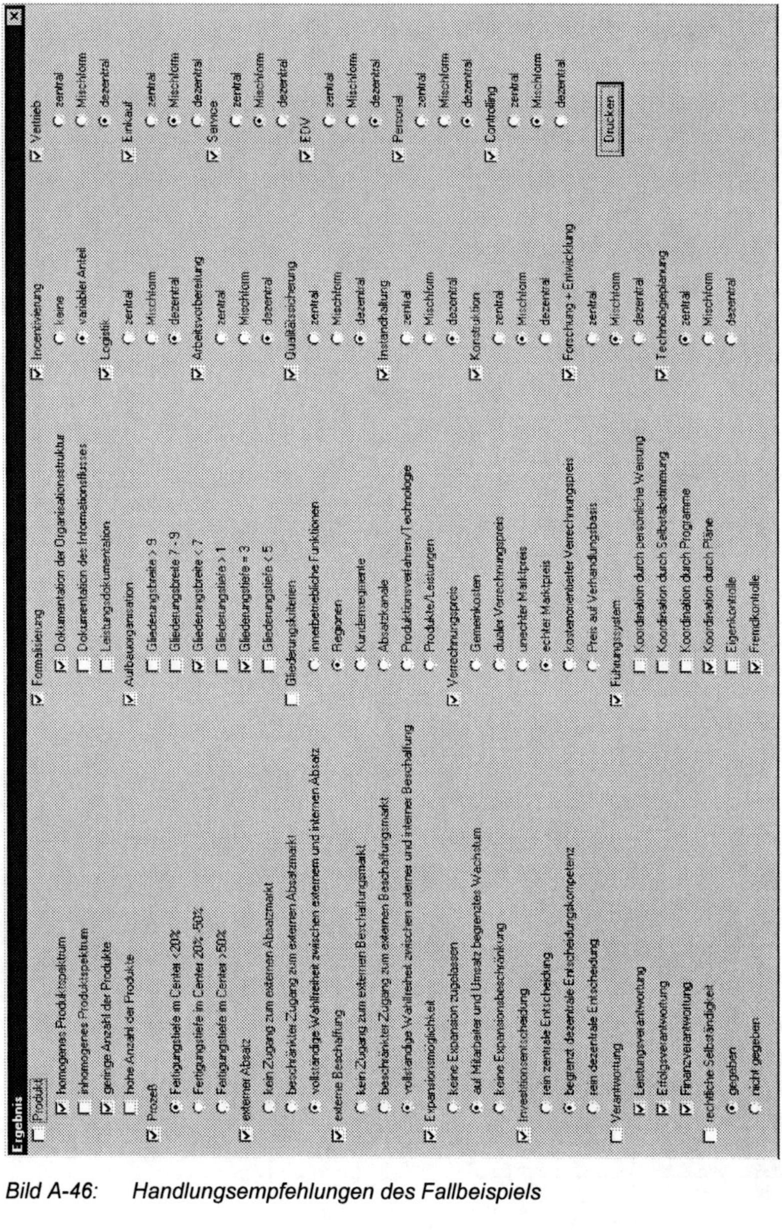

Bild A-46: Handlungsempfehlungen des Fallbeispiels

A9 DV-TOOL

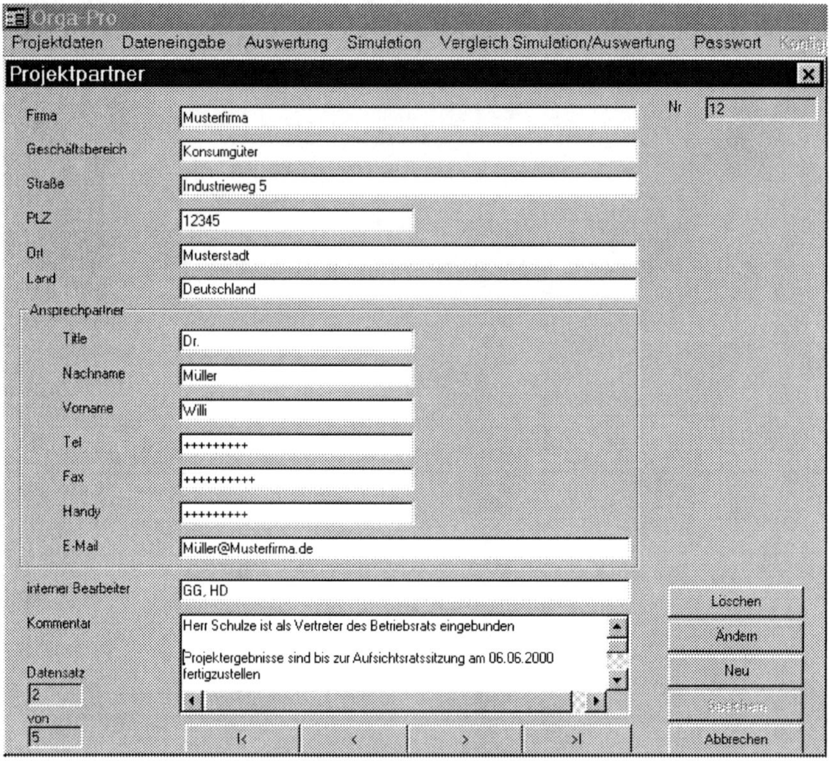

Orga-Pro							
Projektdaten	Dateneingabe	Auswertung	Simulation	Vergleich Simulation/Auswertung	Passwort		

Projektpartner

Firma	Musterfirma	Nr	12
Geschäftsbereich	Konsumgüter		
Straße	Industrieweg 5		
PLZ	12345		
Ort	Musterstadt		
Land	Deutschland		

Ansprechpartner
- Title: Dr.
- Nachname: Müller
- Vorname: Willi
- Tel: ++++++++++
- Fax: ++++++++++
- Handy: ++++++++++
- E-Mail: Müller@Musterfirma.de

interner Bearbeiter	GG, HD
Kommentar	Herr Schulze ist als Vertreter des Betriebsrats eingebunden
	Projektergebnisse sind bis zur Aufsichtsratssitzung am 06.06.2000 fertigzustellen

Datensatz 2 von 5

Buttons: Löschen, Ändern, Neu, Speichern, Abbrechen

Bild A-47: Eingabe der Firmenstammdaten in ORGA-PRO

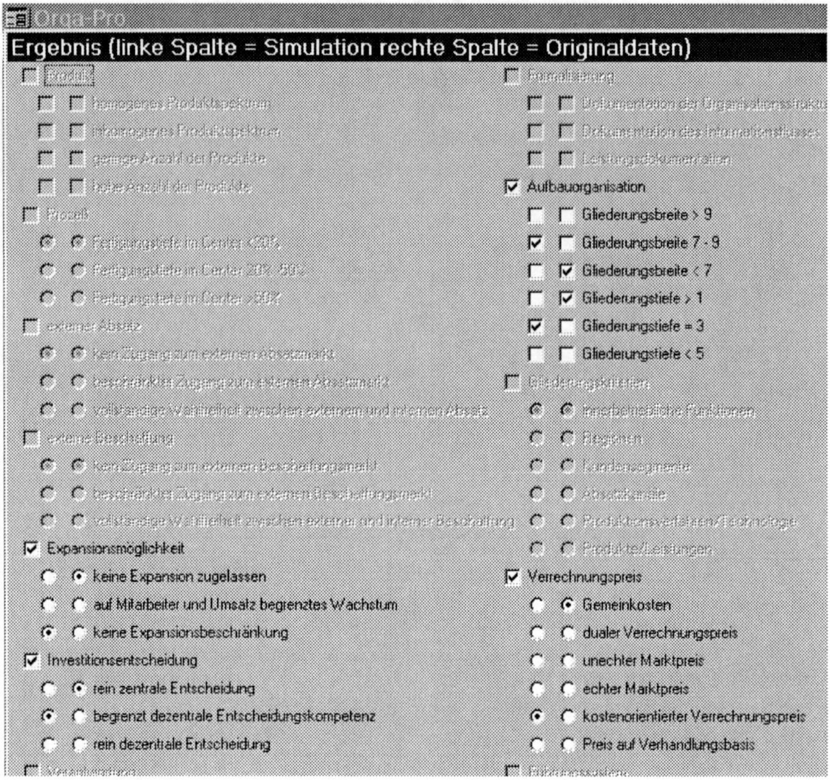

Bild A-48: Vergleichende Darstellung von Auswertungs- und Simulationsergebnis

Fraunhofer Institut
Produktionstechnologie

Studie: Center Organisation

- Aufbau eines Entscheidungsmodells zur situationsspezifischen Organisationsgestaltung -

Wenn Sie an einer Auswertung der Ergebnisse Interesse haben und dieses noch nicht beim ersten Telefongespräch angekündigt haben, können Sie das selbstverständlich nachholen. Dazu legen Sie bitte Ihre Visitenkarte dem Fragebogen bei oder teilen Sie es uns telefonisch mit.
Bei Rückfragen stehen wir Ihnen gerne zur Verfügung.

STUDIE: CENTER - ORGANISATION

Fraunhofer Institut
Produktionstechnologie

Die Fragen, bei denen mehrere Antworten vergeben werden können, sind mit „mehrfach" am Ende jeder Frage gekennzeichnet.

Datenerfassung zur Center Zielsetzung

Wie gewichten Sie die folgenden Ziele für Ihr Center?
Wie stufen Sie die Zielerreichung ein?

	Zielgewichtung		Zielerreichung	
	sehr un-wichtig	sehr wichtig	sehr niedrig	sehr hoch
- Wachstum	○○○○○		○○○○○	
- Rentabilität	○○○○○		○○○○○	
- Cashflow	○○○○○		○○○○○	
- Kundenorientierung	○○○○○		○○○○○	
- Mitarbeiterorientierung	○○○○○		○○○○○	
- Interne Prozeßeffizienz	○○○○○		○○○○○	
- Innovation	○○○○○		○○○○○	

Gibt es weitere Ziele für Ihr Center, die hier nicht aufgeführt sind?

- _____ ○○○○○   ○○○○○
- _____ ○○○○○   ○○○○○

Klassifizierung der Unternehmensgröße bzw. Centergröße

Wie viele Mitarbeiter sind in Ihrem Unternehmen bzw. Center tätig?

[____] Mitarbeiter Unternehmen   [____] Mitarbeiter Center

Wie viele Mitarbeiter sind im Durchschnitt einem Vorgesetzten direkt untergeordnet?

○ mehr als 9   ○ 7-9   ○ weniger als 7

Wie viele Hierarchieebenen gibt es in Ihrem Center?

○ 1-2 Ebenen   ○ 3 Ebenen   ○ mehr als 4 Ebenen

Gliederungskriterien für die Organisationsstruktur

Welches Gliederungskriterium liegt bei Ihnen vor? mehrfach

○ Funktionen   ○ Regionen   ○ Kundensegmente
○ Absatzkanäle   ○ Produktionsverfahren ○ Produkte/ Leistungen

STUDIE: CENTER - ORGANISATION

Fraunhofer Institut Produktionstechnologie

Erfassung der Kompetenzen

Bestimmen Sie die indirekten Funktionen, die in Ihrem Center eingegliedert sind! (Ist eine Funktion komplett outgesourced, kreuzen Sie bitte an, ob die Verantwortung dafür zentral oder dezentral vorliegt.)
zentral = in der Unternehmenszentrale   dezentral = in Ihrem Center

	zentral	Misch-form	de-zentral		zentral	Misch-form	de-zentral
- Arbeitsvorbereitung	○	○	○	- Forschung & Entwicklung	○	○	○
- Logistik	○	○	○	- Controlling	○	○	○
- Service	○	○	○	- Vertrieb/ Marketing	○	○	○
- Instandhaltung	○	○	○	- Einkauf	○	○	○
- Konstruktion	○	○	○	- Personal	○	○	○
- EDV	○	○	○	- Technologieplanung	○	○	○
- Qualitätsmanagement	○	○	○				

Wie ist der Zugang des Centers zum externen Beschaffungsmarkt definiert?
○ kein Zugang   ○ beschränkter Zugang   ○ vollständige Wahlfreiheit zwischen externer und interner Beschaffung

Wie ist der Zugang des Centers zum externen Absatzmarkt definiert?
○ kein Zugang   ○ beschränkter Zugang   ○ vollständige Wahlfreiheit zwischen externem und internem Absatz

Wie stufen Sie die Expansionsautonomie des Centers ein?
○ keine Expansion zugelassen   ○ auf Mitarbeiter und Umsatz begrenztes Wachstum   ○ dezentrale Expansionsautonomie

Wo liegt die Entscheidungskompetenz für Investitionen?
○ rein zentrale Entscheidung   ○ begrenzte dezentrale Entscheidungskompetenz   ○ rein dezentrale Entscheidung

Ist eine Kostenkalkulation und Überwachung auf Centerebene möglich?
○ ja   ○ nein

Schnittstellen zwischen Ihrem Center und Unternehmen bzw. Unternehmensumfeld

Welche Arten von Verrechnungspreisen werden in Ihrem Center überwiegend verwendet?
○ Gemeinkosten   ○ echter Marktpreis   ○ Verhandlungsbasis
○ kostenorientierter Verrechnungspreis   ○ unechter Marktpreis   ○ dualer Verrechnungspreis (unterschiedliche Preise für Kunden und Anbieter)

Welche Funktionsform trifft auf Ihre Verrechnungspreise zu?
○ gezielte Lenkung des internen Leistungstransfers   ○ gerechte Erfolgsermittlung

STUDIE: CENTER - ORGANISATION

Fraunhofer Institut
Produktionstechnologie

Wie stufen Sie die Akzeptanz der Verrechnungspreise für Dienstleistungen ein?
○ hoch ○ mittel ○ gering

In welchem Ausmaß liegen Ressourcenabhängigkeiten von anderen Centern oder von der Zentrale vor?
○ hoch ○ mittel ○ gering

Welches Ausmaß weisen Überschneidungen mit anderen Centern auf dem Absatzmarkt auf?
○ hoch ○ mittel ○ gering

Welches Ausmaß weisen Überschneidungen mit anderen Centern auf dem Beschaffungsmarkt auf?
○ hoch ○ mittel ○ gering

Wer sind die Abnehmer der Produkte Ihres Centers?
○ nur intern ○ mehrheitlich intern ○ gleich verteilt ○ mehrheitlich extern ○ nur extern

In welchem Bereich liegt der Schwerpunkt Ihres Centers?
○ Konstruktion/ Entwicklung ○ Produktion

Wie stufen Sie die Verfügbarkeit der für Ihr Center relevanten Informationen ein?
○ zentral gegeben ○ dezentral gegeben

Werden die Kerntechnologien Ihres Unternehmens intern in mehreren Centern eingesetzt?
○ ja ○ nein

Würde eine rechtliche Ausgründung Ihres Centers von Ihren Kunden akzeptiert?
○ ja ○ nein

Wie stufen Sie das Ausmaß der Kooperationen mit externen Serviceanbietern ein?
○ hoch ○ mittel ○ gering

Hat Ihr Center im Vergleich zum restlichen Unternehmen besondere Anforderungen an die EDV?
○ ja, wesentlich ○ geringfügig ○ nein

Ist ein unternehmensweit einheitliches Vorgehen in bezug auf Richtlinien sowie Systemkompatibilität erforderlich?
○ ja ○ nein

Wie groß ist das Ausmaß der Kooperationen mit externen EDV-Dienstleistern?
○ hoch ○ mittel ○ gering

Wie groß ist die räumliche Distanz zwischen den Centern Ihres Unternehmens?
○ > 300 Km ○ < 300 Km ○ gleicher Standort

STUDIE: CENTER - ORGANISATION

Fraunhofer Institut Produktionstechnologie

Welche Auftragsauslösungsart liegt in Ihrem Center mehrheitlich vor?
○ Lagerfertiger ○ kundenindividuelle Produktion

Wie kategorisieren Sie die Art der internen ausgetauschten Leistungen? mehrfach
○ Standarderzeugnisse ○ Spezielle Leistungen

Wie stufen Sie Ihre Abhängigkeit von Lieferungen anderer interner Center ein?
○ abhängig ○ unabhängig

Besteht in Ihrem Center die Gefahr des Aufbaus von redundanten Kapazitäten zur Umgehung von Ressourcenabhängigkeiten?
○ ja ○ nein

Wie stufen Sie die Kommunikation mit zentralen Einheiten ein?
○ langwierig ○ schnell und flexibel

Wie stufen Sie das Ausmaß interner Nachfrageschwankungen ein?
○ hoch ○ mittel ○ gering

Prozeßbeschreibung für Ihr Center

Wie hoch ist Ihre Fertigungstiefe im Center?
○ < 20% ○ 20-50% ○ >50%

Wie stufen Sie die Prozeßkomplexität in Ihrem Center ein?
○ hoch ○ mittel ○ gering

Wie stufen Sie die Stabilität Ihrer Produktionsprozesse ein (Ausschußrate, Maschinenverfügbarkeit)?
○ hoch ○ mittel ○ gering

Wie hoch sind die Unterschiede zwischen den in Ihrem Center und den im restlichen Unternehmen eingesetzten Prozessen?
○ hoch ○ mittel ○ gering

Ist die Nutzung von Skaleneffekten (Kostendegression) bei der Erhöhung der Produktionsmenge möglich?
○ ja ○ nein

Ist eine Überschreitung von sprungfixen Kosten durch eine Erhöhung der Produktionsmenge möglich?
○ ja ○ nein

Welche Fertigungsart liegt in Ihrem Center vor?
○ Einzelfertigung ○ Kleinserie ○ Großserie ○ Massenfertigung

Sind in Ihrem Center rüstzeitintensive Betriebsmittel vorhanden?
○ ja ○ nein

STUDIE: CENTER - ORGANISATION

Fraunhofer Institut
Produktionstechnologie

Wie stark ist der Prozeß von der eingesetzten Informationstechnologie abhängig?
○ hoch ○ mittel ○ gering

Wie stufen Sie Ihre Fixkostenbelastung ein?
○ hoch ○ mittel ○ gering

Wie stufen Sie die räumliche Distanz der Produktionsanlagen in Ihrem Center ein?
○ hoch ○ mittel ○ gering

Wie stufen Sie die Maschinenverkettung in Ihrem Center ein?
○ hoch ○ mittel ○ gering

Wie stufen Sie die mit der Produktion verbundenen Risiken ein?
○ hoch ○ mittel ○ gering

Welche Art von Gütern wird von Ihrem Center mehrheitlich beschafft? mehrfach
○ Standardbauteile ○ komplexe Bauteile/ Maschinen ○ Rohstoffe

Wie wirken sich Schwankungen in der Stückzahl auf die Stückkosten aus?
○ hoch ○ mittel ○ gering

Beurteilung von Investitionen

Wie stufen Sie das durchschnittliche Investitionsvolumen bezogen auf den Umsatz in Ihrem Center ein?
○ hoch ○ mittel ○ gering

Wie stufen Sie die mit den Investitionen Ihres Centers verbundenen Risiken ein?
○ hoch ○ mittel ○ gering

Wirken sich die von Ihnen getätigten Investitionen auf andere Unternehmenseinheiten aus?
○ betreffen mehrere ○ betreffen einige ○ keine Auswirkung

Welche Investitionsart fällt überwiegend in Ihrem Center an? mehrfach
○ Gründungs-/ Liquidationsinvestition ○ Ersatz-/Rationalisierungsinvestition
○ Erweiterungsinvestition ○ Investitionen zur Qualitätsverbesserung

Produktklassifizierung Ihres Centers

Wie stufen Sie Ihr Produktspektrum ein?
○ homogen ○ heterogen

Wie stufen Sie die Anzahl der unterschiedlichen Produkte in Ihrem Center im Vergleich zum Wettbewerb ein?
○ hoch ○ gleich ○ gering

Anhang CXXI

STUDIE: CENTER - ORGANISATION

Fraunhofer Institut Produktionstechnologie

Wie stufen Sie die Produkt- bzw. Bauteilkomplexität in Ihrem Center ein?
○ hoch   ○ mittel   ○ gering

Welcher Ausfallmechanismus trifft auf Ihre Produkte mehrheitlich zu?
○ Frühausfälle   ○ Zufallsausfälle   ○ Verschleißausfälle

Wie stufen Sie die mit Ihren Produkten und ihrer Nutzung verbundenen Risiken ein? (Produkthaftung)
○ hoch   ○ mittel   ○ gering

Bestimmung des Verantwortungsbereiches des Centers

Wie beschreiben Sie Ihren dezentralen Verantwortungsbereich? *mehrfach*
○ Leistungsverantwortung   ○ Erfolgsverantwortung   ○ Finanzverantwortung

Ist Ihr Center rechtlich selbständig?
○ ja   ○ nein

Welcher Koordinationstyp wird in Ihrem Center zur Abstimmung der Aktivitäten genutzt? *mehrfach*
○ Koordination durch persönliche Weisung   ○ Koordination durch Selbstabstimmung
○ Koordination durch Programme   ○ Koordination durch Pläne

Welche Kontrollart liegt in Ihrem Center vor?
○ Eigenkontrolle (Center selbst)   ○ Kontrolle durch die Zentrale

Strategiebeschreibung des Centers

Fragen zum Thema Kernkompetenzen:

	ja	nein
- Gehören die Produkte des Centers zum Kerngeschäft des Unternehmens?	○	○
- Gehören im Center eingesetzte Vorprodukte zum Kerngeschäft des Unternehmens?	○	○
- Ist der externe Absatz der Centerprodukte kritisch?	○	○
- Besteht die Gefahr der Vorwärtsintegration der Zulieferer?	○	○
- Ist der interne Preis der Centerprodukte/ Teilprodukte größer als der Marktpreis?	○	○

Streben Sie eine Prozeßorientierung an?
○ ja   ○ nein

Streben Sie Simultaneous Engineering an?
○ ja   ○ nein

STUDIE: CENTER - ORGANISATION

Fraunhofer Institut Produktionstechnologie

Streben Sie eine Kundenorientierung an?
○ ja   ○ nein

Soll durch die Organisationsgestaltung ein Effizienzdruck (Kosten, Zeit, ...) ausgeübt werden? mehrfach
○ ja, vorgelagerte Bereiche   ○ ja, betrachtetes Center   ○ nein

Welche Wettbewerberstrategie verfolgen Sie?
○ Kostenführerschaft   ○ Qualitätsführerschaft   ○ Nischenstrategie   ○ Technologieführerschaft

Welche Wachstumsstrategie verfolgen Sie? mehrfach
○ Globalisierung   ○ Vorwärtsintegration in Wirtschaftsstufe des Abnehmers
○ Diversifikation   ○ Vertiefung einer strategischen Position

Ist eine klare strategische Ausrichtung Ihres Centers wesentlich für den Erfolg?
○ ja   ○ nein

Welche der folgenden Aspekte umfaßt Ihre Beschaffungsstrategie? mehrfach
○ Interne Abnahmeverpflichtung zur Sicherung der Kapazitätsauslastung
○ Schutz interner Zulieferer vor Dumpingpreisen
○ Global Sourcing

Welche der folgenden Aspekte der Unternehmensplanung treffen auf Ihr Center zu? mehrfach
○ Abstoßen von Geschäftsbereichen/ Zukäufe bzw. Fusionen geplant
○ Rechtliche Selbständigkeit mittel- bzw. langfristig geplant
○ Verdecken von Gewinnpotentialen in einzelnen Bereichen gewünscht
○ Center und Gesamtunternehmen gehören zu unterschiedlichen Branchen

Wie würden Sie Ihre Funktionalstrategien beschreiben? mehrfach
○ EDV leistet mehrheitlich Unterstützungsfunktion
○ EDV ist integraler Bestandteil von Produkt- und Prozeßtechnologie
○ Intergration von F&E-Strategie in die Gesamtplanung notwendig
○ Logistikstrategie entspricht Kanban/ Just In Time
○ Service zählt zum Kerngeschäft
○ Servicestrategietyp: Pionier   ○ Servicestrategietyp: Folger
○ Mehrheitlich präventive, geplante Instandhaltung   ○ mehrheitlich ungeplante Instandhaltung

Wie stufen Sie die Bedeutung Ihres Marken- bzw. Unternehmensimage ein?
○ hoch   ○ mittel   ○ gering

Anhang CXXIII

STUDIE: CENTER - ORGANISATION

Fraunhofer Institut Produktionstechnologie

Analyse der Technologiestrategie

Wie klassifizieren Sie Ihre Innovationsrichtung für die Produktentwicklung? mehrfach
○ marktgetrieben   ○ technologiegetrieben

Welche Art der Forschung betreiben Sie überwiegend? mehrfach
○ Grundlagenforschung   ○ angewandte Forschung   ○ experimentelle Entwicklung

Wird eine Umsetzung von Innovationen, die nicht zum Kerngeschäft gehören, angestrebt?
○ gefordert   ○ nicht erwünscht

Bestimmung der Formalisierung

Welche Dokumentationsart verwenden Sie zur Beschreibung Ihrer Aufbauorganisation? mehrfach
○ Dokumentation der Organisationsstruktur   ○ Dokumentation des Informationsflusses
○ Dokumentation der ausgetauschten Leistungen

Motivation und Qualifikation von Mitarbeitern und Centerleitern

Durch welchen Mechanismus soll die Motivation des Centerleiters gefördert werden? mehrfach
○ intrinsisch (Arbeitsinhalt)   ○ extrinsisch (Entlohnung, Beförderung)

Durch welchen Mechanismus soll die Motivation der Mitarbeiter gefördert werden? mehrfach
○ intrinsisch (Arbeitsinhalt)   ○ extrinsisch (Entlohnung, Beförderung)

Wie decken Sie den Bedarf an Führungskräften im Unternehmen?
○ mehrheitlich intern   ○ mehrheitlich extern

Ist die Gefahr der Abschottung Ihres Centers gegenüber dem restlichen Unternehmen gegeben?
○ ja   ○ nein

Ist im Center eine Ausnutzung von Informationsvorsprüngen gegenüber der Unternehmensleitung möglich (z.B. verzögerte Instandhaltung)?
○ ja   ○ nein

Wie ordnen Sie die Qualifikation des Centerleiters ein?
○ Fachspezialist   ○ Unternehmer mit technischem und betriebswirtschaftlichem Wissen

Wie ordnen Sie die Qualifikation der Mitarbeiter in Ihrem Center ein?

	hoch	mittel	gering
- Sozialkompetenz	○	○	○
- Fachwissen/ Erfahrung	○	○	○

STUDIE: CENTER - ORGANISATION

Fraunhofer Institut
Produktionstechnologie

Wie klassifizieren Sie die Mitarbeiterstruktur in Ihrem Center? *mehrfach*
- ○ mehrheitlich Lohnempfänger
- ○ mehrheitlich Gehaltsempfänger
- ○ Kreativitätspotential der Mitarbeiter bedeutend

Unterscheidet sich die Qualifikationsstruktur erheblich von anderen Bereichen des Unternehmens?
- ○ ja
- ○ nein

Wie groß ist die Bedeutung des Betriebsrates?
- ○ groß
- ○ gering

Wie groß ist der Umfang der Zielgrößen des Centerleiters?
- ○ keine Ziele
- ○ 1-3 Ziele
- ○ 4-6 Ziele
- ○ mehr als 6 Ziele

Wie groß ist der Umfang der Zielgrößen der Mitarbeiter?
- ○ keine Ziele
- ○ 1-3 Ziele
- ○ 4-6 Ziele
- ○ mehr als 6 Ziele

Gibt es eine leistungsabhängige Entlohnung der Mitarbeiter in Ihrem Center?
- ○ ja
- ○ nein

Klassifizierung des Wettbewerbs in der Branche

Welcher Branche gehört Ihr Center an? *mehrfach*
- ○ Konsumgüterindustrie
- ○ Investitionsgüterindustrie
- ○ Hochtechnologie

Wie läßt sich Ihre Konkurrenzsituation beschreiben?
- ○ Problemlösungskonkurrenz
- ○ Produktleistungskonkurrenz

Wie stufen Sie die Wettbewerbsintensität (Anzahl/ Stärke der Wettbewerber) auf Ihr Center ein?
- ○ hoch
- ○ mittel
- ○ gering

Welches ist das in Ihrem Wettbewerbsumfeld vorherrschende Differenzierungsmerkmal? *mehrfach*
- ○ Kosten
- ○ Qualität
- ○ Innovation
- ○ Zeit

Einstufung der Gefahr des Aufkommens von neuen Konkurrenten

Wie groß schätzen Sie die Markteintrittsbarriere für die von Ihnen belieferten Märkte ein?
- ○ hoch
- ○ mittel
- ○ gering

Wie groß ist die Häufigkeit von Markteintritten und -austritten?
- ○ hoch
- ○ mittel
- ○ gering

STUDIE: CENTER - ORGANISATION

Fraunhofer Institut Produktionstechnologie

Einstufung der Kundenstruktur

Wie gestaltet sich Ihr Absatzmarkt?
○ Wachstumsmarkt   ○ Sättigungsmarkt

Wie stufen Sie die Stabilität Ihres Absatzmarktes ein? (Prognostizierbarkeit der Kundenanforderungen)
○ hoch   ○ mittel   ○ gering

Wie groß ist die Häufigkeit der Anpassungen der Kundenanforderungen nach der Auftragserteilung?
○ hoch   ○ mittel   ○ gering

Wie ist Ihre Kundenstruktur aufgebaut?
○ homogen   ○ heterogen

Wie schätzen Sie Unterschiede in der Kundenstruktur in Abhängigkeit zu belieferten Regionen ein?
○ hoch   ○ mittel   ○ gering

Wie groß sind die Unterschiede in den bestehenden Absatzkanälen?
○ hoch   ○ mittel   ○ gering

Einstufung der Lieferntenstruktur

Wie groß ist die Verflechtung mit Lieferanten? (Anzahl der Lieferanten und Ausmaß der Integration der Lieferanten in den Produktionsprozeß)
○ hoch   ○ mittel   ○ gering

Wie stufen Sie die Dynamik des Beschaffungsmarktes ein? (Abhängig von der Entwicklung der Lieferanten, Aufkommen neuer und Wegfall bestehender Lieferanten, sowie technologische Entwicklung am Zuliefermarkt)
○ hoch   ○ mittel   ○ gering

Wie stufen Sie die Verfügbarkeit von externen Lieferanten für Ihr Center ein?
○ gegeben   ○ eingeschränkt   ○ nicht gegeben

Entwicklung der Technologie

Wie stufen Sie die Dynamik der Technologieentwicklung in dem für Sie relevanten Bereich ein?
○ hoch   ○ mittel   ○ gering

Zu welcher Technologiekategorie lassen sich die für Sie relevanten Technologien einordnen? *mehrfach*
○ neue Technologie   ○ etablierte Technologie   ○ verdrängte Technologie

STUDIE: CENTER - ORGANISATION

Fraunhofer Institut
Produktionstechnologie

Wie groß ist bei Ihnen die Verfügbarkeit von Substitutionstechnologien?

○ hoch   ○ mittel   ○ gering

Einfluß von Gesellschaft und Kultur

Wie stellt sich die Arbeitsmarktsituation für Sie dar?

○ hoch qualifizierte Mitarbeiter verfügbar   ○ niedrig qualifizierte Mitarbeiter verfügbar   ○ Arbeitskräftemangel

Lebenslauf

Persönliche Daten

Gunnar Karl-Heinz Hermann Güthenke
geboren am 29. Februar 1972 in Rostock
Staatsangehörigkeit: deutsch
Familienstand: ledig
Eltern: Dr.-med. vet. Dietmar Güthenke
Hilde Güthenke (geb. Ruge)

Schulausbildung

08.78-07.82 Kreuzschule, Münster
08.82-06.91 Gymnasium Kinderhaus, Münster
Allgemeine Hochschulreife vom 6. Juni 1991

Zivildienst

07.91-09.92 Zivildienst in einem Seniorenhotel der Arbeiterwohlfahrt in Hamm/ Westfalen

Studium

10.92-04.97 Studium Maschinenbau, Fachrichtung Fertigungstechnik, an der RWTH Aachen
Diplomzeugnis vom 15. April 1997
10.94-03.95 Studium Maschinenbau am Imperial College, London, Großbritannien
10.93-11.97 Studium Betriebswirtschaftslehre an der RWTH Aachen
Diplomzeugnis vom 10. November 1997

Berufstätigkeit

Während des Studiums 6 Monate Praktikum in verschiedenen Industrieunternehmen
seit 10.97 Wissenschaftlicher Angestellter am Fraunhofer-Institut für Produktionstechnologie, Aachen, Abteilung Planung und Organisation